普通高等教育经管类专业“十三五”规划教材

应用统计学

(第三版)

卢冶飞　孙忠宝　编著

清华大学出版社

北　京

内容简介

本书结合了作者多年的教学实践经验和国外优秀统计学教材的成果，在内容上包括描述统计方法，推断统计方法以及介绍社会经济管理中常用的一些统计方法；在写法上与计算机紧密结合，大部分统计方法都给出了 Excel 的具体操作方法与数据分析结果的解析；在编排上把 Excel 在统计学中应用的具体操作集中在第11章阐述，保证了应用统计学理论学习的连贯性；把相关章节中演绎统计方法例题的演算与第11章的运用 Excel 进行数据处理的例子进行呼应，既简化了统计方法的演绎过程，又自然而然地引导学生运用 Excel 进行快捷的数据处理。

本书在尽量保持系统性的基础上，努力联系中国社会经济管理的实际，清晰、易懂、引人入胜，使其能适用于非数学专业的学员。

本书配套电子课件、习题答案、案例库、上机实验数据及处理结果、各章案例及参考答案、浙江省历届统计调查大赛部分优选作品可以到 http://www.tupwk.com.cn 网站下载。

图书在版编目(CIP)数据

应用统计学/卢冶飞，孙忠宝 编著. —3 版. —北京：清华大学出版社，2017(2019.7重印)
(普通高等教育经管类专业“十三五”规划教材)
ISBN 978-7-302-47444-9

Ⅰ. ①应… Ⅱ. ①卢… ②孙… Ⅲ. ①应用统计学—高等学校—教材 Ⅳ. ①C8

中国版本图书馆 CIP 数据核字(2017)第 134772 号

责任编辑：胡辰浩 马玉萍
封面设计：周晓亮
版式设计：牛静敏
责任校对：成凤进
责任印制：李红英

出版发行：清华大学出版社
网 址：http://www.tup.com.cn，http://www.wqbook.com
地 址：北京清华大学学研大厦 A 座 邮 编：100084
社 总 机：010-62770175 邮 购：010-62786544
投稿与读者服务：010-62776969，c-service@tup.tsinghua.edu.cn
质 量 反 馈：010-62772015，zhiliang@tup.tsinghua.edu.cn
印 装 者：清华大学印刷厂
经 销：全国新华书店
开 本：185mm×260mm 印 张：24.25 字 数：560 千字
版 次：2012 年 3 月第 1 版 2017 年 9 月第 3 版 印 次：2019 年 7 月第 3 次印刷
定 价：59.00 元

产品编号：074043-02

前　言

统计信息是社会经济信息的主体，人们要从事经济研究和各种社会经济管理活动，都应该学会运用统计工具，掌握基本的统计理论和方法，才能做好工作。因此，统计学是各大专院校经济管理类专业不可或缺的一门专业基础课程。我国传统的统计学教材，往往从统计理论的高度出发，内容抽象、逻辑推理与论证严密。这样的统计学教材不仅内容枯燥、生硬，而且还要求学生具有扎实的数学基础知识和一定的抽象思维、逻辑推理及计算能力，结果学生不容易自学，学习也就变得很被动了。

面对社会经济管理类文理兼招的学生，老师讲了往往文科学生也不容易懂。怎么办？多年的教学实践经验是让抽象的内容具体化，强调应用。应用统计学可以从实际出发，运用案例讲故事式地阐明统计理论和方法。那么如何运用案例，将学生引入到应用统计学领域，帮助学生构建统计学的知识体系和领悟统计思想，并掌握基本的统计理论和方法，使学生具有运用统计方法解决实际问题的能力呢？这需要明白统计学知识体系的教师们有的放矢地、耐心地积累我国社会经济实践中的统计案例，然后，精心地把抽象、枯燥、生硬的统计理论与方法融入案例中，或者引入来自实践的案例，让学生轻松建立统计思想，掌握如何应用统计学的概念、理论与方法来解决社会经济中的各种问题。换句话说，就是要编写出以学生为中心的应用统计学教材。

当我申报的《应用统计学》被立为 2009 年度浙江省高校重点教材建设项目(项目号：ZJB2009037)后，我们秉着以学生为中心的目的精心编写，于 2012 年 3 月付印出版。我们对首版就能有幸入选“十二五”普通高等教育本科国家级规划教材而感到欣慰。

我们对本书的前两版得到认可与积极的反映表示感谢。我对在首版使用过程中反馈的宝贵意见与建议作了梳理，并进一步思考了许多细节问题。第二版在保留了首版的叙述风格与可读性的基础上，内容更加系统、紧凑与充实。比如，相关章节中演绎统计方法的例题的演算与第 11 章的运用 Excel 进行数据处理的例子作了更好的呼应，既简化了统计方法的演绎过程，又自然而然地引导学生运用 Excel 统计软件进行快捷的数据处理；我们继续思考与吸收第二版使用过程中反馈的宝贵意见，努力使这次新版的内容更加完善。挂清华教研网上的案例库进一步地充实与完善，更好地支持开展案例教学，更有利于开放教学。概括而言，本书具有以下几个特点。

第一，本书将统计理论与方法置于社会经济背景下展开讨论，使统计学的应用性得以自然呈现。这有利于学生更切实地理解统计理论与方法，使其在学习统计学的理论与方法的同时，自然地吸收具体领域的知识，便于提高学生的学习兴趣，避免死记硬背，拓展教学空间。比如，在第1章中，统计指标体系的阐述，安排工业企业生产经营活动过程及结果的概念框架为例，使读者简约地了解工业企业统计的全貌，使统计指标体系概念具体化。且借机补充了经济、管理类专业学生非常重要的知识点，促进不同学科知识的融合。

第二，每章都以经典案例的形式开头，多数举例有的放矢，将抽象的统计学理论与方法融入来自实践的案例中，同时强调如何运用 Excel 来解决这些实际问题的方法。这种方式不仅有利于学生深切体会到统计学源于实践，用于实践，而且有利于他们理解统计理论，举重若轻地构建统计学的知识体系，还有利于提高学生运用统计方法解决实际问题的能力。比如，统计分组，通过“2010 年 90 家中国 A 股房地产上市公司财务负责人年薪”的举例，演绎出两种分组结果，分析其作用与优缺点，总结如何具体问题具体分析，如何恰当取舍，揭示事物的本质，在此基础上归纳统计分组的知识体系；运用 Excel 进行分组数据处理，使枯燥、烦琐的数据处理变得生动有趣又便捷，以引导学生积极运用统计软件进行数据处理，提高其数据处理的能力。

第三，运用框架图，帮助学生理解抽象的概念。由于统计学有些概念较抽象，不容易理解，所以本书充分利用图表的优势，构建概念框架图，帮助学生理解抽象、难懂的概念，领会统计思想。

第四，每章内容都作了本章小结。由于本书的部分内容有一定的难度，不容易把握重点，所以，为了帮助学生理清思路，我们对每章内容都进行了小结，便于学生理解和掌握。

第五，配套的案例与上机实验数据及处理结果有利于教师在教学中开展案例教学。每章练习不仅设计了帮助读者理解、掌握统计基本理论和方法的思考题、选择题与计算分析题，还安排了便于在教学中实践统计学应用的案例分析题。这些练习提高了读者运用统计基本理论与方法来解决实际问题的能力。精选的配套案例题与挂清华教研网上的从易到难的三级案例库，能支持教师开展案例教学，尤其是精选的学生统计调查研究竞赛获奖作品与作者科研成果提炼的案例，极具现实感，能激发学生关注现实社会、经济与生活，引发思考、调研现实问题。

此外，在局部内容上存在亮点。比如，在数据获取上，系统地阐述了获取原始数据的科学方法与次级数据的来源渠道，内容具体实用，引领前沿。比如，具体给出政府机构与国际组织的次级数据网站；国内外出色的专业研究机构提供次级数据的公司或网站；顺势大数据时代，展望革命性的可扩展标识语言，思考部门统计与行政记录孤岛问题等；统计指数秉承统计思想，因素分析方法破解了同度量因素固定期的确定的难题。

由于 Excel 2010 仍然是主流版本，因此，本版继续选用 Excel 2010 作为实例操作软件进行介绍。

本书共 11 章，第 1、2、3 和 10 章由卢冶飞编写，第 4、5、6 和 7 章由孙忠宝编写，第 8 章和第 9 章由蒋烨、卢荻编写，第 11 章由朱海华、王蒙编写。全书由卢冶飞教授担任总纂并定稿。

本书在编写过程中参阅了大量的统计学教材及有关论著，在此谨向文献的作者表示衷心感谢！

由于我们水平有限，有许多不尽人意之处，难免存在错误，恳请同行和各位读者批评指正。我们的邮箱是 huchenhao@263.net，电话是 010-62796045。

本书配套电子课件、习题答案、案例库、上机实验数据及处理结果、各章案例及参考答案、浙江省历届统计调查大赛部分优选作品可以到 http://www.tupwk.com.cn 网站下载。

卢冶飞

2017 年 8 月于杭州

目 录

第1章

绪 论

【案例】为了落实教学组织纪律，提高教学质量，××大学教务处要求，课程主讲教师平时记录每位同学听课、作业等学习情况，在每门课程结束后，填写教学质量分析表。这是一份××大学应用统计学课程考试质量分析表。

××大学课程考试质量分析表

教师姓名		教师职称		所在学院	经贸学院
课程名称	应用统计学		考试学期		
课程总学时	40	本学期学时	40	考试形式	闭卷笔试
授课各班级	财管、旅管、国贸等专业			学生总人数	422
一、试卷分析：					
试题来源	自拟	试题题量	较大	试题难度	中上
二、考试成绩及分布：					
考试卷面成绩			学期总评成绩		
分数	人数	百分比(%)	分数	人数	百分比(%)
100～90	23	5.45	100～90	23	5.45
89～80	96	22.75	89～80	98	23.22
79～70	116	27.49	79～70	115	27.25
69～60	113	26.78	69～60	158	37.44
59～40	61	14.45	59～40	17	4.03
39～0	13	3.08	39～0	11	2.61
合计	422	100.00	合计	422	100.00

(续表)

三、考试成绩结果分析和意见：

最终成绩以期终考试成绩(占 60%)为基础，结合平时听课(占 20%)与平时作业(占 20%)情况综合评定。期终采用闭卷笔试的方式，试卷题量较大，涉及概念、基本知识与综合分析题，计算题难度适中。422 位学生卷面平均成绩仅 70 分，成绩分布处于右偏(分布图略)，且有 17.53%不及格，分析卷面得失分，卷面失分主要分布在概念、基本知识与综合分析 3 类题型上，尤其是概念表达的严谨、准确性不甚理想。卷面成绩处于右偏分布的主要原因是其中的文科生，计算题得分不尽如人意，也因此财管(2)、旅管(1)、国贸(3)及国贸(4)班的成绩相对差些。

课程考试质量分析提醒教师至少有 3 个问题要引起注意：①概念题的失分，反映学生对概念的理解欠严谨、准确，这要求教师研究如何让学生严谨、准确地理解概念；②文科生在计算题得分上不尽如人意，这需要教师认真研究，如何教授文理兼招、数学基础参差不齐学生的应用统计学课；③比较卷面成绩的分布与学期总评成绩的分布，教师需要研究试卷内容的恰当性与教学组织。

教师签名：　　　　日　期：

四、基层教学负责人意见：

签　名：　　　　日　期：

五、教学院长意见：

签　名：　　　　日　期：

注：1. 此表一式两份，学期考试结束后由课程主讲教师填写；

2. 经基层教学负责人签署意见后交学院教务秘书；

3. 再经教学院长签署意见后由教务秘书汇总，一份交还教师保存，另一份由学院统一装订存档，备教务处或督导组检查。

1.1 统计的含义

本章的开篇案例中课程主讲教师所做的教学活动：教师平时对每位学生的听课、作业等学习情况进行记录，登录卷面考试成绩，统计评定每位同学的课程总成绩，然后，分类汇总学生的卷面考试成绩与课程总成绩，分析成绩得失分的情况与原因，揭示教学中存在的问题，为进一步采取措施来提高教学质量提供了切实有效的信息。课程考试质量分析表上报学院教务管理部门，为各级教务管理部门了解教学情况，开展有效的教学管理提供了基础资料。这项教学活动过程的组织工作、数据处理都很简单，形成的活动成果(统计资料)——课程考试质量分析表也直观、简单明了。不难想到，课程主讲教师对如何评定每位同学的课程总成绩、填写课程考试质量分析表等一系列的教学活动，事前一定有所安排，整个过程按照一定的程序、方法进行。尽管其程序与方法简单，实则蕴含着一定的统计学问。

我们再来观察，2016 年 10 月 14 日，国家统计局发布的数据：中国 2016 年 9 月份居民消费价格(CPI)同比上涨 1.9%，环比上涨 0.7%……。我们自然会问：全国居民消费品如此之多，许多消费品的价格随时在变化，统计部门怎么收集这繁多的、千变万化的消费品价格数据以计算 CPI 呢？显然，这比本章的开篇案例的统计复杂得多，每位消费者每次发生的交易事件是无法被一一记录的，因此我们就需要接受统计学的理论和方法的指导，在全国布点定时地跟踪记录部分有代表性的消费品价格数据，再进行汇总计算推得结果(具体参见第 10 章的内容)。

联系以上的事实，我们很容易理解“统计(statistics)”一词有统计活动(统计工作)、统计资料(统计数据)和统计学三重含义。

统计活动是对各种统计数据进行收集、整理、分析、推断，并加以描述和显示的活动。统计资料是通过统计活动所获得的、能够说明现象总体某种特征的数据，以及与之相联系的文字、图表等资料的总称，是统计活动的成果。统计学则是指导统计活动的理论和方法，是关于如何收集、整理、描述和显示数据的特征，分析和探索(或推断)客观现象总体数量特征、数量关系与数量规律性的科学。由于统计学的研究领域或对象的内涵极为丰富，客观的事物又难以全面笃定把握，因此，广义上讲，统计学是收集、分析、描述和解释数据的科学与艺术。

统计的三重含义是密切联系的。首先，统计活动与统计资料的关系是统计工作与成果的关系。一方面，统计资料的需求支配着统计活动的布局；另一方面，统计活动的好坏又直接影响着统计资料的数量和质量。其次，统计活动与统计学的关系是统计实践与统计理论的关系。统计理论是统计活动经验的总结，只有当统计活动发展到一定程度，才可能形成独立的统计学；统计活动的发展又需要统计理论的指导，统计学研究大大促进了统计工作水平的提高。

1.2 统计学的研究对象及其特点

统计学的研究对象是指统计研究所要认识的客体。其客体是大量现象的数量方面的总体特征。现象有自然现象和社会经济现象。即，统计学的研究对象是社会经济、自然现象总体的数量特征。可见，统计学的研究领域或对象的内涵极为丰富。

不是任何客体都可以运用统计学的方法加以认识，也不是任何大量现象的数量方面的事物都必须运用统计学的方法加以认识。统计学研究对象具有数量性、总体性、具体性和变异性四大特点。

数量性指统计研究的是客观事物的数量方面的特征。包括：

① 数量多少；

② 现象之间的数量关系；

③ 质量互变的数量界限。

统计学属于定量分析的范畴。定量分析是认识客观事物不可或缺的方面，它可以使我们更精确、更具体、更深刻地把握事物的性质、特征及其变化规律。比如，关于证券投资，谁都知道风险高，收益大；风险低，则收益小。可是大家又都希望能够在较低的风险程度下取得较高的投资回报率，那么风险和收益之间究竟具有什么样的联系呢？通过观察，获取大量的数据资料，建立一定的统计模型找出它们之间数量关系的规律性。如股价走势问题，可以通过构建资本资产定价模型研究股价波动规律，投资者根据股价波动规律，发现股价升、降的转折点，进行低吸高抛，实现较低的风险程度下取得较高的投资回报率的期望。

总体性指统计学研究的是由许多各不相同的个别事物组成的具有某一共同特征的整体。总体性表明统计学研究的对象不是某一个个体，而是由大量个体组成的整体性事物的某些特点。

具体性表明了统计学研究的数量都是客观存在的数量。即具体事物在一定时间、地点、条件下的数量表现，是具体的、实实在在的、有具体实物内容或计量单位的数据，不是抽象的量。这是统计学与数学的一个重要区别。因此，人们说，数学家可以端坐家中，凭借纸、笔和聪明的大脑，从假设的命题出发而推导出漂亮的结果。而统计学家则必须深入实际收集数据，才能有所作为，没有大量数据的归纳，统计学家就得不出任何有益的结论。

变异性指统计学研究的是大量个体之间存在数量差异的整体性事物。如果一批物件重量都一样，一群人学历都相同，就用不着统计就能知道这批物件的重量情况，这群人的学历状况。然而现实中群体现象总是由许多数量特征各异的个体组成，而这些千差万别的个体数量特征下却掩盖着群体现象的某一数量规律性。如，掷硬币或骰子，谁都知道随机地掷一次是无法确定结果的，即每一次抛掷结果各异，但如果我们反复不断地掷，当抛掷次数足够多时就会发现规律，即硬币出现正面或反面、骰子出现任一点数的机会都是均等的，这就是掷硬币和骰子的数量规律。统计学就是要揭示大量有差别个体数量特征下掩藏着整体性事物的某一数量特征及其规律性。

1.3 统计学的应用—— 在经济研究和管理中的应用

最成功的管理者和决策制定者是那些能够理解信息并有效利用信息的人。统计学的应用极为广泛，为了大致了解统计学在经济管理中的应用，我们通过以下几个方面进行阐述。

1. 个人理财中的统计

买卖股票已经逐渐成为人们生活中投资理财的方式之一，人们都希望自己能低价买，高价卖，获取差价收益；或能适时地买入绩优稳健成长的上市公司股票，将来获得丰厚的回报。

股价与宏观经济形势、股市的运行状态、公司的质地等因素有关。判断宏观经济形势涉及诸多因素，若进入国家统计局网站，可以查询到不同区域的社会经济运行与发展情况的统计数据与一些经济走势统计图。这些数据传递的信息能帮助我们了解区域的社会经济运行与发展情况。具体些说，2009 年 8 月开始，国家统计局每月 11 日左右集中发布我国经济运行的月度统计数据。2016 年 11 月份居民消费价格(CPI)同比上涨 2.3%，环比上涨 0.1%，工业生产者出厂价格 PPI 同比上涨 3.3%，……。从 CPI 的变化走势来看，居民消费价格处于温和上涨的态势，PPI 一定程度上超出了市场预期。2009 年 6 月 10 日，上证指数收在 2816.25 点，比 2008 年 10 月 28 日的 1664.93 点上涨了 1151.32 点，涨幅达 69.15%；2015 年 6 月 12 日，上证指数收在 5178.19 点，比 2013 年 7 月 1 日的 1849.65 点上涨了 3328.54 点，涨幅达 180%……，这些数据有助于我们了解股市系统性风险增加的程度。贵州茅台是品牌国酒，于 2001 年 8 月 27 日上市，可以查到其 1998 年以来历年的净利润增长率、净资产收益率、净资产增长率等财务指标与其股票市场上的市盈率，并与行业平均水平比较有助于我们判断贵州茅台股票的相对投资价值与判断买卖股票的时机。

2. 会计中的统计

企业会计进行产品成本核算时，为了确定单位产品成本中的材料成本，除了不能互相替换的存货项目以及为特定项目生产和存放的存货需要运用个别辨认法外，常常采用统计平均法(加权平均法、移动平均法)核算材料的加权平均单位成本，将其与用于该产品的材料量相乘，除以产品的产量，计算得出产品的单位材料成本。

会计师为能估计某一特定类型产品产量相联系的生产成本，常常搜集某一特定制造业的产量与总成本的若干数据组，求出关于产量与成本的估计的回归方程，作诸如产量已知情形下的总成本预测和生产每件产品的可变成本预测，分析总成本变动中产量变动影响的程度等。

3. 审计中的统计

会计师事务所对客户进行审计时要用统计抽样程序。例如，注册会计师确定列示在客户资产负债表上的应收账款金额是否真实可靠、内容完整。通常客户的应收账款的业务量很大，验证每一笔应收账款需要一定的时间和费用，所以审计人员不逐笔验证客户的应收账款业务，只从账户中随机抽取一个子集作为样本，在查看样本账户的准确性后，得出有关列示在客户资产负债表上的应收账款金额是否可以接受的结论。

4. 财务管理中的统计

在公司的日常运营中，现金流量管理是最重要的经营活动之一。是否能够保证公司拥有足够的现金收入，以满足目前和未来的偿债义务，决定着公司的财务风险状况。现金流量管理的一个关键因素是对应收账款的分析和控制。通过度量未付款发票的平均期限和资金数额，管理人员能够预测可用现金并监控应收账款状态的变化。公司设置了如下目标：未付款发票的平均期限不应超过 45 天；超过 60 天的未付款发票的资金数额不应超过所有应收账款总额的 5%。

在最近对应收账款的总结中，统计未付款发票期限的结果如下。

平均数：40 天

中位数：35 天

众数：30 天

超过 60 天的占 3%

平均数、中位数、众数这些数据(统计指标)的计算与含义参见第 4 章的内容。

这些统计指标表明，未付款发票的平均数(即平均期限)是 40 天，没有超过 45 天；而中位数表明有一半的发票已经超过 35 天没有付款；发票期限最高的频数——众数为 30 天，表明一张未付款发票的最普通时间长度是 30 天；应收账款总额中只有 3%超过 60 天，低于 5%的要求。基于这些统计信息，管理人员可以感到满意，因为应收账款和收入现金流都处于控制之中。

5. 储存管理中的统计

在企业的成千上万种库存物资中，少数几种库存量占大部分，并占用了大部分资金。有效的仓储管理，需要对库存物品的平均资金占用额进行分析，以了解哪些物品占用资金多，以便实行重点管理。具体做法如下。

首先，收集每种库存物资的平均库存量、每种物资的单价等数据；然后，对收集来的数据资料进行整理，分别将平均库存乘以单价，计算各种物品的平均资金占用额，并按平均资金占用额的大小进行排序，观察累计品目百分数和平均资金占用额累计百分数。将累计品目百分数为 5%～15%，而平均资金占用额累计百分数为 60%～80%左右的物品，确定为 A 类；将累计品目百分数为 20%～30%，而平均资金占用额累计百分数也为 20%～30 %的物品，确定为 B 类；其余为 C 类，编制 ABC 分析表。当然，将 ABC 分析的结果绘成以累计品目百分数为横坐标，以累计资金占用额百分数为纵坐标的 ABC 分析图，则更直观明了。

ABC 分析理顺了品目繁多的库存物品，明确了重点，这样就可以权衡管理力量与经济效果，对三类库存物品进行有区别的管理，达到：第一，压缩总库存量；第二，解放被占压的资金；第三，使库存结构合理化；第四，节约管理力量。

6. 生产管理中的统计

控制图在质量管理中有着极为广泛的应用。人们利用控制图，科学地区分正常波动和异常波动，及时调整消除异常波动，实现对工序过程的质量波动性进行控制，使生产过程处于受控状态。例如，假定有一台250克的软饮料灌装机，定期从产品中选择一些听装饮料作为样本，计算出样本灌装量的平均值。这一平均值($\bar{x}$)标在一张$\bar{x}$控制图上。当该数值位于控制上限以上时，则表明产品灌装过量；当该数值位于控制下限以下时，则表明产品灌装不足。当$\bar{x}$的值位于控制图的控制上限和控制下限之间时，表示处于“控制”状态，就允许连续生产。这样，$\bar{x}$控制图就能帮助确定何时必须调整和修正生产过程。

7. 市场营销中的统计

市场营销要求企业以市场需求为导向，需要实施有效的市场调研，通过统计调查，能深入研究消费心理，消费习惯，消费行为的特征、变化和趋向；通过深入研究其他商贸企业促销措施成败概率和实际效果，通过分析各类商品销售额和促销活动的统计资料，能更好地理解促销活动和销售额之间的关系。这样的分析对制定各种产品未来的市场营销战略大有裨益。

8. 国际贸易中的统计

无论是国际贸易的一些基本概念、理论分析还是在政策分析环节，都大量运用统计学知识。比如借助统计指数计算体现交换福利的贸易条件，而在计算价格指数时主要采用派氏指数法，相关的数据收集多是采用海关的编码分类抽取一定的样本进行统计；在计算贸易依存度指标时，需要结合多种统计方法收集和整理大量相关数据，既涉及进出口贸易额数据，还涉及生产总值等数据；比较优势理论通过计算机会成本这一指标进行了数据论证，要素禀赋学说通过要素密集度和要素丰裕度两个相对指标的计算来确定贸易伙伴国之间的比较优势，产业内贸易理论借助产业内贸易指数验证了一国国际分工及对外贸易的深度，并且借助规模报酬和规模经济等指标说明产业内贸易的必要性；在国际贸易政策分析中通常结合进出口额及关税税率等数据，利用加权算术平均数法进行核算，分析各国关税水平。

9. 金融中的统计

根据《金融统计管理规定》，中国人民银行总行定期公布全国性金融统计资料，即月后 20 日内通过新闻媒体和中国人民银行网站，向全社会公布月度金融机构货币供应量、信贷收支及资产负债主要指标等金融统计资料。依据金融、经济统计资料，通过一定的计量方法，我们可以分析信贷规模和货币供应量与经济活动之间的关系，并解释其对实体经济的作用，帮助理解我国货币政策传导机制，以更好地把握货币政策调控目标的货币供应量和信贷规模。

又如某公司准备投资 5000 万元的金融资产(股票、外汇等)，1 个月后损失超过 50 万元的可能性有多大？能有 90%的把握保证损失不会超过多少？实际上，这是个风险的预测：判定在持有期末，因资产价格的变化造成的损失超过限定额度的概率，并且以给定的置信度确定持有期末可能损失的最大额度。如果要限定 1 个月后损失超过 50 万元的可能性不大于 1%，那么初始投资额最多应为多少？这是一个投资决策问题：限定能承受的损失额度，并使得在持有期末的可能损失不超过限定额度的概率低于某个非常低的水平，然后在这样的要求下决定初始投资额度。这显然是运用统计方法解决金融中的问题。

10. 经济研究中的统计

由于现代经济发展日益错综复杂，经济学研究又不断深化，对分析的精确性的要求愈来愈高，因此，现代经济学在研究方法上大量运用统计学、计量经济学的方法，进行经济数量关系的分析。比如，人们经常要求经济学家对未来的经济或其某一方面的发展做出预测。在预测时需要用到各种统计数据，还要有适当的统计方法。例如，在预测通货膨胀率时，经济学家利用诸如生产者价格指数、失业率、制造业开工率等指标的统计数据，把这些统计指标输入到预测通货膨胀率的计算预测模型中，进行运算、分析与解释。

统计方法在经济管理中应用的例子举不胜举。总之在宏观经济管理中，政府进行大量的统计调查和统计分析预测：GDP 增长及其走势；产业结构状况及其变动趋势；每月的消费者价格指数及由此可反映出的通货膨胀情况；房屋动工数量及货币回笼速度等许许多多统计指标。政府依据统计数据制定宏观经济政策，并利用统计数据评价、检查施政的绩效。在工商企业管理中，管理人员经常需要在未来条件不确定的情况下做出牵涉资金数额巨大甚至是有关企业生死存亡的重大经营决策，而在日常的经营管理中，更时时面临着各种各样的决策问题。利用统计决策模型，则可以降低决策风险，做出明智的选择。

1.4 统计学的基本范畴

统计学的基本范畴是阐明各个统计方法所蕴含的统计思想的核心概念，通常称其为统计学的基本概念。统计学的基本概念是统计认识的基本工具，深刻理解统计学的基本概念，是学好应用统计学这门课程的基础。

1.4.1 统计学的基本概念

构成统计学基本范畴的基本概念，即统计学的基本概念，包括统计总体、样本和总体单位、统计标志与变量、统计指标与指标体系等。

1. 统计总体、样本和总体单位

统计总体就是统计所要研究对象的全体，它是由客观存在的、具有某种共同性质的许多个别事物构成的整体，简称总体或母体；构成总体的每一个别事物称总体单位，也称为个体。总体中总体单位的数量称为总体容量。

最常见的总体是由自然物体组成的总体。例如，要研究全国的人口状况，则全国人口就是总体，每一个人是总体单位。又如，要研究一批产品的质量状况，则该批产品就是总体，每件产品是总体单位。可见，总体单位与总体的关系是个别与整体的关系，它们是相互依存的。

如果总体中只包含有限可数个单位数，则称该总体为有限总体；如果总体单位数是无限的，即总体容量为无穷大，则称该总体为无限总体。例如，全国的人口、某种产品产量等都是有限总体；而宇宙中的星球、海洋中的鱼则可看作是无限总体。

统计总体和总体单位的确定取决于统计研究的目的。研究目的不同，统计总体往往也不同。例如，研究目的是了解全国工业企业的状况，则总体是全国所有工业企业组成的集合，每一个工业企业是一个总体单位。若研究目的是了解某企业职工的工资收入状况，则该企业的全部职工构成总体，每个职工就是总体单位。

样本是从总体中抽取一部分个体所组成的集合。样本中所包含的个体数，称为样本容量或样本单位数。

样本是与总体相对应的概念。总体是在一个特定研究中所有个体组成的集合，样本是总体的一个子集，是总体的代表和缩影。总体是要研究的对象，而样本则是所要观察的对象，对样本进行观察的目的是要对总体的数量特征做出估计与判断。

总体与样本也取决于统计研究的目的。例如，一个国家进行人口普查，以了解本国某一时点的人口状况，则一个国家该时点的所有人口是一个总体。但如果要从历史上动态考察该国人口变化规律，则若干时点上的人口总体就成为样本，动态上的人口总体才是与之相对应的总体。

2. 统计标志与变量

统计活动的研究对象虽然是统计总体，但是，必须从组成该总体的各个个体认识入手。考察各个个体与总体研究目的相联系的某些特征，考察这些特征在总体中各个个体间的分布情况，以及蕴含在一个个带有一定偶然性的个体结果中的偶然现象之必然规律。例如，人口普查是为了考察全体国民的性别、民族、年龄、文化程度、职业等特征上的分布状况及其变化规律，为此，我们必须从对每个国民的性别、民族、年龄、文化程度、职业等具体表现的登记入手；又如，对工业企业总体进行调查，是为了考察不同行业、资产规模、职工人数、产值、利润等特征上企业数量的分布情况及其演变规律，必须从对每个企业所属行业、资产规模、职工人数、产值、利润等具体表现的登记入手。因此，要研究统计总体的数量特征，需要从对统计总体各单位的属性或特征，以及各个总体单位在某些属性或特征上的具体表现的观察开始。

总体各单位所共同具有的属性或特征称为统计标志，简称标志。它是说明总体单位属性或特征的名称。而标志在各总体单位的具体表现称为标志表现。例如，对于人口总体，性别、民族、年龄、文化程度、职业等都是标志。而张三是男性，汉族，25 岁，大学毕业，现从事会计工作则分别是上述各标志的一个具体表现。又如，对于工业企业总体，所属行业、资产规模、职工人数、总产值、利润都是标志，而强盛电视机厂属于电子行业，拥有资产总额 2 亿元，职工 3000 人，总产值 4 亿元，利润 4000 万元分别是上述各标志的标志表现。

由于总体是由同类事物的全体构成的，所以在一个总体中必然有些标志在各个个体上的标志表现都相同，这样的标志称为不变标志。例如，在全国人口总体中，国籍这一标志就是不变标志，这是由于每个人的国籍相同这一共性(即同质性)特征把每个人集合在一起构成了全国人口这一总体。显然，一个总体至少有一个不变标志。

总体中必然有些标志在各个总体单位上的标志表现是不同的，这样的标志称为可变标志，它们正是统计活动所要考察的对象。例如，人口总体中，性别、年龄、民族、文化程度、职业都是可变标志，因为每个人在这些标志上的标志表现会有不同(即差异性)。一个总体至少有一个可变标志。同时，构成总体的总体单位必须是大量的，才能规避由于各种偶然因素的干扰产生的差异性而得出错误的结论。大量性、同质性和差异性是总体必须同时具备的 3 个基本特性。

总体中的可变标志是统计活动的基础和依据。为了能够使用数学方法，每个可变标志都可以视为变量，用 x 或 y 表示，而各个总体单位在可变标志上的标志表现则可看成该变量的各个取值，即变量值。实际上，统计活动研究总体是研究总体中的某个变量，该变量的全部取值是统计活动的考察对象，因而，变量的全部取值也可以构成总体。

3. 统计指标和指标体系

统计指标是统计活动按照一定的统计方法，对总体单位数、总体各单位的标志表现进行记录、核算、汇总、综合而形成的，用于反映统计总体某一综合数量特征的科学范畴。它一般包括指标概念和指标数值两个方面，此外，还有计算方法、计算单位、时间规定性和空间规定性等，因此，一个完整的统计指标由以上 6 个要素组成。需要说明的是，讨论统计理论时和在统计设计阶段，统计指标是指说明总体数量特征的名称。当然，根据样本中各单位的标志表现计算的是样本指标，样本指标是用来推断总体指标的。

统计指标具有数量性、综合性和具体性的特点。也就是说，它是许多个体现象具体数量综合的结果，说明一定的、具体的总体现象的数量特征。

统计指标是统计学中最重要的基本概念之一。统计正是用统计指标对总体的现状、发展变化、内部结构及其与外部的数量关系进行计量描述及分析研究的。统计指标在经济分析和管理决策中占有中心地位。

统计指标按所反映总体的内容和数量性质的不同，分为数量指标和质量指标。数量指标是说明总体现象的规模大小和数量多少的指标，一般用绝对数来表示，如企业总数、利润额等。质量指标是说明总体内部、总体之间数量关系或总体单位水平的指标，是数量指标的派生指标，一般用相对数和平均数形式表示，如平均工资、价格水平、人口密度等。

统计指标按其计量单位的不同，可分为实物指标和价值指标。实物指标，是根据事物的自然属性，采用自然物理单位计量的指标。实物指标的最大特征是具体明了，可直观地反映事物发展的规模和水平，是计算其他指标的基础。但计量不同事物现象的实物指标不能直接相加，缺乏综合概括能力。价值指标是以货币单位计算的统计指标，又称货币指标。其最大特点是综合性和概括能力强，但比较抽象，同时受价格水平的制约。此外，还有以劳动时间(即定额工时)为单位的劳动量指标。由于各企业的定额水平不同，该指标往往仅限于企业内部使用，不适合用于进行企业间的汇总。

一个统计总体往往有许多数量特征，可以从多方面、多角度、多层次来描述。但一个统计指标只反映其中一方面的一个特征，要全面反映总体各方面的特征，就必须构造和使用一系列相互联系的指标。这种反映同一总体现象的一系列相互联系的统计指标所形成的体系，称为统计指标体系。例如，工业企业生产经营活动的过程既是供、产、销的过程，也是产品的价值形成与实现的过程，同时又是企业的资金周转过程，如图 1-1 所示。

全面反映一个工业企业生产经营活动的过程及结果，就需要有工业企业的总产值(C_1+C_2+V+M)、增加值(C_2+V+M)、销售额、原材料消耗及库存、利润总额、工资总额、劳动生产率、资金利润率等一系列统计指标组成的指标体系来完成。

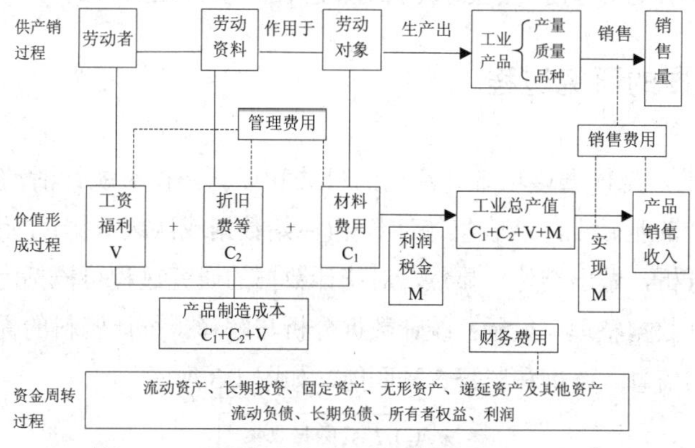

图 1-1　工业企业生产经营活动的过程及结果

1.4.2　统计思想的概念框架

构成统计学基本范畴的统计总体、样本和总体单位、统计标志与变量、统计指标与指标体系等基本概念能清晰地勾勒出统计的基本思想，如图 1-2 所示。

统计总体单位
同质基础结合
随统计研究目的转化
统计总体
(1) 收集
[1] 随机抽取
随统计研究目的转化
(3) 分析 [5] 统计数量
揭示总体特征
统计标志与变量值
(2) 整理
统计指标与指标体系
[2] 收集
[3] 整理
[4] 推断
检验
样 本
样本指标

图 1-2　统计基本概念的关系

注：(1)→(2)→(3)勾勒的是全面调查下数据的收集、整理和分析的路径；[1]→[2]→[3]→[4]→[5]勾勒的是抽样调查下数据的收集、整理和分析的路径。

图 1-2 清晰地表明：统计总体是统计所要研究的对象，统计活动的目的是认识统计总体的数量特征。统计总体由总体单位构成，两者互相依存；统计标志说明总体单位的某种共同的属性或特征；统计指标说明总体的某一数量特征；统计指标体系则是多方面、多角度、多层次地描述统计总体的多重数量特征。统计指标由统计标志表现(变量值)整理所得，统计指标体系由反映同一总体现象的一系列相互联系的统计指标构成。

统计可以收集总体的全部单位的数据来认识总体的数量特征，也可以通过从总体中随机抽取一部分个体进行观察，达到认识统计总体数量特征的目的。

1.4.3　统计数据的研究过程

一项统计活动，是依据该项统计活动的目的和任务，在对统计活动的内容和程序做出通盘考虑和安排的基础上，从收集统计数据(原始数据或次级数据)开始，进而对其进行整理加工，经过分析，做出结论。显然，对统计数据的研究过程可概括为：统计设计；统计数据收集；统计数据整理、显示；统计数据分析与解释；统计资料的提供。从这 5 个基本环节实现统计的信息、咨询和监督 3 种职能，如图 1-3 所示。

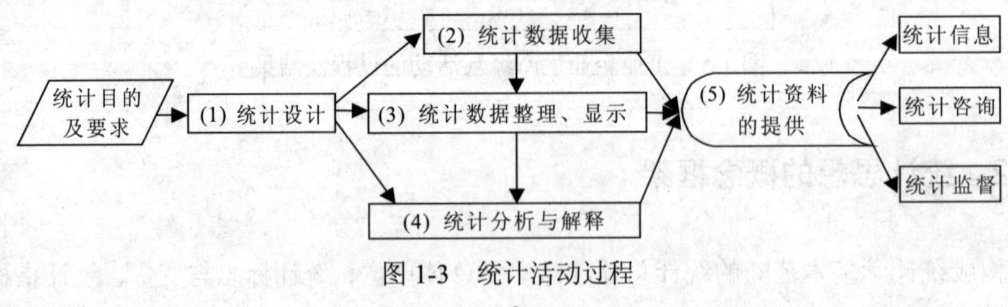

图 1-3　统计活动过程

1. 统计设计

统计设计是统计工作的第一个工作阶段，是根据统计研究对象的性质和研究的目的，对统计工作的内容和程序进行通盘考虑和安排。

统计设计的结果通常表现为各种设计方案，如统计指标和统计指标体系、分类目录、统计报表制度、调查方案、汇总整理方案等诸多方面的内容。

从认识顺序来讲，统计设计是统计活动的第一阶段，但在实际工作中，有时并不被认为是统计活动的开始，而表现为统计活动连续活动中的一个环节，即统计设计的修正与统计活动过程中对设计方案的修正和改进。

例如，一个单项的统计全阶段设计应包括以下几个方面的内容：

① 明确规定统计的目的；

② 确定统计研究的对象与单位；

③ 进行统计指标和统计指标体系的设计；

④ 进行与统计指标体系相联系的统计分类和统计分组设计；

⑤ 收集统计数据方法的设计；

⑥ 统计数据汇总整理的设计；

⑦ 确定为达到统计研究目的所需要的分析；

⑧ 统计力量的组织与安排；

⑨ 统计活动各个部门的协调。

2. 统计数据收集

统计数据收集是按照统计设计的要求，有针对性地获取所需要的数据的环节，是统计数据整理与分析的基础。数据收集是否准确、及时、完整，直接影响到统计分析的质量。如果收集的数据失真，就会导致错误的分析结论。

3. 统计数据整理

统计数据整理是根据统计研究的目的和要求，对收集的数据进行审核、分类、加工、汇总和显示，使零散的资料条理化、系统化、综合化，成为能反映总体特征的统计数据的环节，也称为统计整理环节。整理结果表现为统计表、统计图或统计指标。

4. 统计数据分析与解释

统计数据分析是对加工整理好的统计资料，围绕统计研究所确定的任务，运用各种统计分析方法进行研究，得出有用的定量结论的环节，也称为统计分析环节。数据分析的实质旨在揭示被研究对象的基本特征和发展规律性，并做出科学的判断和结论。统计分析是理性认识阶段，是统计发挥作用的关键环节。数据解释是对整理和分析的数据或有关数量结果进行说明，即说明为什么会得出这些数据，这些数据的含义分别是什么，从中能得出哪些具有规律性的结论，需要进一步探讨哪些问题等。数据解释是对数据分析的深化。

5. 统计资料的管理和提供

提供统计资料是统计信息社会化的重要步骤，在全面分析、系统搜集整理各种统计信息的基础上，建立数据库和信息库，以灵活多样的方式向社会提供资料。

总之，统计数据的研究过程是通过这 5 个环节，从定性到定量到更高的定性，最后达到对社会经济和自然现象本质和规律性的认识。与此同时，统计随之实现统计信息、统计咨询与统计监督三大统计职能。

1.5 描述统计与推断统计

统计数据研究经过 5 个环节，各个环节需要运用不同的统计方法。综合来看，统计研究过程的起点是反映总体单位的统计数据，终点是揭示客观现象总体数量特征、数量关系，探索其数量规律性。如果通过收集总体的全部单位的数据来认识总体的数量特征，就需要将收集的数据进行加工整理，通过表格、图形或数值形式对其进行恰当、科学描述；如果获得的只是样本数据，那么要揭示总体数量特征、数量关系，探索其数量规律性，就要运用概率论的理论并根据样本信息，对总体进行科学推断。其被称为推断统计。因此说，贯穿于统计数据研究过程的统计研究方法主要有描述统计与推断统计两大类，它们是将数据转为有意义的而且易于理解的统计信息的方法。

1.5.1 描述统计

描述统计是研究如何取得反映客观现象的数据，并将收集的数据进行加工处理，通过表格、图形或数值形式显示，进而通过综合、概括与分析得出反映客观现象总体的数量特征、数量关系与数量规律。

我们再回头看本章的开篇案例，课程主讲教师所做的课程成绩的统计活动，就是用描述统计方法对学生的应用统计学学习成绩的数量特征给予综述。在此案例中，主讲教师运用观测法，记录每位学生的各种学习成绩——收集数据；计算评定学生的学期总成绩，然后分组、汇总，得出各组成绩的学生人数，以表 1-1(实际工作中，直接填入课程考试质量分析表)与图 1-4(实际工作中，考虑到成绩分布比较简单与课程考试质量分析表的空间有限，省略了分布图)反映学生的成绩分布，用卷面平均成绩 70 分，不及格的学生占 17.53%等统计指标揭示学生成绩的总体数量特征——统计数据加工整理、显示；撰写考试成绩结果分析与意见——统计分析与解释。

表 1-1 经贸学院××级学生应用统计学的成绩分布表

考试卷面成绩			学期总评成绩		
分数(分)	人数(人)	百分比(%)	分数(分)	人数(人)	百分比(%)
100～90	23	5.45	100～90	23	5.45
89～80	96	22.75	89～80	98	23.22
79～70	116	27.49	79～70	115	27.25
69～60	113	26.78	69～60	158	37.44
59～40	61	14.45	59～40	17	4.03
39～0	13	3.08	39～0	11	2.61
合计	422	100.00	合计	422	100.00

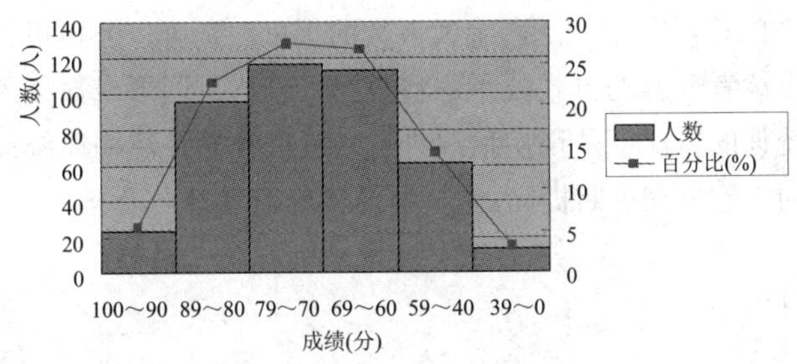

图 1-4 应用统计学卷面成绩分布

虽然本章的开篇案例是个非常简单的统计描述的例子，但是，它让我们切实地看到了描述统计的过程与主要内容。首先要通过一定的行之有效的调查方法，收集我们关注的标志在各个总体单位中的表现，然后对这些数据进行汇总、归纳和计算，将原始资料整理成有条理的能够说明被研究的统计总体数量特征的统计指标，并运用相应的统计表、统计图将这些结果表现出来，进而进行分析与解释。

在描述统计过程中，收集统计数据可以通过查阅与询问的方法获得人们已经加工的资料，当我们需要的统计数据不能从已加工资料中获取时，可以运用大量观测(调查)法、统计实验法[1]等统计研究的方法获得；在统计数据整理阶段有统计审核法、统计分组法、统计汇总法等方法，而数据整理结果的显示有统计表、统计图或统计指标等形式；统计数据的分析又有综合指标法、统计模型法等基本方法。描述统计的过程与主要内容可归纳为如图 1-5 所示。

[1] 凡是在获得数据的过程中，不对被调查对象数据产生的条件施加任何控制而获得数据的，称为观测(调查)法。凡是在获得数据的过程中，对数据产生的条件实施了控制而获得数据的，称为实验法。社会经济现象的统计数据收集都只能运用观察法。

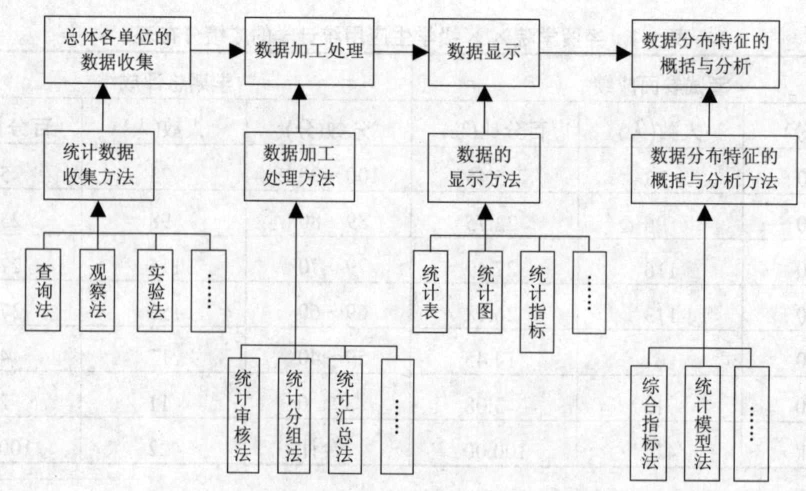

图 1-5　描述统计的过程与主要内容

描述统计方法的使用非常广泛，绝大多数的报纸、杂志、公司报告和其他出版物上的统计信息以易于读者理解的方式披露，将数据以表格、图形或数值的形式表现出来，都是在运用描述统计的方法。从现实情况来看，人们开始关注描述统计的拓展与表述，对描述统计方法的兴趣也在不断提高。

1.5.2　推断统计

推断统计是主要研究如何根据样本数据来推断总体的数量特征。它的内容主要包括参数估计的方法、假设检验的方法、方差分析的方法、相关与回归分析的方法等。

在很多情形下，出于对时间、费用和其他因素的考虑，只能对样本进行调查，利用样本数据来估计总体的数量特征。比如，新宇高科电器有限责任公司是生产节能灯泡的电器公司，为了提高 A 种灯泡的使用寿命，产品设计部开发出一种新型灯丝的灯泡。为了评估新灯丝的优点，用生产出的 80 只新灯丝灯泡组成样本，并进行测试，记录每只灯泡在灯丝被烧断之前的使用小时数。记录的样本测试结果列示于表 1-2。

表 1-2　新宇高科电器有限责任公司 80 只新灯丝灯泡的使用寿命(小时数)

1036	988	1125	995	1088	1065	1023	1075	1002	994
1047	968	1183	1058	1142	1098	945	1126	1036	987
1046	976	1087	984	1224	998	1032	1153	1103	958
1153	994	1039	1006	1214	1076	986	1078	1048	1126
1216	1122	1096	1035	1004	1053	1004	1094	1080	994
964	975	1185	1021	1007	948	1024	1136	1083	1120
1113	997	1005	1088	997	1034	985	1093	1004	1082
1047	984	1136	989	1073	1102	976	1097	1005	1152

新宇高科电器有限责任公司的产品设计部门希望利用样本数据对用新灯丝生产的所有灯泡总体的使用寿命进行推断。产品设计部门将进行测试记录的80只灯泡的使用寿命相加再除以80，计算出80只灯泡的平均使用寿命为1055小时。他们就可以用这一样本结果估计灯泡总体的可能的平均使用寿命或其可能平均使用寿命的区间。灯泡总体的平均使用寿命推断统计过程的示意图见图1-6。

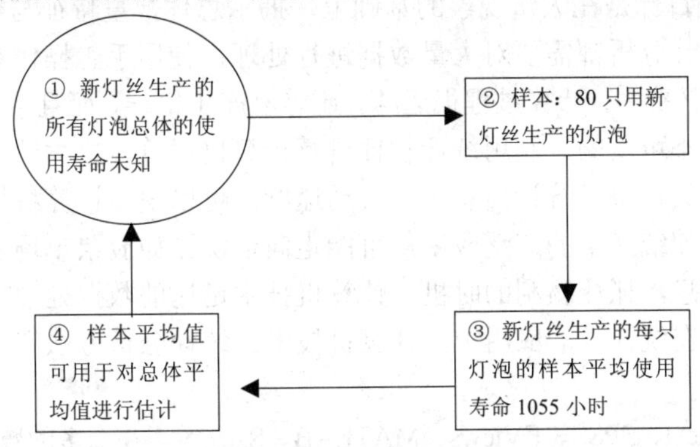

图1-6 统计推断过程

统计利用样本对总体的特征进行推断时，通常需要相应地注明统计质量与精度。产品设计部门用样本结果估计灯泡总体的平均使用寿命为1055小时的同时，计算得估计精度为±15小时的概率为95%。这样，就可以估计，有95%的把握新灯泡总体的平均使用寿命在1040小时到1070小时的区间内。

新宇高科电器有限责任公司产品设计部利用样本数据对用新灯丝生产的所有灯泡总体的使用寿命进行推断，我们能初步领会推断统计是在对样本数据进行统计描述的基础上，对统计总体的未知数量特征做出以概率形式表述的推断。其过程可用图1-7表示。

由于样本包含的总体信息必然不完备，用其推断总体难免有误差，为了使这种误差尽可能小，或将其控制在可以接受的范围内，统计学就需研究抽取样本的方法、推算的方法，以及推断误差的计算与控制的方法，以使推算的结果准确性尽可能满足要求，且失误尽可能小。

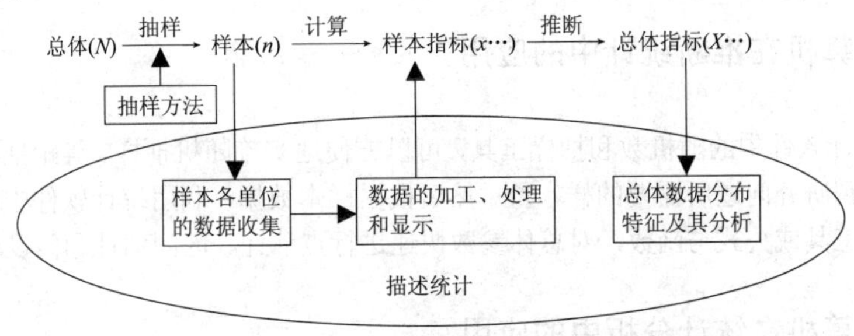

图1-7 推断统计的过程

描述统计和推断统计是统计方法的两个组成部分，描述统计是整个统计学的基础，推断统计则是现代统计学的主要内容，从描述统计发展到推断统计是统计学发展成熟的重要标志。利用样本数据来估计总体的数量特征等的推断统计是统计学的一个主要贡献，它的作用越来越被人们重视。

1.6 计算机在统计中的应用

统计学的研究目标是在大量观察的基础上，揭示总体数量特征与数量关系的规律。统计数据整理与统计分析都需要对大量数据进行处理，使用手工操作对统计数据进行加工、分析不仅费时又费力，计算过程很乏味，还容易产生错误，而且手工操作对有些“海量”数据的处理是不可及的。利用统计软件进行计算机运算，极大地节省了时间，且运算不易产生错误，又加快了统计信息生产流动速度，可以说，计算机技术和统计软件强大的数据处理能力使统计学的广泛应用从可能走向现实。如股票市场要求迅速从交易的数据中获得有关信息，抓住赢利的时机，计算机技术迅速的数据处理功能正是提供了这种可能性。因此，在统计学的应用中，计算机技术、统计分析方法和统计软件，成为必不可少的工具。

统计软件有 Excel、SPSS、EViews、MATLAB、SAS 等。在众多的数据处理软件中，由于 Excel 能够与 Windows 操作系统以及 Office 中的其他软件良好结合，而且普及面广、使用简便、功能强大、能够满足一般统计分析的需要，所以本教材的数据处理由 Excel 软件完成。

1.6.1 计算机在描述统计中的应用

利用计算机和互联网可以进行网上调查，快速、准确地收集原始数据和次级数据，无时空和地域限制，具有传统调查无法比拟的优越性。然后利用统计软件可以迅速对统计数据进行有效性检查、筛选、排序及分组整理等工作，使统计数据系统化、条理化，符合统计分析的要求；利用统计软件中丰富的统计表和统计图的制作和编辑功能，可以形象、直观地将统计数据的分布特征和规律性显示出来，易于读者理解；利用统计软件中强大的函数功能和分析工具，可以及时、准确地计算，并提供有关统计数据的分布特征值，如均值、方差、标准差、偏度、峰度等指标。

1.6.2 计算机在推断统计中的应用

利用统计软件中的随机数和抽样工具，可以方便地实施随机抽样、等距抽样等抽样方法，快速得到研究问题所需要的样本量。然后根据样本数据，利用统计软件中的参数估计和假设检验工具或公式与函数，对总体参数快速进行点估计、区间估计和假设检验等。

1.6.3 计算机在统计分析中的应用

利用统计软件中的方差分析、相关分析、回归分析和时间序列分析工具，可以轻松地测定出变量间的相关关系和相关程度，测定出现象的发展水平、发展速度、长期趋势、季节变动等，并能快速得到回归方程、趋势方程和季节指数，对未来做出预测。

总之，计算机在统计中的应用，有助于提高统计活动的效率，特别是对一些数据量较大、难以用手工完成的统计活动，计算机更能体现出它的优越性。

本书在第 11 章讲解了 Excel 的操作步骤，对大部分统计方法给出了 Excel 的计算过程和结果的解释。

本章小结

统计学是收集、分析、表述和解释数据的科学与艺术。要有效地从事经济研究与管理，应用统计学不可不学。

运用统计学的方法研究经济、管理问题，不仅要学好统计学知识，也需要学好经济学、管理学及其背景知识，并需要具备一定的计算机技术和统计软件的运用能力，并善于将统计学与经济学、宏观经济分析与微观经济分析等结合。

构成统计学的基本范畴的基本概念，包括统计总体、样本和总体单位、统计标志与变量、统计指标与指标体系等。这些基本概念清晰地勾勒出统计的基本思想与统计数据的研究过程。统计总体是由总体单位构成的，两者互相依存。统计标志说明总体单位的某种共同特征。统计指标是说明总体的某一数量特征(统计指标体系可以从多方面、多角度、多层次来描述统计总体的多重数量特征)，由统计标志表现(变量值)整理所得。统计从研究总体单位入手，目的是认识统计总体的数量特征。它可以收集总体的全部单位的数据来认识总体的数量特征，也可以利用样本数据来估计总体的数量特征。从这些概念的关系中，显见，统计数据的研究过程包括统计设计、数据收集、数据整理、数据分析与解释和统计资料的提供 5 个环节。

描述统计学是研究如何取得反映客观现象的数据，并将收集的数据进行加工处理，通过表格、图形或数值形式显示，进而通过综合、概括与分析得出反映客观现象总体的数量特征、数量关系与数量规律。推断统计主要研究如何根据样本信息来推断总体的数量特征，它是在对样本数据进行统计描述的基础上，对统计总体的未知数量特征做出以概率形式表述的推断。

统计现代化是通过计算机的应用而实现的。掌握计算机和统计软件的操作是未来开展统计活动的必备技能。

练习题

一、思考题

1. “统计”一词有哪几种含义？它们之间是什么样的关系？
2. 如何认识统计的作用？
3. 总体、总体单位、标志与指标之间的相互关系如何？

4. 什么是统计指标体系？它有哪些表现形式？

5. 为什么说描述统计学是推断统计学的基础？

二、选择题

1. 统计学研究对象的数量性包括(　　)。

A. 数量的多少　　B. 现象之间的数量关系

C. 质量互变的数量界限　　D. 数量的规律

2. 统计总体的基本特征是(　　)。

A. 同质性、数量性、变异性　　B. 数量性、具体性、综合性

C. 大量性、同质性、差异性　　D. 总体性、社会性、大量性

3. 有 200 家公司每位职工的工资资料，如果要调查这 200 家公司的工资水平情况，则统计总体为(　　)。

A. 200 家公司的全部职工　　B. 200 家公司

C. 200 家公司职工的全部工资　　D. 200 家公司每个职工的工资

4. 一个统计总体(　　)。

A. 只能有一个标志　　B. 可以有多个标志

C. 只能有一个指标　　D. 可以有多个指标

5. 若进行全市百货商店售货人员工作情况研究，则总体单位是(　　)。

A. 所有百货商店　　B. 一个百货商店的所有售货员

C. 一个百货商店　　D. 每位售货员

6. 以产品等级来反映某种产品的质量，则该产品等级是(　　)。

A. 数量标志　　B. 数量指标　　C. 品质标志　　D. 质量指标

7. 某工人月工资为 1550 元，工资是(　　)。

A. 品质标志　　B. 数量标志　　C. 变量值　　D. 指标

8. 某班 4 名学生金融考试成绩分别为 70 分、80 分、86 分和 95 分，这 4 个数字是(　　)。

A. 标志　　B. 指标值　　C. 指标　　D. 变量值

9. 对某工业企业生产进行调查，得到以下资料，其中的统计指标有(　　)。

A. 某企业为亏损企业　　B. 实际产值 1100 万元

C. 职工人数 10000 人　　D. 某企业为股份制企业

E. 机器台数 750 台

10. 在全市科技人员调查中，(　　)。

A. 全市所有的科技人员是总体

B. 每一位科技人员是总体单位

C. 具有高级职称的人数是数量指标

D. 具有高级职称的人数是质量指标

E. 科技人员的平均年龄是变量

三、简答题

1. 20××年 1 月，对 100 位基金经理进行了一次抽样调查，调查结果显示：40%的基

金经理认为他们自己的股票投资牛或比较牛，预期当年的股东权益回报率为 20%；40%的基金经理认为消费类股票极有可能是当年股票市场的主导板块；100位基金经理对房地产类股票大约需要多长时间才能恢复上涨的回答是平均时间为 2 年。

(1) 列举两种描述统计。

(2) 对所有基金经理总体对当年的股东权益的可能回报率做出推断。

(3) 对房地产类股票恢复上涨的时间长度进行推断。

2. 一家公司欲检验一个新的电视商业广告的效果。作为检验的一部分，商业广告在其电视台的晚间 8:00 的当地新闻节目中播出。一周后，一个市场调查公司进行了电话调查，以获取记忆率信息(观众记忆看过广告的百分比)和对广告的印象。

(1) 这项研究的总体是什么？

(2) 这项研究的样本是什么？

(3) 在这种情况下为什么要使用样本？请说明理由。

3. 某传媒公司每周进行一次全国电视节目收视率的调查。该调查的统计数据显示每一个主要电视节目的观众规模。对电视节目与观众市场份额进行排序，每周公布一次。

(1) 该传媒公司试图度量什么？

(2) 总体是什么？

(3) 在这种情况下为什么要用样本？

(4) 基于该传媒公司的研究可以进行何种决策和行动？

4. 6 名学生的考试成绩的样本值(分)为：72，65，82，77，90，76。下列表述中，哪些是正确的？哪些受到怀疑？为什么？

(1) 6 名学生样本的平均成绩是 77 分。

(2) 参加考试的所有学生平均成绩是 77 分。

(3) 参加考试学生成绩的估计值是 77 分。

(4) 参加考试的学生中大多数人的成绩在 70～85 分之间。

(5) 学生成绩在 65～90 分之间。

5. (1) 写出某电视机厂、某高等学校、某医院等单位中你所熟悉的统计总体和总体单位。

(2) 写出电视机、大学生、医生等总体单位的品质标志和数量标志，以及不变标志和可变标志。

第2章 数据与数据收集

【案例】浙江省某副省长曾多次指示“应重点研究如何激活企业 R&D 投入”。2005年初，我们承担了《浙江省企业 R&D 投入分析及相关政策措施研究》课题，认为研究如何激活企业 R&D 投入，先要搞清浙江省企业 R&D 投入与企业技术来源构成的情况，并联系经济发展水平，与相关地区和国家比较……

用事实说话——查找数据记录的事实！我们理清企业获取技术来源的途径，设计反映企业 R&D 投入与企业技术来源构成情况的指标后，查阅统计年鉴、R&D 资源清查资料、经济普查资料、有关的在线数据库，收集中国及国内各省(直辖市)区与国际上不同国家如 OECD 各国的 R&D 投入数量、结构、强度等数据，比较分析浙江省企业 R&D 投入的情况；直接到有关政府统计部门与主管部门收集企业各种技术来源的投入量与结构等数据，并选择 40 家典型企业，深入调查检验 R&D 投入的统计数据的可靠性，以全面深入地揭示浙江省企业 R&D 投入情况，为激活企业 R&D 投入相关政策措施的研究提供支持。

在应用经济研究中，数据是支持课题研究的基石。那么，什么样的数据能反映出什么样的事实，如何查找反映有关事实的数据呢？在本章中，我们讨论可用于统计分析的数据类型，并说明如何取得这些数据。

2.1 数据

统计数据简称数据。数据是所收集、分析、汇总的，用以描述和解释的事实与数字。统计数据的研究，首先涉及的是数据的测度。在统计数据的收集、处理和分析中，不同特点的统计数据，形成不同的类型，需要采用不同的统计方法将数据转为有意义的而且易于理解的统计信息。那么，统计数据有哪些类型，应如何测度呢？

2.1.1　数据的测量尺度

总体单位的特性各具特点，体现在标志表现上：有的只能用文字表示，如性别、民族、文化程度、职业、所属行业等；有的需要用数值表示，如年龄、资产规模、职工人数、产值、利润等。进一步分析用文字表示的标志表现中，又有如性别、民族、职业、所属行业等平行分类或分组的测度，亦有如文化程度等可以测度次序差，并可比较大小的测度。而进一步分析用数值表示的标志表现中，也有对事物类别或次序之间间距的测度，与对事物之间比值的测度之别。前者如气温，后者如长度、重量、面积、体积、压力等。这就是说，对客观事物的观测需要适当地采用不同的测量尺度。按照对客观事物测度的程度或精确水平来划分，可将计量尺度从低级到高级、由粗略到精确分为定类尺度、定序尺度、定距尺度、定比尺度 4 种。

1. 定类尺度

定类尺度又称名义尺度或列名水平。如果数据是用来确认个体属性的标签或名称，则该变量的测量尺度称为名义尺度。这类变量的测量尺度可以将客观事物按照某种属性进行平行分类或分组，因此，更喜欢称其为定类尺度。如人口总体中的性别标志，其标志表现只能为男或女；工业企业总体中的所属行业标志，其标志表现只能为机械工业、电子工业、化学工业、冶金工业等。这种既无数量大小又无顺序好坏，只说明总体单位所属类别的描述，是对事物的一种最粗略、计量精度最低或最基本的测度，是其他计量尺度的基础，主要用于非参数的统计推断。其主要特征体现为：

① 只能区分事物的类别，但无法比较类间的大小；

② 对事物的区分必须符合穷尽和互斥的要求；

③ 对其进行分析的统计量主要是频数或频率。

2. 定序尺度

定序尺度又称顺序尺度或有序水平。如果数据显示名义数据的性能和数据的顺序或等级之间的差别，则该变量的测量尺度称为顺序尺度。顺序尺度能测量事物之间等级或顺序差别，因此也更喜欢称其为定序尺度。定序尺度不用数量大小而只用顺序等次来说明总体单位属性顺序。它不仅可以测度类别差，而且还可以测度次序差，并可比较大小或好坏。比如，企业按规模分为大、中、小、微 4 类，学习成绩划分为优、良、中、及格、不及格 5 等，这些标志的具体表现之间有好坏、优劣、次序关系，但没有数量关系。定序尺度的计量精度要优于定类尺度。

3. 定距尺度

定距尺度又称间隔尺度或差距尺度。如果数据具有顺序数据的性能，并可以按某一固定单位表示数值间的间隔，则该变量的测量尺度称为间隔尺度。间隔尺度能测度事物类别或次序之间的间距，因此，更习惯称其为定距尺度。有些标志，用数值表示其标志表现，其数值不存在绝对零点，如气温 0℃并不表示没有温度。这类标志虽然其标志表现为具体数据，但其数值之间不存在比例换算关系。如气温 20℃并不表示比气温 10℃热一倍，但气温 20℃与 10℃之间的温差却和气温 10℃与 0℃之间的温差相等。又如，学生的统计学考试成绩，100 分并不表示比 50 分掌握的知识多一倍，0 分也不表示没有知识。它是一种较定类尺度和定序尺度更为高级、更为精确的一种计量尺度。其主要特征体现为：

① 不仅能区分事物的类别、进行排序、比较大小，而且可以精确地计量大小的差异，即可以进行加减运算，但不能进行乘除运算。

② 没有绝对零点，即可以任意一个零为起点。这里的“零”表示一个数值，即“0”水平，而不表示“没有”或“不存在”。

4. 定比尺度

定比尺度又称比率尺度或比例尺度。如果数据具有间隔数据的所有性能，并且两个数值之比是有意义的，则该变量的测量尺度称为比率尺度。它能测度事物之间的比值，所以常称其为定比尺度。定比尺度可用于参数与非参数统计推断。对于大多数标志，其数值都存在绝对零点，如长度、重量、面积、体积、压力等。这种数量标志的数值除了具有定距尺度数值的全部特性以外，数值之间还存在比例关系的特性。如重量 60 公斤是 20 公斤的 3 倍，高度 2 米是 1 米的 2 倍等。虽然定比尺度与定距尺度同属于一个等级的计量尺度，但其功能要比定距尺度强一些，其主要特征体现为：

① 除能区分类别、进行排序、比较大小、求出大小差异、可采用加减运算以外，还可以进行乘除运算；

② 具有绝对零点，即“0”表示“没有”或“不存在”；

③ 所有统计量均可对其进行分析。

上述 4 种计量尺度对客观事物的度量层次是由低级到高级、由粗略到精确逐步递进的。高层次的计量尺度可以度量低层次计量尺度，但不能反过来。各种测量尺度适用于对不同类型的客观事物的度量，测量尺度决定了数据中蕴涵的信息量，也在一定程度上表明了适用的数据描述和统计分析方法。

2.1.2 统计数据的常用类型

统计数据的收集、处理与分析，都与数据的特征密切相关。从统计数据的收集来看，要问数据从什么途径获取，是利用已存在的数据(次级数据)，还是直接通过观察或实验获取的原始数据；为了便于统计数据的处理，需要区别品质型数据与数值型数据；为了便于统计分析，有必要区分截面数据与时序数据；等等。

1. 原始数据与次级数据

从统计数据获取途径来看，收集数据的工作通常有两类：一类是对现象进行实验与观察，直接取得所需要的数据。这种途径得到的数据称为原始数据或第一手数据。另一类是通过查阅或询问获得他人已经加工、整理的可使用的现存数据。这种途径得到的数据称为次级数据或第二手数据。

通过实验与观察的方式获得的原始数据分别为实验数据与观察数据。

在一项实验性的统计研究中，首先要确定感兴趣的主要变量，然后控制一个或多个其他变量，以便获得它们如何影响主要变量的数据。例如，一个制药公司可能会进行一项实验，以获得一种新药是如何影响血压的情况。在研究中，血压是感兴趣的主要变量，新药的剂量是影响血压的另一个变量，实验希望能找出新药的剂量与血压之间的因果关系。为了获得有关新药效果的数据，研究人员选择一些高血压病人组成样本。控制新药的剂量，不同的高血压病人组给予不同的药剂水平，然后收集每组服药前后的血压数据。实验数据的统计分析将会有助于了解新药是如何影响血压的。

在观测性统计研究中，并不是有目的地去控制感兴趣的变量。通常统计调查是观测性研究中最常用的方法。例如，在一个征求顾客意见的调查中，首先要明确研究的问题，然后设计调查问卷，选择一些人作为样本。一些饭店利用观测研究来获取顾客对饭店的食品质量、服务和就餐环境等方面的数据。饭店就设计调查问卷，请客户根据自己的感受对食品质量、服务态度、服务快捷、卫生状况和管理水平这5个变量按优秀、良好、满意和不满意的等级顺序打分，由此获得的数据能帮助该饭店的管理人员评估饭店的经营质量。

次级数据是他人对所收集的原始资料加工整理而成的数据。利用现成的、已经处理的第二手资料，能节省人力、物力、财力，且节省时间，是一个比较理想的方法。它不仅使得动态比较成为可能，也适应了经济全球化的潮流和信息社会的时代特征。不过，我们需要明白：任何已有的资料都是为了某种目的而收集并通过一定的方法整理汇编出来的，有时难免不能满足我们特定研究的需要。因此，利用第二手资料时，需要谨慎考虑研究的适用性。如在引用时，不能只看统计指标的名称，而必须注意统计指标的含义、计算口径和计算方法等内涵。尤其要注意：如果这种第二手资料不能直接使用，则需要作进一步加工处理，如将次级数据作新的方向分析等，生成符合研究要求的新的统计数据；如果对这种第二手资料有怀疑，则仍然需要收集原始的第一手资料进行检验证明。

2. 品质型数据与数值型数据

根据不同的统计标志体现在标志表现上的特征不同，可归为两类：一类是品质标志，它是描述总体单位的属性(或品质)特征的，只能用文字表示，不能用数值表示；另一类是数量标志，它是描述总体单位的某种数量特征，能用数值表示。因此，数据可以划分为品质型数据与数值型数据。品质型数据是用于反映每一个体属性的标签或者名称。它由定类尺度和定序尺度来计量，其统计分析极其有限，通常只是通过记录每一品质分类中观察值的比例来汇总。为了使用数学方法，往往需要先将其品质型数据数量化。对于定类尺度，如果是非此即彼型的，其数量化的方法是分别用数值 1 和 0 表示某种特征或状态的有无。如用 1 表示合格品，用 0 表示不合格品；用 1 表示城镇居民，用 0 表示非城镇居民；等等。定序尺度变量数量化的方法是用自然数 1、2、3 等或字母 A、B、C 等来分别表示各个次序的等级。即使品质型数据用自然数表示，对其进行加、减、乘、除等数学运算也是没有意义的。数值型数据是表示大小或多少的数值。数值型数据既可以用定距尺度度量，也可以用定比尺度度量，可直接使用数学方法处理，得到有意义的结果。

数据的不同类型，其实也是变量的不同类型。为了将品质型数据与数值型数据加以区别，有时称品质型数据为虚拟变量。通过对品质型数据的数量化，使得所有数据都成为可用数值表示的变量。因此，按照变量取值是否具有连续性，可将变量分为离散变量和连续变量两种。如果变量取值只能是一些间断的离散数值，则该变量称为离散变量；如果变量的取值可以是某一区间的任意数值，则该变量称为连续变量。例如，人口总数、企业总数、机器台数、汽车辆数等都是离散变量，而总产值、人均收入、利润率等都是连续变量。显然，定类尺度和定序尺度变量只能是离散变量，而定距尺度和定比尺度变量既有离散变量也有连续变量。其中，计数的变量如人数和机器台数都是离散变量，而计量的变量如产值、汽车耗油量等则都是连续变量。离散变量可以取有限个数值，而且其数值都可以以整数位断开，并可以一一列举。连续变量可以取无穷多个值，而且其取值是连续不断的，不能一一列举。对于不同变量类型的数据，在数学处理上是有所不同的。

3. 截面数据与时序数据

为了便于统计分析，有必要对截面数据与时序数据进行区分。截面数据收集的是在同一时间对同一总体内不同单位的数量进行观测而获得的数据，推广之也指对一些同类现象在相同或近似相同的时间上收集到的数据。它描述的是在相同时间状态下同类现象的数量特征在不同空间状态下的差异情况。时序数据是时间序列数据的简称，是指在不同的时间对同一总体的数量进行观察而获得的数据。它描述的是现象某一方面(或几方面)的数量特征随时间而变化的情况。例如，当教育部决定将各高校的后勤社会化时，某从事饮食业的企业家认为这是一个很好的投资机会，他经调查获得 10 组高校人数与周边饭店的季营业额的数据资料(见表 8-1)，构成截面数据；而 2000 年至 2013 年我国各年的国内生产总值就是时序数据(见表 9-1)。

区分总体数据为截面数据与时序数据是便于统计分析，随着统计水平与数据处理能力的提高，最近几十年发展起来的新的统计方法——面板数据分析方法将截面数据与时序数据综合起来进行分析。因此，通常将截面数据与时序数据综合起来的一种数据类型称为面板数据。

2.2　数据的收集

到哪里去找用于分析的统计数据，是经济和社会问题研究中的基础问题之一。有时人们并不是为分析的理论框架构建发愁，而是苦于“无数可算”。如前所述，从统计数据获取的途径来看，收集数据可以通过实验与观察，直接取得所需要的数据(原始数据)，或通过查阅或询问获得现存数据(次级数据)。那么，如何获取所需要的原始数据或次级数据呢？

2.2.1　原始数据的收集

对社会经济管理现象而言，原始数据几乎都是观察数据，而观察数据主要通过组织多种形式的统计调查来获取。

1. 统计调查的概念

统计调查是根据统计研究的目的和任务，在对统计工作内容和程序做出通盘考虑和安排的基础上，运用科学的方式与方法，有计划、有组织地向各总体单位收集资料的过程。

与一般调查(如事件调查、新闻或背景调查、刑事案件调查)相比，统计调查的特点在于调查对象是在调查之前便已确定的，统计调查的任务就在于根据已设计的统计指标体系收集资料。

2. 统计调查的方式

统计调查的组织形式有多种，常用的统计调查组织方式有：定期统计报表制度、普查、抽样调查。在我国，习惯上将概率抽样称为抽样调查。非概率抽样方式的抽样调查，通常包括重点调查、典型调查、方便抽样调查与判断抽样调查等。

改革开放前，我国国家统计系统的统计调查方式基本上是以全面调查、全面报表、层层汇总为特征的调查体系。改革开放后，逐步改革统计调查方式体系，初步建立了以周期性普查为基础，抽样调查为主体，重点调查、全面报表、科学估算等为补充的多种方法综合运用的统计调查方式体系。而在现实的社会经济生活中，当研究人员对某些社会经济现象感兴趣，欲揭示其数量特征，却没有次级数据存在，就常常使用一些非概率抽样技术选取样本，展开调查，以了解总体的情况。其常用的非概率抽样技术有方便抽样、判断抽样等。

(1) 定期统计报表制度

定期统计报表制度是一种按国家有关法律法规的规定，基层单位和下级主管机关按照统一规定的表格形式、内容、报送程序和报送时间，定期向上级机关和国家报送数据资料的一种严格的报告制度。以全面调查、全面报表为特征，定期统计报表制度所提供的国民经济和社会发展基本统计资料，是国家与各级政府机关了解国民及区域经济发展情况、指导工作、制定政策或措施的重要依据，是基层企事业单位进行生产业务领导和管理的重要依据。其信息传递路径与作用如图 2-1 所示。

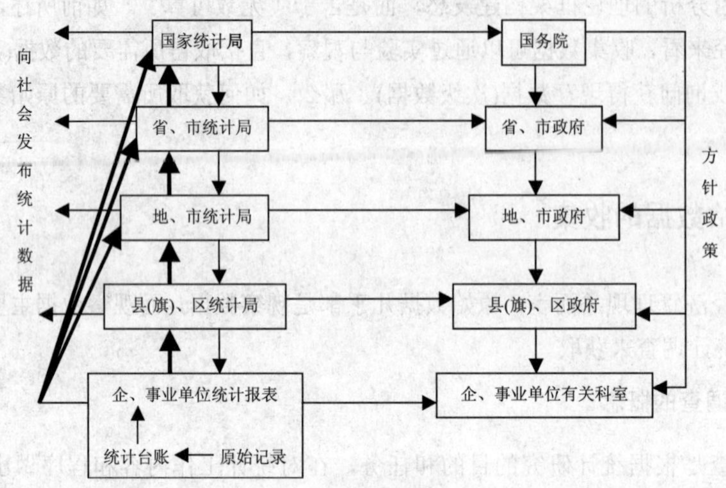

图 2-1　定期统计报表制度及其作用

① 定期统计报表制度的内容如下。

A. 报表目录。报表目录指的是应报送的报表的表号、报表名称、报表期别、报表日期、编报单位范围、报送时间、报送份数，以及有关填写和报送报表的说明一览表。

B. 表式。表式即报表的具体格式、要求填报的指标以及应填报的各项补充资料。

C. 填表说明。填表说明就是填写报表时应遵守的事项，包括统计范围、统计目录、指标解释等。

② 定期统计报表的资料来源。企事业单位的原始记录和统计台账都是统计报表所需资料的重要来源，也是统计报表的基础工作。

A. 原始记录。原始记录是基层单位采用一定的表格形式，对生产经营活动所做的最初记录，是未经加工整理的第一手资料。原始记录应用的范围很广，它可以随生产经营活动的不同而记载不同的内容。它的种类、内容、格式可根据具体情况由企事业单位确定，其内容一般可包括三方面要素：一是时间，即生产经营活动发生的时间；二是包含的项目，即生产经营活动的具体内容；三是数量和计量单位，即进行生产经营活动成果的数量和其相应的计量单位。

原始记录有两种基本形式：一种是综合原始记录，它是在一张原始记录表格上，反映较多的项目，它对产品、生产工人、生产设备等进行多方面登记，满足多方面的需要，如以企业个人或班组的生产记录单，综合记录个人生产产量、质量等，如图 2-2 所示。另一种是专用原始记录，即用于反映某单位经营活动的记录，如领料单、考勤单、产品入库单等，如图 2-3 所示。

部	
时产定额	
时产定额	

工票　　　　编　　号：QSR08-04

20　　年　　月　　日　　班　　　　制表部门：计划生产部门

机床型号：　　　　姓名：　　　　工号：

型号及零件	工序	领料数			质量情况									折合工时	暂停时间					
		接上班	自领	交下班	合格品	回用品	返修品	自检		废品			丢失		机修	电修	调正	待料	待检查	其他
								合格	报废	因工	因料	上工序								

调度员：　　　　检验员：　　　　班长：

图 2-2　生产记录单

交库单位：　　　　交货日期：　　　　仓库：

产品编号	产品名称	规格	单位	检验结果		交付数量	实收数量	单价	金额
				合格	不合格				
备注									

记账：　　　　检验：　　　　仓库：　　　　经手：

图 2-3　产品入库单

B. 统计台账。统计台账是介于原始记录和统计报表之间的汇集资料的形式，是原始资料经过初步汇总整理，按先后顺序予以登记所形成的表册。企业可根据管理的需要，设置各种形式的统计台账，如车间统计台账、现金收支台账等。

统计台账具有如下 3 点作用。

一是随时集中记录各项原始资料，便于检查对比，及时发现错误，以保证资料的准确性。

二是可以提高报表的准确性。建立统计台账，把编制报表所需逐日逐次记录资料的工作分散到平时去做，能缩短期末编制时间。

三是可以随时反映生产经营活动情况，有利于及时研究分析其变动趋势和发展规律，有利于加强经营管理。

(2) 普查

普查是为了某种特定目的而专门组织的一次性的全面调查，用于调查某些不能够或不适宜用定期报表制度方式收集的资料，以查清重要的国情、国力。一次重大的国情、国力普查，需要花费较多的人力、财力、物力和时间，调查登记的时间虽然并不很长，但是复杂细微的准备工作和数量巨大的数据处理工作往往需要较长的时间。通常人口普查、经济普查的准备工作需要 3 年或更长的时间，数据处理还需要两年左右。所以，普查不宜经常进行，只能较长时间比如 10 年举行一次。普查可以摸清一个国家的国情、国力，取得许多专项问题的详细资料，以作为国家制定有关政策或措施的重要依据。如为了全面掌握我国第二产业和第三产业的发展规模、结构和效益等信息，建立健全覆盖国民经济各个行业的基本单位名录库(含编码)及其数据库系统，我国展开了第一次经济普查工作，确定普查的标准时点为 2004 年 12 月 31 日，时期资料为 2004 年度，普查的主要内容包括单位标志、从业人员、财务收支、资产状况，以及企业的主要生产经营活动和生产能力，主要原材料和能源消耗及科技开发的投入状况等。经过 1 年的精心准备，经济普查的各项准备工作就绪，上千万普查人员全部到位，于 2004 年 12 月 31 日展开“入户调查”，2005 年 1 月 1 日开始登记，登记以后，有关普查机构收集这些审查表，审核、录入、汇总，最后层层往上级普查机构上报，国家汇总，直至 2005 年下半年报出基本的普查重要数据，2006 年才形成详细的数据表。这次经济普查对研究制定国民经济和社会发展规划，优化经济结构，改进宏观调控，开拓新的就业渠道，提高人民生活水平，全面建设小康社会，具有重要意义；对改革统计调查体系，完善国民经济核算制度，健全统计监测和预警、预报系统，发挥了重要作用。

普查数据具有全面、系统、准确、可靠的特点，因此，它可以为其他调查方式提供基本的参照依据。如 2005 年 12 月我国发布的首次经济普查结果显示，2004 年 GDP 现价总量为 159878 亿元，比年报快报核算数增多 2.3 万亿元，相对差幅达 16.8%。根据国家统计局公告的内容可知，经济普查反映的 GDP 数据变化是多年累积的结果。为保持 GDP 数据的历史可比性，按照国际惯例，对 2004 年以前一定年度 GDP 历史数据进行了修订。

综上所述，普查具有以下 4 个特点。

① 普查通常是一次性的或周期性的。

② 普查一般需要规定统一的标准调查时间，以保证普查结果的准确性，避免调查数据的重复与遗漏。

③ 普查的数据一般比较准确，标准化程度也较高。因此，它可以为其他调查方式提供基本的参照依据。特别是与抽样调查的数据资料相互验证，以提高调查质量，保证调查精度在合理的范围之内。

④ 普查适用的范围比较狭窄，只能调查一些最基本的、最一般的现象。

(3) 抽样调查

抽样调查是对样本单位进行调查的一种专门组织的非全面调查。从总体中抽取样本的方法有随机抽样与非随机抽样两类。

① 随机抽样，也叫概率抽样。即按随机原则从统计总体中抽取部分单位进行实际调查，并依据样本信息对总体数量特征做出具有一定可靠程度的估计判断，从而达到对总体的认识。有关抽样调查的概念、特点和作用，如何进行抽样设计，实现随机抽样，如何从样本得到的数据来推算总体的数量特征等内容详见第 5 章。

② 非随机抽样，也叫非概率抽样。即调查研究人员根据自己对事物的了解或基于简便，从总体中抽取一些单位作为样本。常用的非概率抽样技术有判断抽样、方便抽样等。重点调查与典型调查就是判断抽样运用的典型范式。

A. 重点调查。重点调查是了解基本情况的非全面调查。它是在所要调查对象的全部单位中选择一部分重点单位进行调查。所谓重点单位，是指其标志值在所研究总体的标志值总量中占有较大比重的单位。这些重点单位只是总体全部单位中的一小部分，但其标志值之和在所研究总体的标志值总量中所占的比重相当大，因此，我们只对这些重点单位进行调查，就能掌握总体标志总量的基本情况。如欲了解我国汽车生产的基本情况，只要对一汽集团、上海汽车、东风汽车与长安汽车等几个主要的汽车生产基地了解即可。重点调查的优点在于花较少的人力、物力和时间就可获得总体基本情况的资料，它可以用于不定期的一次性调查，也可以用于经常的连续性调查。一般来说，当调查目的只是了解发展趋势、水平或比例，而总体中存在重点单位时，便可采用重点调查。综上所述，重点调查是为了解统计总体的基本情况，从全部总体单位中选择少数重点单位进行调查的非全面调查。

B. 典型调查。典型调查是从被研究对象中，根据调查目的和要求，有意识地选择有代表性的单位，进行深入调查的方法。典型调查的首要问题是如何挑选典型。一般来说，典型调查是根据调查目的，在对被调查对象进行分析研究的基础上，有意识地选择有代表性的单位，进行深入调查。其目的主要在于了解与统计数字有关的、生动的具体情况，如为了解某项经济政策的绩效，选出先进的、中等的和后进的典型，进行较深入的分析。显然，典型调查的效果，在很大程度上取决于调查者的主观判断。如果调查者对情况熟悉，研究问题的态度又比较客观，便可以使典型调查在了解、掌握整个总体的基本情况上取得较好的效果。反之，则将出现较大的偏差。

典型调查可用于分析出现的新情况和新问题，寻找其发生原因、变化趋势等事物的本质和规律性，以寻求加以解决的对策和措施，达到以点带面的效果。

在现实中，非概率抽样调查多用于探索性研究和预备性研究，以及总体边界不易划定、难以实施概率抽样的研究，或因研究者的时间与人力、物力有限时采用。关于方便抽样与判断抽样的内容见第5章。

以上各种调查方式有各自的特点，社会经济现象的复杂性和研究任务的多样性，要求我们应根据研究需要和实际条件灵活地结合应用各种调查方式。调查方式的分类如图2-4所示。

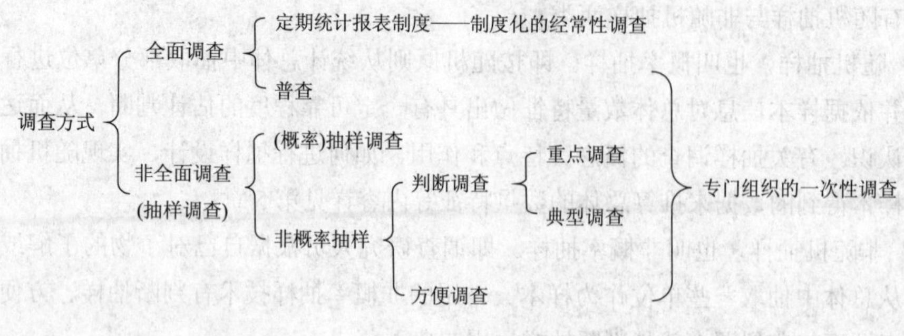

图2-4　调查方式

3. 统计调查方案

统计调查是一项科学、周密、细致、复杂的工作，为了使调查顺利进行，取得预期效果，事先应制定统计调查过程的指导性文件，即统计调查方案。设计统计调查方案时，应考虑以下6个方面。

(1) 确定调查目的

确定调查目的是指明确地规定调查目的，即需要摸清情况或需要解决的问题，是统计调查中最根本的问题。调查目的决定着调查工作的内容、范围、方法和组织。例如，全国人口普查的目的是查清我国的人口数，查清我国人口的地区分布、年龄分布和社会经济结构情况，为统筹安排人民的物质文化生活，制定人口政策和人口规划提供可靠的资料。

(2) 确定调查对象和调查单位

调查对象就是要进行调查研究的总体。确定了调查对象也就明确了调查的范围。调查单位就是在调查工作中，应该登记其标志的那些总体单位，例如，要了解企业职工的性别、年龄、工种、文化程度等现状，企业全体职工就是调查对象，而每个职工就是调查单位。应当注意的是，不要把调查单位与填报单位互相混淆。调查单位是被调查总体中要登记其标志的单位，而填报单位则是负责上报调查资料的单位。

(3) 确定调查内容

调查内容是根据调查目的和任务而确定的需要向调查单位了解的情况和问题，是调查单位所要填写的项目，一般用标志及标志值表示出来。如调查企业职工的状况，登记标志有年龄、工龄、性别、职称、民族、文化程度和工资等。

确定调查内容是调查方案设计时要慎重考虑的问题，确定是否适当、合理，关系着整个统计研究工作的质量。确定调查内容时要注意，一是既要考虑需要，又要考虑可能，还要考虑代价，在满足调查目的前提下，尽可能少而精；二是调查项目的含义必须明确，使答案具有明确的表达形式，如数字式、是否式或文字式等，以免使被调查者产生不同理解而给出不同的答案和表达形式，造成汇总的困难；三是要注意项目及其指标之间的关联性，以便对资料进行对照和审核。

(4) 确定调查时间和调查期限

调查时间是指调查资料所属的时期或时点。从性质上看，有的数字资料是反映被研究对象在某一时点上的状况，就应该规定统一的标准时点，如人口数、存款余额等，这种现象是无法累加的；有的数字资料是反映一段时期的成果，就应该规定资料的起止时间，如销售额、利润额等。

调查期限是指调查活动的起止时间。调查期限的确定是为了及时取得资料。任何一项调查都应在保证资料准确性的前提下，尽可能地缩短调查活动过程的时间。

(5) 确定调查方式和调查方法

确定调查方式和调查方法就是根据研究需要和实际条件，确定采用什么调查方式和方法采集数据。如采用定期统计报表制度、普查、概率调查和非概率调查中的哪一种方式，还是几种方式相结合。在实际工作中，不论采用哪种方式组织调查，都要运用具体的调查方法进行统计数据的采集。常用的调查方法包括访问调查、邮件调查、电话调查、电脑辅助电话调查(CATI 调查)和网络调查等。确定调查方法就是确定采用哪一种调查方法，或是几种方法相结合。如我国第一次经济普查规定对法人单位、产业活动单位采用普查的方式，对个体经营户采用普查辅以典型调查的方式，具体收集数据一律采用访问调查的方法。

(6) 制订调查的组织实施计划

调查的组织实施计划包括调查活动的组织机构、调查时间、调查步骤、经费预算与来源、文件准备、人员培训安排和调查方式方法、资料报送方法等。为了保证调查的顺利进行，在调查活动开始前，一定要认真研究，作好充分准备。

4. 统计调查工具

调查表与调查问卷是向调查者收集资料的主要工具。调查内容通常以调查表与调查问卷的形式表现，所以它们是调查方案的核心。

(1) 调查表

调查表是把所要调查的项目按照一定的结构和顺序排列制成表格，其作用在于能够条理清晰地表述调查内容，便于填写，且便于调查后对资料进行整理。调查表由表头、表体、表脚 3 部分组成。表头在调查表的上方居中，标明调查表的名称，左上角填写有关报告单位的名称、地址、隶属关系等情况，右上角一般注明表号、制表单位、批准备案文号等。表体是调查表的主体部分，表现为表格形式，调查的具体内容列于表格内。表脚一般填写调查人员或填报人员姓名、签章，单位负责人的姓名、签章等。

调查表的形式有单一表和一览表两种。每份单一表只登记一个调查单位的资料。在调查项目较多时使用单一表，便于分类和整理。如图 2-2 所示便是一张单一表。每份一览表可登记多个调查单位的资料，却不能容纳较多的调查内容。适用于调查项目不多的调查，便于资料的对比和汇总。如图 2-3 所示便是一张一览表。

为了保证调查资料的正确性和统一性，必须附上必要的填表说明，内容包括调查表中各个项目的解释，如对于数字的计算方法以及填表时应注意的事项等。填表说明要简明易懂。

(2) 调查问卷

调查问卷是把所要调查的内容以问题及其可能的答案按照一定的结构和顺序排列所形成的问答卷。它是管理学科调查收集数据的最主要的工具。

调查问卷的基本结构一般包括 4 个部分，即开头部分、调查内容、编码和结束语。其中调查内容是问卷的核心部分，每一份问卷都必不可少，其他部分则根据设计者的需要取舍。

小型的问卷调查，问卷的设计相对简单。其结构包括标题、导言和问题部分。导言的目的是请求被调查者合作，说明调查的目的和意义。导言不能太长，说清楚我是谁，我要干什么，并表示谢意就可以了。问题部分的内容一般包括两大类：一是调查对象的相关背景资料(如性别、年龄、职业等)；二是调查对象的意见、态度与行为倾向等。整个问卷的长度一般不要超过一页纸，面谈的时间不超过半小时，电话访问的时间也应控制在 10 分钟之内。当然这不是绝对的。书面问卷的排版应该简洁清晰，这样有利于受访者填写。(本章末尾附“大学管理机制的调查问卷”，仅供参考)

大型的问卷调查，构成调查问卷的 3 个基本部分(开头部分、调查内容、编码)常常都需要。开头部分包括标题、开场白、填表说明和问卷编号等内容。调查内容包括甄别部分、主体部分、背景部分和调查过程记录共 4 个部分。甄别部分是对被调查者进行筛选，确定合格的被调查者，从而满足调查研究的需要。主体部分是调查者根据调查目的所设计的一系列问题、备选答案、指导语以及编码等，问题与备选答案是调查问卷的主体，其设计是否准确、科学、易懂，将直接影响数据收集的质量；指导语就是填答说明，用来指导被调查者填答问题的各种解释和说明；编码是因为在大规模问卷调查中，调查资料的统计汇总工作十分繁重，借助于编码技术和计算机，则可大大简化这一工作。背景部分是有关被调查者个人的基本情况，是对问卷进行分析研究的重要依据。调查过程记录是调查问卷的重要组成部分，如实反映调查询问的进行过程，与调查工作相结合，形成密不可分的统一体。结束语是在问卷末尾对被调查者再次表示感谢，或对被调查者征询问卷设计和问卷调查的意见和感受。

问题的设计是整个研究过程中很关键的一环，它从根本上影响着获取信息的质量。如何设计问题呢？

问题的形式包括开放式问题、封闭式问题和半封闭式问题。

开放式问题由被调查者自己填写答案，调查者不对问题提供任何具体答案。这种提问方式可用于调查者想深入了解被调查者的意见、建议，也可用于不想因为限定答案而出现诱导的错误情况。开放式问题对调查者进行后期资料整理不是很方便，很难进行编码整理，而且有时会因为填写费时费力而被调查者拒绝。

封闭式问题是将所提问题的可能的答案或者主要答案全部列出，供被调查者选择的一种提问方式。这种提问方式有利于调查者整理资料和后期数据整理，也有利于被调查者填答。封闭式问题的设计比较困难，可能出现被调查者对列出的答案都不满意的情况，这样就会影响结果的准确性。限定答案的同时，其实也限定了调查的深度和广度。

半封闭式问题即给出可能的答案，也可让被调查者进行补充回答。结合了开放式问题和封闭式问题的优点和缺点，适合用于对问题没有绝对把握的调查，可以避免一些重大的遗漏。

答案的设置形式有是否式、单选式、多选式、限选式、排顺式、标度式、列表式、填空式、自由式等，以适用为好。

设置哪些问题，则取决于研究的目标需要收集哪些数据。通常了解或熟悉研究对象是提出问题的前提，对变量(特征)之间的相互关系的猜想，是成功设计问题的关键。答案的设置及其形式的选择则取决于问题的特性。

设计问题(含备选答案)需要注意以下若干事项：

① 问卷问题与答案的设置应预先考虑数据处理的方法；

② 所选问题一定是能获得真正需要和可靠信息的问题，否则，不应设置在问卷中；

③ 问题的不同提法，可能导致不同的回答，要避免诱导性的问题；

④ 对“怀疑得不到诚实回答”的问题，应当在问卷的不同位置，设置相同、相近、相反的问题，以求相互验证；

⑤ 对于得不到诚实回答而又必须了解的数据，可以通过变换问题的提法来获得相应的数据，或者通过了解相对数据来判断总体的情况；

⑥ 答案的设置应遵循穷尽原则和互斥原则，即所列选项要包括对问题的所有可能的回答，且不同选项之间互不重叠、互不包容；

⑦ 注意措辞，表述用词要准确，用语要含义明确、通俗易懂。

问卷中的问题排列要注意其内容的逻辑顺序与灵活机动。问题的排列次序会影响被调查者的兴趣、情绪，进而影响其合作积极性。比如，从填答的难易程度上看，问卷的开头部分应安排比较容易的问题，中间部分最好安排一些核心问题，但也属于事实性问题且十分容易回答，而属于个人敏感性问题的背景资料可以安排在最后部分。从时间上看，调查内容则应该先过去，再现状，后未来。问题与问题之间要注意内在联系与逻辑性。问卷排版的布局要求整齐、美观，便于阅读、作答和统计。总之，一份好的问卷应对问题及其排列做出精心的设计。

问卷设计一定要通过小规模访谈来修改，样本数不宜太多，也不要太少，通常选择 20～100 份，直至确定没有必要再进一步修改后定稿，交付打印，正式投入使用。

5. 统计调查误差

无论采用什么途径或哪种调查方式、方法及调查工具，调查结果所得的统计数据与总体客观真值之间总会存在差异，这种差异称为统计调查误差。它一般有两种：一种是人为的因素造成的登记性误差和系统性误差；另一种是随机抽样的随机因素使样本各单位结构对总体各单位结构的代表性差别，而引起的样本指标与全体指标之间的绝对离差的随机性的代表性误差。

登记性误差，是由于调查过程的各个环节上的工作不准确(如计量、登录、计算等方面错误)而造成的，但这绝不是指故意性行为。有意识地虚报、瞒报、拒报、迟报、伪造、篡改等都是违法行为，这是不允许的，所造成的误差不属于登记性误差。登记性误差在全面调查和非全面调查中都存在。为了保证统计资料的准确性，应采取措施避免和尽量减少登记性误差。系统性误差，是由于从构成总体的所有个体中选取部分个体时没有遵守随机原则，而是主观地或部分主观地从总体中选取个体，如故意多选有利的单位或不利的单位进行调查，并以这些调查单位的统计资料计算出的指标值来对总体实际数量做出判断所造成的一种误差。随机性的代表性误差，是在遵守随机原则的前提下，由于样本的指标值(样本统计量)是随着抽到的样本不同而变化的，在没有登记性误差和系统性误差的条件下，样本指标与总体指标之间存在的差异。这种误差是抽样调查本身所固有的，无法消除。抽样调查中产生的随机性的代表性误差也叫抽样误差，虽然不可避免，但可以进行计算与控制。正是因为这个原因，抽样调查在整个调查方法体系中占据主导地位。

需要提醒的是，尽管全面调查中只存在登记性误差，而随机抽样的非全面调查既存在登记性误差，又存在代表性误差，但是非全面调查的抽样调查的误差不一定比全面调查的误差大，这是因为当全面调查的总体单位特别多时，所产生的登记性误差也会随之增大。此外还需要注意：对非随机抽样的非全面调查是不能利用概率的原理估计代表性误差的。

2.2.2 次级数据的收集

在实际工作中，由于受到很多因素的制约，亲自做调查、收集原始数据有一定的困难，有时也没有必要，因为有关统计部门和机构会发布统计资料，或先前的有关研究工作人员已经揭示了有关现象的数量特征，使得许多重要的信息存在于可以方便取得的公开数据库中。因此，从获得数据的时效性、调查研究的成本以及现存信息的应用等方面考虑，应选用次级数据。那么，哪些途经可以得到次级数据，这些数据能通过什么方式收集呢？

次级数据的资料来源包括政府部门的报告、工商业界的研究、文件记录数据库、企业组织资料以及图书馆中的书籍与期刊等。它们存在于各政府统计机构或团体组织建立的数据库以及专为研究提供次级数据的信息服务公司、图书馆中，可利用网络收集或查阅纸质的统计年鉴、统计公报与相关书籍和期刊，或询问有关部门来获得你需要的次级数据。

展望未来，可扩展的标记语言正在吹响信息革命的号角，它的革命性的优点，赋予数据访问平台强大的灵活性，使得次级数据的查询、整合非常便利。

1. 官方统计网站的次级数据

电子时代提供了一种能获取大量信息而又廉价和便捷的途径。借助一幅标出经济数据源的线路图和网络航行技巧，就可以访问各个站点，发现丰富的数据、信息。互联网是查找次级数据必不可少的渠道，由于大部分统计数据都由政府提供，因而第一个需要访问的当然是政府机构和国际组织网站。

(1) 世界各国政府统计局的次级数据

搜索“Web-sites of National Statistical Offices”，可以找到世界各国政府统计局互联网网站。根据提供的网址，可以找到世界各国政府统计局的网页，查找有关的次级数据。

(2) 联邦统计局的次级数据

联邦统计(http://www.fedstats.gov)所链接的发布统计信息的政府机构超过 70 个。统计数据按主题或机构编排，全部内容均可搜索。如要获取美国政府统计数据可以从“白宫新闻发布室”(The White House Briefing Room)起步，网址：http://www.whitehouse.gov/fsbr/esbr.html。该网页会链接访问联邦政府的各主要统计部门。比如，劳工统计局网站(http://stats.bls.gov/)有提供常用劳工数据的很方便的入口。具体内容包括就业与失业、价格与生活条件、工资补偿、生产率和技术。劳工资料还可以从当前人口调查中获取，而工资统计数据则可以从当前就业统计调查中获得。金融信息源是美联储的经济数据库(http://research.stlouisfed.org/fred2/)，提供美国经济与金融的历史数据，包括每天的利率、通货与商情指标、汇率、收支余额和价格指数等。此外，管理与预算办公室(http://www.gpo.gov/usbudget/index.html 或 http://www.actess. gpo.gov/usbudgeffindex.html)还提供联邦预算信息和其他有关文件。

(3) 联合国统计机构的次级数据

联合国统计署的网站，是一个全球统计数据中心，主要用于收集、整理、传播统计信息，统计资料是由世界各国和地区的统计部门按约定的统计方法和格式汇集起来并经过综合整理，用统一的标准加以对比。该数据库分为多个部分，其中部分是免费的。网址：http://www.un.org/unsd/。

(4) 世界银行的次级数据

进入世界银行的在线数据库，如世界银行在线图书馆(World Bank E-library)的网址 http://www.worldbank.org/elibrary，全球经济监控(在线数据库)(Global Economic Monitor)的网址 http://www.worldbank.org/gem，资源入口的网址 http://www.worldbank.org/online，可以找到有关世界银行(WORLD BANK)的次级数据。

(5) OECD 提供的次级数据

经济合作发展组织包括(OECD)25 个在线统计数据库(http://www.sourceoecd.org)，数据不仅来自 OECD 的 30 个成员国，还来自其他非成员国家。此外还有国际能源组织的 7 个数据库。具体数据库为：农业与食品统计、银行收益统计、教育一览统计、就业和劳动力市场统计、工业和服务业指数、机构投资者统计、保险统计、全球发展统计、OECD 全球直接投资统计、国际贸易商品统计、全球化衡量统计、经合组织经济展望数据库、工业和服务业结构统计、全球移民统计、国际贸易和竞争指数、主要经济指标数据库、国际贸易月度统计、国民账户数据库、经合组织成员国税收统计、OECD 科学技术及开发数据库、服务业统计、社会支出数据库、OECD 工业结构分析数据库、税收和工资统计、电信数据库等。

(6) 国际货币基金组织的次级数据

登录网址：http://www.imf.org/external/data.htm#data，可以进入国际货币基金组织的数据库。如国际收支统计(BOP：Balance of Payment Statistics)涵盖了 170 个国家的数据。涉及的数据有：当前账户余额和构成、金融账户余额和构成等。国际金融统计(International Financial Statistics)提供超过来自 200 个国家的 32 000 个时间序列数据。IFS 统计数据被定为国际和国内的财政标准。贸易方向统计(Direction of Trade Statistics，DTS)是贸易价值当前最全面的信息来源。它为国家与贸易伙伴之间的进出口项目提供超过 100 000 个时间序列。数据按国家组织来展示，并累计记入地区和全球表中。DTS 收录了 186 个国家的自 1980 年以来的年度和季度数据。此外，中央情报局(CIA)世界大事记(http://www.odci.gov/cia/publications/nsolo/wfb- all.html)也提供范围很广的有关世界各国常规的经济数据和其他信息。

(7) 中国国家统计局的次级数据

中国国家统计局负责组织领导和协调全国统计工作，是全国的统计数据汇集中心，因此，政府各级统计部门是次级数据的主要来源。中国国家统计局通过统计年鉴、统计公报等形式向社会公开信息。中国国家统计局网站(http://www.stats.gov. cn)是国家统计数据库，点击统计数据阅览，可以查阅年度、季度、月度的国民经济和社会发展综合统计数据、各类历次普查数据、各种专题数据与历年的国际数据。链接部门数据可以查阅更多统计数据；点击统计公报，可以获取全国年度统计公报、地方年度统计公报与全国(地方)的各种普查公报，如人口普查公报、基本单位普查公报、经济普查公报、工业普查公报、农业普查公报、三产普查公报、R&D 普查公报等；点击统计分析，可以查阅进度信息，如国民经济主要指标数据、分析报告、地方信息与统计图表等。进入中国统计信息网(http://www.tjcn.org)，可下载各地统计年鉴等。我们还可以到中国统计资料馆查阅国家统计局公开的政府信息。若需要更及时更详细的统计数据，就需要向相应的统计部门询问获取。

中国统计数据向各界提供及时、可靠、权威的中国宏观经济统计资料，所有资料由中国经济信息网(http://www.cei.gov.cn)提供。如《中国经济统计数据库》是中国经济信息网在长期历史积累的基础上，积极开拓新数据源，广泛采集国内外政府、权威机构发布的各类经济数据信息，通过专业化加工处理，按照科学合理的指标统计结构体系组织而形成的一个综合有序的庞大的经济数据库群。面向社会各界用户提供权威、全面、及时的经济类数据信息的基础资料库，其特点包括：指标涵盖国民经济各个方面，跟踪国民经济统计指标体系的修订；统计数据来源于国家正规统计渠道；统计数据在部委统计报表报出后及时更新；在统计数据入库前、后都进行严格规范的校对检验；并能根据用户需求组织数据源。

互联网正在迅速地变成世界性的图书馆。报纸、杂志、学术刊物越来越多地将其文章以电子形式发表。许多学术著述、期刊都将其内容放在网上。网络经济(WebEc，http://netec.wusl_1.edu//7eadnetec/WebEc/joulIlalJs.html)提供一个综合性的目录，链接各种经济学期刊。就工作报告或论文而言，美国国家经济分析局(NBER)的网站(http://www.nber.org/)主要介绍当前经济研究动态。NBER 网站一般还提供数据来源，包括同有关的数据源进行链接，也包括同美国官方商业周期数据库联系。进一步的服务还有，华盛顿大学建立并保存了一个论文和工作报告档案，按主题编排，从头绪众多的数据源中选取。

2. 商业与会计数据提供的次级数据

可扩展商业报告语言(eXtensible Business Reporting Language，XBRL)是一种基于XML(eXtensible Markup Language)的可扩展的标记语言，用于商业和财务信息的定义和交换。XBRL 是一种关于对财务和商业报告数据进行及时、准确、高效和经济的存储、处理和重制以及交流的、开放性的不局限于特定操作平台的国际标准。XBRL 标准的制定和管理由 XBRL 国际联合会(XBRL International)负责。该联合会是一个由超过 300 家成员组成的非营利性国际组织，其成员包括注册会计师协会、银行、交易所、IT 厂商、信息商等。

XBRL 通过对公司业绩报告从文字内容到财务数据添加全球统一“标签”，任何使用者在互联网上通过查询“标签”可以快速提取所需公司信息，进行任意比较、分析和计算，并导入到 Excel 等文档中，所有这些工作以往通过手工可能耗时数天、数周甚至更长时间，在 XBRL 技术下最多几分钟就能完成。如，沪深交易所已于 2005 年开始提供全部上市公司 XBRL 年度报告，进入上海证券交易所 XBRL Online(http://listxbrl.sse.com.cn/ssexbrl/companyInfoAction.do)与深圳证券交易所 XBRL 上市公司服务平台(http://xbrl.cninfo.com.cn/XBRL/index.jsp)的信息平台，可以快速精确地搜索上市公司的财务报告信息，无须重复键入财务数据，将 XBRL 公司信息方便快捷地导入到具有良好的动态分析功能的 Excel 财务报表分析模板，可以进行投资分析等各种你想进行的分析。当然，也可以通过其他网站查找全球上市公司的财务报告信息。比如，进入雪球网(http://xueqiu.com)的雪球财经(http://www.snowballfinance.com/或 http://snowballfinance.com/)，可以快速地搜索全部美股上市公司的财务报告信息。

3. 中国部门统计与行政记录的次级数据

中国政府统计部门以外的其他各部门统计(简称部门统计)与行政记录的次级数据也是获得次级数据的一个重要来源。这些部门通过行政的、经济的等各种方式在不同程度上拥有企事业单位的一些相关数据资料，如部门统计资料和部门的行政记录资料等。一般各个部门、行业都有自己的统计部门，进行本部门内部的数据资料的收集、整理和分析工作。部门统计资料是了解该部门各个方面情况的最好的资料来源，若想了解保险行业发展的情况，则保险监督管理部门是最清楚的。另外，有些部门不仅有关于本部门情况的数据资料，而且还通过各种经济的、行政的，或者法律的手段，同时拥有相关企业的某些方面的数据资料。税务部门有各个企业获利和纳税情况的资料。证券监督管理部门有上市公司财务状况的数据资料。海关有那些通过海关从事进出口业务的企业的资料，海关统计对进出关境的货物进行统计调查和统计分析。国有资产监督管理部门掌握大量的关于国有资产、国有企业方面的数据资料。

工商行政管理部门是政府主管市场监督管理和行政、执法的职能部门，主要负责企业登记，市场监督管理，商标、广告等注册和管理业务。部门中有关企业数据主要是行政记录数据，工商行政管理部门拥有企业名称、住所、企业性质、业主或法定代表人姓名、资本金、经营范围、经营期限、公司股东以及资产负债、损益等关于企业基本情况方面的资料以及由工商行政部门对这些登记数据的汇总整理形成的具有一定综合性的数据资料，以及与广告、商标、商品质量相关的一些统计资料。

银行因向客户提供信贷业务和其他的服务业务而拥有相关的次级数据。如企业向银行申请贷款，必须提供一定的材料。如《企业法人营业执照》、所有开户行、账号及存款余额情况、借款人的生产经营及年度财务收支计划、企业购销合同、借款人(出资人)最近 3 年的审计报告原件及随审计报告附送的资产负债表、损益表和现金流量表及其报表附注、借款人现有的负债清单及信用状况、市场供求、产品价格、行业状况分析资料。通过这些资料的收集，银行就能掌握企业还贷能力、信用水平等基本情况。另外，银行一般都会建立客户信贷档案资料系统，用于记录其信用情况，以实现对客户基础信息、信用记录、信贷历史数据的管理和维护。因此，银行办理业务过程中搜集形成的有关企事业单位的数据资料以及银行自行建立的企业信用档案资料都将构成相应的次级数据。

技术监督局是组织对产品质量实施监督抽查、查处制售假冒伪劣产品等违法行为、办理投诉案件等工作的质量监管部门，技术监督局拥有企业产品质量方面的数据资料。一般情况下，都是通过抽查的方式得到的，是关于部分企业、部分产品质量的数据。

行业协会(由同一行业的企业法人、相关的事业单位法人和其他组织依法自愿组成的、不以营利为目的的社会团体)有企业(行业方面的)数据资料，并且能提供相当具体的全国性或地区性的细分行业的数据资料。

当然，通过各种方式直接，或者间接地拥有企事业单位资料的部门还有很多，如财政部门、对外经济贸易管理部门、各类行业的主管部门等，鉴于这些部门所拥有的数据资料具有特定性，或者是仅限于很窄的业务范围，而部门数据与行政记录数据源的交换受法律限制与制度的控制，尤其通过行政记录取得的数据源的获取有许多困难，因此，官方统计如何肩负起各种不同来源的统计数据的协调与整合的任务——联通部门数据，将行政记录用于统计目的，以减轻被调查对象的负担，节约全社会的统计经费，急需研究与行动。

4. 专为研究提供的次级数据

有出色的专为研究提供次级数据的公司或网站。比如：比尔 · 高夫(Bill Gaffe)的《互联网经济学家资料源》(Resources for Economists on the internet，http://www.oswego. edu/～economic/data.htm)和《网络经济》(WebEc，http://netec.wustl.edu)。北京色诺芬(SinoFin)信息服务有限公司致力于为海内外投资者和研究者提供国际化的数据服务和着眼于创造透明的基准投资信息(Creation of Transparent Information)。

北京大学中国经济研究中心和色诺芬信息服务有限公司联合推出 CCER 中国证券市场数据库。该数据库专门针对实证金融学、会计学和经济学研究的需要而设计，全面覆盖经济学和金融学研究所涉及的宏观经济、货币市场、间接融资和资本市场信息。输入网址：http://www.sinofin.com.cn/，将获得全面、精确、可比、易用的中国证券市场数据，从而极大地节约研究时间。关于数据获取问题，可以写信至 gllor@sinofin.net。如果有特殊的数据加工需求，将会得到专门的服务。该数据库还与全球领先的亚太资本市场数据库 PACAP(Pacific-Basin Capital Markets Research Center)联手打造强有力的数据产品 PACAP/CCER 国际资本市场数据库。再如，国内高校首选的国泰安 CSMAR 财经系列研究数据库、功能强大的北京聚源锐思数据科技有限公司的锐思数据库(Resset)、万德数据库、同花顺等都提供了极为丰富的次级数据。

目前，美国罗德岛大学环太平洋资本市场研究中心建立的 PACAP Databases，是环太平洋地区资本市场研究的首选数据库，使用其数据的论文广泛见于 Journal of: Finance. Journal of Financial Economics 等国际一流期刊。

由于技术进步很快，上述信息源可能很快就会更新。拥有宝贵信息和数据资源的新网址每天都在涌现，而其他的一些则几乎以同样的速度在消失。

5. 统计推算的次级数据

有时候，在研究社会经济现象的过程中，我们会遇到既无法收集到次级资料，也无法通过观察获取原始数据，可能需要利用现象之间的各种关系进行统计推算来获得数据的情况。

统计推算是指在科学的理论指导下，利用已知的某种统计信息，推算统计调查所需要的其他统计信息以及利用现有的业务和管理资料而生成所需的统计数据。这是一种值得注意的、能够化解数据需求增加和统计力量矛盾的有效方法。它在经济统计中的应用主要有：由于统计基础薄弱不便于直接向小型基层单位进行直接的统计调查时；统计数据口径需要调整计算时；时间数列指标因各种原因造成缺失，而需要补交时。此外，短周期统计数据的调查时，一般较少采用直接向调查单位进行原始统计调查的方法，而主要是进行统计推算。

需要指出的是，科学推算一般是指抽样推断以外的科学推算。除了其应用领域主要是在非抽样调查方面以外，其理论基础也不是以数理统计为背景的，而是依据国民经济循环理论与经济指标之间存在的相关关系、平衡关系和因素关系进行统计推算的。

本章小结

数据是所收集、分析、汇总的，用以描述和解释的事实与数字。可以用定类尺度、定序尺度、定距尺度、定比尺度 4 种测量尺度中适用的测量尺度来取得特定变量的数据。当数据是用来确认个体属性的标签或名称时，相应变量的测量尺度称为名义尺度。该测量尺度可以确定客观事物属性类型或组别。如果数据显示名义数据的性能和数据的顺序或等级之间的差别，则该测量尺度是顺序尺度。它能测定事物之间等级或顺序差别。如果数据具有顺序数据的性能，并可以按某一固定单位表示数值间的间隔，则该测量尺度是间隔尺度。它能测度事物类别或次序之间的间距。如果数据具有间隔数据的所有性能，并且两个数值之比是有意义的，则该测量尺度是比率尺度。它能测度事物之间的比值。收集数据需要根据统计标志描述的总体单位的特性，用适用的测量尺度类型来度量其标志表现。

根据统计分析的目的不同，数据可以分为品质型数据与数值型数据。品质型数据是用于反映每一个体属性的标签或者名称。它既可以用定类尺度也可以用定序尺度来度量，既可以是非数值型的也可以是数值型的数据。数值型数据是表示大小或多少的数值。数值型数据既可以用定距尺度也可以用定比尺度度量，可直接使用数学方法处理，得到有意义的结果。

数据可以从已存在的来源中收集次级数据，或通过统计调查获取新的原始数据。利用次级数据需要谨慎考虑研究的适用性，统计调查关键要科学合理地制定调查方案。研究问题时采用截面数据、时序数据还是面板数据，取决于需要与可能。

需要考虑的是，由于数据和统计分析结果是用于管理决策的，管理人员必须清楚获得数据所必需的时间和成本。在所有的情况中，都必须意识到统计分析在决策制定过程中的贡献，使数据收集和统计分析所付出的成本低于利用这些信息制定一个好的决策所节省的费用。基于获得数据的时效性、调查研究的成本以及现存信息的应用等方面的考量，利用次级数据，尤其是公开数据库实为明智之举，实际上，只有次级数据的来源已经全用完了，或重要的数据不易从次级数据中获取，才考虑进行调研，收集原始数据。

可扩展的标记语言将实现次级数据的即要即得，这将极大地方便数据用户提取与分析数据。

练习题

一、思考题

1. 什么是统计调查？统计调查方案应包括哪些内容？

2. 如何正确地选择调查的方式和方法？抽样调查、重点调查和典型调查这 3 种非全面调查的区别是什么？

3. 设计问卷最重要的两个依据是什么？为什么问卷设计一定要通过小规模访谈来修改？

4. 什么是统计调查误差？是否统计调查误差越小越好？

5. 什么是次级数据？运用次级数据需要注意哪些方面？你能列出多少个次级数据获取的渠道？

二、选择题

1. 统计调查按对象包括的范围不同，可分为(　　)。

A. 统计报表和专门调查　　B. 全面调查和非全面调查

C. 经常性调查和一次性调查　　D. 直接观察法、报告法和采访法

2. 抽样调查的优越性表现在(　　)。

A. 经济性　　B. 时效性

C. 准确性　　D. 全面性

E. 灵活性

3. 对全国工业企业的设备进行普查，全国每个工业企业是(　　)。

A. 调查对象　　B. 调查单位　　C. 填报单位

4. 调查时间的含义是(　　)。

A. 调查资料所属时间　　B. 进行调查的时间

C. 调查进行的起止时间　　D. 调查时实际登记的时间

5. 某市进行工业企业生产设备状况普查，要求在 7 月 1 日至 7 月 5 日全部调查完毕，则这一时间规定是(　　)。

A. 调查时间　　B. 调查期限　　C. 标准时间　　D. 登记期限

6. 重点调查的目的是(　　)。

A. 调查一定时点上现象的总量　　B. 掌握总体的基本情况

C. 调查确定一定时期的工作重点　　D. 补充全面调查的不足

7. 重点调查中的重点单位是指(　　)。

A. 这些单位在全局中举足轻重

B. 这些单位数量占总体全部单位总量的很大比重

C. 这些单位的标志总量占总体标志总量的很大比重

D. 这些单位是工作中的重点单位

8. 制定一个周密的统计调查方案，应确定(　　)。

A. 调查目的和调查对象　　B. 调查单位和填报单位

C. 调查项目和调查表　　D. 调查资料的使用范围

E. 调查时间和时限

9. 统计报表的特点有(　　)。

A. 自上而下统一布置　　B. 自下而上填报

C. 按规定时间送出　　D. 按照统一的表式和项目填报

10. XBRL 的主要运用领域是(　　)。

A. 企业管理领域　　B. 审计领域　　C. 企业信用等级评估领域

D. 证券市场领域　　E. 贸易与纳税领域　　F. 金融行政领域

三、分析题

1. 指出下列每一个变量是品质型数据还是数值型数据，并说明每一个变量的测量尺度。

(1) 年销售额；

(2) 雇员等级(从 1 到 9 级)；

(3) 每股盈余；

(4) 支付方式(现金、汇票、本票和支票等票据、信用卡)。

2. 欲对中国上市公司独立董事的效用进行分析，你需要查看哪些数据？你将如何获得这些数据？

3. 一家大公司的老总提议给一个有才干的下属加年薪 5 万元，以避免其跳槽到其他公司。为确定这一加薪标准是否合适，需要使用哪些外部与内部数据来源？

4. 你所在的公司的市场调研小组提出了一种新型方便食品的销售计划，并声称要占领年轻人市场的很大份额。在做出将新产品投放市场决定并进行投资之前，你需要查看哪些数据？你将如何获得这些数据？

5. 下表为 1995 年至 2004 年浙江省大中型工业企业各种技术来源的投入统计表，表中的数据是时序数据、截面数据还是面板数据？表中列示两列 2003 年的数据，为什么？现要求你反映浙江省企业 R&D 投入情况，你还需要收集哪些数据？你将如何获得这些数据？

项目 \ 年份	1995 年	1996 年	1997 年	1998 年	1999 年	2000 年	2001 年	2002 年	2003 年	2003*年	2004 年
GDP	3524	4146	4638	4988	5365	6036	6748	7796	9395		11243
科技经费内部支出	15.74	12.64	14.69	15.73	16.97	29.72	36.20	39.68	43.35	81.1	115.0
内部支出中 R&D 支出	3.15	4.35	5.20	5.04	5.16	13.5	15.18	18.42	20.82	37.27	66.2
技术改造经费支出	62.73	69.87	74.23	85.48	99.23	93.57	87.29	134.88	143.15	221.5	232.8
技术引进经费支出	12.53	30.86	13.07	5.09	21.24	19.15	13.5	23.05	25.07	41.0	15.2
消化吸收经费支出	0.29	0.76	0.63	0.32	0.95	0.68	1.66	2.38	1.49	2.0	3.5
购买国内技术经费支出	1.77	1.22	1.075	1.12	1.77	1.19	0.9	1.1	2.62	3.5	4.1

* 2003 年大中型工业企业科技统计口径作了调整，“2003*”及其右边的数列为新口径下的数据。

数据来源：《中国科技统计年鉴》，中国统计信息网。

四、案例分析题

关于个人所得税的起征点过低是否引发逃税的问题，有很多文章议论到“个人所得税的起征点过低是引发逃税的主要原因”。你相信这种说法吗？这种议论可否作为决策的依据？为什么？你如何用科学的方法获取数据，验证个人所得税的起征点过低是引发逃税的主要原因的观点，为税务决策提供参考。

问卷

大学管理机制的调查问卷

为使您工作心情更佳，学校管理更有效，大家的工作更有成效，特作此问卷调查。该调查为无记名调查，您诚实的回答不会对您造成任何伤害。谢谢您的配合！

1. 您的工作岗位是________。

   1) 管理人员　　2) 教师　　3) 实验室(资料室)人员

2. 您的职称或职务是________。

   1) 教授　　2) 副教授　　3) 讲师　　4) 助教

   5) 校级领导　　6) 院级领导　　7) 学科级领导　　8) 一般职员

3. 您工作的自主、独立程度(请在轴的适当位置画上符号，教学任务在轴上打“△”号，科研任务打“×”，科研方向打“√”)。

   组织安排 —1———2———3———4———5—▶ 自主选择

   受制于他人 1———2———3———4———5—▶ 独立开展

4. 组织对您的工作进行计划、监督和控制的程度是________。

   1) 组织对其工作进行严格的计划　　2) 组织对其工作进行严格的监督和控制

   3) 上级要求汇报工作　　4) 上级常对其工作进行检查

5. 您与同事工作关系主要建立在(按主次排序)：

   ①(　　)；②(　　)；③(　　)；④(　　)；⑤(　　)；⑥(　　)；⑦(　　)。

   1) 上级行政命令　　2) 规章制度约束

   3) 经济利益的刺激　　4) 相互理解

   5) 个人的责任心与自我约束　　6) 共同的理念和目标

   7) 对工作的内容和工作方式的共识

6. 您认为同事之间相处________。

   1) 不论年龄大小，职务职称高低，大家平等相处

2) 年龄相差对平等相处有妨碍

3) 职务高低不同，使相处存在等级感

4) 职称高低不同，对平等相处有妨碍

7. 您认为学校、学院办事(按主次排序)：

学校：①(　　)；②(　　)；③(　　)；④(　　)。

学院：①(　　)；②(　　)；③(　　)；④(　　)。

1) 按规定的办事程序办　　2) 很多事没有章法，管理很随意

3) 没有认真执行规章制度　　4) 执行政策时，容易受人情干扰

8. 学校决策权控制情况如下表所示(请注意对准位置)。

决策者 内容	教育部	校行政	校学术机构	院行政领导	院学术机构	学术权威个人	一般教师	不清楚
教学计划								
课程设置								
教材选用								
教学内容与方法								
人才培养								
教师聘任								
教师晋升								
教师待遇								
院系领导选择								
院系学术规划								
学校学术规划								

第3章

数 据 整 理

【案例】在第 1 章的案例中，主讲教师需要在计算评定学生的成绩后，分组、汇总，得出学生的成绩分布，以表 1-1(统计描述的表格法)与图 1-4(统计描述的图形法)加以显示，直观地反映学生的成绩分布，并用 422 位学生卷面平均成绩 70 分，有 17.53%的学生不及格等统计指标(统计描述的综合指标法)，描述学生成绩的总体数量特征，达到比较好地理解课程考试情况，整体地把握课程的教学质量，为深入地分析教学中存在的问题，总结教学经验，改善教学组织，进一步提高教学质量提供有用的信息。

这只是一个简单的案例，仅把握 422 位学生的成绩特征。对如此小规模的数据集，亦只有把评定成绩整理成成绩分布表、成绩分布图与有关的统计指标后，学生成绩的总体数量特征才得以呈现。更何况统计调查所收集到的往往是中等或大规模的数据集，要直接把握其整体的数量特征显然是困难的，必须对其进行加工整理，使之条理化，才能显示出现象的数量分布特征。

统计收集到的数据有不同的类型，统计研究的目的亦各不相同，本章讨论的就是应该用怎样的方法，恰当地将收集到的大量原始数据，或次级数据进行加工整理与显示，以满足统计分析的需要。

3.1 数据的整理

数据整理，就是根据统计研究的目的，对统计调查所收集到的大量原始数据(包括次级数据)，用科学的方法进行加工整理，使之条理化、系统化，为统计分析做好准备。统计调查取得的原始数据是反映总体单位特征的，是零散的、非系统的，而统计分析所需要的是能反映总体特征的数据，因此需要进行统计数据的整理；某些已经加工过的次级数据，往往由于原数据在分组方法、总体范围、指标含义或计算方法等方面有所不同，不能满足研究统计分析的需要，所以也要按照要求进行再加工。

3.1.1 数据整理的步骤

数据整理是一项细致、复杂的工作，必须有计划、有组织、有步骤地进行。原始数据整理的主要步骤如下。

第一步，对原始数据进行审核和订正。在汇总前，要对统计调查数据进行审核，审核它们是否准确、及时、完整，以便发现问题和及时加以纠正。

第二步，对原始数据进行分组。根据统计研究目的，选择合适的标志，对原始数据进行分组或分类。它是数据整理的关键。数据分组的恰当与否直接关系到整理结果所显现出的“总体数量分布特征”能否显示现象的根本特征。

第三步，对各项指标进行汇总和计算。在分组的基础上，计算各组的总数和合计总数，计算各组指标和综合指标等。

第四步，编制统计表与绘制统计图。将汇总的结果用统计表与统计图的形式，简明清晰地表现出来。

次级数据的整理首先需要谨慎地考虑研究的适用性，注意统计指标的可比性，只有适用、可比的指标编入统计表、绘成统计图才能支持统计分析。

3.1.2 数据分组

1. 分组的意义

分组是指根据事物内在的特点和统计研究的需要，将统计总体按照一定的标志区分为若干组成部分的一种统计方法。其目的是把同质总体中的具有不同性质的单位分开，把性质相同的单位合在一起，以便进一步运用各种统计方法研究现象的数量表现和数量关系，从而正确地认识事物的本质及其规律。例如，国民经济按三次产业划分，把整个国民经济划分成 3 种类型，以研究国内生产总值和劳动力在三次产业间的分布及变化，不仅显示了产业结构的状况，而且揭示了产业结构的演变趋势，以及这种演变与经济发展间的内在联系；要了解公司职工情况，除了对该公司职工总数有了解外，还应将全体职工按工作性质分为徒工、技工、工程技术人员和管理人员等组，以便进一步了解公司职工的内部结构与各类职工的变动情况；为了研究国民收入在国民之间的分配问题，统计学家洛伦兹把人口按收入分组，将人口收入比重分布与各组人口比重分布联系起来，提出了著名的洛伦兹曲线。意大利经济学家基尼根据洛伦兹曲线提出判断分配平等程度的指标——基尼系数[1]。按照一般理解，基尼系数在 0.2～0.3 表示收入分配相对合理，在 0.4～0.5 则意味着收入差距较大，而超过了 0.5 就代表收入差距悬殊。通常把 0.4 作为收入分配差距的“警戒线”。

总之，数据分组是贯穿于整个统计工作过程的重要方法，它的主要作用有以下几个方面：

① 划分现象的类型；

② 研究现象的内部结构；

③ 分析现象之间的依存关系。

2. 分组标志的选择

数据分组的关键在于分组标志的选择。分组标志，就是将统计总体划分为各个不同性质的组所采用的标准或根据。总体单位有许多标志，分组标志选择的正确与否，关系到能否正确地反映总体的数量特征。这是因为当选择某一分组标志时就突出了现象在这方面的差异，掩盖了现象在其他方面的差异，从而可能得出不同的结论。而同一研究目的和任务并不是只有一个分组标志可以反映，因此就有一个选择分组标志的问题。只有选择最恰当的分组标志，才能使分组的结果正确反映现象的本质特征。

如何选择最恰当的分组标志，使数据整理的结果能显示现象的本质特征？这不仅要根据研究问题的目的选择分组标志，而且要考虑现象所处的具体历史条件或经济条件。例如，以某市所有商业企业为一个统计总体，如果为了研究不同经济类型的商业企业的经营比重及其所起的作用，则应按企业的所有制形式这一标志进行分组；如果为了研究

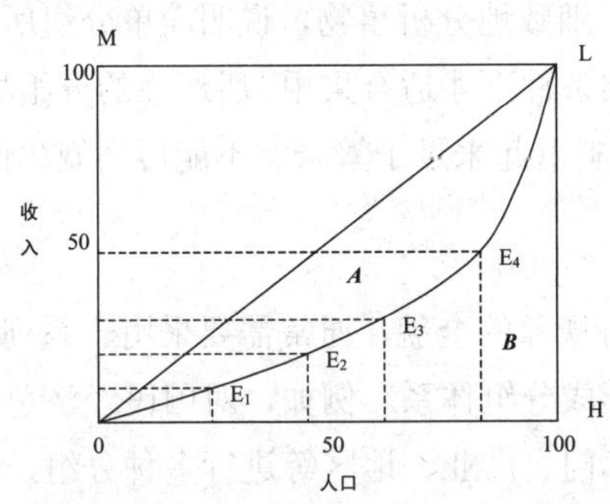

[1] 如上图所示，横轴代表收入获得者在总人口中的百分比，纵轴显示的是各个百分比人口所获得的收入的百分比。比如，将衡量社会财富的百分比的矩形的高分为 5 等份，每一等份为 20 个单位的社会总财富；在矩形的长上，将 100 个家庭从最贫者到最富者从左至右排列，也分为 5 等份，第一等份代表收入最低的 20 个单位的家庭。在这个矩形中，将每一部分的家庭所拥有的财富的百分比累计起来，并将相应的点画在图中，便得到了一条曲线，就是洛伦兹曲线。将洛伦兹曲线与 45°线之间的部分 A 叫作“不平等面积”，当收入分配达到完全不平等时，洛伦兹曲线成为折线 OHL，OHL 与 45°线之间的面积“A+B”叫作“完全不平等面积”。不平等面积与完全不平等面积之比，即“A/(A+B)”为基尼系数，用 G 表示。基尼系数(G)是衡量一个区域，如一国人民贫富差距的标准。显然，基尼系数不会大于 1，也不会小于 0。

商业企业的规模，则应选择商业企业的销售额、职工人数等标志进行分组；如果为了研究经济效益的情况，则应按实现的净资产利润率等相关标志进行分组。社会经济现象随着时间、地点条件的不同而变化。同一分组标志在过去适用，但现在不一定适用；在这一场合适用，但在另外场合不一定适用。例如，为了研究企业的规模与其他因素之间的关系，就需要将企业按规模分组。反映企业规模的标志很多，如生产能力、职工人数、固定资产价值、产值、销售收入等。在技术不发达的条件下，用职工人数的多少来表示企业的规模大小比较恰当；而在技术进步的历史时期或技术装备比较先进的条件下，采用固定资产的价值更恰当。

注意：统计分组的一个重要的原则就是必须保证总体中的任何一个总体单位或任何一个原始数据都能归于某一个组且仅能归于某一个组，即保证不重不漏。

3. 分组的形式

按照分组标志的多少，分组可分为简单分组和复合分组两种形式。总体按一个标志进行分组称为简单分组。例如，例 3.1 的杭州西湖西山路的一家饭店为了揭示饭店食物质量状况，对饭店食物质量分组。

这种按一个标志进行分组比较简单，它只能说明现象在某一方面的分配状况或联系。有时用一个标志分组还不足以说明问题，可以用两个或两个以上的标志层叠起来进行分组，这种分组叫作复合分组。例如，为了认识某地高等院校在校本科学生的基本状况，可以同时按学科、性别两个标志层叠进行分组。

第一层标志(学科)的分组：　　理科　　　　　　　　文科

第二层标志(性别)的分组：　男生　　　女生　　　男生　　　女生

这种分组有助于深入、细致地分析事物，说明简单分组所不能说明的问题。复合分组必须在总体单位数很多的条件下才适合采用，所选择的分组标志不能过多，一般选 2～3 个标志。否则会使分组资料看起来过于繁杂，不能得到规律性的认识。

4. 分组体系

为了认识某一社会经济现象的全貌，通常需要采用一系列相互联系、相互补充的标志对现象进行多种分组，形成分组体系。例如，对国民经济总体进行统计研究，必须通过对企业按所有制形式、部门、产业、地区等进行多种分组，形成国民经济分组体系，并且根据需要可以在所有制形式、部门、产业、地区等的第一层分组的基础上，再进一步按企业规模将其划分成大、中、小型，使我们对国民经济总体的认识更加全面而深入。

数据分组体系有两种形式：平行分组体系与复合分组体系。

平行分组体系是对同一总体选择两个或两个以上标志分别进行简单分组。例如，前面介绍的杭州西湖西山路这家饭店按照服务、食物质量、价格与气氛等标志进行分组的分组体系，就是由4个简单分组形成的平行分组体系。

复合分组体系是由复合分组形成的分组体系。建立复合分组体系，应根据统计分析的要求，在选择分组标志的同时，确定它们的主次先后顺序。首先按其主要的标志对总体进行第一次分组，然后按次要的标志对第一次所分的组再进行第二次分组，依次按所有分组标志分至最后一层为止。

在统计实践中，采用哪一种分组、哪一种分组体系，以及如何组合使用取决于统计总体的特征与研究问题的需要。

3.1.3 数据汇总

1. 数据汇总的组织与技术

数据汇总的组织是解决在一定的统计管理体制下，将原始数据采用何种纵向(自下而上，参见图2-1的粗线部分)汇总方式进行汇总的问题，是采用逐级汇总还是集中汇总，还是两者结合的综合汇总。

逐级汇总是按照一定的统计管理体制，将统计调查资料自下而上逐级汇总并逐级上报，直至最高机构。我国现行的统计报表制度主要采用这种汇总形式，一些专门调查也常采用这种形式。

集中汇总是指将统计调查资料直接集中到组织统计调查的最高机构或某一级的统计机构统一汇总。其可分为：超级汇总和越级汇总。超级汇总是在自下而上的汇总过程中，越过一切中间层次，将统计调查资料由基层直接上报到组织统计调查的最高机构统一汇总。越级汇总是在自下而上的汇总过程中，越过一定中间层次而进行的汇总，介于逐级汇总和超级汇总之间。

综合汇总是将逐级汇总与超级汇总两种形式结合使用的方式。即将各级所需要的最基本的统计指标实行逐级汇总，同时又将全部原始数据集中到最高机构进行超级汇总。我国人口普查资料的汇总曾采用这种组织形式。

换句话说，数据汇总的组织关系着数据汇总的效率和效果，因此，对原始数据如何组织汇总需要根据实际情况与具体需要决定。

统计汇总技术是指将同级单位(横向)的统计调查数据进行汇总的方法，也称横向汇总法。它分为手工汇总技术与计算机汇总技术。

横向汇总的具体步骤如下。

(1) 设计汇总方案

汇总方案是根据调查目的与分析要求对统计调查资料的汇总所做的计划和安排。如，汇总工作的组织领导，有关部门的配合、协调与责任，汇总的具体时间安排，组织形式与技术，资料审核的要求和方法，需汇总的指标、分组标志与分组体系，汇总资料的报送程序和发表方式，并设计好一整套空表与填表说明等。

(2) 汇总前的审核及处理

对于通过调查取得的原始数据，主要从完整性与准确性两个方面审核；对于取得的次级数据，应着重审核数据的适用性和时效性。

(3) 数据录入

如果采用手工汇总则不需要数据录入，可直接进入下一步骤。手工汇总方法通常有划记法、分票法、折叠法与过录法 4 种。若采用计算机汇总，则数据录入的质量直接关系到整个汇总工作的成败。控制数据录入质量的方法，通常有重复录入法、检验平衡项目法与预值控制法 3 种。

(4) 归集资料并汇总

根据汇总方案中确定的分组汇总表和汇总技术，将调查数据按照组别进行归集与加总，计算出各组的合计数与总的合计数，并填入分组汇总表。

(5) 汇总后的审核

汇总后的审核通常有复算审核(对每一个数值进行复核计算)、表表审核(不同表格中出现的同一项目的汇总数值进行对照，确认是否相符)与表实审核(利用调查者已有的经验或已有的统计、会计业务核算资料，进行对照比较，检查汇总结果是否正确)3 种方法。

对于大型的数据集利用计算机对数据进行整理。需要选用合适的软件，按编码录入文字信息，输入原始数据，由计算机帮助完成数据的编辑、审核、纠错、制表绘图与计算统计指标。

关于如何利用计算机对数据进行整理参见第 11 章的内容，这里我们先学习数据整理的理论与方法。

2. 次数分配

(1) 次数分配的概念与种类

将总体中的所有单位按一定标志分组整理，并将各组按一定顺序排列，形成总体中各个单位在各组间的分布，称为次数分配或分配数列。它是一种数据的表格汇总方法。

次数分配由总体分组和各组相对应的分配次数两个要素构成。各组单位的次数称为频数；各组次数与总次数比的百分比称为频率，见表3-1。次数分配是数据整理的一种重要形式，它可以反映总体中所有单位在各组间的分布状况和分布特征。研究这种分布特征是统计分析的一项重要内容。

表 3-1　××频数分布表

分组	频数	频率(%)
合计		100

*注：在任何频数分布中，频数的总和等于观察值的数目，频率的百分数总和等于 100。

次数分配按照分组标志的不同，可分为品质型分配数列和数量型分配数列两种。前者就是按品质标志分组形成的分配数列，后者则是按数量标志分组形成的分配数列。无论是频数还是频率，都是说明各组的品质标志或数量标志值出现的频繁程度的。

(2) 分配数列的构建和解释

对于品质型分配数列，只要确定了分组标志，组数就确定。如果分组标志选择得好，分组标准定得恰当，则事物性质的差异表现就比较明确，总体中各组的划分较易解决。因而品质型分配数列一般比较稳定，通常能准确地反映总体的分布特征。而数量型分配数列，选择了分组标志后，还要考虑组数、组距和组限等问题。由于确定了数量型分组标志后，事物性质的差异表现不甚明确，决定事物性质的数量界限往往因人的主观认识而异，因此，按同一数量标志分组，有出现各种次数分配的可能。数量型次数分配的关键问题是怎样使其能比较准确地反映总体的分布特征。

下面我们通过引用具体的例子来说明如何通过数据汇总来构建和解释品质型次数分配与数量型次数分配。

① 品质型数据次数分配。

A. 频数分布。

【例 3.1】坐落于杭州西湖西山路的一家饭店用一种调查问卷，来询问顾客对饭店的服务、食物质量、价格与气氛的看法。每一个属性分别以极好(1)、非常好(2)、良好(3)、一般(4)和较差(5)的标准来评价。60 份饭店食物质量状况的问卷结果如表 3-2 所示。

表 3-2　饭店食物质量状况调查的样本数据

3	1	2	3	4	1	2	1	2	3	2	1
1	2	2	2	4	2	1	2	2	1	3	2
1	2	4	2	2	3	3	3	2	1	2	1
2	1	3	2	1	1	2	3	1	2	2	4
1	4	2	1	2	4	1	2	2	1	2	2

解：为了构造这些数据的频数分布，我们统计每一个属性的出现次数，结果列于

表 3-3。

表 3-3　饭店食物质量状况的频数分布

饭店食物质量	频数
极好	18
非常好	27
良好	9
一般	6
较差	0
合计	60

表 3-3 这个频数分布说明了 60 份答卷的样本中，我们看到顾客对该饭店食物质量评价非常好排在首位，极好排在第二，良好排在第三，一般排在第四，没有评价较差的。频数分布还揭示了顾客对饭店食物质量的认可程度。

频数分布表明了在几个互不重叠的组别中每一组项目的个数。当各组的项目的个数多，且数据不规整时，我们不易从频数分布中清晰而准确地观察到总体的分布特征。因此，我们往往对各组的百分数频数(即频率)更感兴趣。表 3-4 给出了顾客对该饭店食物质量评价数据的频率分布。

表 3-4　饭店食物质量状况的频率分布

饭店食物质量	频率(%)
极好	30
非常好	45
良好	15
一般	10
较差	0
合计	100

在表 3-4 中，我们看到有 45%的顾客对该饭店食物质量的评价为非常好，评价极好占 30%等。我们还可以看到评价为非常好(含)以上的比例就达到 75%，良好(含)以上的比例有 90%。

在实际统计工作中，我们无须把频数分布与频率分布分别列示，而是合并到一张分布表。如表 3-3 与表 3-4 合并列示成表 3-5。

表 3-5　饭店食物质量状况分布表

饭店食物质量	频数(人)	频率(%)
极好	18	30
非常好	27	45
良好	9	15
一般	6	10
较差	0	0
合计	60	100

B. 条形图与饼形图。

为了使描述的统计数据更直观，甚至更形象生动，我们常常进一步用图形的方法描绘已经汇总的品质型数据的频数分布与频率分布。图形的横轴规定用来标记数据的分组，纵轴上标出频数、频率的刻度。对于品质型数据，应将这些长条分隔开，以强调每一组是相互独立的这一事实。图 3-1、图 3-2 分别是坐落于杭州西湖西山路的一家饭店食物质量状况评价情况的频数分布条形图与频率分布饼形图。

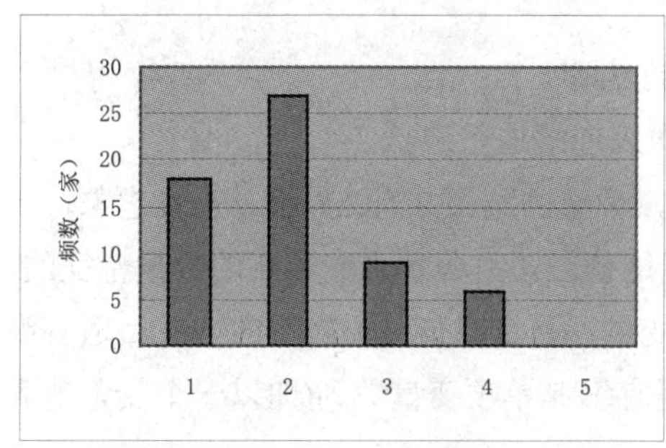

图 3-1　饭店食品质量状况(条形图)

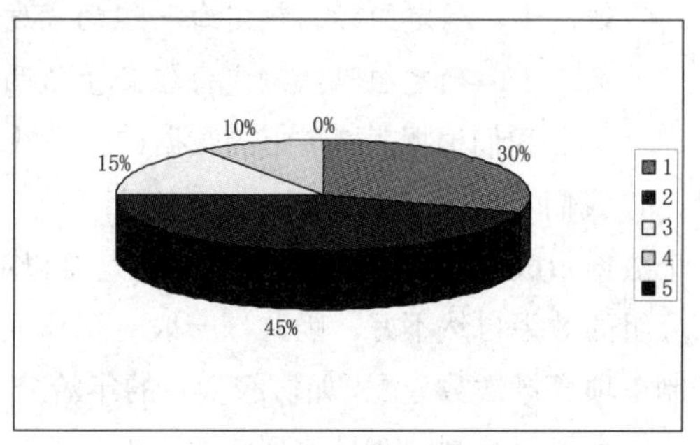

图 3-2　饭店食品质量状况(饼形图)

② 数量型数据次数分配。

A. 频数分布。

【例 3.2】我们于 2011 年 3 月 2 日，从中银国际网上交易信息的高官列表中，查寻到 90 家 2010 年房地产上市公司财务负责人的年薪。表 3-6 中的数据就是 90 家中国 A 股房地产上市公司 2010 年财务负责人年薪(人民币万元)的数据。

表 3-6　2010 年 90 家中国 A 股房地产上市公司财务负责人年薪数据

单位：万元

320	16	6	11	19	12	22	33	28	135	33	41	37	120	22	60	118	13
15	20	12	71	129	12	20	31	36	130	24	13	20	50	81	27	11	18
54	56	29	14	24	17	55	54	86	5	20	34	240	13	15	62	15	22
133	100	65	30	17	20	28	25	200	30	20	42	49	20	35	44	10	19
79	178	10	14	30	7	26	18	40	14	15	96	15	14	28	14	18	43

*注：为了简便，表中数据作了四舍五入的取整。

解：首先，将原始资料按顺序排列。将表 3-6 中的 90 家中国 A 股房地产上市公司财务负责人年薪的数据按从大到小(降序)的顺序排列，结果列于表 3-7 中。

表 3-7　2010 年 90 家中国 A 股房地产上市公司财务负责人年薪数据排序表

单位：万元

320	133	100	71	55	44	37	33	29	26	20	20	19	17	15	14	12	10
240	130	96	65	54	43	36	31	28	25	20	20	18	16	15	14	12	10
200	129	86	62	54	42	35	30	28	24	20	20	18	15	14	13	12	7
178	120	81	60	50	41	34	30	28	24	22	20	18	15	14	13	11	6
135	118	79	56	49	40	33	30	27	22	22	19	17	15	14	13	11	5

然后，将各个数据按其数值大小归入相应的组内。确定数量型数据频数分布的组时，需要下列 3 个步骤。

第一步，确定组数。确定互不重叠的组的个数。

第二步，确定组距。确定每一组的宽度。

第三步，确定组限。确定每组变量值两端的界限。

下面我们根据表 3-7 中的数据构建频数分布来理解这些步骤。

我们若把表 3-7 中相同的数据归入同一组，分组的结果共有 57 组。不难想象，90 个数据归成 57 组，这样的频数分布是难以显现这些公司财务负责人年薪的数量特征的，分组的效果自然不好。因此，一般对于离散型变量，且变量值又比较少的情况，适宜编制单项变量次数分配，如班级学生的年龄分布适宜编制单项变量数列(即以一个变量值表示一个组而编制的变量数列)。

我们若以一定的年薪区间作为分组的数量标准，对表 3-7 中的数据编制组距次数分配数列(即以一个变量值的一定范围表示一个组而编制的变量数列)，这时，我们需要考虑如何确定组数、组距与组限。

从表 3-7 的数据可知，90 家房地产上市公司财务负责人年薪范围为 5 万元人民币到 320 万人民币。假如我们从年薪 0 开始，以 10 为组距，对表 3-7 的这些上市公司财务负责人年薪数据进行等距分组(即每组的组距相等，组距=上限－下限)，则仍然有“0～10”，“10～20”，…，“310～320”等 32 组，且其间有许多组的频数为零。显然这样的频数分布同样是难以显现这些公司财务负责人年薪的数量特征的。倘若我们从年薪 0 开始，进行不等距分组(每组的组距不相等)，将其分成“0～100”，“100～300”两组，结果 10 万元以下的频数低与 10 万元至 40 万元之间的频数高的数据特征被掩盖了，这样同样不能较好地反映这些公司财务负责人年薪的数量特征，显然也不是一个好的分组。

分析 90 家公司财务负责人年薪数据，我们判断年薪 60 万元以下的组距为 10 比较好，年薪 60 万元至 100 万元之间似乎取组距为 20 比 10 好，而年薪 100 万元以上的组距应该扩大到100更好。照此分组得表3-8的次数分布(还没有考虑第四列)。

表3-8 2010年90家中国A股房地产上市公司财务负责人年薪整理表

年薪(万元)	公司数(家)	频率(%)	频数密度
0～10	3	3.33	0.3
10～20	28	31.11	2.8
20～30	19	21.11	1.9
30～40	10	11.11	1.0
40～50	6	6.67	0.6
50～60	5	5.56	0.5
60～80	5	5.56	0.25
80～100	3	3.33	0.15
100～200	8	8.89	0.08
200以上	3	3.33	0.03
合计	90	100.00	—

分析表3-8频数分布："60～80"组出现频数5次，频率为5.56%；"100～200"组有8次，频率为8.89%。乍一看8次多于5次，8.89%大于5.56%，但是联系组距，"60～80"组的年薪相距20万元，而"100～200"组相距100万元，显然前一组比后一组年薪出现的公司密度要高。可见，以上的频数分布与频率分布都没有准确地描述出90家房地产上市公司财务负责人年薪的分布状况。所以，要正确认识90家房地产上市公司财务负责人年薪分布特征，需要消除由组距不等造成的影响，即，需要将各组的频数除以相应各组的组距，计算频数密度，得表3-8第四列的数据。频数密度的计算公式如式(3.1)所示。

$$频数密度=频数\div组距 \tag{3.1}$$

显然，例3.2中表3-8的频数分布表，让我们对中国A股房地产上市公司财务负责人的年薪分布有了真切而深刻的理解。

a. 其最频繁的年薪集中在10万元至20万元之间，90家中有28家落在这个区间，占总数的31.11%；20万元至30万元的居其次，有19家，占总数的21.11%；30万元至40万元的10家，占11.11%。

b. 公司财务负责人年薪在10万元以下与60万元以上的公司相对少些。

c. 观察频数密度(即这类公司出现的单位频度)分布，公司财务负责人年薪在10万元至20万元，20万元至30万元，30万元至40万元的频数密度值分别是2.8、1.9与1.0，10万以下与60万元至100万元的频数密度在0.15～0.3之间，而100万元以上频数密度在0.03～0.08；10万元至20万元之间的频数密度约为20万元至30万元年薪之间的频数密度的1.47倍……，约为200万元以上年薪的频数密度的93.33倍。

综上信息，我们或许可以认为：房地产上市公司财务负责人年薪最频繁地集中在10万元至20万元之间，达到20万元至30万元或达到30万元至40万元是比较有可能的，越往上越难，能给付100万元以上年薪的公司很少了，尤其是200万元以上年薪的公司那是少之又少。

我们需要注意到，例3.2中90家房地产上市公司财务负责人的年薪额分布是不均匀的。这就是说，如果原始数据分布并不均匀、对称，就应根据原始数据的特点与事物性质变化的数量界限来确定组数、组距与组限。

如果原始数据分布比较均匀、对称，即中间数值次数多，大小极端值次数少，则可考虑用斯特吉斯(H. A. Sturges) 组数经验公式(3.2)帮助确定近似组数。

$$\text{近似组数}=1+3.322\lg n \tag{3.2}$$

式中，n表示总次数，lg表示以10为底的对数。

若n=100，则近似组数=1+3.322lg100=7.644，可考虑分8组。

组数确定后，就可进一步用公式(3.3)确定近似组距。

$$\begin{aligned}\text{近似组距}&=(\text{数据最大值}-\text{数据最小值})\div\text{组数}\\&=\text{全距}\div\text{组数}\end{aligned} \tag{3.3}$$

求得近似组距后，可以根据构建频数分布的偏好取整为更方便的值。例如，若近似组距为9.29，可以简单地取整为10，因为10作为组距构建频数分布时更方便。

如果事前对原始数据的分布状况是否均匀、对称等全然不知，就需要对数据进行探索性分析。茎叶图是探索性数据分析的好工具，将在随后的统计图中介绍。

一般来说，在编制组距数列时，首先要找出全部变量的最大值和最小值的距离(即全距)，以及大多数变量值集中在什么范围内，然后考虑组数和组距的问题，使分组的结果能把所有变量值全部包括进去，且能比较明显地反映出总体的实际分布情况。

在实践中，组数与近似组距要通过反复试验确定。经验认为，使用5～20个组为好。对于数据项比较少的数据集，用5或6组就可以汇总数据。对于数据项比较多的数据集，通常需要更多的组数。总之以能归纳出原始数据的分布特征或区分现象的类型与性质为原则。

组限是指每组变量值两端的界限。其中，每组的起点值称为下限，每组的终点值称为上限。对于离散型变量相邻两个组的上下限可以分别为两个不同的数值，也可以为相同的数值；对于连续型变量，相邻两个组的上下限必须重叠，并执行“上限不在本组内”的规则。如年薪20万元的归入“20～30”组，不归入“10～20”组，其余类推。

当原始数据中出现特大或特小的变量值即极端值时，为了不使组数增加或将组距不必要地扩大，可将最前组或最后组采用“××以下”或“××以上”的形式表示。具有这种形式的组叫开口组，开口组是指只有上限缺下限，或只有下限缺上限的组。比如，对某地区工业企业按职工人数分组，如表3-9所示。表3-9中的第一组10人以下，与最末一组10000人以上都是开口组。

表3-9 某地区某年工业企业按职工人数分组表

职工人数(人)	企业数(个)
10以下	300
10～100	500
100～1000	2000
1000～10000	280
10000以上	20
合计	3100

综上所述可知，选择等距还是不等距分组，是否需要设置开口组这种分组形式，主要根据研究的目的与观察值的特点决定。不等距分组的目的在于区分现象的类型与性质，不等距分组的组距应根据事物性质变化的数量界限来确定；而等距分组，主要反映观察值在总体内均匀分布现象的分布特征。从数据汇总处理的方便性看，采用等距分组，明显更便于比较各组次数，更便于绘图，更便于进行结构和对比分析。所以只要可能应该尽量采用等距分组。

需要说明的是，将原始数据编制成组距式次数分配数列后，各总体单位的标志值被抽象化，通常用各组的组中值作为其代表值。如表3-8的数据已经把每家公司财务负责人的具体年薪抽象化了，没有了说明各组工资水平的单项数据，就用每一组的组中值分别代表相应各组的年薪水平。

组中值是各组上限和下限之间的中点数值。其计算公式如式(3.4)所示。

$$组中值=(上限+下限)\div 2 \tag{3.4}$$

开口组的组中值可参照相邻组的组距来决定，当计算出的假定上、下限超越实际可能的极限时，应当将假定的上、下限，限定在极限值上。例如，表3-9中第四组的组距为10 000−1000=9000(人)，则假设第五组开口组的组距也是9000人，其上限应为19 000人，组中值为(10 000+19000)÷2=14 500(人)。第二组的组距为90人，若假设第一组开口组的组距与第二组相同，则开口组的下限会出现负值(10−90=−80)，这显然与实际情况不符，因此第一组的下限应该为0，则第一组的组中值为(0+10)÷2=5(人)。

用组中值来代表各组变量值的一般水平，是基于观察值在各组内是均匀分布或以组中值为中点，各数值对称地分布在组中值两边的假设。实际情况与假设有些出入。如表3-8中，在“0～10”万元的组内共有3个公司，实际上这3个公司财务负责人的年薪分别为5万元、6万元、7万元，而在组距数列中，具体的年薪被抽象化了，我们只能判断有3个公司的财务负责人的年薪落在“0～10”万元的组内。在实际工作中，尽管其大多数可能偏于上限或下限，也可能在组内均匀分布，当我们根据组距数列判断各组内各单位的分布时，只好假定总体单位在各组内是均匀分布的。这种假定显然与实际情况有所出入。我们的原则是，只要这种误差不影响所研究事物的特性和规律性，统计就接受这种误差。

考虑到用组中值进行进一步数学运算的方便，组限的选择应尽量取整数，如以“0”或“5”为尾数。

B. 直方图。直方图是常用的数量型数据的图形描述方式。频数分布、频率分布、频数分布密度等资料都可以构建直方图。由于本题的90家房地产上市公司财务负责人年薪的分配数列是不等距分组的，需要构建年薪频数密度的直方图(年薪额变量放置在横轴上，将年薪频数密度放置在纵轴上)，如图3-3所示。

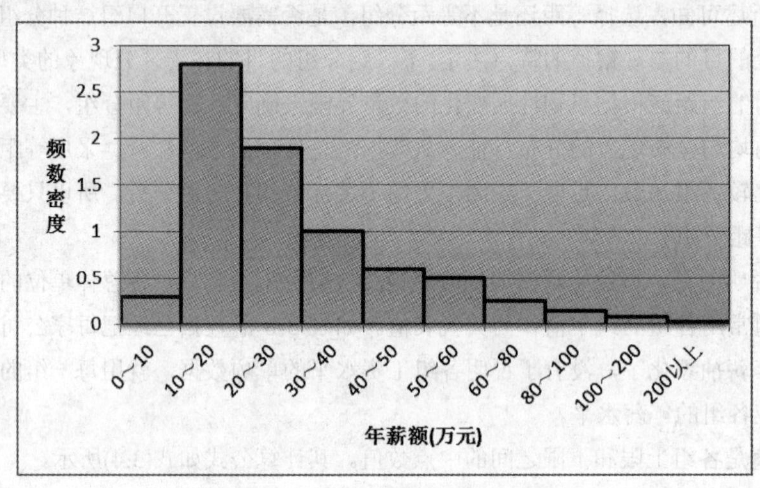

图3-3　2010年中国A股房地产上市公司财务负责人年薪分布

图3-3的频数密度分布图，使我们对2010年中国A股房地产上市公司财务负责人的年薪分布特征更一目了然。

C. 累积分布与累积曲线。对上述年薪分布略加变化，便可以得到数量型数据的另一种表格汇总方式——累积频数分布与累积频率分布。累积频数分布表示的是小于或等于每一组上限的数据项个数，而不是每一组的频数。累积频率分布是表示小于或等于每一组上限的数据项的百分数。表3-10给出了2010年90家中国A股房地产上市公司财务负责人年薪的累积频数分布与累积频率分布。

表 3-10 2010 年 90 家中国 A 股房地产上市公司财务负责人年薪累积分布表

年薪(万元)	累积公司数(家)	累积频率(%)
0～10	3	3.33
10～20	31	34.44
20～30	50	55.55
30～40	60	66.66
40～50	66	73.33
50～60	71	78.89
60～80	76	84.45
80～100	79	87.78
100～200	87	96.67
200 以上	90	100.00

累积分布表(表 3-10)使我们获得另一种理解 2010 年中国 A 股房地产上市公司财务负责人的年薪分布特征的信息。如这 90 家公司中年薪 60 万元以下的有 71 家，占总数的 78.89%。累积曲线(图 3-4)则使我们对 2010 年中国 A 股房地产上市公司财务负责人的年薪分布的累积特征一目了然。

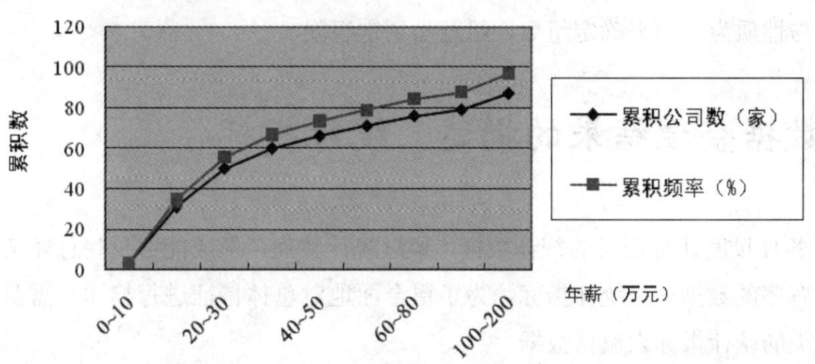

图 3-4 2010 年 90 家中国 A 股房地产上市公司财务负责人年薪的累积曲线

当然，我们也可以把表 3-8 频数分布归纳成表 3-11 的次数分布。只是表 3-11 比表 3-8 的年薪分布信息更为综合。如果按表 3-11 的分组，我们就观察不到 10 万元至 20 万元，20 万元至 30 万元，30 万元至 40 万元的年薪频数分布的信息，因此也就形不成房地产上市公司财务负责人年薪最频繁地集中在 10 万元至 20 万元之间，达到 20 万元至 30 万元或达到 30 万元至 40 万元是比较有可能的这一颇有价值的认识。

表 3-11　90 家中国 A 股房地产上市公司财务负责人年薪

年薪(万元)	公司数(家)	频率(%)	频率密度
0～10	3	3.33	0.30
10～40	57	63.33	1.90
40～100	19	21.12	0.32
100～200	8	8.89	0.08
200 以上	3	3.33	0.03
合计	90	100.00	—

根据例 3.2 的数据汇总可知以下几个方面。

a. 在不等距分组情况下，各组次数受组距大小影响。要比较各组次数或分析总体结构，须计算频数密度，消除由组距不等造成的影响，以确切地归纳出原始数据的分布特征。

对于等距分组，可以直接依据频数、频率比较各组次数或分析总体结构描述总体数据的分布特征。

b. 数量型次数分配的组数的确定是一个复杂的问题，分组时，如果扩大组距，减少组数，就会将不同性质的单位归并在一组中；反之，缩小组距，增加组数，又会将属于同类的单位划分到不同的组中，显示不出现象的分布特征。因此必须根据资料的具体内容、变量值的分散程度与特点等因素，以是否能归纳出原始数据的分布特征，或区分现象的类型与性质为原则来确定组数、组距与划定组限。

3.2　数据整理结果的描述：统计指标

通过各种尺度计量而成的统计数据，经过统计整理，形成能够反映总体某些数量特征的规范有序的数据——统计指标，为了更全面地对总体特征进行描述，需要进一步计算其他种类的统计指标来概括数据。

在第 1 章中，已经给出了统计指标的概念与种类，在此我们就统计指标的具体内容和计量方法展开讨论。统计指标根据具体内容和计量方法上的特点不同一般可以分为总量指标、相对指标和平均指标 3 类，分别用来概括反映总体的数量多少，现象之间的数量关系与现象的一般水平。

3.2.1　总量指标

总量指标反映被研究总体的单位总数或它的某种标志的总量。它以最直观、最基本的形式反映现象或事物的数量多少，有明确的计量单位，其指标数值表现为绝对数。在社会经济领域，总量指标表明具体社会经济现象总体的规模水平。例如，一个国家或地区的人口、耕地面积、粮食产量、国民生产总值、基本建设投资总额等，一个企业的职工人数、工业总产值、工资总额、利润总额等，都是总量指标。

总量指标按其反映的内容不同，可分为总体单位总量和总体标志总量。总体单位总量表明总体单位数的多少，它是总体单位数的总和，又称总体总量或总体单位数。总体标志总量，是总体内各个单位某标志的标志值之和，简称标志总量，是说明总体数量特征的规模的。

总体单位总量和标志总量两种指标并不是永远不变的，两者随着统计研究目的的变动而不同。研究目的如果不是某一企业的工资总额和工资水平，而是某市企业的平均职工人数，则总体单位总量就是全市的企业数，总体标志总量就是全市所有企业的职工总人数。明确总体单位数和标志总量之间的差别，对计算和区分相对指标和平均指标具有重要作用。

总量指标按其反映的时间状况不同，可分为时期总量和时点总量。时期总量，又称时期指标，是反映社会经济现象在一段时期内发展变化的总量指标。如国内生产总值、产品产量、商品销售额等。性质相同的时期指标的各期数值可以累计相加。如某产品年产量是各季产量之和，各季产量为各月产量之和。时点总量，也称时点指标，是反映社会经济现象在某一时刻的状态的总量指标。如年末人口数、年末净资产总额、商品库存量等。不同时点指标数值相加没有意义。如各月月末职工人数相加不等于年末职工人数，也不等于全年职工人数。

由于时期指标与时点指标所反映的现象的时间状况不同，使得两者在调查登记方法的选用、时间序列的编制、序时平均数的计算上有异，因此，区分、识别时期指标与时点指标是必要的。

总量指标是反映社会经济发展情况的基本指标。还是计算相对指标和平均指标的基础。

总量指标的计算方法，一般有直接计算法和间接计算法两种。

直接计算法，就是对调查所得的总体单位(样本总体常用 n 或 f 表示，全及总体则用 N 或 F 表示)、总体单位诸标志值(样本总体常用 x 表示，全及总体则用 X 表示)进行汇总。其计算公式(以样本总体为例)为

样本总体单位总量：

$$n=\sum f=f_1+f_2+\cdots+f_i+\cdots \tag{3.5}$$

样本总体标志总量：

$$\sum x=x_1+x_2+\cdots+x_i+\cdots \tag{3.6}$$

或

$$\sum xf = x_1 f_1 + x_2 f_2 + \cdots + x_i f_i + \cdots \tag{3.7}$$

推算法，是根据各种关系或非全面调查资料推算总量指标的方法。它有平衡关系推算法、抽样推算法、因素关系推算法、比例关系推算法、插值估算法等。如只对进货作数量金额式明细登记的商店，根据期初库存数加本期进货数等于本期发货数加期末库存数的平衡关系，通过盘点倒轧当期销售数；随机抽样调查得到样本指标后，运用估计推断的方法推算总量指标；人们利用平均发展速度这一因素关系，根据期初总量指标、平均发展速度来推算估计期末的总量指标；人们可以根据历史的广告投入量与销售额的关系，利用插值估算法估计若实现一定的销售额，大约需要投入多少广告投入量等。

计算总量指标并不是一个单纯的技术加总过程，而是确定现象的社会经济范畴和含义的问题。因此，计算总量指标时，必须先对各个指标进行经济理论分析，明确指标的含义，确定指标的性质、内容和统计的方法，科学地划定总量指标的核算范围等，否则就无法正确地进行计算。

3.2.2 平均指标

平均指标是概括地反映现象的一般水平的综合指标。它是一个代表值，经常被作为评价事物和决策的数量标准或参考。

平均指标有静态平均与动态平均之别。关于动态平均数参见第 9 章的相关内容。

静态平均指标(以下简称平均指标)是总体内各单位某一数量标志表现的一般水平。其计算公式如式(3.8)所示。

$$平均指标=总体标志总量÷总体单位数 \tag{3.8}$$

式(3.8)中分子的标志值来自分母的各总体单位，两者一一对应。

平均指标把总体各单位某一数量标志的差异抵消掉后，用一个一般水平来代表总体这一数量标志的水平。它可以使得原本不可比的现象变得可比。如研究某企业职工的工资水平，既不能以个别职工的工资额表达，也不能以全部职工的工资总额来说明，因为个别职工的工资因工作性质、业务熟练程度不同而有所不同；而工资总额是随企业职工人数的变化而变化的。要正确地反映企业职工总体的工资水平，只有将所有职工的工资加以平均，以人均工资水平综合反映全体职工工资的一般水平。

可见，平均指标具有两个特点：

① 它抽去了数量标志在总体单位之间的数值差异；

② 它是一个代表值，用以反映总体某一数量标志的一般水平。

也正是平均指标的第二个特点，使其在认识社会经济现象中起着特有的作用。如：

用来揭示数据的必然性特征；常被作为评价事物和决策的数量标准或参考；利用其进行数量上的推算；等等。但平均指标的第一个特点表明其不能揭露现象的内部特征。因此，在运用平均指标时要特别仔细，不能仅凭总平均指标简单地做出结论。下面分析表3-12某公司基期和报告期职工工资水平有关的统计数据。

表3-12 某公司基期和报告期职工工资统计表

职工组别	基期				报告期			
	人数(人)	比重(%)	工资总额(元)	平均工资(元)	人数(人)	比重(%)	工资总额(元)	平均工资(元)
	f_0	$\frac{f_0}{\sum f_0}$	$\overline{x}_0 f_0$	$\overline{x}_0$	f_1	$\frac{f_1}{\sum f_1}$	$\overline{x}_1 f_1$	$\overline{x}_1$
老职工	100	62.50	500000	5000	80	40	404000	5050
新职工	60	37.50	180000	3000	120	60	420000	3500
合计	160	100.00	680000	4250	200	100	824000	4120

*注：报告期是要通过比较说明问题的时期，基期是指用来作为比较的基准时期。

在表3-12中，如果仅从总平均工资看，报告期至基期从4250元下降到4120元，似乎工资水平下降了。但从各组职工的工资水平看，报告期比基期平均工资都有一定提高。为什么会出现这种“反常”现象呢？

这是由于工资水平较高的老职工所占比重从62.50%下降到40%，而工资水平相对较低的新职工的比重却由37.50%上升到60%，即各组单位在总体中的比重(权)发生了变化。结果是，虽然各组职工的平均工资都有所提高，但公司的总平均工资反而下降了。

由此可见，比重结构对总平均数影响存在的情况下，仅仅用总平均数说明问题是不够的，可能会掩盖内部真实情况，需用组平均数补充。

此外，从平均指标已看不到总体中典型事例，运用平均指标要注意与典型事例和具体分析相结合。关于如何联系平均指标的两个特点，测度数据集的分布特征参见第4章的相关内容。

3.2.3 相对指标

除了平均指标外，两个互有联系的指标对比所得的结果都是相对指标。

对比、鉴别，是人们认识事物的重要方法。相对指标反映两个互有联系的社会现象数量的对比，使人们从现象间数量对比关系中，清晰地认识事物；它把绝对数值概括化和抽象化，使许多原来不便于或无法直接比较的现象，找到共同的基础，转变成能够进行科学对比分析。由于研究的目的和任务的不同，对比的基准不同，相对指标种类繁多，若按用途分类概括则有：计划完成程度相对指标、结构相对指标、比例相对指标、比较相对指标、强度相对指标和动态相对指标 6 种。各指标反映的内容不同，说明的问题各异，计算方法也各有不同，分别介绍如下。

1. 计划完成程度(相对)指标

计划是连接目标和行动的桥梁，是企业单位管理的抓手。计划完成程度相对指标是考察计划完成情况的指标。如，预算管理通过预算使企业的目标得以细化，将预算的执行情况与细化的目标进行对比，检查预算(计划)的执行情况，总结超额完成计划的经验和未完成计划的教训，指导以后更好地完成预算。

计划完成程度相对指标，亦称计划完成率，是某种社会经济现象在某一时期的实际完成数与计划完成数对比所得到的比值，常以百分数来表示，如式(3.9)所示。

$$\text{计划完成程度}(\%)=\text{实际完成累计数}\div\text{计划任务数}\times 100\% \tag{3.9}$$

计划指标的表现形式有总量指标、相对指标、平均指标 3 种，其计划完成程度的计算方法各不相同。

(1) 计划指标为总量指标

以总量指标为形式的任务，由于计划任务的需求和制订方法不同，有两种不同的检查方法：累计法与水平法。

① 累计法。其适用于计划指标是按计划期进行累计的情况。累计法就是把计划期内累计实际完成数与计划规定数进行对比，以表示整个计划期该项指标的完成程度。它常用于短期(年、月、日)计划的检查，也可用于计划任务按各年总和下达的长期计划(5 年计划、10 年计划、20 年规划)的检查。检查的方式有计划执行进度，数量上是否完成，时间上是否提前等。

例如，某企业某年计划利润额为 200 万元，到 6 月底，实现利润 100 万元，全年实际完成利润 240 万元。实际与计划相比，上半年看，年利润实际与计划一致，完成了 50%；全年看，实际比计划利润超额完成 20%，即该企业超额 20%完成了年利润计划。

若需从时间上检查是否提前完成，提前多少时间，一般的方法是将计划全部时间减去从计划执行之日起至累计实际完成量已达到计划任务时止这段时间之后的时间，即为提前完成计划的时间。

② 水平法。对在各年之间呈现递增或递减趋势较为明显的社会经济现象，在制订长期计划时，往往仅列出在整个计划期的最后一年要求达到的规定水平。这类指标的计划完成情况需采用水平法检查。即用计划期最后一年的实际完成数与计划期规定同期应达到的水平相比，如式(3.10)所示。

$$\text{计划完成程度}(\%)=\text{计划期最后一期实际完成数}\div\text{计划期末规定达到的水平}\times 100\% \tag{3.10}$$

例如，甲企业计划“十一五”期末达到年创利润400万元，若2010年实际实现利润500万元，则甲企业的利润计划完成程度为125%，即超额完成25%。

用水平法从时间上检查计划完成情况时，只要从计划期内任何一年任何一月算起，连续累计12个月的总量达到最后一年规定的水平，就算完成了计划，所余时间即为提前完成计划的时间，简称为提前期。如前述甲企业若从2008年10月至2009年9月连续12个月的利润已达到400万元，则可认为甲企业2009年9月底已完成了“十一五”利润目标计划，提前期为1年零3个月。

(2) 计划指标为相对指标

计划指标为相对指标时，计划完成程度指标的计算视计划指标本身特点不同而异。这里的特点是指计划指标的形式是提高百分之几还是降低百分之几。

① 以提高百分之几下达计划的指标，意味着计划指标以最低限额的形式下达。如产品产量、劳动生产率、利润等指标一般越大越好，因此，总是希望在原来的基础上有所提高，往往计划要求至少提高百分之几来下达任务。

例如，计划规定企业劳动生产率提高5%，实际执行结果比去年提高了10%，则这个企业劳动生产率计划完成程度为

$$\text{劳动生产率计划完成程度}(\%) = (100\% + 10\%) \div (100\% + 5\%) \times 100\% \approx 104.76\%$$

该企业超额4.67%完成了劳动生产率提高任务。

② 以降低百分之几下达计划的指标，即计划指标是以最高限额的形式表达，如可比产品成本降低计划、原材料消耗计划等，这一类指标的计划完成相对数越小越好。百分之百意味着恰好完成计划。比百分之百低了百分之几，即为超额完成计划百分之几。

例如，计划规定企业可比产品成本降低2%，实际执行结果降低了3%，则该企业可比产品成本降低计划完成程度为

$$\text{可比产品成本降低计划完成程度}(\%) = (100\% - 3\%) \div (100\% - 2\%) \times 100\% \approx 98.98\%$$

该企业超额1.02%完成了成本降低任务。

以上所说的计划指标为相对指标，是指当不知道计划的总量指标或平均指标，而仅有计划要求提高或降低百分之几的情况下，如何求计划完成百分数的问题。

必须注意的是，不能用实际提高的百分数与计划任务要求提高的百分数直接对比。如前例中不能以10%是5%的2倍，而认为劳动生产率超额100%完成了计划任务。同样，也不能以实际降低的百分数与计划任务要求降低的百分数直接对比，即不能以3%是2%的1.5倍，而认为可比产品成本超额50%完成计划任务。

(3) 计划指标为平均指标

计划任务以平均指标形式下达时，计划完成程度指标的计算公式如式(3.11)所示。

$$计划完成程度(\%)=实际平均指标\div计划平均指标\times100\% \tag{3.11}$$

2. 结构相对指标

结构相对指标是表明总体各部分数值在总体中所占比重的相对数。通常以百分数表示。它是以科学的分组法为基础的，说明总体的构成，总体中所有各部分比重之和必等于 100%。如分配数列中的频率就是一种结构相对指标。

结构相对指标能够说明一定时间、地点条件下的总体结构特征。

3. 比例相对指标

比例相对指标是反映总体内部各部分之间的数量比例关系的相对数。根据比例相对指标数值的大小或繁简情况，可用百分数、一比几、几倍或几比几等形式表示。若要反映总体中若干部分的比例关系，也可采用连比的形式。究竟采用何种形式，应以能够清楚明了地进行比较为决定原则。

比例相对指标是结构性比例指标，与结构相对指标的主要区别在于揭示经济现象的方法不同，侧重点也有所差别。在计算比例相对指标时，计算公式中的分子和分母可以互换，而结构相对指标则不能。

4. 比较相对指标

比较相对指标表明不同总体在同一时间两个同类现象的数值对比关系的相对数。它说明某一经济现象在同一时间内单位与单位、地区与地区、国家与国家之间的相对状况和差异程度。比较相对指标可以用百分数表示，也可以用倍数表示。例如，某年丰润叉车厂的全员劳动生产率是 60000 元，而同年强盛叉车厂的全员劳动生产率为 66000 元，两者相比强盛叉车厂的全员劳动生产率为丰润叉车厂的 110%或 1.1 倍。

比较相对指标中用来比较的指标通常用绝对数对比，也可用相对数或平均数对比。比较相对指标的分子、分母亦可以互换，从不同的角度说明问题。

5. 强度相对指标

强度相对指标是两个性质不同但有联系的总量指标之比，是一种依存关系的相对指标，以反映现象的强度、密度、普遍程度、利用程度或效益等。如，粮食产量与人口总数相比得到的人均粮食产量，净资产利润率等都是强度相对指标。强度相对指标是两个不同性质但又有联系的总量指标对比。所以，大多数强度相对指标是一个“名数”，而且是由形成强度相对指标的分子与分母的原有计量单位组合而成的复合单位——“复名数”来表示。

强度相对指标比绝对数更能确切地反映经济发展水平，便于在不同国家、不同地区、不同部门进行比较，以反映经济发展的差别情况。因而，强度相对指标在社会经济生活中应用广泛。强度相对指标有正指标和逆指标之分。一般常用的指标形式称为正指标，将正指标计算公式中的分子和分母互换即为逆指标。有时，由于角度不同，逆指标可能比正指标更能说明问题。

需要指出的是，有些强度相对指标常以“平均”来称呼，其表现形式与平均数十分相似，因而容易混淆，实际上两者在性质上是不同的。平均数是同一总体的标志总量与总体单位数之比，是同一总体内各单位的不同标志值的平均，指标的分子分母不可互换，而强度相对指标则不然。

6. 动态相对指标

动态相对指标是同一现象两个不同时期的数值对比，它用来说明某一现象发展变化的方向和程度。这个相对数也称“发展速度”，可以百分数或倍数表示，其计算公式如式(3.12)所示。

$$动态相对指标(发展速度)=报告期水平\div基期水平\times100\% \tag{3.12}$$

动态相对指标应用广泛，尤其是在编制时间序列、计算各种动态指标和指数等方面。关于动态相对指标的内容参见第9章。

前述6种相对指标，是从不同的角度反映现象之间的数量对比关系，构成了完整的对比分析方法。

构建、计算与运用相对指标时，应注意以下4点。

(1) 正确选择对比的基数

相对指标的基数是进行对比的依据和标准。若对比基数选择不当，相对指标就不能揭示现象之间真实的内在关系，甚至产生误导。反映就业水平的失业率指标，应当选择失业人口数与有就业劳动能力的人口数进行对比，而不能将其与总人口数这一包括婴儿、老人等无就业劳动能力的人口指标进行对比。

(2) 两个对比指标必须具有可比性

相对指标是两个有关系指标的对比，保持对比指标数值的可比性是正确计算和运用相对指标的前提。所谓可比性，是指两个对比指标所包含的经济内容、范围、计算方法、计量单位和时间规定、空间规定等方面的一致性。如，我国实行了新的企业财务制度，企业的利润、产品成本等有关指标所包含的经济内容及其指标的计算方法等都有较大的变动。因而，将变化前后的有关指标进行直接对比，就不能说明问题。

又如，时期指标和时点指标之间的对比，前者反映一段时间过程的总量，后者反映瞬间的静止现象。由于两者的时间规定性不同，不能直接对比。而是需要将时点指标按其在相应一段时间间隔内进行平均，进行时期化后才有可比性。如资金利润率指标，分子利润是时期总量，如果以期末净资产额这一时点数为分母进行直接对比，就很不妥当，而应用期内净资产平均余额进行对比。

实际工作中，许多情况下对比指标的所有条件很难做到完全一致。一定要求完全一致，将大大缩小相对指标的运用范围，只能酌情处理。例如，资金利润率指标中的资金占用额，一般是采用月初、月末时点指标的平均值计算资金平均占用额，精确到天是不现实的。若依据上市公司披露的报表，则只能以季初、季末时点指标的平均值近似代替之。相对指标的这一特点，在运用中应当引起注意。

(3) 相对指标与对比基数结合使用

相对数是两个有关指标的对比，表明现象之间的联系和变动程度，使人们从比较中得到清晰的认识。但相对指标本身已经脱离对比基准所反映的现象的规模、水平的具体内容，而只是一个抽象的数值。为了进一步说明问题，相对指标最好能与其对比基数结合起来运用，使人们形成完整清晰的概念。以浙江省民用航空客运量的变化为例，如表 3-13 所示。

表 3-13 浙江省民用航空客运量

项目 \ 年份	1978 年	1979 年	2007 年	2008 年
民用航空客运量(万人)	3	4	18576	19251
比上一年增长(%)		33.3		3.63
比上一年增客运量(万人)		1		675

从表 3-13 中列出的两个相对指标看，1979 年比上一年增长速度高达 33.3%，而到了 2008 年，其比上一年的增长速度下降为 3.63%。由此可见，作为相对指标的增长速度大大放慢。但是，从民用航空客运总量的角度来看，1978 年的客运人次仅 3 万人次，1979 年虽然高速增长，但周转人次也仅增加 1 万人次；而 2007 年客运人次达 18576 万人次，2008 年虽然仅增长 3.63%，但周转人次却高达 19251 万人次，增加了 675 万人次。从上述例子可以明显地看出，单独使用相对指标，有时不能全面完整地反映事物，而可能提供失真甚至虚假片面的信息。与对比基准结合使用，可以有效地克服相对指标单独使用的这一不足。

(4) 多种相对指标结合使用

一种相对指标只能说明现象某一方面的情况，各种相对指标恰当地配合使用，才能多角度地、全面地反映现象变化的过程结果及其规律性。例如，某企业某年的单位产品成本为其历史最低水平的上一年的 90%。这一指标仅说明企业当年在降低产成品成本方面又取得了显著成绩，但并不能说明该企业的该项指标处于同行业的情况。如果要说明还必须使用比较相对指标。如果比较相对指标表明该企业相当于同行业平均水平的 101%，就能反映出该企业当年还仅处于行业的一般水平，尚未进入先进行列，企业在降低产品成本方面仍需继续努力。

3.3 数据整理结果的描述：统计表和统计图

统计表和统计图是描述统计数据的重要方式。前者使统计结果精确、简洁的表达，后者更具有直观、形象的效果。这一事实在前面各个例子中已能窥见一斑。

由于前面各个例子中对统计表和统计图已经做了一定的具体的应用，这里着重对它们的设计与应用作总括的介绍。

3.3.1 统计表

统计表是由纵横交叉线条所绘制的，符合一定要求的表格来表现统计资料的一种形式。它能够系统地、合理地组织统计资料，用数据代替文字描述，便于统计结果的精确、简洁的表达和对比分析。那么如何恰当地将纵横交叉的线条绘制成有如此妙用的统计表呢？

1. 统计表的设计

设计良好的统计表使统计资料表现充分、明显而又深刻、有力，可以避免冗长的叙述。统计表的结构形式见表 3-14。表的各个组成部分作了标注。

表 3-14 我国 2015 年年底城乡人口数 ←表题

按城乡分组	人数(万人)	比重(%)
城 镇	77116	56.10
乡 村	60346	43.90
合 计	137462	100

←纵栏标题

横行标题 →

← 指标数值

注释 → *本表各年人口未包括中国香港地区、澳门地区和台湾地区的人口数据。

(主词栏) (宾词栏)

(1) 从统计表的结构看，包括表题、横行标题、纵栏标题和指标数值 4 个要素

① 表题。表题是统计表的名称，位于表的上方正中央，用来概括说明统计表所反映的统计资料的内容。表题的内容要简洁扼要，使人一看可知表的内容。

② 横行标颢。横行标题是横行的名称，一般写在表的左方栏，用来说明统计数据反映的总体及其分组名称。

③ 纵栏标题。纵栏标题是纵栏的名称，用来说明统计指标的名称，一般位于表的上方栏。

④ 指标数值。指标数值列在各横行标题和纵栏标题的交叉处，统计表中任何一个指标数值的内容都由横行标题和纵栏标题所限定。

(2) 从统计表的内容看，包括主词和宾词两部分

① 主词。主词是统计表所要说明的总体及其分组，它可以是各个总体单位的名称、总体的各个组，或者是总体单位的全部。分组形式不同对统计表的具体格式有相应的要求。通常根据主词是否分组和分组的程度不同，可以设计成简单表(主词未经过分组的统计表)、分组表(主词按一个标志进行分组的统计表)和复合表(主词按两个或两个以上标志进行复合分组的统计表)。

② 宾词。宾词是说明主词的各项指标，包括指标名称和指标数值。宾词指标的设计可简单设计(宾词各指标作平行排列)或复合设计(宾词的各个指标结合起来作层叠的

设置)。

一般主词列在表的左方，宾词列在右方。若这样排列使统计表显得过于狭长或过于宽短时，也可以将主词与宾词合并排列或变换位置排列。

2. 编制统计表注意事项

① 表号是表的编号，要写在表的上方，表题的左方。表号一般以在文章中出现的先后顺序编列。有了表号的表可独立移动，方便编辑。

② 统计表的各种标题要简明、确切，概括地反映出资料的主要内容，特别是表题的表达，应十分确切明了。内容应紧凑而富有表现力，避免过长和琐碎。

③ 表的左右两端不画纵线，即采用“开口”表式；表的上下端基线要划粗线，表内如有两个以上的不同内容应用双线隔开。表的各纵列之间要用线条隔开，标题(横行、纵栏)与数字之间、数字与总计之间、横行标题与纵栏标题之间要用线条隔开。

④ 表中的主词各行和宾词各栏，一般应按先局部后整体的原则排列，即先列项目，后列合计。当没有必要列出所有项目时，可以先列总计，而在所列的项目前冠以“其中”字样。

⑤ 统计表的栏数较多时，通常要加编号。

⑥ 表中数字应该填写整齐，对准位数。当数字为 0 或数字太小可略而不计时，要写上“0”；当缺乏某项资料时，用符号“…”表示；不应有数字时用符号“—”表示；表中遇到相同数据不能用“同上”、“同下”、“同左”、“同右”等写法，而应写明具体数据。

⑦ 必须注明计量单位。如果全表数字资料都用一种计量单位时，可以在表头的右上方注明。如果表中需要分别注明不同单位时，横行的计量单位可以专设计量单位栏，纵栏的计量单位可与纵栏标题写在一起，用小字标明。

⑧ 必要时，表的下端应注明表中的某一点需要借助文字加以补充说明的、资料来源、发出日期、制表人和单位负责人签署等，以示负责。

3.3.2 统计图

统计图是依据数字资料应用点、线、面、体、色彩等绘制成整齐而又规律、简明而又数量化的图形。统计图在统计资料整理与分析中占有重要地位。一图知万言，一张简单的图形，就可以把一大堆数据中有用的信息概括地表现出来。

在第 1 章的开篇案例分析中，以及本章的例 3.1 与例 3.2 的次数分配的描述，运用了统计图，使我们对成绩的分布、饭店食品质量状况与房地产上市公司财务负责人年薪分布状况一目了然。在这 3 个例子中，我们用到了条形图、直方图、曲线图与饼图，这些只是统计图的部分类型的某种表达。现实中，由于研究目的的不同与统计内容的多样性，需要用各种形式的统计图来描述统计数据。

统计图所用的图形种类繁多，Excel 等统计软件都具有极强的绘图功能，根据软件给出的各种图例，选择你想要的图形类型绘制。这里只介绍统计图的构成与几种常用统计图的类型及其运用。

1. 统计图的设计

了解统计图的构成与制图要点是设计统计图的基础。统计图一般由图号及图题、图目、图形、图注等要素组成。各要素的直观意思如图 3-5 所示。

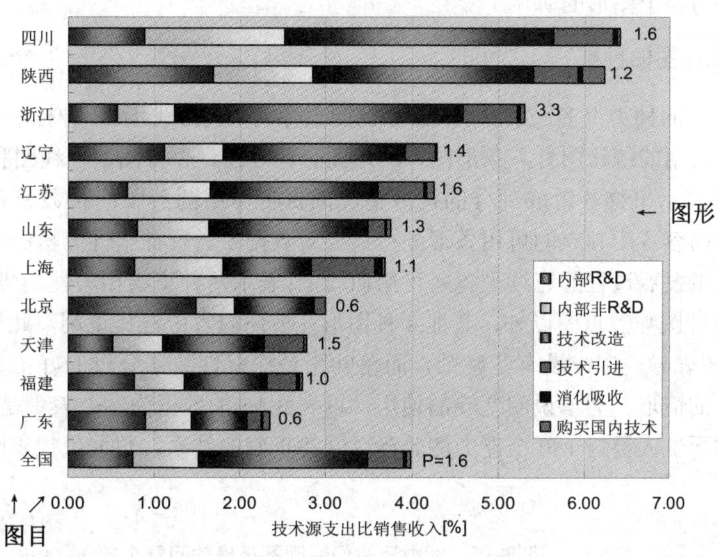

注：P=(技术改造经费+技术引进经费+消化吸收经费+购买国内技术经费)/内部科技活动经费。

资料来源：《中国科技统计年鉴 2004》，中国统计出版社。

图注

图 3-5　2003 年全国及若干省市大中型工业企业的技术源构成

图号　　图题

构造统计图各要素的含义如下。

① 图号及图题。统计图的名称为图题。图题的文字应该简要，要求能扼要地叙述统计图的内容，使人一见就能知道图所要显示的是何事、何物，发生在何时、何地。图号是图的序号，一般以在文章中出现的先后顺序编列。有了序号的图可独立移动，方便编辑。图号与图题文字置于图的正下方，居中。

② 图目是写在图形线条上的各种不同类别、名称或时间、空间的统计数量，即坐标的各种单位名称。在统计图的横坐标与纵坐标上都要有一定的距离表示各种单位，这些单位称为图尺，可用算术单位、对数单位、百分数单位等，根据资料的情况加以选用。整个图尺大小要包括所有的数据值，如果数据值大小相差悬殊，图尺可用断尺或对数法等方法，进行技术处理，减少图幅，增强图形效果。制图必须注意一个基本问题：要恰当地确定图中的尺度与坐标，切不能让统计图的直观效果歪曲了真实情况。

③ 图形是图的主要部分，一般除图形线外，应尽量避免书写文字。不同的结果用不同的图形线表示，以示区别，各种图形线的含义用文字表明，选图中或图外适当的位置表示，使整个图形和谐美观且醒目。

④ 凡图形或其局部或某一点，需要借助文字或数字加以补充说明的，均称为图注。它可以帮助读者理解图形所示的资料，提供统计图的使用价值。图注部分的文字要少、小，保持与整个图形的协调。

2. 统计图的种类

统计图的种类很多，如单击 Excel 的图表导向，就会跳出 14 种标准类型，自定义图则更多。常用的统计图有：条形图、圆形图、茎叶图、直方图、曲线图和散点图等。

通常表示事物各组成部分的构成情况的资料可用圆形图；频数分布资料可用直方图；资料内容各个独立的可用条形图；需要对数据集进行探索性分析的可用茎叶图；表示事物数量发展过程的连续型资料可用曲线图;表示两种事物相关性趋势的可用散点图。

除茎叶图与散点图以外，其他 4 种图形在前述内容中已作说明，此处不再赘述。在 Excel 的图表导向中，没有茎叶图，而茎叶图是探索性数据分析的好工具，尤其在小规模数据集的情形。为了说明茎叶的使用，以表 3-15 的数据为例。表中是 50 名参加某市海关职位面试人员对 150 个能力测验问题回答正确的结果，数据值代表回答正确的问题个数。

表 3-15　能力测验问题回答正确的问题个数

112	115	72	76	69	91	97	102	107	81
73	95	92	141	76	81	86	80	73	106
126	84	128	119	118	113	127	98	124	75
82	68	104	98	132	115	134	106	83	95
92	100	108	85	96	94	100	106	92	119

构建茎叶图的思路是将数组中的数按位数进行比较，将数的大小基本不变或变化不大的位作为“茎”，放在竖线的左边，将变化大的位的数作为“叶”，放在竖线的右边，并按原来(表中)的顺序列在“茎”的后面，如图 3-6 所示。

茎↓	叶 →									
6	**9**	**8**	←两个叶							
7	2	3	6	3	6	5				
8	6	2	3	1	1	0	4	5		
9	7	2	2	6	2	1	5	8	8	5	4
10	7	4	8	0	2	6	6	0	6	
11	2	8	5	9	3	5	9			
12	6	8	7	4						
13	2	4								
14	1									

图 3-6　茎叶图

对图 3-6 茎叶图的每一行叶值排序，用一个长方形围住每个茎的叶值，如图 3-7 所示。

茎	叶
6	8 9
7	2 3 3 5 6 6
8	0 1 1 2 3 4 5 6
9	1 2 2 2 4 5 5 6 7 8 8
10	0 0 2 4 6 6 6 7 8
11	2 3 5 5 8 9 9
12	4 6 7 8
13	2 4
14	1

图 3-7　茎叶值排序图

若将图 3-7 的茎叶图按逆时针旋转 90°，所得到的图形与以 60～69、70～79、80～89 等为组的直方图非常相似。可以从中统计出次数，计算出各数据段的频率或百分比。从而可以看出数据分布。

尽管茎叶图显示可能与直方图提供相同的信息，但它有两个优点：一是从统计图上没有原始数据信息的损失，所有的数据信息都可以从茎叶图中得到，因此常用于需要细致的分析统计阶段；二是茎叶图中的数据可以随时记录，随时添加，方便记录与表示。

当我们获取原始数据后，不能猜想这些数据的可能分布时，常用茎叶显示的方法制作茎叶图来探索分析数据。它适用于展示等级顺序和数据集的频数、频率结构。

当处理中、大规模数据集时，需要借助计算机和某些统计软件来制作茎叶图。

以上讨论的只是对一个变量的数据进行汇总的表格和图形方法，管理人员和决策者往往还对能帮助其理解两个或两个以上变量间关系的图形感兴趣。两个变量间关系的描述可用散点图，关于散点图的内容参见第 8 章；若展示 3 个变量之间的关系则可以用气泡图，绘制时将一个变量放在横轴上，另一变量放在纵轴上，而第三个变量则用气泡的大小来表示；而雷达图是显示多变量的常用方法，具体做法是先画个圆，将圆周按变量数等分，每个分点所在的半径表示一个变量的坐标轴，圆心至坐标轴点的距离表示每个变量值的大小，连接各坐标轴点，即得雷达图。各类图形请查看 Excel 的图表类型。

本章小结

直接解释未经组织的原始数据集，即便是规模适中的数据集，也常常是困难的。表格法和图形法提供了组织与汇总数据的方法，能够揭示出数据的规模与结构。频数分布、频率分布、条形图以及饼形图是汇总品质形数据的表格与图形方法。频数分布、频率分布、频数密度分布、直方图、累积频数分布、累积频率分布和累积曲线是汇总数量型数据的方法。茎叶显示作为一种探索性数据分析技术，可用来汇总数量型数据。散点图是显示两个数量变量之间关系的图形方法，气泡图可展示 3 个变量之间的关系，而雷达图是显示多变量的常用方法。

统计指标以数值来概括数据，使对数据集特性的刻画更加深刻。总量指标能够反映现象的总规模和总水平，是我们认识事物的起点，是计算其他指标的基础；但是并没有揭示事物的内部联系和现象间的对比关系。相对指标能够通过两个数值之比揭示事物内部的联系和现象间的对比关系，但却将现象的具体规模或绝对水平抽象了，单纯用绝对数或单纯用相对数，达不到对问题的全面认识。在应用绝对数时结合相对数，在应用相对数时注意它代表的绝对水平，才能得出正确的结论。平均指标是统计数据描述的重要内容，应重点掌握。

应用统计指标一定要注意指标的内涵与可比性，即使名称相同，若内涵不同，还是不可比的；要注意多种指标的结合使用，总量指标、相对指标、平均指标各有特点与优劣，因此，在应用统计指标分析说明或做判断时，一定要注意将各种指标结合使用。

运用计算机和统计软件、电子表格制作统计表、统计图形是一件既简单又方便的事，但是，如何运用统计表、统计图与统计指标描述数据，把一大堆数据中有用的信息概括地表现出来，这需要一定的技能以及丰富的经验。

练习题

一、思考题

1. 什么是次数分配？有哪两个组成要素？有什么作用？
2. 总量指标、相对指标和平均指标 3 类统计指标各反映了总体的哪些数量特征？
3. 计划完成程度指标是否大于 100%，就超额完成计划任务？为什么？
4. 什么是统计表？它由哪些基本要素构成？
5. 2009 年 4 月 29 日，《光明日报》发表了题为《“平均数”掩盖了什么》一文，文中提到：“人们越来越质疑，‘平均工资’究竟在多大程度上能体现真实的工资水平？”对此，你怎么理解？请写一篇题为“浅议平均数的应用及其陷阱”的小作文，要求理论联系实际。

二、选择题

1. 统计整理的必要性在于(　　)。

A. 原始资料分散、零碎、不系统

B. 原始资料难以描述总体数量特征

C. 次级资料不能满足统计分析的需要

D. 承前启后作用

2. 统计分组对总体而言(　　)。

A. 将总体区分为性质相同的若干部分

B. 将总体区分为性质相异的若干部分

C. 将总体单位区分为性质相同的若干部分

D. 将不同的总体划分为性质相异的若干部分

3. 当变量值恰好为组限值时，统计上规定的处理原则是(　　)。

A. 上限不在本组内

B. 下限不在本组内

C. 归入这一组的上限或下一组的下限都可以

4. 用组中值代表各组内的一般水平的假定条件是(　　)。

A. 各组的频数均相等　　B. 各组的组距均相等

C. 各组的变量值均相等　　D. 各组频数在本组内呈均匀分布

5. 频数分布用来表明(　　)。

A. 总体单位在各组的分布状况　　B. 各组变量值的构成情况

C. 各组标志值的分布情况　　D. 各组变量值的变动程度

6. 多变量的图示方法是(　　)。

A. 直方图　　B. 条形图　　C. 圆环图　　D. 散点图　　E. 雷达图

7. 时点指标的特点有(　　)。

A. 指标数值一般是通过一次性登记得到

B. 即使指标的性质相同，其指标数值相加也没有意义

C. 指标数值大小与时点的时间间隔长短没有直接关系

8. 正确应用相对指标的前提条件是(　　)。

A. 正确选择对比基期　　B. 两个对比指标具有可比性

C. 相对指标与对比基数相结合　　D. 多种相对指标结合使用

9. 当统计表中某项数字缺乏时，应表示为(　　)。

A. “…”　　B. “0”　　C. “－”　　D. “无”

10. 统计表主词各行与宾词各栏中合计的含义为(　　)。

A. 先列项目，后列合计，各项目数据加和等于合计数

B. 先列项目，后列合计，各项目数据加和小于合计数

C. 先列合计，后列项目，各项目数据加和等于合计数

D. 先列合计，后列项目，各项目数据加和小于合计数

三、练习题

1. 某班级40名学生，某门课程考试成绩如下。

87，65，86，92，76，73，56，60，83，79，80，91，95，88，71，77，68，70，

96，69，73，53，79，81，74，64，89，78，75，66，72，93，69，70，87，76，82，79，65，84。

试根据以上资料编制开口的组距为10的分配数列。

2. 宏发电脑公司在全国各地有36家销售分公司，为了分析各公司的销售情况，宏发公司调查了这36家公司上个月的销售额，所得数据如下表所示(单位：万元)。

60	60	62	65	65	66	67	70	71
72	73	74	75	76	76	76	76	77
78	78	79	79	80	82	83	84	84
86	87	88	89	89	90	91	92	92

根据上面的资料进行适当分组，并编制频数分布表。

3. 对下面职工家庭基本情况调查表(如下表所示)中的答复进行逻辑检查，找出相互矛盾的地方，并进行修改。

姓名	性别	年龄	与被调查者的关系	工作单位	参加工作年月	职务或工种	固定工或临时工
刘盛	男	46	被调查者本人	长城机电公司	1973.7	干部	临时
陈心华	女	43	夫妻	市第一针织厂	1975.4	工人	固定
刘淑影	女	20	长女	待业青年	1999	无	临时
刘平路	男	18	长子	医学院	2000	学生	无

4. 中国的百家姓，有大姓与小姓。请您以班上同学作为样本，汇总姓氏数据。

(1) 构建姓氏的频率分布。

(2) 构建条形图。

(3) 构建饼形图。

(4) 根据这些数据，列出3个最常见的姓氏。

5. 请运用我国上市公司年度报告，对上一年某一行业的各上市公司的每股盈余与每股净资产数据进行整理。

(1) 构建汇总数据的频数分布。

(2) 构建频数分布。

(3) 构建累积频数分布。

(4) 构建累积频率分布。

(5) 构建描绘数据的直方图，评价频数分布的形态。

四、案例分析题

华科公司是一家专门经营进口医疗用品的公司，2010 年该公司经营的商品有 26 个品种，共有 44 家客户购买其产品，年营业额为 85460730 万元人民币。具体数据如下表所示。管理部门希望使用这些样本数据，将公司的产品按照销售额分为 ABC 3 类，对于不同类的产品和客户采用不同的管理方法，以降低库存资金占用率，提高对客户的服务水平。

商品名称	销售额(元)	客户购买额(万元)	商品名称	销售额(元)	客户购买额(万元)
1	44000000	A(1500)*、B(800)、C(600)、D(500)、F(300)、H(300)、I(200)、N(200)	14	1500	X(0.1)Y(0.05)
2	23000000	B(700)、C(500)、D(300)、G(200)、F(200)、H(200)、I(100)、N(100)	15	1500	b(0.1)、c (0.05)
3	19360000	A(600)、B(800)、C(36)、D(100)、E(100)、F(100)、G(200)	16	1300	d(0.1)、c (0.02)、e(0.01)
4	35000	D(0.8)、F(0.5)、H(0.5)、I(0.4)、N(0.4)、J(0.2)、K(0.2)、L(0.2)、Q(0.1)、R(0.1)、S(0.1)	17	1300	e(0.1)、c (0.02)、a(0.01)
5	20000	F(0.1)、I(0.4)、N(0.4)、J(0.2)、K(0.2)、L(0.2)、Q(0.1)、R(0.1)、S(0.1)、U(0.1)、V(0.1)	18	1000	X(0.05)、Y(0.03)、Z(0.02)
6	10000	H(0.2)、I(0.2)、J(0.1)、K(0.1)、L(0.1)、M(0.1)、i(0.1)、h(0.1)	19	1000	O(0.05)、c (0.03)、a(0.02)
7	8000	L(0.4)、M(0.2)、h(0.1)、U(0.1)	20	800	T(0.05)、c (0.03)
8	5000	T(0.1)、W(0.1)、X(0.1)、Y(0.2)	21	800	a(0.05)、c (0.03)
9	3500	O(0.1)、P(0.1)、Q(0.1)、R(0.05)	22	600	v(0.05)、c (0.01)
10	2800	U(0.1)、V(0.1)、W(0.08)	23	500	m(0.02)、c (0.03)
11	2000	S(0.1)、V(0.05)、q(0.03)、r(0.02)	24	200	u(0.01)、c (0.01)
12	2000	Z(0.1)、f(0.05)、g(0.05)	25	150	n(0.01)、c (0.005)
13	1800	a(0.05)、k(0.05)、l(0.05)、m(0.03)	26	80	s(0.008)

* 注：A(1500)表示 A 客户购买 1 号商品 1500 万元，其余类推。

使用描述统计的表格与图形方法，帮助管理部门理清华科公司经营商品的主次，与客户购买量的主次。你的报告至少应该包括以下几方面内容。

(1) 华科公司各商品按销售额和客户的购买额的频数分布与百分数频数分布。

(2) 华科公司各商品按销售额和客户的购买额的累积频数分布与累积相对频数分布。

(3) 条形图或饼形图显示 A、B、C 3 类商品和客户。

(4) 讨论 ABC 分类以后，华科公司库存管理与客户管理的可能效果。

第4章

数据分布特征的度量

【案例】众欢超市需定期向不同的供货商订货，对订货后的交货时间(天)作记录，是超市管理的基础工作，为了评估和选择能够更好地保证按时供货的供货商，超市的采购部管理员定期分析过去的交货时间数据，计算出反映数据分布特征的指标，据以评估和选择供货商。下面是A、B两家同类商品的供货商过去10次订货后的交货时间(天)记录。

A供货商：8，9，11，10，10，9，11，12，10，10。

B供货商：8，9，10，13，11，14，12，13，13，7。

超市的采购部管理员根据这些过去的交货时间数据，计算出A、B两家供货商订货后的平均交货时间分别为10天与11天，标准差分别约为1.2天与2.4天，根据这两个指标，超市的采购部管理员评估：A供货商比B供货商交货及时、稳定，在供应的货物质量与价格没有明显差异的情况下，更倾向于选择向A供货商订货。

通过第3章的学习，我们学会了利用数据的分组整理来大致了解数据分布的形状和特征。但要进一步概括反映数据分布的特征，还需要找到反映数据分布特征的相关代表值。数据分布的特征可从3个方面进行度量和描述：一是分布的集中趋势，反映各数据向其中心值靠拢或聚集的程度；二是分布的离散程度，反映各数据远离其中心值的状况；三是分布的形状，反映数据分布的偏态和峰态。这3个方面分别反映了数据分布特征的不同侧面，要全面把握数据分布的特征，需要同时对这3个特征进行描述和分析。

4.1 集中趋势的度量

集中趋势是指一组数据向某一中心值靠拢的程度，它反映了一组数据中心点的位置所在。集中趋势的度量也就是寻找反映数据一般水平的代表值或数据分布的中心值。描述集中趋势常用的代表值有众数、中位数、算术平均数、调和平均数和几何平均数。这些代表值有各自的计算方法和特点，选用哪一个代表值来反映数据的集中趋势，要根据所掌握的数据的类型和特点来确定。

4.1.1 众数

众数(Mode)是一组数据中出现频数最多的变量值，用 M_o 表示。

从数据分布角度看，把出现频数最多的变量值作为众数，可以较好地代表一组数据的一般水平。众数主要用于度量分类数据的集中趋势，当然也适用于作顺序数据以及数值型数据集中趋势的代表值。一般情况下，只有在数据量较大的情况下，众数才有意义。

【例 4.1】为了掌握集市贸易上某种商品的价格水平，就可以用市场上成交量最大的成交价格作为其价格的一般水平的代表，即用众数来代表。假定这种商品成交量最大的价格是 8.5 元，则众数是多少?

解：由于这种商品成交量最大的价格是 8.5 元，所以众数(M_o)为 8.5 元。M_o=8.5 元就可以很好地代表该种商品价格的一般水平。

【例 4.2】在某城市中随机抽取 9 个家庭，调查得到每个家庭的人均月收入数据如下(单位：元)，试计算人均月收入的众数。

1280　850　1280　1280　850　960　1420　1250　1630

解：人均月收入出现频数最多的是 1280 元，因此，众数为 M_o=1280 元。

【例 4.3】调查 100 名顾客所购饮料品牌的有关资料如表 4-1 所示，求众数。

表 4-1　顾客购买饮料品牌资料

饮料品牌	人数(人)
汇源果汁	15
百事可乐	20
可口可乐	35
娃哈哈	30
合计	100

解：由表 4-1 的资料观察可知，购买可口可乐的顾客最多，有 35 人，因此众数为“可口可乐”这一品牌，即 M_o=可口可乐。这就是说，可以用“可口可乐”作为“饮料品牌”这一变量的一个概括性度量。

由众数的定义可知，在单项数列的情形下求众数，只需通过观察，找出频数最多的变量值，则该变量值即为众数。但在组距数列的条件下，则要先确定众数所在组，然后按下面的近似公式计算。

$$M_o = L + \frac{\Delta_1}{\Delta_1 + \Delta_2} \times d \tag{4.1}$$

式中：M_o表示众数；L表示众数所在组的下限；Δ_1表示众数组频数与前一组频数之差；Δ_2表示众数组频数与后一组频数之差；d表示众数组组距。

【例 4.4】表 4-2 为某企业职工月工资资料，求众数。

表 4-2　某企业职工月工资资料表

职工月工资(元)	职工人数(人)
800～1000	10
1000～1200	20
1200～1400	50
1400～1600	30
1600～1800	10
合计	120

解：① 确定众数组。由于 1200～1400 组频数最多，故该组为众数组。

② 根据近似公式计算众数值。

$$M_o = L + \frac{\Delta_1}{\Delta_1 + \Delta_2} \times d = 1200 + \frac{50-20}{(50-20)+(50-30)} \times 200 = 1200 + \frac{30}{30+20} \times 200 = 1320(\text{元})$$

众数是一个位置代表值，它不受数据中极端值的影响。从分布的角度看，众数是具有明显集中趋势点的数值，一组数据分布的最高峰点所对应的数值即为众数。当然，如果数据的分布没有明显的集中趋势或最高峰点，众数也可能不存在；如果有两个或多个最高峰点，也可以有两个或多个众数。

4.1.2　中位数

中位数(Median)是一组数据排序后处于中间位置上的变量值，用M_e表示。

中位数将全部数据等分成两个部分，每个部分各占 50%的数据，一部分数据比中位数大，另一部分则比中位数小。中位数主要用于测度顺序数据的集中趋势，当然也适用于作为数值型数据的集中趋势，但不适用于分类数据。

根据未分组数据计算中位数时，要先对数据进行排序，然后确定中位数的位置，最后确定中位数的具体数值。中位数的位次的确定公式为

$$\text{中位数的位次} = \frac{n+1}{2} \tag{4.2}$$

式中：n为数据个数。

设一组数据为x_1，x_2，…，x_n，按从小到大排序后为$x_{(1)}$，$x_{(2)}$，…，$x_{(n)}$，则中位数为

$$M_e=\begin{cases}x_{(\frac{n+1}{2})}, & n\text{为奇数}\\ \frac{1}{2}(x_{\frac{n}{2}}+x_{\frac{n}{2}+1}), & n\text{为偶数}\end{cases} \tag{4.3}$$

式中：M_e为中位数。

【例 4.5】设有 7 个工人生产某产品，他们的日产量(件)分别为 6，4，6，8，9，14，12，求中位数。

解：① 将变量值按从小到大顺序排列：4，6，6，8，9，12，14。

② 确定中位数位次。

$$\frac{n+1}{2}=\frac{7+1}{2}=4$$

③ 居于第四位的变量值 8 即为中位数。

如果将上例中的 7 个工人改为 8 个工人，他们的日产量(件)分别为 6，4，6，8，9，14，12，15，则将变量值按从小到大顺序排列后为：4，6，6，8，9，12，14，15。

中位数位次$=\frac{n+1}{2}=\frac{8+1}{2}=4.5$，因此，中位数$=\frac{8+9}{2}=8.5$

在单项数列资料的情况下，求中位数的位次的公式为

$$\text{中位数位次}=\frac{\sum f+1}{2} \tag{4.4}$$

【例 4.6】在一项有关家电售后服务质量的调查中，随机抽取了 200 个家庭构成样本。服务质量的等级表示为：1. 好；2. 较好；3. 一般；4. 较差；5. 差。调查结果的频数分布表如表 4-3 所示，试确定服务质量评价等级的中位数。

表 4-3 家电售后服质量等级评价的频数分布表

售后服务质量等级	户数(户)	百分比(%)	向上累积		向下累积	
			户数(户)	百分比(%)	户数(户)	百分比(%)
好	32	16	32	16	200	100
较好	48	24	80	40	168	84
一般	72	36	152	76	120	60
较差	30	15	182	91	48	24
差	18	9	200	100	18	9
合计	200	100	—	—	—	—

解：这是一个顺序数据，变量为售后服务质量等级，5 个选项即为变量值。由于频数分布表已经按质量等级由高到低排序，因此只需计算出中位数位次，就可确定中位数。中位数位次=(200+1)/2=100.5。从累积频数中很容易看出，中位数在“一般”这一组中，因此中位数就是“一般”这一类别，即 M_o=一般。

【例 4.7】某班级 21 名大学生身高资料如表 4-4 所示，求中位数。

表 4-4　某班级学生身高资料表

身高(cm) x	人数(人) f	人数累积	
		向上累积	向下累积
160	2	2	21
165	4	6	19
170	5	11	15
175	6	17	10
180	3	20	4
185	1	21	1
合计	21	—	—

解：① 确定中位数位次。

$$\frac{\sum f+1}{2}=\frac{21+1}{2}=11$$

② 确定中位数组：按人数向上累积(或向下累积)知，中位数在第三组。

③ 确定中位数：中位数组只有唯一的变量值 170cm，故 M_e=170cm。

在组距数列的情况下，确定中位数组后，由于这时中位数组是一个区间，可用下面的近似公式计算中位数。

$$M_e=L+\frac{\frac{\sum f}{2}-S_{m-1}}{f_m}\times d \tag{4.5}$$

式中：M_e 表示中位数；L 是中位数组的下限；$\frac{\sum f}{2}$ 表示中位数的位次(在组距数列情形，由于使用近似公式计算中位数，其中位数位次可近似按 $\frac{\sum f}{2}$ 来确定，对中位数的计算结果影响不大)；S_{m-1} 表示到中位数组的前一组为止的累积频数；f_m 表示中位数组的频数；d 为中位数组组距。

【例 4.8】根据例 4.4 某企业职工月工资资料，求中位数。

解：对表 4-2 的职工人数作向上累积，得表 4-5 如下。

表 4-5　某企业职工月工资资料

职工月工资(元)	职工人数(人)	向上累积
800～1000	10	10
1000～1200	20	30

(续表)

职工月工资(元)	职工人数(人)	向上累积
1200～1400	50	80
1400～1600	30	110
1600～1800	10	120
合计	120	—

① 确定中位数位次。

$$\frac{\sum f}{2}=\frac{120}{2}=60$$

② 确定中位数组。从向上累积栏中，找出首个大于等于中位数位次 60 的组，可见中位数组为 1200～1400 元。

③ 按近似公式计算中位数值。

$$M_e=L+\frac{\frac{\sum f}{2}-S_{m-1}}{f_m}\times d=1200+\frac{\frac{120}{2}-30}{50}\times 200=1320(\text{元})$$

中位数容易理解，是一个位置代表值，不受极端值的影响，在研究收入分配时特别有用。

4.1.3　算术平均数

算术平均数(Arithmetic Mean)是一组数据相加后除以数据的个数而得到的结果，简称为均值(Mean)。

算术平均数在统计学中具有重要的地位，是集中趋势的最主要测度值，它主要适用于数值型数据，而不适用于定类数据和定序数据。根据所掌握数据是否分组，算术平均数有不同的计算形式。

① 由未经分组的数据计算平均数。设一组数据为 x_1，x_2，…，x_n，数据的个数为 n，则算术平均数用 $\overline{x}$ (读作 x-bar)表示，计算公式为

$$\overline{x}=\frac{x_1+x_2+\cdots+x_n}{n}=\frac{\sum_{i=1}^{n}x_i}{n}=\frac{\sum x}{n} \tag{4.6}$$

由公式(4.6)计算出的算术平均数就称为简单算术平均数，通常，在不致引起混淆的情况下，公式中的下标常常省去。

例如，根据例 4.2 中的数据，计算 9 个家庭人均月收入的平均数为

$$\overline{x}=\frac{1280+850+\cdots+1250+1630}{9}=\frac{10800}{9}=1200(\text{元})$$

② 根据分组数据计算平均数。设数据被分成 k 组，各组的变量值(或组距式分组的组中值)分别为 $x_1, x_2, \cdots, x_k$，各组变量值出现频数分别用 $f_1, f_2, \cdots, f_k$ 表示，则算术平均数的计算公式为

$$\overline{x}=\frac{x_1f_1+x_2f_2+\cdots+x_kf_k}{f_1+f_2+\cdots+f_k}=\frac{\sum_{i=1}^{k}x_if_i}{\sum_{i=1}^{k}f_i}=\frac{\sum xf}{\sum f} \tag{4.7}$$

由公式(4.7)计算的算术平均数就称为加权算术平均数。在计算加权算术平均数时，用各组的组中值代表各组的实际数据，使用这一代表值时是假定各组数据在组内是均匀分布的，如果实际数据与这一假定相吻合，计算的结果还是比较准确的，否则误差较大。加权算术平均数其数值的大小不仅受各组变量值(或组距式分组的组中值)x_i大小的影响，而且受各组变量值出现的频数 f_i 即权数大小的影响。如果某一组的权数较大，说明该组的数据较多，那么该组变量值的大小对平均数的影响就较大；反之则较小。实际上，公式(4.7)变形为公式(4.8)的形式，就能更清楚地看出这一点。

$$\overline{x}=\frac{\sum_{i=1}^{k}x_if_i}{\sum_{i=1}^{k}f_i}=\sum_{i=1}^{k}(x_i\frac{f_i}{\sum_{i=1}^{k}f_i})=\sum(x\frac{f}{\sum f}) \tag{4.8}$$

当我们掌握的不是各组变量值出现的频数，而是频率时，可直接根据公式(4.8)计算平均数。

【例 4.9】根据例 4.4 企业职工月工资资料，求算术平均数。

解：根据所给资料编制计算表如表 4-6 所示。

表 4-6 某企业职工月平均工资计算表

职工月工资(元)	组中值 x	职工人数(人) f	xf	$\frac{f}{\sum f}$(%)	$x\frac{f}{\sum f}$
800～1000	900	10	9000	8.33	75.00
1000～1200	1100	20	22 000	16.67	183.33
1200～1400	1300	50	65 000	41.67	541.67
1400～1600	1500	30	45 000	25.00	375.00
1600～1800	1700	10	17 000	8.33	141.67
合计	—	120	158 000	100.00	1316.67

根据公式(4.7)得

$$\bar{x}=\frac{\sum xf}{\sum f}=\frac{158000}{120}\approx 1316.67(\text{元})$$

或根据公式(4.8)得

$$\bar{x}=\sum(x\frac{f}{\sum f})=1316.67(\text{元})$$

平均数在统计学中具有重要的地位，它是进行统计分析和统计推断的基础。从统计思想上看，平均数是一组数据的重心所在，是数据误差相互抵消后的必然性结果。比如对同一事物进行多次测量，若所得结果不一致，可能是由于测量误差所致，也可能是其他因素的偶然影响，利用平均数作为其代表值，则可以使误差相互抵消，反映出事物的必然性的特征。

算术平均数有以下两个重要的数学性质。

① 各变量值与算术平均数离差之和等于零。

$\sum(x-\bar{x})=0$ 或 $\sum(x-\bar{x})f=0$ 。

证：$\sum(x-\bar{x})=\sum x-n\bar{x}=\sum x-n\frac{\sum x}{n}=\sum x-\sum x=0$

或，

$$\sum(x-\bar{x})f=\sum xf-\sum \bar{x}f=\sum xf-\bar{x}\sum f=\sum xf-\frac{\sum xf}{\sum f}\sum f=\sum xf-\sum xf=0 \text{。}$$

② 各变量值与算术平均数的离差平方和为最小值。

$\sum(x-\bar{x})^2=\min$ 或 $\sum(x-\bar{x})^2f=\min$ 。

证：设 x_0 为不等于算术平均数 $\bar{x}$ 的任意值，则 $\bar{x}-x_0=c\neq 0$ 。

$$\begin{aligned}\sum(x-x_0)^2&=\sum[x-(\bar{x}-c)]^2=\sum[(x-\bar{x})+c]^2\\&=\sum[(x-\bar{x})^2+2c(x-\bar{x})+c^2]\\&=\sum(x-\bar{x})^2+2c\sum(x-\bar{x})+nc^2\\&=\sum(x-\bar{x})^2+nc^2>\sum(x-\bar{x})^2\end{aligned}$$

故 $\sum(x-\bar{x})^2=\min$，完全类似可证 $\sum(x-\bar{x})^2f=\min$ 。

运用算术平均数时应注意：算术平均数受极端值影响较大，如果数据集中存在极端值，那么算术平均数所传达的信息可能是歪曲的。

4.1.4　调和平均数

调和平均数(Harmonic Mean)又称“倒数平均数”，是各变量值的倒数的算术平均数的倒数，用 H 表示，用于测度数值型数据的集中趋势。根据数据是否分组，调和平均数分为简单调和平均数和加权调和平均数两种计算形式。

① 对于未经过分组整理的数值型数据，其调和平均数使用公式(4.9)计算。

$$H=\frac{n}{\frac{1}{x_1}+\frac{1}{x_2}+\cdots+\frac{1}{x_n}}=\frac{n}{\sum\frac{1}{x}} \tag{4.9}$$

此公式称为“简单调和平均数公式”。

【例 4.10】菜市场某种蔬菜早中晚的价格分别为 0.50 元/斤、0.40 元/斤、0.30 元/斤，某人早中晚各花 1 元钱购买该蔬菜，问其平均每斤花多少钱?

解：由于早中晚购买的斤数未知，不能用算术平均计算，而要用调和平均计算。

$$H=\frac{n}{\frac{1}{x_1}+\frac{1}{x_2}+\cdots+\frac{1}{x_n}}=\frac{3}{\frac{1}{0.50}+\frac{1}{0.40}+\frac{1}{0.30}}=\frac{3}{7.83}=0.38\,(\text{元/斤})$$

② 对于经过分组整理的数值型数据，其调和平均数使用公式(4.10)计算。

$$H=\frac{m_1+m_2+\cdots+m_n}{\frac{m_1}{x_1}+\frac{m_2}{x_2}+\cdots+\frac{m_n}{x_n}}=\frac{\sum m}{\sum\frac{m}{x}} \tag{4.10}$$

式中：m 为各组的标志总量。此公式称为“加权调和平均数公式”。

【例 4.11】某商品有 3 种不同的规格，销售单价与销售额如表 4-7 所示，求 3 种不同规格商品的平均销售单价。

表 4-7 某商品 3 种不同规格的销售数据

商品规格	销售单价(元/件) x	销售额(元) m
A 型	50	9000
B 型	60	9600
C 型	65	8450
合计	—	27050

解：根据表 4-7 的数据，需要用销售单价和销售额的数据先求出销售量，再用总销售额除以总销售量即得平均销售单价。即使用加权调和平均数公式来计算。

$$H=\frac{\sum m}{\sum\frac{m}{x}}=\frac{9000+9600+8450}{\frac{9000}{50}+\frac{9600}{60}+\frac{8450}{65}}=\frac{27050}{470}=57.55\,(\text{元})$$

注意：如果已知的是销售量的数据，则应使用加权算术平均数的公式计算。

在实际工作中，通常满足 $m=xf$ 的条件，此时加权调和平均数是加权算术平均数的变形。则有

$$H=\frac{\sum m}{\sum \frac{m}{x}}=\frac{\sum xf}{\sum \frac{xf}{x}}=\frac{\sum xf}{\sum f}=\overline{x}$$

4.1.5　几何平均数

几何平均数(Geometric Mean)是 n 个变量值的连乘积的 n 次方根，用 G 表示，用于测度数值型数据的集中趋势。根据数据是否分组，几何平均数分为简单几何平均数和加权几何平均数两种计算形式。

① 对于未经过分组整理的数值型数据，其几何平均数使用式(4.11)计算。

$$G=\sqrt[n]{x_1 x_2 \cdots x_n}=\sqrt[n]{\prod_{i=1}^{n} x_i} \tag{4.11}$$

式(4.11)中：Π 为连乘符号。此公式称为“简单几何平均数公式”。

② 对于分组的数值型数据，其几何平均数使用式(4.12)计算。

$$G=\sqrt[(f_1+f_2+\cdots+f_n)]{x_1^{f_1}\cdot x_2^{f_2}\cdot\cdots\cdot x_n^{f_n}}=\sqrt[\sum_{i=1}^{n} f_i]{\prod_{i=1}^{n} x_i^{f_i}} \tag{4.12}$$

式(4.12)中：f_i 为各组的频数；x_i 为单项式分组的变量值或组距式分组的组中值。此公式称为“加权几何平均数公式”。

几何平均数是适用于特殊数据的一种平均数，它主要用于计算平均比率。当所掌握的变量值本身是比率的形式时，就应采用几何平均法计算平均比率。

【例 4.12】某水泥生产企业 2007 年的水泥产量为 500 万吨，2008 年与 2007 年相比增长率为 6%，2009 年与 2008 年相比增长率为 9%，2010 年与 2009 年相比增长率为 16%。求各年的平均增长率。

解：通过给出的数据可知，各年与前一年相比的比值(即发展速度)分别为 106%、109%、116%，则平均发展速度为

$$G=\sqrt[n]{x_1\cdot x_2\cdot\cdots\cdot x_n}=\sqrt[3]{106\%\times 109\%\times 116\%}\approx 110.25\%$$

年平均增长率为：110.25%−100%=10.25%

例 4.12 不能用算术平均来计算，事实上，我们可以推导出平均增长率的如下计算公式。

设开始的数值为 y_0，逐年增长率为 G_1，G_2，…，G_n，第 n 年的数值为

$$y_n=y_0(1+G_1)(1+G_2)\cdots(1+G_n)=y_0\prod_{i=1}^{n}(1+G_i)$$

从 y_0 到 y_n 用 n 年，每年的增长率都相同，这个增长率 G 就是平均增长率 $\overline{G}$，即上

式中的 G_i 都等于 G。因此有

$$(1+G)^n = \prod_{i=1}^{n}(1+G_i)$$

$$\overline{G} = \sqrt[n]{\prod_{i=1}^{n}(1+G_i)} - 1$$

当所平均的各比率数值差别不大时，算术平均和几何平均的结果相差不大，如果各比率的数值相差较大时，二者的差别就很明显。

【例 4.13】一位投资者持有一种股票，在 2007 年、2008 年、2009 年和 2010 年收益率分别为 25.5%、4.5%、2.1%、1.9%。计算该投资者在这 4 年内的平均收益率。

解：该投资者在这 4 年内的平均收益率为

$$\overline{G} = \sqrt[n]{\prod_{i=1}^{n}(1+G_i)} - 1 = \sqrt[4]{125.5\% \times 104.5\% \times 102.1\% \times 101.9\%} - 1 \approx 8.08\%$$

当然，几何平均数也可以看作是算术平均数的一种变形。对式(4.11)两端取对数得

$$\lg G = \frac{1}{n}(\lg x_1 + \lg x_2 + \cdots + \lg x_n) = \frac{\sum_{i=1}^{n}\lg x_i}{n}$$

可以看出，几何平均数的对数是各变量值对数的算术平均。需要注意的是，当数据中出现零值或负值时不宜计算几何平均数。

【例 4.14】某银行贷款期限为 10 年，年息是按复利计算的，年利率及有关资料如表 4-8 所示，求平均年利率。

表 4-8 某银行贷款资料表

年利率(%)	年数(年) f	本利率(%) x	x^f
6	2	106	1.1236
7	5	107	1.4026
8	2	108	1.1664
9	1	109	1.090
合计	10	—	—

解：该投资者在这 10 年内的平均收益率为

$$G = \sqrt[\Sigma f]{x_1^{f_1} x_2^{f_2} \cdots x_n^{f_n}} = \sqrt[10]{1.06^2 \times 1.07^5 \times 1.08^2 \times 1.09^1} = \sqrt[10]{2.00357} \approx 1.0720$$

平均本利率 G=107.20%

平均年利率 G=107.20% − 1=7.20%

4.1.6 众数、中位数和平均数的比较

众数、中位数和平均数是集中趋势的 3 个主要测度值，它们具有不同的特点和应用场合。

1. 众数、中位数和平均数的关系

从分布的角度看，众数始终是一组数据分布的最高峰值，中位数是处于一组数据中间位置上的值，而平均数则是全部数据的算术平均。因此，对于具有单峰分布的大多数数据而言，众数、中位数和平均数之间具有以下关系：如果数据的分布是对称的，众数(M_o)、中位数(M_e)和平均数($\bar{x}$)必定相等，有M_o=M_e=$\bar{x}$；如果数据是左偏分布，说明数据存在极小值，必然拉动平均数向极小值一方靠，而众数和中位数由于是位置代表值，没有受极值的影响，因此三者之间的关系表现为$\bar{x} < M_e < M_o$；如果是右偏分布，说明数据存在极大值，必然拉动平均数向极大值一方靠，则有 $M_o < M_e < \bar{x}$。上述关系如图 4-1 所示。

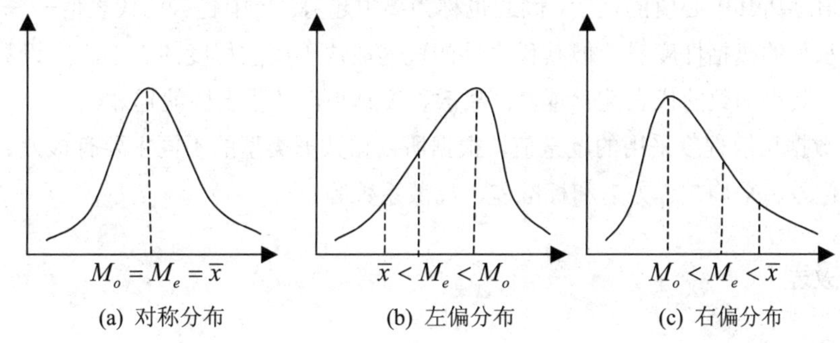

图 4-1 不同分布的众数、中位数和平均数

2. 众数、中位数和平均数的特点与应用场合

众数、中位数和平均数各自具有不同的特点，掌握它们之间的关系和各自的不同特点，有助于在实际应用中选择合理的测度值来描述数据的集中趋势。

众数是一组数据分布的峰值，它是一种位置代表值，不受极端值的影响。其缺点是具有不唯一性，对于一组数据可能有一个众数，也可能有两个或多个众数，也可能没有众数。众数只有在数据量较多时才有意义，当数据量较少时，不宜使用众数。虽然对于顺序数据以及数值型数据也可以计算众数，但众数主要适合作为分类数据的集中趋势测度值。

中位数是一组数据中间位置上的代表值，与中位数类似的还有四分位数、十分位数和百分位数等，它们也都是位置代表值，其特点是不受极端值的影响。当一组数据的分布偏斜程度较大时，使用中位数也许是一个好的选择。中位数以及其他分位数主要适合作为顺

序数据的集中趋势测度值，虽然对于顺序数据也可以使用众数，但以中位数为宜。

平均数是对数值型数据计算的，而且利用了全部数据信息，它是实际中应用最广泛的集中趋势测度值。平均数主要适合作为数值型数据的集中趋势测度值，虽然对于数值型数据也可以计算众数和中位数，但以平均数为宜。当数据呈对称分布或接近对称分布时，3 个代表值相等或接近相等，这时则应选择平均数作为集中趋势的代表值。但平均数的主要缺点是易受数据极端值的影响，对于偏态分布的数据，平均数代表性较差。因此，当数据为偏态分布，特别是当偏斜程度较大时，可以考虑选择众数或中位数等位置代表值，这时它们的代表性要比平均数好。

4.2 离散程度的度量

集中趋势反映的是各变量值向其中心值聚集的程度，而各变量值之间的差异状况就需要考察数据的分散程度。数据的分散程度是数据分布的另一个重要特征，它所反映的是各变量值远离其中心值的程度，因此也称为离中趋势。集中趋势的代表值——平均数，是对数据水平的概括性度量，但其代表性的优劣取决于离散程度的大小。一组数据离散程度越大，其平均数的代表性就越差；离散程度越小，其代表性就越好。

描述数据离散程度采用的度量值，根据所依据数据类型的不同主要有极差、异众比率、四分位差、平均差、方差和标准差、离散系数等。

4.2.1 极差

极差(Range)又称“全距”，是一组数据的最大值与最小值之差，用 R 表示。其计算公式如式(4.13)所示。

$$R = \max(x_i) - \min(x_i) \tag{4.13}$$

极差是描述数据离散程度最简单的测度值，计算简单，易于理解，但它容易受极端值的影响。由于极差只是利用了一组数据两端的信息，不能反映中间数据的分散状况，因而不能准确地描述出数据的分散程度。

4.2.2 异众比率

异众比率(Variation Ratio)是指非众数组的频数占总频数的比率，用 VR 表示。

异众比率的计算公式如式(4.14)所示。

$$VR = \frac{\sum f_i - f_m}{\sum f_i} = 1 - \frac{f_m}{\sum f_i} \tag{4.14}$$

式中：$\sum f_i$ 表示变量值的总频数，f_m 表示众数组的频数。

异众比率主要用于衡量众数对一组数据的代表程度。异众比率越大，说明非众数组的频数占总频数的比重越大，众数的代表性就越差；异众比率越小，说明非众数组的频数占总频数的比重越小，众数的代表性越好。异众比率主要适合度量分类数据的离散程度，当然，对于顺序数据以及数值型数据也可以计算异众比率。

【例 4.15】根据表 4-3 中的数据，计算异众比率。

解：根据式(4.14)得

$$VR = \frac{200-72}{200} = 1-\frac{72}{200} = 0.64$$

这说明在所调查的 200 户当中，除对售后服务满意程度“一般”的户数外其他户数占 64%，异众比率比较大。因此，用“一般”来代表居民对售后服务的满意状况，其代表性不是很好。

4.2.3　四分位差

四分位差(Quartile Deviation)是第三个四分位数与第一个四分位数之差，也称为内距或四分间距，用 QD 表示。

四分位差的计算公式如式(4.15)所示。

$$QD=Q_3-Q_1 \tag{4.15}$$

四分位差是根据四分位数计算的，四分位数就是把各变量值按从小到大顺序排列后处在四等分点上的各变量值，记作 Q_1、Q_2 和 Q_3。第一个四分位数 Q_1 也称为下四分位数，表明有四分之一的变量值小于 Q_1，第二个四分位数 Q_2 就是中位数 M_e，第三个四分位数 Q_3 也称作上四分位数，反映了有四分之一的变量值大于 Q_3。

四分位差反映了中间 50%的数据的离散程度，其数值越小，说明中间的数据越集中，数值越大，说明中间的数据越分散。四分位差不受极端值的影响。此外，由于中位数处于数据的中间位置，因此，四分位差的大小在一定程度上也说明了中位数对一组数据的代表程度。

四分位差主要用于度量顺序数据的离散程度。当然，对于数值型数据也可以计算四分位差，但不适合于分类数据。

四分位数的计算方法完全类似于中位数。对于未分组的资料来说，Q_1 的位次=$\frac{n+1}{4}$，Q_3 的位次=$\frac{3(n+1)}{4}$；对于分组资料，第 i 个四分位数可按如下近似公式计算。

$$Q_i = L_i + \frac{\frac{i\sum f}{4} - S_{mi-1}}{f_{mi}} \times d_i \qquad (i=1,2,3) \tag{4.16}$$

式中：L_i表示第 i 四分位数所在组的下限；f_{mi} 表示第 i 四分位数所在组的频数；$\sum f$ 表示各组频数的总和；S_{mi-1} 表示小于第 i 四分位数所在组的各组频数之和；d_i 表示第 i 四分位数所在组的组距。

【例 4.16】某百货公司所属各商店年销售额的组距资料如表 4-9 所示，试计算其四分位差。

表 4-9 某百货公司所属商店年销售额资料

年销售额(万元)	商店个数(个)	向上累积
60～70	20	20
70～80	40	60
80～90	60	120
90～100	80	200
100～110	48	248
110～120	20	268
120～130	12	280
合计	280	—

解：Q_1 的位次 $\dfrac{\sum f}{4}=\dfrac{280}{4}=70$，它说明 Q_1 位于 80～90 这一组，根据公式(4.16)有

$$Q_1=80+\frac{70-60}{60}\times 10\approx 81.67\,(\text{万元})$$

Q_3 的位次 $\dfrac{3\sum f}{4}=\dfrac{3\times 280}{4}=210$，它说明 Q_3 位于 100～110 这一组，由公式(4.16)有

$$Q_3=100+\frac{210-200}{48}\times 10\approx 102.08\,(\text{万元})$$

四分位差 $QD=102.08-81.67=20.41$(万元)

由以上计算可以得出，有 25%的商店销售额在 81.67 万元以下，而有 25%的商店销售额在 102.08 万元以上，有 50%的商店销售额介于 81.67 万元至 102.08 万元之间，四分位差 20.41 万元，说明中间 50%的商店年销售额比较集中。

四分位差是对极差的一种改进，与极差相比，四分位差不受极端值的影响，在反映数据的离散程度方面比极差准确，具有较高的稳定性，但它和极差一样只用两个值来计算，不能充分反映变量值的一般变动。

4.2.4 平均差

平均差(Mean Deviation)是指各变量值与其算术平均数离差绝对值的平均数，记为 A.D.。

平均差根据所掌握的数据不同，可分为简单平均差和加权平均差。

① 在资料未分组的情况下，采用简单平均差的计算公式，如式(4.17)所示。

$$A.D.=\frac{\sum_{i=1}^{n}|x_i-\overline{x}|}{n} \tag{4.17}$$

② 在资料已分组的情况下，采用加权平均差的计算公式，如式(4.18)所示。

$$A.D.=\frac{\sum_{i=1}^{k}|x_i-\overline{x}|f_i}{\sum_{i=1}^{k}f_i} \tag{4.18}$$

【例 4.17】以例 4.16 中表 4-9 的资料，计算其平均差。

解：先编制平均差计算表，如表 4-10 所示。

表 4-10　某百货公司所属各商店年销售额平均差计算表

按年销售额分组(万元)	组中值 x	商店个数(个) f	xf	$\|x-\overline{x}\|$	$\|x-\overline{x}\|f$
60～70	65	20	1300	27.29	545.80
70～80	75	40	3000	17.29	691.60
80～90	85	60	5100	7.29	437.40
90～100	95	80	7600	2.71	216.80
100～110	105	48	5040	12.71	610.08
110～120	115	20	2300	22.71	454.20
120～130	125	12	1500	32.71	392.52
合计	—	280	25840	—	3348.40

算术平均数 $\overline{x}=\frac{\sum xf}{\sum f}=\frac{25840}{280}\approx 92.29$ (万元)

由公式(4.18)得平均差为

$$A.D.=\frac{\sum|x-\overline{x}|f}{\sum f}=\frac{3348.40}{280}\approx 11.96(\text{万元})$$

平均差以算术平均数为中心，反映了各变量值与算术平均数的平均差异程度，它能全面准确地反映一组数据的离散状况。平均差越大说明数据的离散程度就越大，反之，则说明数据的离散程度就越小。为了避免离差之和等于零而无法计算平均差这一问题，平均差在计算时对离差取了绝对值。以离差的绝对值表示总离差，这不仅给计算带来了不便，而且也不是消除离差之和等于零的最好方法，因而在实际中应用较少。

4.2.5　方差和标准差

方差与标准差的思路与平均差基本相同，只是在数学处理方法上与平均差不同。平均差是通过取绝对值消去离差的正负号，而方差(或标准差)则是用平方的办法消去离差的正负号。

方差(Variance)是指各变量值与其平均数离差平方的平均数。标准差(Standard Deviation)是方差的平方根。它们反映了每个数据与其算术平均数相比平均相差的数值，能准确地反映出数据的离散程度。因此，它们成了应用最为广泛的离散程度测度值。

1. 样本方差和标准差

设样本方差记为 S^2，根据未分组数据和分组数据计算样本方差的公式分别如下。

未分组数据：$$S^2=\frac{\sum_{i=1}^{n}(x_i-\overline{x})^2}{n-1} \tag{4.19}$$

分组数据：$$S^2=\frac{\sum_{i=1}^{k}(x_i-\overline{x})^2 f_i}{\sum_{i=1}^{k}f_i-1} \tag{4.20}$$

样本方差用样本单位数 n(或总频数 $\sum_{i=1}^{k}f_i$)减 1 去除离差平方和，其中样本单位数减 1 即$(n-1)$(或$\sum_{i=1}^{k}f_i-1$)称为自由度。自由度是指附加给独立的观测值的约束或限制的个数。样本方差的自由度为什么是$(n-1)$呢？因为在计算离差平方和$\sum_{i=1}^{n}(x_i-\overline{x})^2$时，必须先求出样本均值$\overline{x}$，而$\overline{x}$是附加给$\sum_{i=1}^{n}(x_i-\overline{x})^2$的一个约束，因此，计算离差平方和时只有$(n-1)$个独立的观测值。样本方差用自由度$(n-1)$去除，其原因主要是在抽样估计中，当我们用样本方差$S^2$去估计总体方差$\sigma^2$时，它是$\sigma^2$的无偏估计量。

与方差不同的是，标准差是具有量纲的，它与变量值的计量单位相同，其实际意义要比方差清楚。因此，在对实际问题进行分析时，更多地使用标准差。

方差开方后即得到标准差，相应的样本标准差计算公式分别如下。

未分组数据：$$S=\sqrt{\frac{\sum_{i=1}^{n}(x_i-\overline{x})^2}{n-1}} \tag{4.21}$$

分组数据：$$S=\sqrt{\frac{\sum_{i=1}^{k}(x_i-\overline{x})^2 f_i}{\sum_{i=1}^{k}f_i-1}} \tag{4.22}$$

2. 总体方差和标准差

总体方差记为σ^2；μ记为总体平均数；N或$\sum F$记为总体总频数。根据未分组数据和分组数据计算总体方差的公式分别如下。

未分组数据：$$\sigma^2=\frac{\sum_{i=1}^{n}(X_i-\mu)^2}{N} \tag{4.23}$$

分组数据：$$\sigma^2=\frac{\sum_{i=1}^{k}(X_i-\mu)^2F_i}{\sum_{i=1}^{k}F_i} \tag{4.24}$$

相应地，总体标准差的计算公式分别如下。

未分组数据：$$\sigma=\sqrt{\frac{\sum_{i=1}^{n}(X_i-\mu)^2}{N}} \tag{4.25}$$

分组数据：$$\sigma=\sqrt{\frac{\sum_{i=1}^{k}(X_i-\mu)^2F_i}{\sum_{i=1}^{k}F_i}} \tag{4.26}$$

【例 4.18】以例 4.17 中表 4-9 的资料，计算其方差和标准差。

解：由例 4.17 知，$\mu=\overline{x}$=92.29 万元，计算过程见表 4-11。

表 4-11 某百货公司所属各商店年销售额方差和标准差计算表

按年销售额分组(万元)	组中值 X	商店个数(个)F	XF	$(X-\mu)^2$	$(X-\mu)^2F$
60～70	65	20	1300	744.51	14894.88
70～80	75	40	3000	298.80	11957.76
80～90	85	60	5100	53.08	3188.65
90～100	95	80	7600	7.37	587.53
100～110	105	48	5040	161.65	7754.12
110～120	115	20	2300	515.94	10314.88
120～130	125	12	1500	1070.22	12839.33
合计	—	280	25840	—	61537.15

因此，由公式(4.24)和(4.26)可得总体方差和标准差为

$$\sigma^2=\frac{\sum_{i=1}^{k}(X_i-\mu)^2F_i}{\sum_{i=1}^{k}F_i}=\frac{61537.15}{280}\approx 219.78$$

$$\sigma=\sqrt{\frac{\sum_{i=1}^{k}(X_i-\mu)^2F_i}{\sum_{i=1}^{k}F_i}}=\sqrt{219.78}\approx 14.82\,(\text{万元})$$

4.2.6 离散系数

上面介绍的极差、四分位差、平均差、标准差和方差都是有量纲的量，它们的大小不仅取决于变量值本身水平的高低，还与计量单位密切相关。因此对于平均水平不同或计量单位不同的不同组别的数据，是不能用上述离散程度的度量值直接比较其离散程度的。为消除变量值水平的高低和计量单位的不同对离散程度度量值的影响，需要计算离散系数。

离散系数(Coefficient of Variation)又称为变异系数，是各变量数据的离散程度与其算术平均数的比值，用 V 表示。如将极差与其平均数对比，得到极差系数；将平均差与平均数对比，得到平均差系数；将标准差与平均数对比，得到标准差系数。

不过，最常用的离散系数是标准差系数，其计算公式如公式(4.27)所示。

$$V=\frac{\sigma}{\bar{x}}\times 100\% \tag{4.27}$$

【例 4.19】本章开篇案例的 A、B 两供货商交货期的算术平均数和标准差分别为 $\bar{x}_A=10$ 天，$\sigma_A=1.155$ 天；$\bar{x}_B=11$ 天，$\sigma_B=2.404$ 天。求 A、B 的标准差系数。

解：由已知条件可得它们的标准差系数分别为

$$V_A=\frac{\sigma_A}{\bar{x}_A}\times 100\%=\frac{1.155}{10}\times 100\%\approx 11.55\%$$

$$V_B=\frac{\sigma_B}{\bar{x}_B}\times 100\%=\frac{2.404}{11}\times 100\%\approx 21.85\%$$

计算结果表明，A 供货商不仅平均交货期短于 B 供货商，而且其离散系数也比 B 供货商低，即其交货时间较 B 供货商稳定。所以，企业选择 A 供货商较为有利。

离散系数主要用于比较不同样本数据的离散程度。离散系数越小，说明其平均数的代表性越好；离散系数越大，则其平均数的代表性就越差。

4.3 偏态和峰态的度量

平均指标和变异指标刻画了分布的两种数量特征，即集中趋势和离散程度。就一个分布而言，这两种特征无疑是最基本、最重要的。但是，除了集中趋势和离散程度以外，分布还有形状方面的特征，偏度和峰度就属于这样的分布特征。相对于集中趋势和离散程度而言，偏度和峰度主要不是从变量值水平的角度考察分布的代表值或变异度，而是从整个分布图形的形状来考虑问题的，因而，它们所刻画的是“分布的形态特征”。为了掌握偏度和峰度指标的计算分析方法，首先必须理解有关“矩”的概念。

“矩”又称“动差”，它本来是一个力学概念，表示作用力、力臂与其平衡点之间的数量关系。统计学中借用并改造了这一概念，通过一系列的“矩”指标来描述分布的特征。实际上，前面的算术平均数、方差以及平均差等，都可以看成是矩的特例。矩有各种不同的形式。

4.3.1 矩的基本形式

在统计学中，定义变量 x 对常数 a 的“k 阶矩”如公式(4.28)所示。

$$\omega_k = \frac{\sum_{i=1}^{n}(x_i - a)^k}{n} \quad \text{或} \quad \omega_k = \frac{\sum_{i=1}^{n}(x_i - a)^k f_i}{\sum_{i=1}^{n} f_i} \tag{4.28}$$

k 为任意正整数。若将上式中的离差项取为绝对值，就得到变量 x 对常数 a 的“k 阶绝对矩”。对常数 a 按不同的方式赋值，可以得到两种具体的矩指标形式。

4.3.2 原点矩

在矩的一般公式中，取 a=0，就得到变量 x 关于原点的 k 阶矩，即“k 阶原点矩”如公式(4.29)所示。

$$\mu_k = \frac{\sum_{i=1}^{n} x_i^k}{n} \quad \text{或} \quad \mu_k = \frac{\sum_{i=1}^{n} x_i^k f_i}{\sum_{i=1}^{n} f_i} \tag{4.29}$$

显然，一阶原点矩就是变量的算术平均数，二阶原点矩就是变量平方的算术平均数。

4.3.3 中心矩

在矩的一般公式中，取 $a = \overline{x}$，就得到变量 x 关于分布中心 $\overline{x}$ 的 k 阶矩，即“k 阶中心矩”如公式(4.30)所示。

$$m_k = \frac{\sum_{i=1}^{n}(x_i - \overline{x})^k}{n} \quad \text{或} \quad m_k = \frac{\sum_{i=1}^{n}(x_i - \overline{x})^k f_i}{\sum_{i=1}^{n} f_i} \tag{4.30}$$

显然，任何分布的一阶中心矩永远等于零，二阶中心矩就是分布的方差。中心矩与原点矩之间存在一定的关系，彼此可以互相换算。

中心矩有两个重要性质。

① 当分布对称时，必有

$$m_1 = m_3 = m_5 = \cdots = m_{2k-1} = 0\ (k\text{ 为任意正整数})$$

即，对称分布的所有奇数阶中心矩恒为零。

② 当分布为正态分布时，不仅所有奇数阶中心矩恒为零，而且还有以下重要性质。

$$m_{2k} = 1\times 3\times 5\times\cdots\times(2k-1)\sigma^{2k} = (2k-1)!!\sigma^{2k}$$

这表明，正态分布的所有偶数阶中心矩都是由其方差决定的。利用这一性质，我们可以很容易得到以下结果。

$$m_2 = \sigma^2，\ m_4 = 3\sigma^4，\ m_6 = 15\sigma^6，\ \cdots$$

依据分布的中心矩与原点矩之间的关系，还可以得到正态分布的所有各阶原点矩。显然，对于正态分布，矩的计算非常方便。我们只要知道了正态分布的平均数(数学期望)和方差，则所有其他的中心矩和原点矩都可以由此导出。

理论上说，一个分布在各方面的特征，可以由它的各阶矩给予完整描述。但实际上，我们一般只要用到分布的前四阶中心矩或原点矩，就足以刻画分布的主要特征了。统计中常常用三阶或四阶矩来刻画分布的形态特征。

4.3.4 偏度系数

偏度系数(Coefficient of Skewness)是变量的三阶中心矩与其标准差的三次方对比的结果，用α表示，反映分布的不对称的方向和程度。其计算公式如式(4.31)所示。

$$\alpha = \frac{m_3}{\sigma^3} \tag{4.31}$$

式(4.31)中：σ^3受计量单位影响的程度恰好与三阶中心矩相同，故用作除数能够有效地消除此种影响。

按式(4.31)计算出来的偏度指标，其符号可以表明分布的偏斜方向，其绝对值大小则可以表明分布的偏斜程度。则有

$$\alpha\begin{cases} >0，\text{分布为右偏分布} \\ =0，\text{分布为对称分布} \\ <0，\text{分布为左偏分布} \end{cases}$$

偏度系数α的值没有一定的分界线，一般当$|\alpha|$大于 2，就算偏斜程度很大了。

4.3.5　峰度系数

分布的峰度是指分布图形的尖峭程度或峰凸程度。如果一个总体在众数周围的集中程度很高，其分布的图形就会比较陡峭；反之，如果总体在众数周围的集中程度较低，其分布图形就会比较平坦(如图 4-2 所示)。峰度指标就是反映这方面分布情况的一个数值特征。

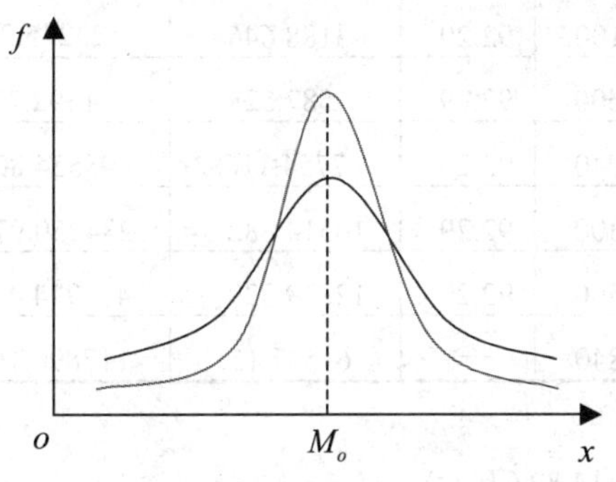

图 4-2　峰度不同的分布图形

经验观察表明，整个分布图形的尖峭程度与偶数阶中心矩的数值大小有关。不过，在一般情况下，偶数阶中心矩的数值越大，分布图形越平坦；数值越小，分布图形越尖峭。如果将分布的四阶中心矩与标准差的四次方对比，这样得到的数值大小与峰度的高低能够保持一致，同时又恰好消除了计量单位对计算结果的影响。由此形成了峰度指标的基本构造方式。但对于正态分布，这样计算的结果恒为一个常数 $\frac{m_4}{\sigma^4}=\frac{3\sigma^4}{\sigma^4}=3$。

因此，将各种分布的峰凸程度都与正态分布相对比，可得峰度系数的定义与公式。

峰度系数(Coefficient of Kurtosis)是用变量的四阶中心矩与标准差的四次方进行对比的结果再减去 3 所得，用 β 表示，反映分布图形的尖峭程度。其计算公式如式(4.32)所示。

$$\beta=\frac{m_4}{\sigma^4}-3 \tag{4.32}$$

按式(4.32)计算出来的峰度指标，可以用来判定分布的形态特征。其判别标准为

$$\beta\begin{cases}>0,\ \text{分布为高峰度的分布}\\=0,\ \text{分布为正态峰度的分布}\\<0,\ \text{分布为低峰度的分布}\end{cases}$$

这里所说的峰度高、低，都是与具有相同标准差或方差的正态分布比较而言的。

经验表明，当上面的峰度指标值小于−1.2 时，分布曲线常常会由上凸变成下凹的，也就是由钟型分布变成了 U 型分布，此时的峰度实际上就成为“凹度”了。

【例 4.20】根据例 4.16 中表 4-9 的资料，计算其分布的偏度系数和峰度系数。

解：先编制计算表，如表 4-12 所示。

表 4-12　某百货公司所属各商店年销售额偏度系数和峰度系数计算表

组中值 X	商店个数 (个) F	XF	μ	$(X-\mu)^2F$	$(X-\mu)^3F$	$(X-\mu)^4F$
65	20	1300	92.29	14894.882	−406481.3298	11092875.49
75	40	3000	92.29	11957.764	−206749.7396	3574702.997
85	60	5100	92.29	3188.646	−23245.22934	169457.7219
95	80	7600	92.29	587.528	1592.20088	4314.864385
105	48	5040	92.29	7754.1168	98554.82453	1252631.82
115	20	2300	92.29	10314.882	234250.9702	5319839.534
125	12	1500	92.29	12839.329	419974.4581	13737364.53
—	280	25840	—	61537.15	117896.16	35151186.95

由例 4.18 可知：$\sigma=14.82$(万元)

由表 4-12 可得

$$m_3=\frac{\sum(X-\mu)^3F}{\sum F}=\frac{117896.16}{280}\approx 421.06$$

$$m_4=\frac{\sum(X-\mu)^4F}{\sum F}=\frac{35151186.95}{280}\approx 125539.95$$

将计算结果代入式(4.31)和式(4.32)得偏度系数和峰度系数为

$$\alpha=\frac{m_3}{\sigma^3}=\frac{421.06}{14.82^3}\approx 0.1294$$

$$\beta=\frac{m_4}{\sigma^4}-3=\frac{125539.95}{14.82^4}-3\approx -0.3975$$

因 $\alpha=0.1294>0$，数值不是很大，说明分布略为偏斜(右偏)；$\beta=-0.3975<0$，说明分布属于低峰度的，比具有同方差的正态分布略为平坦。

本章小结

在统计分析与决策中，我们需要将数据概括为几个数量特征，即现象的集中趋势、离中趋势和分布形态，以便能够对现象总体的数量规律性给以精确、简洁的描述。可以通过统计图表粗略地描述这些数量特征，也可以使用数据分布的测定指标来对总体的数量特征进行度量。本章从 3 个方面介绍了数据分布特征的度量：一是数据分布的集中趋势；二是数据分布的离散程度；三是数据分布的偏度和峰度。

① 集中趋势是一组数据向其中心值靠拢的倾向，它反映了数据聚集的中心所在。集中趋势的度量常用众数、中位数、算术平均数、调和平均数和几何平均数等指标来描述。

众数和中位数是位置平均数，不受数据中极端值的影响，主要用于反映分类数据和顺序数据的集中趋势；算术平均数、调和平均数、几何平均数是数值平均数，易受数据极端值的影响。算术平均数是使用最广泛和最重要的一种平均数，调和平均数常作为算术平均数的变形来使用，而几何平均数主要用于平均比率的计算。

② 离散程度是指一组数据远离其中心值的程度，也称为离中趋势，反映数据之间的变异程度。离散程度的度量常用极差、异众比率、四分位差、平均差、标准差、方差和离散系数等指标来描述。

异众比率主要用于分类数据。四分位差主要用于度量顺序数据的离散程度。极差计算简单，易受极端值的影响，因而不能准确反映数据的离散程度，只是辅助指标。方差和标准差是实际中应用最广泛的度量离散程度的指标；而离散系数是反映一组数据的相对变异程度，对不同组别的数据进行比较时，如果它们的平均数和计量单位不相同，则需用离散系数来比较它们的离散程度。

集中趋势和离散程度常常结合在一起使用，集中趋势是对数据的概括性度量，其代表性的优劣取决于离散程度的大小。一组数据的离散程度越大，其平均数的代表性就越差，反之，离散程度越小，其平均数代表性就越好。

③ 偏度是指数据分布的偏斜方向和程度。峰度是指数据分布的尖峭状况和程度。偏度和峰度的度量常用偏度系数和峰度系数。

要全面把握数据分布的特征，需要同时对数据分布的集中趋势、离散程度、偏度和峰度这 3 个特征进行描述和分析。

练习题

一、思考题

1. 一组数据的分布特征可以从哪几个方面进行度量？

2. 第 1 章 1.3 中的“4.财务管理中的统计”，财务管理人员依据统计得出的未付款发票的期限的若干统计指标，就能判断出应收账款和收入现金流都处于控制之中。这是为什么？

3. 常用的标志变异指标有哪些？各种指标的作用和局限性怎样？

4. 如何比较两个总体平均数的代表性？

5. 度量一组数据的偏度和峰度的指标是什么？如何应用？

二、选择题

1. 权数对算术平均数的影响，实质上取决于(　　)。

A. 各组权数绝对值大小　　B. 各组权数是否相等

C. 各组变量值的大小　　D. 各组权数的比重

2. 已知 5 个水果商店苹果的单价和销售额，要计算 5 个商店苹果的平均单价，应该采用(　　)。

A. 简单算术平均法　　B. 加权算术平均法
C. 加权调和平均法　　D. 几何平均法

3. 当变量值中有一项为零时，不能计算(　　)。

A. 算术平均数　　B. 中位数
C. 几何平均数　　D. 调和平均数

4. 如果分布是左偏的，则(　　)。

A. 众数>算术平均数>中位数　　B. 众数>中位数>算术平均数
C. 算术平均数>中位数>众数　　D. 算术平均数>众数>中位数

5. 正态分布的峰度系数(　　)零。

A. 大于　　B. 等于
C. 小于　　D. 大于或等于

6. 对于分类数据，主要使用(　　)度量其离散程度。

A. 众数　　B. 异众比率　　C. 标准差　　D. 方差

7. 当数据组高度偏态时，(　　)平均数更具有代表性。

A. 算术平均数　　B. 中位数　　C. 调和平均数　　D. 几何平均数

8. 下列(　　)必须计算离散系数比较两数列的离散程度大小。

A. 平均数大的标准差亦大，平均数小的标准差亦小
B. 平均数大的标准差小，平均数小的标准差大
C. 两数列的平均数相等
D. 两数列的计量单位不同
E. 两数列的标准差相等

9. 平均指标与变异指标结合运用体现在(　　)。

A. 用变异指标说明平均指标代表性的大小
B. 以变异指标为基础，用平均指标说明经济活动的均衡性
C. 以平均指标为基础，用变异指标说明经济活动的均衡性
D. 以平均指标为基础，用变异指标说明经济活动的节奏性
E. 以平均指标为基础，用变异指标说明总体各单位的离散程度

10. 几何平均数主要适用于(　　)情况。

A. 标志值的代数和等于标志值总量
B. 标志值的连乘积等于总比率
C. 标志值的连乘积等于总速度
D. 具有等比关系的变量数列
E. 求平均比率时

三、计算题

1. 已知某工厂工人日产零件数的分组资料如下表所示。

日产零件数(件)	工人数(人)	工人比重(%)
65	30	10
70	75	25
75	120	40
80	54	18
85	21	7
合计	300	100

试计算工人的平均日产量。

2. 甲、乙企业生产 3 种产品的单位成本和总成本资料如下表所示。

产品名称	单位成本(元)	总成本(元)	
		甲企业	乙企业
A	15	2100	3255
B	20	3000	1500
C	30	1500	1500

哪个企业的总平均成本高？请分析其原因。

3. 将一笔钱存入银行，存期为 10 年，按复利计息。10 年的利率分别为：第一年和第二年为 5%，第三年至第五年为 8%，第六年至第八年为 10%，第九年和第十年为 12%。求平均年利率。

4. 对 10 名成年人和 10 名幼儿的身高(单位：cm)进行抽样调查，结果如下表所示。

成年组	166	169	172	177	180	170	172	174	168	173
幼儿组	68	69	68	70	71	73	72	73	74	75

(1) 比较成年组和幼儿组的身高差异，你采用什么样的指标度量？为什么？

(2) 比较分析哪一组的身高差异大？

5. 某企业某月某日产量资料如下表所示。

日产量分组(件)	工人数(人)
60 以下	40
60～70	100
70～80	180
80～90	220
90～100	90
100 以上	50
合计	680

要求：利用 Excel 计算下列统计指标。

(1) 计算众数和中位数；

(2) 计算算术平均数和标准差；

(3) 计算偏度系数和峰度系数；

(4) 对工人日产量的分布特征进行综合分析。

四、案例分析题

一种产品需要人工组装，现有 3 种可供选择的组装方法。为检验哪种方法更好，随机抽取 15 个工人，让他们分别用 3 种方法组装。下表记录了 15 个工人分别用 3 种方法在相同的时间内组装的产品数量(单位：个)。

方法 A	方法 B	方法 C
129	125	164
130	126	167
129	126	168
130	127	165
131	126	170
130	128	165
129	127	164
127	126	168
128	127	164
128	127	162
127	125	163
128	126	166
128	116	167
125	126	166
132	125	165

(1) 你准备采用什么方法来评价组装方法的优劣？

(2) 如果让你选择一种方法，你会做出怎样的选择？试说明理由。

第5章

参数估计

【案例】某网络游戏公司，历经两年多的开发，推出了一款新的冒险性游戏，该游戏上市后立即引起了轰动。运营一段时间后，一些网游爱好者对游戏女主角罗拉留着马尾辫的形象提出了批评。为了维持该游戏的吸引力，网络游戏公司考虑是否要去掉罗拉的马尾辫而设计一个新形象。

为此该公司随机抽取了200名网游爱好者进行调查，调查显示，其中有152名爱好者建议去掉罗拉的马尾辫，这一比率达到了76%，但这只是一个样本的估计，所以需要对估计的精度进行说明。基于该样本的结果和95%的置信水平，总体比率的区间估计为70.01%～81.92%，于是，网络游戏公司决定，去掉罗拉的马尾辫而设计一个新的罗拉形象。

本章的主要目的，就是要解决如何基于样本的信息，对总体参数做出有一定精度的估计。

5.1 抽样调查的一般问题

从总体中抽取样本的方法有两种：一种是随机抽样，也称概率抽样，即按随机原则从研究对象整体中抽取部分单位进行实际调查，并依据样本信息对总体数量特征做出具有一定可靠程度的估计判断，从而达到对总体的认识。另一种是非随机抽样，也称非概率抽样，即调查研究人员根据自己对事物的了解或基于简便，从总体中抽取一些单位作为样本。这类抽样不能利用概率的原理对调查结果做出推断。本章所讨论的抽样法指的是随机抽样。

5.1.1 抽样调查的概念、特点和作用

1. 抽样调查的概念

在统计调查中，为了取得某一现象总体的数量特征，我们可以对其进行全面调查，

但事实上，在许多情况下，由于种种原因，我们是不能或不便进行全面调查的。例如，对某批灯泡使用寿命的调查，我们不能把全部灯泡一一试验，因为该试验是破坏性的；又如对某公交车站顾客平均等待时间的调查，我们不能事先规定到该公交车站等车的顾客数目，理论上所有顾客都有可能到该公交车站等车，为便于处理，这一现象总体常常被当作无限总体对待，所以也不能进行全面调查；还有一些理论上虽然可以进行全面调查，但由于时间、人力、费用都消耗太大，所以进行全面调查既不方便也没有必要。那么有没有一种只对总体的部分单位进行调查，又能对总体的数量特征做出推断的方法呢？回答是肯定的，这就是抽样调查。所谓抽样调查，就是按随机原则从总体中抽取一部分单位进行调查，用调查所得的数值对总体数量特征做出推断的一种统计调查方法。抽样调查是现代推断统计的核心，其科学性和优越性使其无论是在自然科学领域还是在社会经济领域都获得了极其广泛的应用。

2. 抽样调查的特点

抽样调查与其他非全面调查相比，具有以下 3 个显著特点。

① 遵循随机原则。所谓随机原则就是机会均等原则，即调查者不带任何主观倾向，完全凭偶然性抽取单位，使总体中每个单位被抽中的机会均等。随机原则是抽样调查的基本原则，只有按随机原则抽取样本单位，才能使样本的结构同总体结构相似，才能应用数理统计的原理对总体进行推断。

② 以部分推断总体。抽样调查的目的就是要对总体数量特征做出估计或某种判断，而且它是以概率论有关的分布理论为依据的估计，可以计算其可靠性和精确度。

③ 抽样误差可以事先计算并加以控制。抽样调查以部分推断总体，难免会出现抽样误差。抽样误差是随机变量，即抽样误差是随机误差，其分布有一定的规律性，可以依据这种分布的规律性和具体的抽样条件计算抽样误差的大小并加以控制。它是对抽样推断精确度的一种量度。抽样误差越大，抽样推断的精确度越低；抽样误差越小，则推断的精确度越高。

3. 抽样调查的作用

由于抽样调查具有以上特点，使其在经济管理领域中有极其广泛的应用。

① 某些现象不可能采用全面调查时，可以通过抽样调查做出推断。有些现象要经过破坏性或消耗性的试验才能了解情况。例如，轮胎的行驶里程需要做破坏性的试验，无法采用全面调查。对某些无限总体不能采用全面调查，而只能从中抽取样本进行检验。例如，对处于连续生产过程中的产品质量的抽检，就不能进行全面调查。

② 当某些现象没有必要采用全面调查时，也可通过抽样调查来做出推断。例如，对城市居民的家计调查和市场购买力调查等，完全可采用抽样调查，因为它可节省大量的人力、物力和财力，并能得到事半功倍的效果。

③ 抽样调查和全面调查相结合，可以相互补充，也可以对全面调查资料起到检验核对的作用。例如，我国每10年进行一次人口普查，中间进行一次人口抽样调查(抽样比例约1%)。抽样调查从内容上补充全面调查。又如，我国第5次人口普查时使用长表和短表两种调查表，短表调查项目少，人人都要登记，长表在短表基础上增加了很多项目，只供全国一小部分人口登记。这实际上就是普查的同时进行了抽样调查。

④ 对某些总体的假设需要依靠抽样调查进行检验。例如，要检验一项工艺改革方案实施后，是否收到明显效果，就需要对总体进行假设检验，以判断这一假设的真伪，以便做出决断。

⑤ 抽样调查方法可以用于工业生产过程中的质量控制。在连续大量生产产品过程中进行抽样检验，观察工序过程是否正常，便于及时采取措施预防废次品的产生。

5.1.2 抽样推断的几个基本概念

1. 总体与样本

总体是根据研究目的确定的所要研究的事物的全体。组成总体的个别事物称为总体单位。总体所包含的总体单位的个数称为总体容量，通常用大写的字母N表示。

样本是按随机原则从总体中抽取的那部分单位组成的集合。样本中所包含的单位个数称为样本容量，一般用小写的n表示。通常将样本容量小于30的样本称为小样本，而将样本容量大于30的样本称为大样本。与总体是唯一确定的不同，样本不是唯一的，从一个总体中可以抽取很多个样本，全部样本的可能数目与样本容量及随机抽样的方法有关。

2. 总体参数和样本统计量

总体参数是根据总体各单位的标志值或标志表现计算的，反映总体数量特征的综合指标，是抽样推断的对象。由于总体是唯一确定的，根据总体计算的总体参数也是唯一确定的，只不过通常是未知的。一个总体可以有多个参数，从不同的方面反映总体的综合数量特征。常用的总体参数有总体平均数、总体成数、总体方差、总体标准差等。

以X表示所研究的总体变量，$X_1, X_2, \cdots, X_N$表示总体各单位的变量值，则有

总体平均数的公式为

$$\mu = \frac{\sum_{i=1}^{N} X_i}{N}$$

总体方差的公式为

$$\sigma^2 = \frac{\sum_{i=1}^{N}(X_i - \mu)^2}{N}$$

总体标准差的公式为

$$\sigma = \sqrt{\frac{\sum_{i=1}^{N}(X_i - \mu)^2}{N}}$$

设具有某种属性的总体单位数为 N_1，则具有某种属性的总体成数为

$$\pi = \frac{N_1}{N}$$

总体成数方差的公式为

$$\sigma^2 = \pi(1-\pi)$$

总体成数标准差的公式为

$$\sigma = \sqrt{\pi(1-\pi)}$$

样本统计量是根据样本中各单位标志值或标志表现计算的样本指标，是样本变量的函数，是用来估计总体参数的。其计算方法是确定的，但它的取值随着样本的不同而发生变化，因此统计量是随机变量。与总体参数相对应，样本统计量有样本平均数、样本成数、样本方差、样本标准差等。

样本平均数的公式为

$$\bar{x} = \frac{\sum_{i=1}^{n} x_i}{n}$$

样本方差的公式为

$$s^2 = \frac{\sum_{i=1}^{n}(x_i - \bar{x})^2}{n-1}$$

样本标准差的公式为

$$s = \sqrt{\frac{\sum_{i=1}^{n}(x_i - \bar{x})^2}{n-1}}$$

样本成数的公式为

$$p = \frac{n_1}{n}$$

样本成数方差的公式为

$$s^2 = p(1-p)$$

样本成数标准差的公式为

$$s = \sqrt{p(1-p)}$$

3. 重复抽样与不重复抽样

重复抽样，也称放回抽样，是指按随机原则从总体中抽取一个单位登记后，又放回总体参加下一次抽选的方法，同一单位有重复抽中的可能。在重复抽样的情况下，每次抽取的样本单位都是在完全相同的条件下进行的，总体容量 N 保持不变，每个单位被抽中的机会均等。其样本可能的数目是 N^n。

不重复抽样，也称不放回抽样，是指从总体中随机抽取一个单位登记后，不再放回总体参加下一次抽选的方法，每个单位最多只能被抽中一次。每抽一个，总体单位数就减少一个，因此各次样本单位被抽中的机会发生变化，第一个样本单位被抽中的机会是 $\frac{1}{N}$，第二个样本单位被抽中的机会是 $\frac{1}{N-1}$，以此类推。不重复抽样相当于一次从总体中抽出 n 个单位。在不重复抽样条件下，样本可能的数目为 $\frac{N!}{(N-n)!n!}$。

5.1.3 抽样分布理论

1. 抽样分布的概念

假设我们想估计总体的一个参数，如总体均值 μ，可以用一个样本统计量进行估计，例如，用样本均值 $\bar{x}$ 或是样本中位数 m。你认为对于 μ 的估计，哪一个是较好的？在回答这个问题之前，我们先来考虑下面的例子。

掷一枚均匀的骰子，并且让 x 等于掷出的点数。假设骰子被掷 3 次，产生了样本观察值 2，2，6。此样本的均值是 $\bar{x} = 3.33$，样本的中位数是 m=2。因为 x 的总体均值是 μ=(1+2+3+4+5+6)÷6=3.5，你能够看到对于这个样本的 3 个观察值，样本均值 $\bar{x}$ 比样本中位数更接近于 μ 的估计。现在假设我们再掷骰子 3 次并且得到样本观察值 3，4，6。这个样本的均值和中位数分别是 $\bar{x} = 4.33$ 和 m=4，则此次中位数 m 更接近于 μ。

这个简单例子说明：样本均值和样本中位数并不总是落在总体均值很近的位置。因此，我们不能仅仅根据一个样本去比较这两个样本统计量以及任意两个样本统计量。相反，我们需要认识到样本统计量本身是随机变量，因为不同样本会导致样本统计量取不同的值。作为随机变量，判断和比较样本统计量必须要在其概率分布的基础上进行，即在大量重复抽样试验的基础上，得到统计量取值的集合以及相应的概率，进而做出判断和比较。也就是说，样本统计量推断总体参数是利用样本统计量的抽样分布(简称抽样分布)进行的。那么，什么是样本统计量的抽样分布呢？

【例 5.1】设一个总体有 4 个个体，即总体单位数 N=4，取值分别为：X_1=1、X_2=2、X_3=3、X_4=4。具体的可以视为一个黑布袋中有 4 个球，分别标明 1，2，3，4 号球。先看总体的分布状况，如图 5-1 所示。

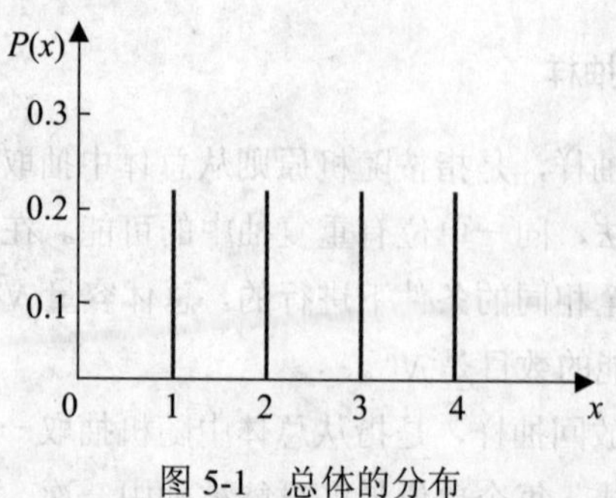

图 5-1　总体的分布

解：可以看到总体分布为均匀分布，即 x_i 取每一个值的概率相同，$P(x)$=0.25。这样可以按下面的公式计算总体的均值和方差。

总体均值：$\mu=\dfrac{\sum_{i=1}^{4}X_i}{N}=\dfrac{10}{4}=2.5$

总体方差：$\sigma^2=\dfrac{\sum_{i=1}^{4}(X_i-\mu)^2}{4}=\dfrac{5}{4}=1.25$

若例 5.1 从该总体中采取重复抽样方法抽取容量为 $n=2$ 的随机样本，即先摸出一个球，记下号码后放回袋中再摸第二个球。我们来看看样本均值 $\bar{x}$ 的抽样分布。

从总体中采取重复抽样方法抽取容量为 $n=2$ 的随机样本，共有 $4^2=16$ 个可能的样本。然后计算出每一个样本的均值 $\bar{x}$，结果如表 5-1 所示。

表 5-1　16 个可能的样本及其均值 $\bar{x}$ 和方差 s^2

样本编号	样本单位	样本均值 $\bar{x}$	样本方差 s^2
1	1，1	1.0	0
2	1，2	1.5	0.5
3	1，3	2.0	2
4	1，4	2.5	4.5
5	2，1	1.5	0.5
6	2，2	2.0	0
7	2，3	2.5	0.5

(续表)

样本编号	样本单位	样本均值 $\bar{x}$	样本方差 s^2
8	2，4	3.0	2
9	3，1	2.0	2
10	3，2	2.5	0.5
11	3，3	3.0	0
12	3，4	3.5	0.5
13	4，1	2.5	4.5
14	4，2	3.0	2
15	4，3	3.5	0.5
16	4，4	4.0	0

由于每个样本被抽中的概率相同，均为 1/16。

将样本均值经整理后得表 5-2。

表 5-2 样本均值 $\bar{x}$ 的分布

$\bar{x}$ 的取值	$\bar{x}$ 的个数	$\bar{x}$ 取值的概率 $P(\bar{x})$
1.0	1	1/16
1.5	2	2/16
2.0	3	3/16
2.5	4	4/16
3.0	3	3/16
3.5	2	2/16
4.0	1	1/16

下面把 $\bar{x}$ 的分布绘制成图 5-2。通过比较总体分布和样本均值的抽样分布，不难看出它们的区别。尽管总体为均匀分布，但样本均值的抽样分布在形状上却是对称的。

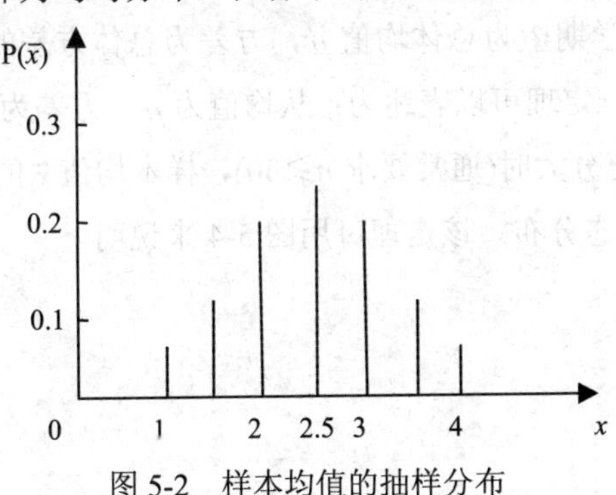

图 5-2 样本均值的抽样分布

可见，样本均值$\bar{x}$的抽样分布说明$\bar{x}$的值如何分布在总体均值 μ 附近，所以$\bar{x}$的抽样分布提供了关于$\bar{x}$与 μ 之间可能存在差别的信息。即，$\bar{x}$的抽样分布可以用来提供样本的均值$\bar{x}$的值与总体均值 μ 的值之间差异的概率信息。这就是我们对样本均值$\bar{x}$的抽样分布感兴趣的实际原因，因为当抽取一个简单随机样本，用样本均值$\bar{x}$的值估计总体均值μ时，我们不能希望样本均值与总体均值相等。

样本均值抽样分布的形成过程可以概括成图 5-3。

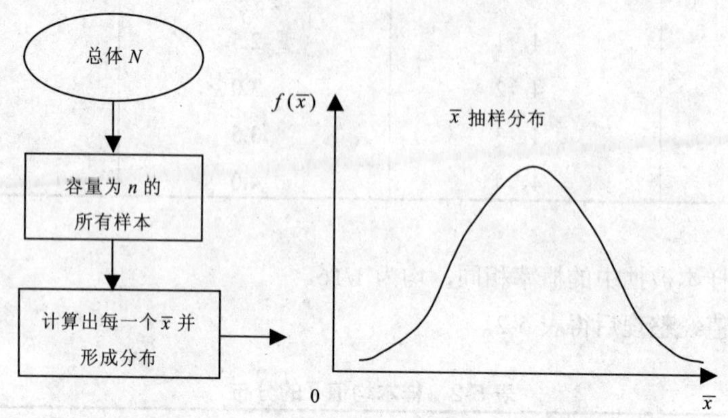

图 5-3　抽样分布的形成过程

所以，我们可以概括地说，抽样分布就是由样本 n 个观察值计算的统计量的概率分布。

2. $\bar{x}$ 抽样分布的形式

$\bar{x}$抽样分布的形式与原有总体的分布和样本容量n的大小有关。

如果原有总体是正态分布，那么无论样本容量的大小，样本均值的抽样分布都服从正态分布。

如果原有总体的分布是非正态分布，就要看样本容量的大小了。随着样本容量n的增大(通常要求$n \geqslant 30$)，不论原来总体是否服从正态分布，样本均值的抽样分布都将趋于正态分布，其分布的数学期望为总体均值μ，方差为总体方差的 $1/n$。这就是统计上著名的中心极限定理。这一定理可以表述为：从均值为μ、方差为σ^2的总体中，抽取容量为n的随机样本，当n充分大时(通常要求$n \geqslant 30$)，样本均值$\bar{x}$的抽样分布近似服从均值为μ、方差为σ^2/n的正态分布。该定理可用图 5-4 来说明。

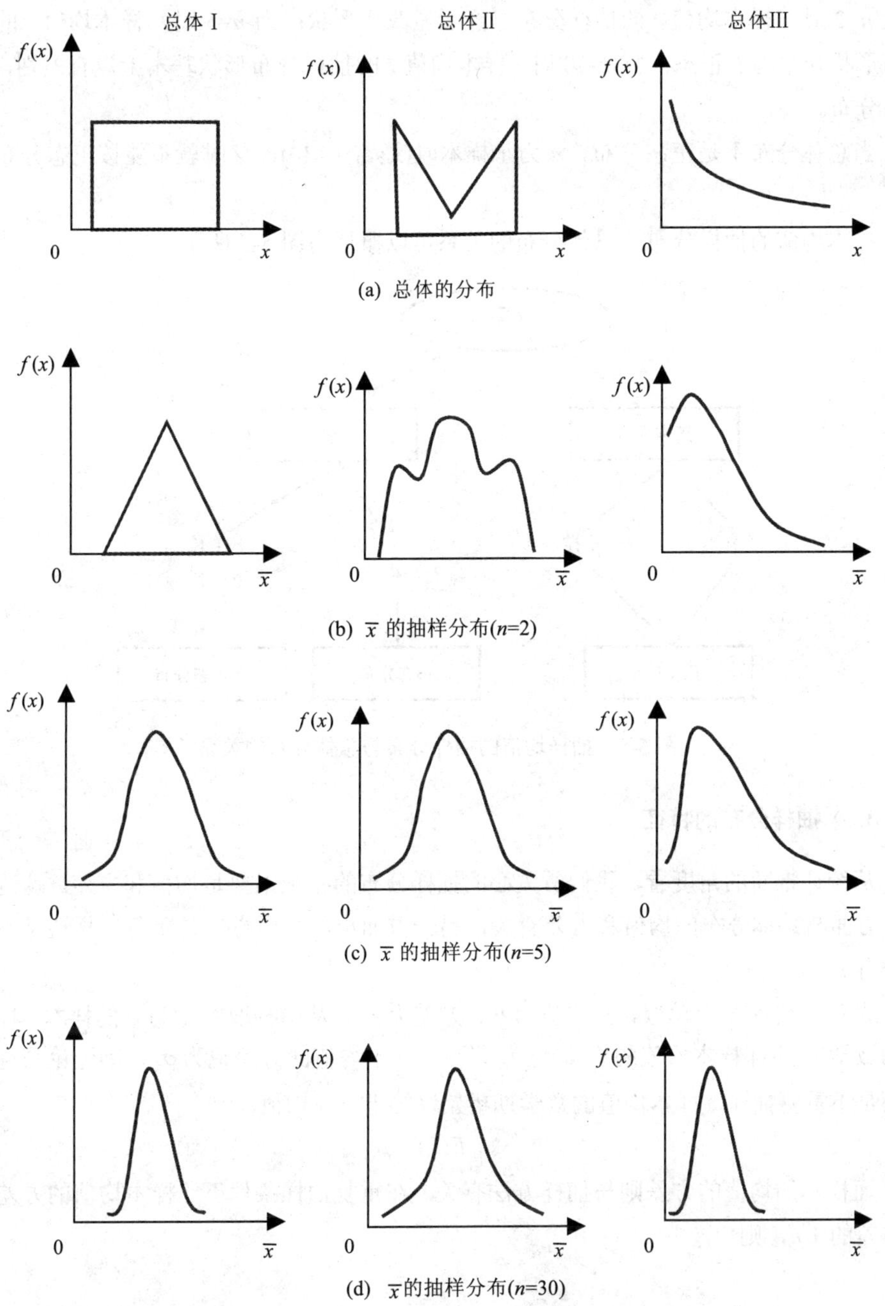

图 5-4 $\overline{x}$ 抽样分布趋于正态分布的过程

由例 5.1 可以看出，在从均匀分布的总体中(见图 5-1)抽取样本容量 n=2 的样本，其样本均值 $\overline{x}$ 的分布已经转换成对称的分布(见图 5-2)。又由图 5-4 不难看出，不论总体是什么形状的分布(总体 I 为均匀分布，总体 II 为 V 型分布，总体III为偏态分布)，当样本

容量 n=2 时，样本均值 $\bar{x}$ 的抽样分布已经明显改变形状；当 n=5 时，样本均值 $\bar{x}$ 的抽样分布形状开始趋于正态；当 n=30 时，样本均值 $\bar{x}$ 的抽样分布形状基本上没有差别，形成正态分布。

当总体分布不是正态分布，n 为小样本时(通常 n<30)，这时就不能按正态分布进行推断。

样本均值的抽样分布与总体分布的关系可以概括为图 5-5 所示。

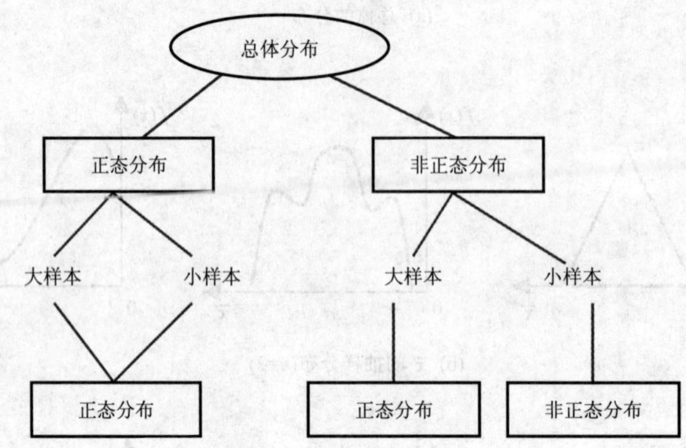

图 5-5　抽样均值的抽样分布与总体分布的关系

3. $\bar{x}$ 抽样分布的特征

从统计推断的角度看，我们所关心的抽样分布的特征主要是均值和方差。这两个特征一方面与总体分布的均值和方差有关，另一方面也与抽样方法是重复抽样还是不重复抽样有关。

设总体共有 N 个单位，其均值为 μ，方差为 σ^2，从中抽取容量为 n 的样本，样本均值的数学期望(即样本均值的均值)记为 $E(\bar{x})$，样本均值的方差记为 $\sigma_{\bar{x}}^2$。则无论是重复抽样还是不重复抽样，样本均值的数学期望始终等于总体均值，则

$$E(\bar{x}) = \mu \tag{5.1}$$

而样本的均值的方差则与抽样方法有关。在重复抽样条件下，样本均值的方差为总体方差的 1/n，则

$$\sigma_{\bar{x}}^2 = \frac{\sigma^2}{n} \tag{5.2}$$

即 $\bar{x} \sim N\left(\mu, \frac{\sigma^2}{n}\right)$，等价的有 $\frac{\bar{x}-\mu}{\sigma/\sqrt{n}} \sim N(0,1)$。

在不重复抽样的条件下，样本均值的方差则需要用修正系数 $\left(\frac{N-n}{N-1}\right)$ 去修正重复抽样时样本均值的方差，则

$$\sigma_{\bar{x}}^2 = \frac{\sigma^2}{n}\left(\frac{N-n}{N-1}\right) \tag{5.3}$$

即 $\bar{x} \sim N\left\{\mu, \frac{\sigma^2}{n}\left(\frac{N-n}{N-1}\right)\right\}$。

这些结论可通过前面的例 5.1 进行验证。

16 个样本均值的均值为 $\frac{1.0+1.5+\cdots+3.5+4.0}{16} = \frac{40}{16} = 2.5 = \mu$

16 个样本均值的方差为 $\sigma_{\bar{x}}^2 = \frac{\sum_{i=1}^{16}(\bar{x}_i - \mu)^2}{16} = \frac{10}{16} = \frac{1.25}{2} = \frac{\sigma^2}{n}$

通常情况下，N 很大，$(N-1)$几乎等于 N，故修正系数也可简化为$\left(1-\frac{n}{N}\right)$，$\frac{n}{N}$ 称为抽样比，实际工作中，当抽样比小于 5%时，$\left(1-\frac{n}{N}\right)$近似于 1，故修正系数往往可以忽略不计。

对于无限总体进行不重复抽样时，可以按重复抽样来处理，因为其修正系数$\left(\frac{N-n}{N-1}\right)$趋向于 1，此时样本均值的方差仍可按公式(5.2)计算。对于有限总体，当 N 很大而 n 很小时，其修正系数$\left(\frac{N-n}{N-1}\right)$也趋向于 1，这时样本均值的方差也可按公式(5.2)计算。

4. 样本成数的抽样分布

在许多情况下要用到成数估计，也就是用样本成数 p 去推断总体的成数 π。所谓成数是指总体(或样本)中具有某种属性的单位数量与全部单位总数之比。例如，一个班级的学生按性别分为男、女两类，男生人数与全班总人数之比就是成数，女生人数与全班人数之比也是一个成数。又如，产品可分为合格品与不合格品，合格品(或不合格品)数量与全部产品总数之比就是成数。

成数问题适用于研究分类或定序的变量。就一个具有 N 个单位的总体而言，具有某种属性的单位个数为 N_0，具有另一种属性的单位个数为 N_1。我们将具有某种属性的单位数与全部单位总数之比称为总体成数，用 π 表示，则有 $\pi = \frac{N_0}{N}$，而另一种属性的单位数与全部单位数之比则为 $\frac{N_1}{N} = 1-\pi$。相应的样本成数用 p 表示，同样有 $p = \frac{n_0}{n}$，$\frac{n_1}{n} = 1-p$。

在重复选取容量为 n 的样本时，由样本成数的所有可能取值形成的相对频数分布，称为样本成数的抽样分布。

p 的抽样分布是样本成数 p 的所有可能取值的概率分布。当样本容量很大时，样本成数 p 的抽样分布可用正态分布近似。对于一个具体的样本成数 p，若 $np \geqslant 5$ 和 $n(1-p) \geqslant 5$，就可以认为样本容量足够大。

同样，对于 p 的分布，我们也需要知道 p 的数学期望(p 的所有可能值的均值)和方差。可以证明，p 的数学期望 $E(p)$等于总体的成数 π，则

$$E(p)=\pi \tag{5.4}$$

而 p 的方差则与抽样方法有关。设 p 的抽样方差为 σ_p^2，在重复抽样条件下有

$$\sigma_p^2=\frac{\pi(1-\pi)}{n} \tag{5.5}$$

即 $p\sim N\left(\pi,\ \frac{\pi(1-\pi)}{n}\right)$。

在不重复抽样条件下，则用修正系数加以修正，有

$$\sigma_p^2=\frac{\pi(1-\pi)}{n}\left(\frac{N-n}{N-1}\right) \tag{5.6}$$

即 $p\sim N\left\{\pi,\ \frac{\pi(1-\pi)}{n}\left(\frac{N-n}{N-1}\right)\right\}$。

与样本均值分布的方差一样，对于无限总体进行不重复抽样时，可以按重复抽样来处理，此时样本成数的方差仍可按公式(5.5)计算。对于有限总体，当 N 很大，而抽样比 $\frac{n}{N}\leqslant 5\%$时，其修正系数$\left(\frac{N-n}{N-1}\right)$趋于 1，这时样本成数的方差也可以按公式(5.5)来计算。

5. 样本方差的抽样分布

要用样本方差 s^2 去推断总体方差 σ^2，也必须知道样本方差的抽样分布。在重复选取容量为 n 的样本时，由样本方差的所有可能取值形成的相对频数分布，称为样本方差的抽样分布。

作为估计量的样本方差是如何分布的呢？统计证明，对于来自正态总体的简单随机样本，则比值$\frac{(n-1)s^2}{\sigma^2}$的抽样分布服从自由度为 $(n-1)$ 的 χ^2 分布，有

$$\chi^2=\frac{(n-1)s^2}{\sigma^2}\sim\chi^2(n-1) \tag{5.7}$$

χ^2 分布具有如下性质和特点。

① χ^2 分布的变量值始终为正。

② $\chi^2(n)$ 的形状取决于其自由度 n 的大小，通常为不对称的右偏分布，但随着自由度的增大逐渐趋于对称，如图 5-6 所示。

③ χ^2 分布的期望值为：$E(\chi^2)=n$。方差为：$D(\chi^2)=2n$(n 为自由度)。

④ χ^2 分布具有可加性。若 U 和 V 为两个独立的 χ^2 分布随机变量，$U\sim\chi^2(n_1)$，$V\sim\chi^2(n_2)$，则$(U+V)$这一随机变量服从自由度为 (n_1+n_2) 的 χ^2 分布。

χ^2 分布通常用于总体方差的估计和非参数检验等。用 Excel 函数 f_x 功能中的 χ^2 分

布很容易得到显著性水平α的临界值。这样可以用χ^2分布来推断总体方差的区间。

下面将单总体参数推断时样本统计量的抽样分布形式概括如下(见图 5-7)。

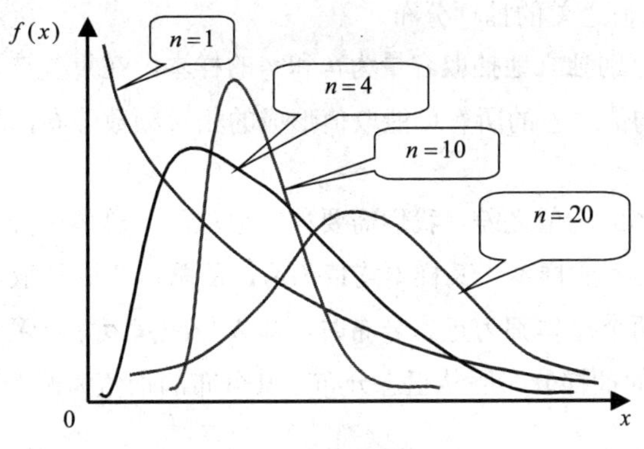

图 5-6 不同自由度的χ^2分布

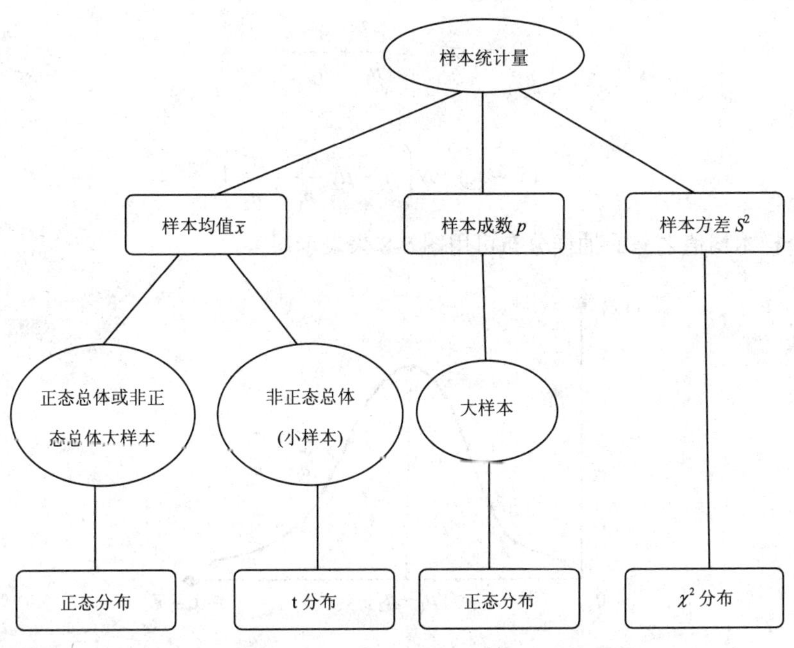

图 5-7 样本统计量的抽样分布

6. 两个样本统计量的抽样分布

在实际问题中，有时我们所研究的是两个总体，即总体 1 和总体 2，所关心的总体参数主要是两个总体均值之差$(\mu_1-\mu_2)$、两个总体成数之差$(\pi_1-\pi_2)$、两个总体方差之比σ_1^2/σ_2^2，相应地，用于推断这些参数的统计量分别是两个样本均值之差$(\bar{x}_1-\bar{x}_2)$、两个样本成数之差(p_1-p_2)、两个样本方差之比s_1^2/s_2^2等。因此，需要分别研究两个总体参数推断时样本统计量的抽样分布，包括两个样本均值之差的抽样分布、成数之差的抽样分布、方差比的抽样分布等。

(1) 两个样本均值之差的抽样分布

从两个总体中分别独立地抽取容量为n_1和n_2的样本，在重复选取容量为n_1和n_2的样本时，由两个样本均值之差的所有可能取值形成的相对频数分布，称为两个样本均值之差的抽样分布。

为推断两个总体的均值之差，我们需要独立地从两个总体中分别抽取样本。假定从总体 1 中抽取容量为n_1的样本，其样本均值为$\bar{x}_1$，从总体 2 中抽取容量为n_2的样本，其样本均值为$\bar{x}_2$。当两个总体都为正态分布时，即$X_1 \sim N(\mu_1,\sigma_1^2)$，$X_2 \sim N(\mu_2,\sigma_2^2)$，两个样本均值之差$(\bar{x}_1-\bar{x}_2)$的抽样分布服从正态分布，其分布的均值为两个总体均值之差，则

$$E(\bar{x}_1-\bar{x}_2)=\mu_1-\mu_2 \tag{5.8}$$

分布的方差$\sigma_{\bar{x}_1-\bar{x}_2}^2$为各自的方差之和，则

$$\sigma_{\bar{x}_1-\bar{x}_2}^2=\frac{\sigma_1^2}{n_1}+\frac{\sigma_2^2}{n_2} \tag{5.9}$$

即有

$$(\bar{x}_1-\bar{x}_2)\sim N\left(\mu_1-\mu_2,\frac{\sigma_1^2}{n_1}+\frac{\sigma_2^2}{n_2}\right) \tag{5.10}$$

两个样本均值之差的抽样分布可用图 5-8 来表示。

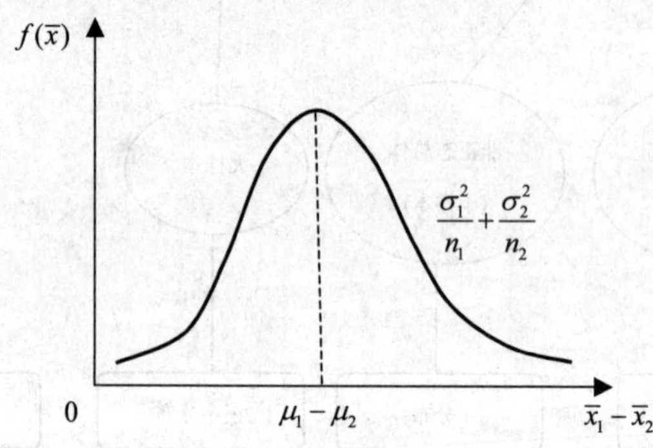

图 5-8　两个样本均值之差$(\bar{x}_1-\bar{x}_2)$的抽样分布

两个总体为非正态分布，当n_1和n_2比较大时，一般要求$n_1 \geqslant 30$，$n_2 \geqslant 30$，两个样本均值之差的抽样分布仍然可以用正态分布来近似。

(2) 两个样本成数之差的抽样分布

从两个服从二项分布的总体中，分别独立地抽取容量为n_1和n_2的样本，在重复选取容量为n_1和n_2的样本时，由两个样本成数之差的所有可能取值形成的相对频数分布，称为两个样本成数之差的抽样分布。

设两个总体都服从二项分布，分别从两个总体中抽取容量为n_1和n_2的独立样本，当两个样本都为大样本时，则两个样本成数之差的抽样分布可用正态分布来近似，其分布的均值和方差分别为

$$E(p_1-p_2)=\pi_1-\pi_2 \tag{5.11}$$

$$\sigma_{p_1-p_2}^2=\frac{\pi_1(1-\pi_1)}{n_1}+\frac{\pi_2(1-\pi_2)}{n_2} \tag{5.12}$$

(3) 两个样本方差比的抽样分布

从两个正态总体中分别独立地抽取容量为 n_1 和 n_2 的样本，在重复选取容量为 n_1 和 n_2 的样本时，由两个样本方差比的所有可能取值形成的相对频数分布，称为两个样本方差比的抽样分布。

设两个总体都为正态分布，即$X_1\sim N(\mu_1,\sigma_1^2)$，$X_2\sim N(\mu_2,\sigma_2^2)$，分别从两个总体中抽取容量为 n_1 和 n_2 的独立样本，两个样本方差比s_1^2/s_2^2的抽样分布，服从F分布，则

$$\frac{s_1^2}{s_2^2}\sim F(n_1-1,\ n_2-1) \tag{5.13}$$

下面介绍一下有关F分布的知识。

F分布是由统计学家费希尔(R.A.Fisher)提出的，所以以其姓氏的第一个字母来命名。

设 U 是服从自由度为n_1的χ^2分布的随机变量，即$U\sim\chi^2(n_1)$，V是服从自由度为 n_2 的χ^2分布的随机变量，即$V\sim\chi^2(n_2)$，且U和V相互独立，则

$$F=\frac{U/n_1}{V/n_2}\sim F(n_1,\ n_2) \tag{5.14}$$

称 F 为服从自由度 n_1 和 n_2 的 F 分布，记为$F\sim F(n_1,n_2)$。

由前面介绍的样本方差的抽样分布可知，样本方差的抽样分布服从$\chi^2(n-1)$分布，则

$$\frac{(n_1-1)s_1^2}{\sigma_1^2}\sim\chi^2(n_1-1) \tag{5.15}$$

$$\frac{(n_2-1)s_2^2}{\sigma_2^2}\sim\chi^2(n_2-1) \tag{5.16}$$

两个独立的χ^2分布除以自由度后相比即得到F分布，则

$$\frac{(n_1-1)s_1^2}{\sigma_1^2(n_1-1)}\bigg/\frac{(n_2-1)s_2^2}{\sigma_2^2(n_2-1)}=\frac{s_1^2\sigma_2^2}{s_2^2\sigma_1^2}\sim F(n_1-1,\ n_2-1)$$

F分布的图形如图 5-9 所示。

从图 5-9 可以看出，F 分布的图形是右偏的。F 分布除了用于两个总体方差比的估计外，还广泛应用于方差分析和回归分析等。

除上面介绍的χ^2分布和 F 分布外，在参数估计和假设检验中我们还用到另一个重要的小样本分布，即 t 分布。有关它的知识将在下一节中进行介绍。

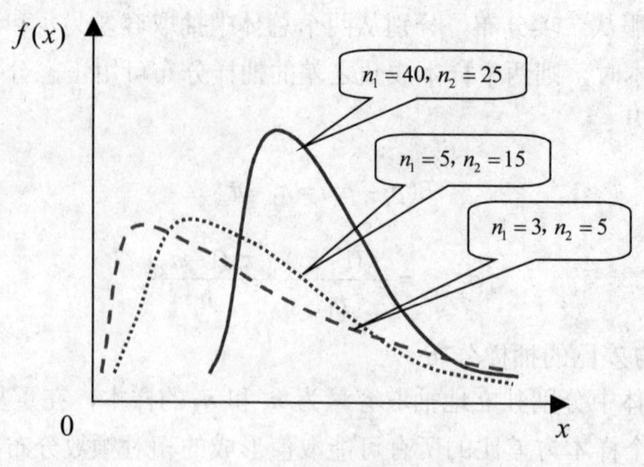

图 5-9　不同自由度的 F 分布

5.2　参数估计

参数估计是推断统计的重要内容之一，就是在抽样及抽样分布的基础上，根据样本统计量来推断我们所关心的总体参数。本节将以抽样分布为基础，讨论参数估计的基本方法，内容包括：一个总体参数的估计，如总体均值的估计、总体成数的估计、总体方差的估计；两个总体参数的估计，如两个总体均值之差的估计、两个总体成数之差的估计、两个总体方差比的估计等。

5.2.1　参数估计的一般问题

1. 估计量与估计值

所谓参数估计也就是用样本统计量去估计总体的参数。例如，用样本均值 $\bar{x}$ 去估计总体均值 μ，用样本方差 s^2 去估计总体方差 σ^2，用样本成数 p 去估计总体成数 π 等。如果将总体参数笼统地用一个符号 θ 来表示，参数估计也就是如何用样本统计量来估计总体参数 θ。

在参数估计中，用来估计总体参数的统计量的名称，称为估计量，用符号 $\hat{\theta}$ 表示。例如，样本均值、样本成数、样本方差等都可以是一个估计量。用来估计总体参数时计算出来的估计量的具体数值，称为估计值。例如，我们要估计一个班学生考试的平均分数，从中抽取一个随机样本，全班的平均分数是不知道的，称为参数，用 θ 表示，根据样本计算的平均分数 $\bar{x}$ 就是一个估计量，用 $\hat{\theta}$ 表示，假定计算出来的样本平均分数为 80 分，这个 80 分就是估计量的具体数值，称为估计值。

2. 点估计与区间估计

参数估计的方法有点估计与区间估计两种。点估计，是选择一个适当的统计量作为总体未知参数的估计量；区间估计，是给出总体参数估计的一个区间范围。

(1) 点估计

点估计也称定值估计，就是利用样本估计量$\hat{\theta}$的值直接作为总体参数θ的估计值。比如，用样本均值$\bar{x}$直接作为总体均值μ的估计值，用样本成数p直接作为总体成数π的估计值，用样本方差s^2直接作为总体方差σ^2的估计值等。例如，我们要估计一个班学生考试成绩的平均分数，根据一个抽出的随机样本计算的平均分数为 80 分，我们就用 80 分作为全班考试成绩的平均分数的一个估计值，这就是点估计。又如，我们要估计一批产品的合格率，根据抽样结果合格率为 96%，将 96%直接作为这批产品合格率的估计值，这也是一个点估计。

(2) 区间估计

我们在用点估计值代表总体参数值的同时，还必须给出一个用于衡量点估计值可靠性的度量，也就是说，我们必须能说出点估计值与总体参数的真实值接近的程度。但遗憾的是，点估计难以做到这一点。因此需要进行区间估计，它是在点估计的基础上，给出总体参数估计的一个范围。

一般地，对于总体被估计参数θ，找出样本的两个估计量$\hat{\theta}_1$和$\hat{\theta}_2$(其中$\hat{\theta}_2 > \hat{\theta}_1$)使被估计的参数落在区间($\hat{\theta}_1$，$\hat{\theta}_2$)内的概率为$(1-\alpha)$，其中$\alpha$为介于 0 与 1 之间的已知数，则有

$$P(\hat{\theta}_1 \leqslant \theta \leqslant \hat{\theta}_2) = 1-\alpha$$

称($\hat{\theta}_1$，$\hat{\theta}_2$)为总体参数的置信区间，$\hat{\theta}_1$为置信下限，$\hat{\theta}_2$为置信上限，$(1-\alpha)$为置信度，亦称置信水平或置信系数或置信概率，也即估计的可靠程度，α则称为显著性水平。

置信区间的大小可用来说明估计的精确度，而置信度的大小则用来说明估计的可靠性。然而在样本容量一定的前提下，两者是相互矛盾的：若置信度增加，则估计的区间必然增大，降低了精确度；若精确度提高，则区间缩小，置信度必然减小。要同时提高估计的置信度和精确度，唯一的办法就是增加样本容量。

区间估计的真正含义：若做多次抽样，我们将得到多个置信区间，其中有的区间包含了总体参数的真值，有的区间没有包含总体参数的真值，大约有$100\times(1-\alpha)\%$个区间包含了总体参数的真值。

以总体均值估计为例，实际上，我们可以求出样本均值$\bar{x}$落在总体均值μ的两侧任何一个抽样标准差值范围内的概率。但实际估计时，情况恰好相反。$\bar{x}$是已知的，而μ是未知的，也正是我们将要估计的。由于$\bar{x}$与μ的距离是对称的，如果某个样本的平均值落在μ的两个标准差范围内，反过来，μ也被包括在以$\bar{x}$为中心的左右两个标准差的范围之内。因此约有 95%的样本均值会落在μ的两个标准差的范围内，换句话说，也就是约有 95%的样本均值所构造的两个标准误差的区间会包含μ。通俗地说，如果我们抽取 100 个样本来估计总体均值，由 100 个样本所构造的 100 个区间中，约有 95 个区间包含总体均值，而另外约有 5 个区间则不包含总体均值，如图 5-10 所示。

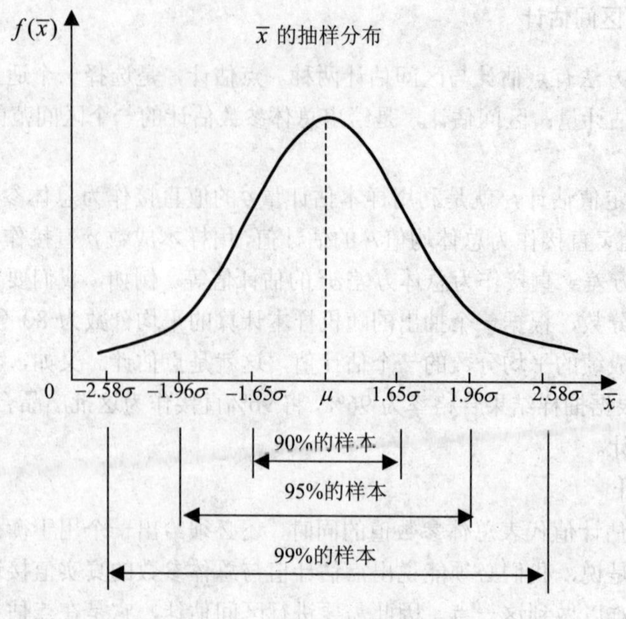

图 5-10　区间估计的示意图

在构造置信区间时，我们可以用所希望的值作为置信水平。比较常用的置信水平及正态分布曲线下右侧面积为 $\alpha/2$ 时的临界值 $z_{\alpha/2}$，如表 5-3 所示。

表 5-3　常用置信水平的 $z_{\alpha/2}$ 值

置信水平	α	$\alpha/2$	$z_{\alpha/2}$
90%	0.10	0.05	1.645
95%	0.05	0.025	1.96
99%	0.01	0.005	2.58

一般情况下，标准正态分布的临界值 $z_{\alpha/2}$ 可通过查标准正态分布的双侧临界值表得出，也可以利用 Excel 求出。

3. 评价估计量的优良标准

在参数估计中，我们用样本估计量 $\hat{\theta}$ 作为总体参数 θ 的估计。实际上，用于估计 θ 的估计量有很多，例如，可以用样本均值作总体均值的估计量，也可以用样本中位数作为总体均值的估计量等。那么，究竟用样本的哪种估计量作为总体参数的估计呢？我们自然要用估计效果最好的那种估计量。什么样的估计量才算是一个好的估计量呢？这就需要有一定的评价标准。统计学家给出了评价估计量的一些优良标准，主要有以下几个。

(1) 无偏性

无偏性是指估计量抽样分布的数学期望等于被估计的总体参数。设总体参数为 θ，所选择的估计量为 $\hat{\theta}$，如果 $E(\hat{\theta})=\theta$，则将 $\hat{\theta}$ 称为 θ 的无偏估计量。

图 5-11 给出了点估计量无偏和有偏的情形。

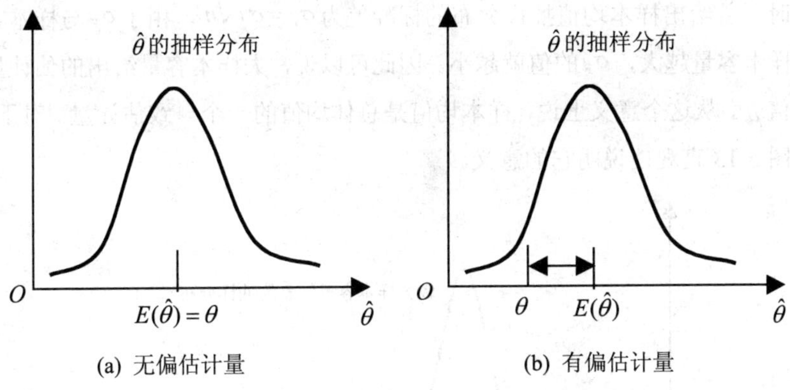

图 5-11 无偏估计量和有偏估计量的示意图

在讨论抽样分布时，我们曾经提到$E(\bar{x})=\mu$和$E(p)=\pi$，同样可以证明，$E(s^2)=\sigma^2$。因此，$\bar{x}$，p，s^2分别是总体均值μ、总体成数π、总体方差σ^2的无偏估计量。

(2) 有效性

一个无偏的估计量并不意味着它非常接近被估计的参数，它还必须与总体参数的离散程度比较小。对同一总体参数的两个无偏点估计量，标准差越小的估计量越有效。假定有两个用于估计总体参数的无偏估计量，分别用$\hat{\theta}_1$和$\hat{\theta}_2$表示，它们抽样分布的方差分别用$D(\hat{\theta}_1)$和$D(\hat{\theta}_2)$表示，如果$\hat{\theta}_1$的方差小于$\hat{\theta}_2$的方差，即$D(\hat{\theta}_1)<D(\hat{\theta}_2)$，则$\hat{\theta}_1$是比$\hat{\theta}_2$更有效的一个估计量。在无偏估计的条件下，估计量方差越小也就越有效。

图 5-12 说明了两个无偏估计量的抽样分布。可以看到，$\hat{\theta}_1$的方差比$\hat{\theta}_2$的方差小，因此$\hat{\theta}_1$的值比$\hat{\theta}_2$的值更接近总体的参数。因此说$\hat{\theta}_1$比$\hat{\theta}_2$更有效，是一个更好的估计量。

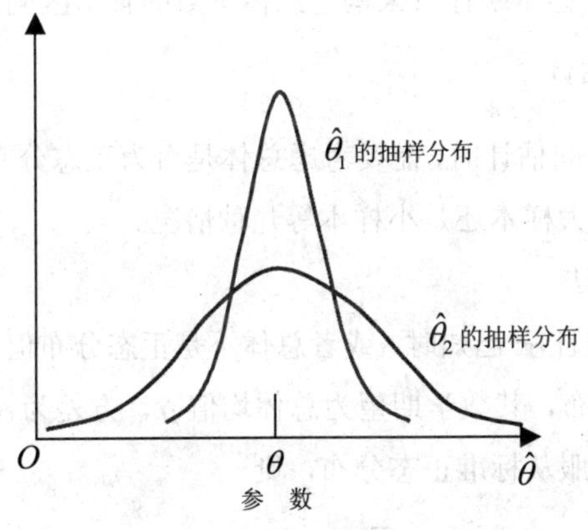

图 5-12 两个无偏点估计量的抽样分布

(3) 一致性

一致性是指随着样本容量的增大，点估计量的值越来越接近被估总体的参数。换言之，一个大样本给出的估计量要比一个小样本给出的估计量更接近总体的参数。在介绍抽样分布时，曾给出样本均值抽样分布的标准差为$\sigma_{\bar{x}}=\sigma/\sqrt{n}$。由于$\sigma_{\bar{x}}$与样本容量的大小有关，样本容量越大，$\sigma_{\bar{x}}$的值就越小。因此可以说，大样本容量给出的估计量更接近于总体均值μ。从这个意义上说，样本均值是总体均值的一个一致估计量。对于一致性，也可以用图5-13直观地说明它的意义。

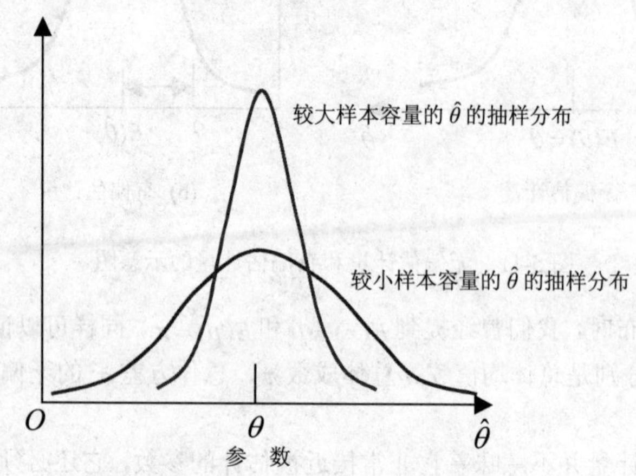

图5-13 两个不同容量统计量的抽样分布

5.2.2 一个总体参数的区间估计

当我们研究一个总体时，所关心的参数主要有总体均值μ、总体成数π和总体方差σ^2等。下面将介绍如何用样本统计量来构造总体参数的置信区间。

1. 总体均值的区间估计

在对总体均值进行区间估计时，需要考虑总体是否为正态分布、总体方差是否已知、用于构造统计量的样本是大样本还是小样本等几种情况。

(1) 大样本的估计方法

当总体服从正态分布且σ^2已知时，或者总体不是正态分布但为大样本时，样本均值$\bar{x}$的抽样分布均为正态分布，其数学期望为总体均值μ，方差为σ^2/n。而样本均值经过标准化以后的随机变量则服从标准正态分布，则

$$z=\frac{\bar{x}-\mu}{\sigma/\sqrt{n}}\sim N(0,1) \tag{5.17}$$

根据公式(5.17)和标准正态分布的性质可知，对于给定的置信水平$(1-\alpha)$，可以查正态分布双侧临界值表得出相应的临界值$z_{\alpha/2}$，使得

$$P(-z_{\alpha/2} < \frac{\overline{x}-\mu}{\sigma/\sqrt{n}} < z_{\alpha/2}) = 1-\alpha$$

利用不等式变形可得

$$P(\overline{x} - z_{\alpha/2}\frac{\sigma}{\sqrt{n}} < \mu < \overline{x} + z_{\alpha/2}\frac{\sigma}{\sqrt{n}}) = 1-\alpha$$

故而总体均值μ的置信水平为$(1-\alpha)$的置信区间为

$$(\overline{x} - z_{\alpha/2}\frac{\sigma}{\sqrt{n}},\ \overline{x} + z_{\alpha/2}\frac{\sigma}{\sqrt{n}})$$

即为

$$\overline{x} \pm z_{\alpha/2}\frac{\sigma}{\sqrt{n}} \tag{5.18}$$

式(5.18)中：$\left(\overline{x} - z_{\alpha/2}\frac{\sigma}{\sqrt{n}}\right)$称为置信下限，$\left(\overline{x} + z_{\alpha/2}\frac{\sigma}{\sqrt{n}}\right)$称为置信上限。

α是事先所确定的一个概率值，也被称为风险值，它是总体均值不包括在置信区间的概率；$(1-\alpha)$称为置信水平；$z_{\alpha/2}$是标准正态分布上侧面积为$\alpha/2$时的z值；$\frac{\sigma}{\sqrt{n}}$为抽样分布的标准差即抽样平均误差；$z_{\alpha/2}\frac{\sigma}{\sqrt{n}}$是估计总体均值时的允许误差，称为极限误差或误差范围，用Δ表示，其意义是对给定的置信水平进行区间估计所允许的最大误差。这就是说，总体均值的置信区间由两部分组成，即点估计值$\overline{x}$和允许误差$\Delta = z_{\alpha/2}\frac{\sigma}{\sqrt{n}}$。

如果总体服从正态分布但σ^2未知，或总体并不服从正态分布，只要是在大样本条件下，总体方差σ^2可以用样本方差s^2代替，这时总体均值μ在$(1-\alpha)$置信水平下的置信区间可以写为

$$\overline{x} \pm z_{\alpha/2}\frac{s}{\sqrt{n}} \tag{5.19}$$

【例5.2】一家食品生产企业以生产袋装食品为主，每天的产量为8000袋左右。按规定每袋的重量应为100g。为对产品质量进行监测，企业质检部门经常要进行抽检，以分析每袋重量是否符合要求。现从某天生产的一批食品中随机抽取了25袋，测得每袋重量如表5-4所示。

表5-4　25袋食品的重量

单位：克

112.5	101.0	103.0	102.0	100.5
102.6	107.5	95.0	108.8	115.6
100.0	123.5	102.0	101.6	102.2

(续表)

116.6	95.4	97.8	108.6	105.0
136.8	102.8	101.5	98.4	93.3

已知产品重量的分布服从正态分布，且总体标准差为10g。试估计该产品平均重量的置信区间，置信水平为 95%。

解： 已知$\sigma=10$，$n=25$，置信水平为$1-\alpha=95\%$，查标准正态分布表得$z_{\alpha/2}=1.96$。

根据样本数据计算的样本均值为

$$\overline{x}=\frac{\sum_{i=1}^{n}x_i}{n}=\frac{2634}{25}=105.36$$

根据公式(5.18)得

$$\overline{x}\pm z_{\alpha/2}\frac{\sigma}{\sqrt{n}}=105.36\pm1.96\times\frac{10}{\sqrt{25}}=105.36\pm3.92$$

即该批食品平均重量 95%的置信区间为(101.44，109.28)。说明有 95%的概率保证该批食品重量在 101.44～109.28 克之间。

【例 5.3】一家保险公司收集到由 36 个投保个人组成的随机样本，得到每个投保人的年龄(周岁)数据如表 5-5 所示。

表 5-5　36 个投保人的年龄

单位：周岁

23	35	39	27	36	44
36	42	46	43	31	33
42	53	45	54	47	24
34	28	39	36	44	40
39	49	38	34	48	50
34	39	45	48	45	32

试确定投保人年龄 90%的置信区间。

解： 已知$n=36$，$1-\alpha=90\%$，$z_{\alpha/2}=1.645$。由于总体方差未知，但为大样本，可用样本方差来求总体方差。

根据样本数据计算的样本均值和标准差如下。

$$\overline{x}=\frac{\sum_{i=1}^{n}x_i}{n}=39.5,\quad s=\sqrt{\frac{\sum_{i=1}^{n}(x_i-\overline{x})^2}{n-1}}=7.77$$

根据式(5.19)得

$$\bar{x} \pm z_{\alpha/2}\frac{s}{\sqrt{n}} = 39.5 \pm 1.645 \times \frac{7.77}{\sqrt{36}} = 39.5 \pm 2.13$$

即(37.37，41.63)，投保人平均年龄 90%的置信区间为(37.37，41.63)。

(2) 小样本的估计方法

如果总体服从正态分布，则无论样本容量如何，样本均值$\bar{x}$的抽样分布都服从正态分布。这时，只要总体方差σ^2已知，即使在小样本情况下，也可以按公式(5.18)建立总体均值的置信区间。但是，如果总体方差未知，而且是在小样本情况下，则需要用样本方差s^2代替σ^2，这时样本均值经过标准化后的随机变量服从自由度为$(n-1)$的 t 分布，则有

$$t = \frac{\bar{x}-\mu}{s/\sqrt{n}} \sim t(n-1) \tag{5.20}$$

这时需要采用t分布来建立总体均值μ的置信区间。

t 分布是类似正态分布的一种对称分布，它通常要比正态分布平坦和分散。一个特定的t分布依赖于称之为自由度的参数。随着自由度的增大，t分布也逐渐趋于正态分布，如图 5-14 所示。

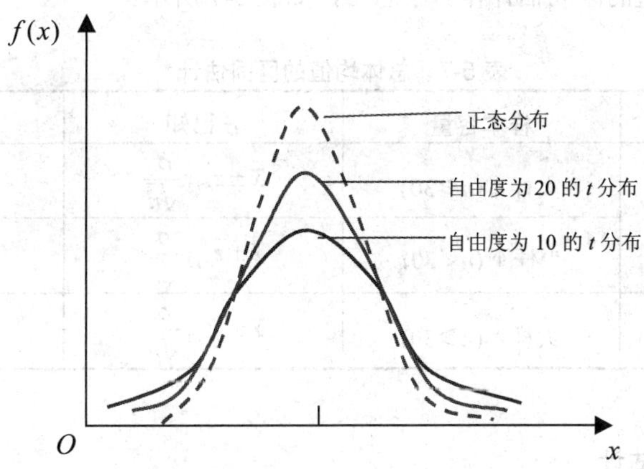

图 5-14 不同自由度的t分布与同方差的正态分布的比较

根据t分布建立的总体均值μ在$(1-\alpha)$置信水平下的置信区间为

$$\bar{x} \pm t_{\alpha/2}\frac{s}{\sqrt{n}} \tag{5.21}$$

公式(5.21)中：$t_{\alpha/2}$是自由度为$(n-1)$时，t分布中上侧面积为$\alpha/2$时的t值，该值可通过t分布表查得，也可利用 Excel 计算求得。

【例 5.4】已知某种灯泡的寿命服从正态分布，现从一批灯泡中随机抽取 16 只，测得其使用寿命(小时)如表 5-6 所示。

表 5-6　16 只灯泡的使用寿命

单位：小时

1510	1450	1480	1460	1520	1480	1490	1460
1480	1510	1530	1470	1500	1520	1510	1470

试确定该批灯泡平均使用寿命 95%的置信区间。

解：根据抽样调查结果计算得

$$\bar{x}=\frac{\sum_{i=1}^{n}x_i}{n}=\frac{23840}{16}=1490(\text{小时}),\quad s=\sqrt{\frac{\sum_{i=1}^{n}(x_i-\bar{x})^2}{n-1}}=\sqrt{\frac{9200}{16-1}}\approx 24.77(\text{小时})$$

根据$\alpha=0.05$查t分布表得$t_{\alpha/2}(n-1)=t_{0.025}(15)=2.131$，由公式(5.21)得平均使用寿命的置信区间为

$$\bar{x}\pm t_{\alpha/2}\frac{s}{\sqrt{n}}=1490\pm 2.131\times\frac{24.77}{\sqrt{16}}=1490\pm 13.2$$

该种灯泡平均使用寿命 95%的置信区间为(1476.8，1503.2)小时。

下面将总体均值的区间估计作一个总结，如表 5-7 所示。

表 5-7　总体均值的区间估计

总体分布	样本容量	σ已知	σ未知
正态分布	大样本($n\geqslant 30$)	$\bar{x}\pm z_{\alpha/2}\frac{\sigma}{\sqrt{n}}$	$\bar{x}\pm z_{\alpha/2}\frac{s}{\sqrt{n}}$
	小样本($n<30$)	$\bar{x}\pm z_{\alpha/2}\frac{\sigma}{\sqrt{n}}$	$\bar{x}\pm t_{\alpha/2}\frac{s}{\sqrt{n}}$
非正态分布	大样本($n\geqslant 30$)	$\bar{x}\pm z_{\alpha/2}\frac{\sigma}{\sqrt{n}}$	$\bar{x}\pm z_{\alpha/2}\frac{s}{\sqrt{n}}$

2. 成数的区间估计

这里只讨论大样本情况下的总体成数的估计问题。根据样本成数的抽样分布可知，当样本容量足够大时，样本成数 p 的抽样分布可用正态分布近似。p 的数学期望等于总体的成数π，即$E(p)=\pi$；p 的方差为$\sigma_p^2=\frac{\pi(1-\pi)}{n}$。而样本成数经标准化后的随机变量则服从标准正态分布，则

$$z=\frac{p-\pi}{\sqrt{\pi(1-\pi)/n}}\sim N(0,1) \tag{5.22}$$

与总体均值的区间估计类似，在样本成数 p 的基础上允许误差为$z_{\alpha/2}\sigma_p$，即得总体成数π在$(1-\alpha)$置信水平下的置信区间(由于总体成数π通常是未知的，可用样本成数 p 来代替)。

$$p \pm z_{\alpha/2}\sqrt{\frac{p(1-p)}{n}} \tag{5.23}$$

公式(5.23)中：$(1-\alpha)$称为置信水平；$z_{\alpha/2}$是标准正态分布上侧面积为$\alpha/2$时的z值；$z_{\alpha/2}\sqrt{\frac{p(1-p)}{n}}$是估计总体成数时的允许误差，这就是说，总体成数的置信区间由两部分组成，即点估计值和允许误差。

【例 5.5】某城市想要估计下岗职工中女性所占的成数，随机抽取了 100 个下岗职工，其中 65 人为女性职工。试以 95%的置信水平估计该城市下岗职工中女性成数的置信区间。

解：已知$n=100$，$z_{\alpha/2}=1.96$。根据抽样结果计算的样本成数为

$$p=\frac{65}{100}=65\%$$

根据式(5.23)得

$$p \pm z_{\alpha/2}\sqrt{\frac{p(1-p)}{n}}=65\% \pm 1.96\times\sqrt{\frac{65\%\times(1-65\%)}{100}}=65\% \pm 9.35\%$$

即(55.65%，74.35%)，该城市下岗职工中女性成数 95%的置信区间为(55.65%，74.35%)。

3. 总体方差的区间估计

这里只讨论正态总体方差的估计问题。由抽样分布的知识可知，样本方差服从自由度为$(n-1)$的χ^2分布。因此我们用χ^2分布构造总体方差的置信区间。

如何构造总体方差的置信区间呢？我们给定一个显著性水平α，用χ^2分布构造的总体方差σ^2的置信区间可用图 5-15 来表示。

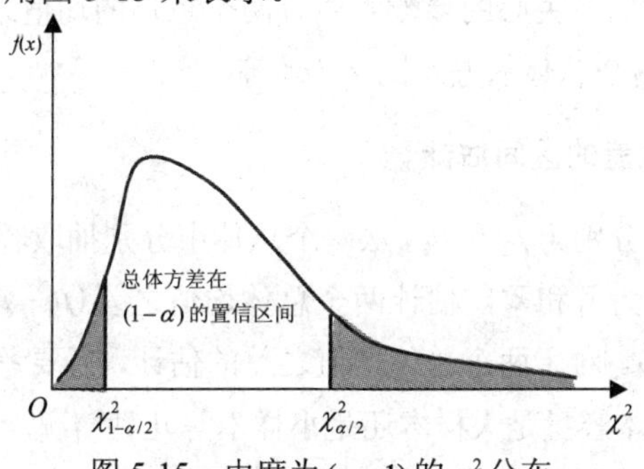

图 5-15 由度为$(n-1)$的χ^2分布

由图 5-15 可以看出，建立总体方差σ^2的置信区间，也就是要找到一个χ^2值，使其满足

$$\chi^2_{1-\alpha/2} \leqslant \chi^2 \leqslant \chi^2_{\alpha/2}$$

由于$\frac{(n-1)s^2}{\sigma^2} \sim \chi^2(n-1)$，因此可用它来代替$\chi^2$，于是有

$$\chi^2_{1-\alpha/2} \leqslant \frac{(n-1)s^2}{\sigma^2} \leqslant \chi^2_{\alpha/2} \tag{5.24}$$

根据式(5.24)，可以推导出总体方差σ^2在$(1-\alpha)$置信水平下的置信区间为

$$\frac{(n-1)s^2}{\chi^2_{\alpha/2}} \leqslant \sigma^2 \leqslant \frac{(n-1)s^2}{\chi^2_{1-\alpha/2}} \tag{5.25}$$

【例 5.6】根据例 5.2 的数据，以 95%的置信水平建立该种食品重量方差的置信区间。

解：根据样本数据计算的样本方差为

$$s^2 = \frac{\sum_{i=1}^{n}(x_i - \overline{x})^2}{n-1} = \frac{2237.02}{25-1} \approx 93.21$$

根据显著性水平$\alpha = 0.05$和自由度$(n-1) = 25-1 = 24$，查χ^2分布表得$\chi^2_{\alpha/2}(n-1) = \chi^2_{0.025}(25-1) = 39.364$，$\chi^2_{1-\alpha/2}(n-1) = \chi^2_{0.975}(25-1) = 12.401$。总体方差$\sigma^2$的置信区间为

$$\frac{(25-1)\times 93.21}{39.364} \leqslant \sigma^2 \leqslant \frac{(25-1)\times 93.21}{12.401}$$

即$56.83 \leqslant \sigma^2 \leqslant 180.39$。相应地，总体标准差的置信区间则为(7.54，13.43)。该企业生产的食品总体重量标准差 95%的置信区间为(7.54，13.43)。

5.2.3 两个总体参数的区间估计

对于两个总体，我们所关心的参数主要有两个总体的均值之差$(\mu_1 - \mu_2)$、两个总体的成数之差$(\pi_1 - \pi_2)$、两个总体的方差比σ_1^2 / σ_2^2等。

1. 两个总体均值之差的区间估计

设两个总体的均值分别为μ_1和μ_2，从两个总体中分别抽取容量为n_1和n_2的两个随机样本，其样本均值分别为$\overline{x}_1$和$\overline{x}_2$。估计两个总体均值之差$(\mu_1 - \mu_2)$的估计量显然是两个样本的均值之差$(\overline{x}_1 - \overline{x}_2)$。对于两个总体均值之差的估计，需要考虑两个样本是独立样本还是匹配样本，以及样本容量是大样本还是小样本等几种情况。

(1) 两个总体均值之差的估计：独立样本

① 大样本的估计方法。如果两个样本是从两个总体中独立地抽取的，即一个样本中的元素与另一样本中的元素相互独立，则称为独立样本。如果两个总体都为正态分布，或两个总体不服从正态分布但两个样本都为大样本($n_1 \geqslant 30$ 和 $n_2 \geqslant 30$)时，根据抽样分布的知识可知，两个样本均值之差$(\overline{x}_1 - \overline{x}_2)$的抽样分布服从期望值为$(\mu_1 - \mu_2)$、方差为

$\left(\frac{\sigma_1^2}{n_1}+\frac{\sigma_2^2}{n_2}\right)$的正态分布。而两个样本均值之差经过标准化后则服从标准正态分布，则

$$z=\frac{(\bar{x}_1-\bar{x}_2)-(\mu_1-\mu_2)}{\sqrt{\frac{\sigma_1^2}{n_1}+\frac{\sigma_2^2}{n_2}}}\sim N(0,\ 1) \tag{5.26}$$

当两个总体的方差σ_1^2和σ_2^2都已知时，两个总体均值之差$(\mu_1-\mu_2)$在$(1-\alpha)$置信水平下的置信区间为

$$(\bar{x}_1-\bar{x}_2)\pm z_{\alpha/2}\sqrt{\frac{\sigma_1^2}{n_1}+\frac{\sigma_2^2}{n_2}} \tag{5.27}$$

当两个总体的方差σ_1^2和σ_2^2未知时，可用两个样本方差s_1^2和s_2^2来代替，这时两个总体均值之差$(\mu_1-\mu_2)$在$(1-\alpha)$置信水平下的置信区间为

$$(\bar{x}_1-\bar{x}_2)\pm z_{\alpha/2}\sqrt{\frac{s_1^2}{n_1}+\frac{s_2^2}{n_2}} \tag{5.28}$$

【例 5.7】某地区教育委员会想估计两所中学的学生高考时的英语平均分数之差，为此在两所中学独立地抽取两个随机样本，有关数据见表 5-8。

表 5-8　两个样本的有关数据

中学 1	中学 2
$n_1=46$	$n_2=33$
$\bar{x}_1=86$	$\bar{x}_2=78$
$s_1=5.8$	$s_2=7.2$

试确定两所中学高考英语平均分数之差在 95%的置信区间。

解：根据公式(5.28)得

$$(\bar{x}_1-\bar{x}_2)\pm z_{\alpha/2}\sqrt{\frac{s_1^2}{n_1}+\frac{s_2^2}{n_2}}=(86-78)\pm1.96\times\sqrt{\frac{5.8^2}{46}+\frac{7.2^2}{33}}=8\pm2.97$$

即(5.03，10.97)，两所中学高考英语平均分数之差在 95%的置信区间为(5.03，10.97)。

② 小样本的估计方法。在两个样本都为小样本的情况下，为估计两个总体均值之差，需要做出以下假定：

A. 两个总体都服从正态分布；

B. 两个总体的方差相等，即$\sigma_1^2=\sigma_2^2$；

C. 两个随机样本独立地分别抽自两个总体。

在上述假定下，无论样本容量的大小，两个样本均值之差都服从正态分布。当两

个总体方差σ_1^2和σ_2^2已知时，可用公式(5.27)确定两个总体均值之差的置信区间。

a. 当两个总体的方差σ_1^2和σ_2^2未知但相等时，即$\sigma_1^2=\sigma_2^2$，则需要用两个样本的方差s_1^2和s_2^2来估计，这时需要将两个样本的数据组合在一起，以给出总体方差的合并估计量s_p^2，计算公式为

$$s_p^2=\frac{(n_1-1)s_1^2+(n_2-1)s_2^2}{n_1+n_2-2} \tag{5.29}$$

这时两个样本均值之差经过标准化后服从自由度为(n_1+n_2-2)的t分布，则

$$t=\frac{(\overline{x}_1-\overline{x}_2)-(\mu_1-\mu_2)}{s_p\sqrt{\dfrac{1}{n_1}+\dfrac{1}{n_2}}}\sim t(n_1+n_2-2) \tag{5.30}$$

因此，两个总体均值之差$(\mu_1-\mu_2)$在$(1-\alpha)$置信水平下的置信区间为

$$(\overline{x}_1-\overline{x}_2)\pm t_{\alpha/2}(n_1+n_2-2)\sqrt{s_p^2\left(\frac{1}{n_1}+\frac{1}{n_2}\right)} \tag{5.31}$$

【例 5.8】为估计两种方法组装产品所需时间的差异，分别对两种不同的组装方法各随机安排 12 个工人，每个工人组装一件产品所需时间(分钟)如表 5-9 所示。

表 5-9　两种方法组装产品所需的时间

单位：分钟

方法 1	方法 2	方法 1	方法 2
28.3	27.6	36.0	31.7
30.1	22.2	37.2	26.0
29.0	31.0	38.5	32.0
37.6	33.8	34.4	31.2
32.1	20.0	28.0	33.4
28.8	30.0	30.0	26.5

假定两种方法组装产品的时间服从正态分布，且方差相等。试以 95%的置信水平确定两种方法组装产品所需平均时间差值的置信区间。

解：根据样本数据计算得

方法 1：$\overline{x}_1=32.5$，$s_1^2=15.996$

方法 2：$\overline{x}_2=28.8$，$s_2^2=19.358$

总体方差的合并估计量为

$$s_p^2=\frac{(n_1-1)s_1^2+(n_2-1)s_2^2}{n_1+n_2-2}=\frac{(12-1)\times15.996+(12-1)\times19.358}{12+12-2}=17.677$$

根据$\alpha=0.05$，自由度为$(12+12-2)=22$，查t分布表得$t_{0.05/2}(22)=2.074$。因此，两

个总体均值之差$(\mu_1-\mu_2)$在95%置信水平下的置信区间为

$$(\bar{x}_1-\bar{x}_2)\pm t_{\alpha/2}(n_1+n_2-2)\sqrt{s_p^2\left(\frac{1}{n_1}+\frac{1}{n_2}\right)}=(32.5-28.8)\pm 2.074\times\sqrt{17.677\times\left(\frac{1}{12}+\frac{1}{12}\right)}=3.7\pm 3.56$$

即(0.14，7.26)，两种方法组装产品所需时间之差95%的置信区间为(0.14，7.26)。

b. 当两个总体的方差σ_1^2和σ_2^2未知且不相等时，即$\sigma_1^2\neq\sigma_2^2$，只要两个总体都服从正态分布，而且两个样本容量相等，即$n_1=n_2=n$，可以采用公式(5.32)建立两个总体均值之差$(1-\alpha)$置信水平下的置信区间。

$$(\bar{x}_1-\bar{x}_2)\pm t_{\alpha/2}(n_1+n_2-2)\sqrt{\frac{s_1^2}{n_1}+\frac{s_2^2}{n_2}} \tag{5.32}$$

c. 当两个总体的方差σ_1^2和σ_2^2未知且不相等时，而且两个样本容量也不相等，即$n_1\neq n_2$时，两个样本均值之差经标准化后不再服从自由度为(n_1+n_2-2)的t分布，而是近似服从自由度为v的t分布，自由度v的计算公式为

$$v=\frac{\left(\frac{s_1^2}{n_1}+\frac{s_2^2}{n_2}\right)^2}{\frac{\left(s_1^2/n_1\right)^2}{n_1-1}+\frac{\left(s_2^2/n_2\right)^2}{n_2-1}} \tag{5.33}$$

两个总体均值之差在(1−α)置信水平下的置信区间为

$$(\bar{x}_1-\bar{x}_2)\pm t_{\alpha/2}(v)\sqrt{\frac{s_1^2}{n_1}+\frac{s_2^2}{n_2}} \tag{5.34}$$

【例5.9】根据例5.8的数据，假定第一种方法随机安排12个工人，第二种方法随机安排8个工人，即$n_1=12$，$n_2=8$，所得的有关数据如表5-10所示。

表5-10　两种方法组装产品所需的时间

单位：分钟

方法1	方法2	方法1	方法2
28.3	27.6	36.0	31.7
30.1	22.2	37.2	26.0
29.0	31.0	38.5	
37.6	33.8	34.4	
32.1	20.0	28.0	
28.8	30.0	30.0	

同时假定两个总体的方差不相等，试以 95%的置信水平确定两种方法组装产品所需平均时间差值的置信区间。

解：根据表 5-10 的数据计算得

方法 1：$\overline{x}_1 = 32.5$，$s_1^2 = 15.996$

方法 2：$\overline{x}_2 = 27.875$，$s_2^2 = 23.014$

计算的自由度为

$$v = \frac{\left(\dfrac{15.996}{12} + \dfrac{23.014}{8}\right)^2}{\dfrac{(15.996/12)^2}{12-1} + \dfrac{(23.014/8)^2}{8-1}} = 13.188 \approx 13$$

根据自由度为 13，查 t 分布表得 $t_{0.05/2}(13) = 2.160$。两个总体均值之差在 $(1-\alpha)$ 置信水平下的置信区间为

$$(\overline{x}_1 - \overline{x}_2) \pm t_{\alpha/2}(v)\sqrt{\frac{s_1^2}{n_1} + \frac{s_2^2}{n_2}} = (32.5 - 27.875) \pm 2.160 \times \sqrt{\frac{15.996}{12} + \frac{23.014}{8}} = 4.625 \pm 4.433$$

即(0.192，9.058)，两种方法组装产品所需平均时间之差为 95%的置信区间为(0.192，9.058)。

(2) 两个总体均值之差的估计：匹配样本

在例 5.8 中使用的是两个独立样本，但使用独立样本来估计两个总体均值之差时存在着潜在的弊端。例如，在对每种方法随机指派 12 个工人时，偶尔可能会使技术比较差的 12 个工人指定给方法 1，而技术较好的 12 个工人指定给方法 2。这种不公平的分派，可能会掩盖两种方法组装产品所需时间的真正差异。

为解决这一问题，可以使用匹配样本，即一个样本中的数据与另一个样本中的数据相对应。例如，先指定 12 个工人用第一种方法组装产品，然后再让这 12 个工人用第二种方法组装产品，这样得到的两组组装产品的数据就是匹配数据。匹配样本可以消除由于样本指定的不公平造成的两个方法组装时间上的差异。

使用匹配样本进行估计时，在大样本条件下，两个总体均值之差 $\mu_d = \mu_1 - \mu_2$ 在 $(1-\alpha)$ 置信水平下的置信区间为

$$\overline{d} \pm z_{\alpha/2}\frac{\sigma_d}{\sqrt{n}} \tag{5.35}$$

式中：$\overline{d}$ 为配对样本数据差值的平均值，即 $\overline{d} = \dfrac{\sum_{i=1}^{n} d_i}{n}$；$d_i$ 为第 i 个配对样本数据的差值，i=1, 2, …, n；σ_d 为各差值的标准差。当总体的 σ_d 未知时，可用样本差值的标准差 s_d 来代替。

s_d^2为配对样本数据差值的方差，即$s_d^2=\frac{\sum_{i=1}^{n}(d_i-\bar{d})^2}{n-1}$。

在小样本情况下，假定两个总体各观测值的配对差服从正态分布。两个总体均值之差$\mu_d=\mu_1-\mu_2$在$(1-\alpha)$置信水平下的置信区间为

$$\bar{d}\pm t_{\alpha/2}(n-1)\frac{s_d}{\sqrt{n}} \tag{5.36}$$

【例 5.10】由 10 名学生组成一个随机样本，让他们分别采用 A 和 B 两套试卷进行测试，结果如表 5-11 所示。

试建立两种试卷平均分数之差$\mu_d=\mu_1-\mu_2$在 95%置信水平下的置信区间。

表 5-11 10 名学生两套试卷的得分及差值情况

学生编号	试卷 A	试卷 B	差值 d_i
1	78	71	7
2	63	44	19
3	72	61	11
4	89	84	5
5	91	74	17
6	49	51	-2
7	68	55	13
8	76	60	16
9	85	77	8
10	55	39	16

解：根据表 5-11 中的数据计算得

$$\bar{d}=\frac{\sum_{i=1}^{n}d_i}{n_d}=\frac{110}{10}=11,\ S_d=\sqrt{\frac{\sum_{i=1}^{n}(d_i-\bar{d})^2}{n_d-1}}=6.53$$

根据自由度$(10-1)=9$，查t分布表得$t_{0.05/2}(9)=2.262$。根据式(5.36)得两种试卷分数之差$\mu_d=\mu_1-\mu_2$在 95%置信水平下的置信区间为

$$\bar{d}\pm t_{\alpha/2}(n-1)\frac{s_d}{\sqrt{n}}=11\pm 2.262\times\frac{6.53}{\sqrt{10}}=11\pm 4.67$$

即(4.33，15.67)，两种试卷所产生的分数之差在 95%的置信水平下的置信区间为(4.33，15.67)。

2. 两个总体成数之差的区间估计

根据抽样分布的知识我们知道，从两个二项总体中抽出两个独立的样本，则两个样本成数之差的抽样分布服从正态分布。同样，将两个样本的成数之差经标准化后则服从

标准正态分布，则

$$z=\frac{(p_1-p_2)-(\pi_1-\pi_2)}{\sigma_{p_1-p_2}} \tag{5.37}$$

式中：$\sigma_{p_1-p_2}=\sqrt{\frac{\pi_1(1-\pi_1)}{n_1}+\frac{\pi_2(1-\pi_2)}{n_2}}$，即两个样本成数之差抽样分布的标准差。

由于两个总体成数π_1和π_2通常是未知的，可用样本成数 p_1 和 p_2 来代替。因此，根据正态分布建立的两个总体成数之差$(\pi_1-\pi_2)$在$(1-\alpha)$的置信水平下的置信区间为

$$(p_1-p_2)\pm z_{\alpha/2}\sqrt{\frac{p_1(1-p_1)}{n_1}+\frac{p_2(1-p_2)}{n_2}} \tag{5.38}$$

【例 5.11】在某个电视节目的收视率调查中，在农村随机调查了 400 人，有 32%的人收看了该节目；在城市随机调查了 500 人，有 45%的人收看了该节目。试以 95%的置信水平估计城市与农村收视率差别的置信区间。

解：设城市收视率为 $p_1=45\%$，农村收视率为 $p_2=32\%$。当 $\alpha=0.05$ 时，$z_{\alpha/2}=1.96$。因此，置信区间为

$$(p_1-p_2)\pm z_{\alpha/2}\sqrt{\frac{p_1(1-p_1)}{n_1}+\frac{p_2(1-p_2)}{n_2}}$$

$$=(45\%-32\%)\pm 1.96\times\sqrt{\frac{45\%\times(1-45\%)}{500}+\frac{32\%\times(1-32\%)}{400}}$$

$$=13\%\pm 6.32\%$$

即(6.68%，19.32%)，城市与农村收视率差值在 95%的置信区间为(4.68%，19.32%)。

3. 两个总体方差比的区间估计

在实际问题中，经常会遇到比较两个总体的方差问题。例如，人们希望比较用两种不同方法生产的产品性能的稳定性，比较不同测量工具的精度等。

由于两个样本方差比的抽样分布服从$F(n_1-1,\ n_2-1)$分布，因此我们用F分布来构造两个总体方差比σ_1^2/σ_2^2的置信区间。用 F 分布构造的两个总体方差比在$(1-\alpha)$的置信区间如图 5-16 所示。

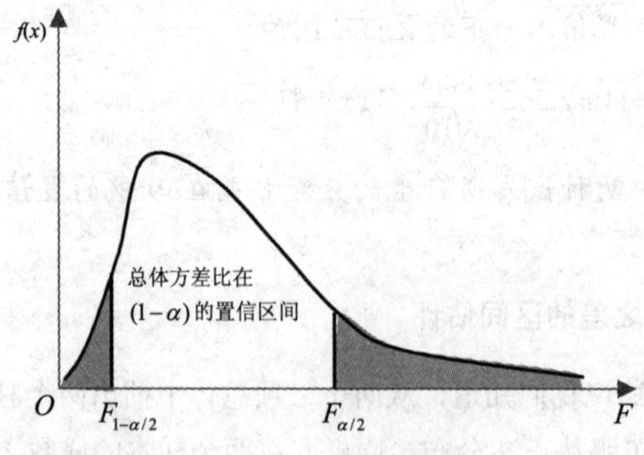

图 5-16　方差比置信区间

建立两个总体方差比的置信区间，也就是要找到一个 F 值，使其满足

$$F_{1-\alpha/2} \leqslant F \leqslant F_{\alpha/2} \tag{5.39}$$

由于 $\frac{s_1^2\sigma_2^2}{s_2^2\sigma_1^2} \sim F(n_1-1,\ n_2-1)$，因此可用它来代替 F，于是有

$$F_{1-\alpha/2} \leqslant \frac{s_1^2\sigma_2^2}{s_2^2\sigma_1^2} \leqslant F_{\alpha/2} \tag{5.40}$$

根据式(5.40)，可以推导出两个总体方差比 σ_1^2/σ_2^2 在 $(1-\alpha)$ 置信水平下的置信区间为

$$\left(\frac{s_1^2/s_2^2}{F_{\alpha/2}},\ \frac{s_1^2/s_2^2}{F_{1-\alpha/2}}\right) \tag{5.41}$$

式(5.41)中：$F_{\alpha/2}$ 和 $F_{1-\alpha/2}$ 分别是第一自由度为 (n_1-1) 和第二自由度为 (n_2-1) 的 F 分布的上侧面积为 $\alpha/2$ 和 $(1-\alpha/2)$ 的分位数。由于 F 分布表中只给出面积较小上分位数，我们可利用下面关系求得 $F_{1-\alpha/2}$ 的分位数值。

$$F_{1-\alpha}(n_1,\ n_2) = \frac{1}{F_\alpha(n_2,\ n_1)} \tag{5.42}$$

式(5.42)中：n_1 表示第一自由度；n_2 表示第二自由度。

【例 5.12】为了研究男女学生在生活费支出(单位：元)上的差异，在某大学各随机抽取 25 名男生和 25 名女生，得到下面的结果。

男学生：$\bar{x}_1 = 520,\ s_1^2 = 260$

女学生：$\bar{x}_2 = 480,\ s_2^2 = 280$

试以 90%的置信水平估计男女学生生活费支出方差比的置信区间。

解：根据自由度 $n_1-1=25-1=24$ 和 $n_2-1=25-1=24$，查 F 分布表得

$F_{\alpha/2}(n_1,\ n_2) = F_{0.05}(24,\ 24) = 1.98$

根据式(5.42)得

$F_{1-\alpha/2}(n_1,\ n_2) = F_{0.95}(24,\ 24) = \frac{1}{1.98} = 0.505$

根据式(5.41)得

$\frac{260/280}{1.98} \leqslant \frac{\sigma_1^2}{\sigma_2^2} \leqslant \frac{260/280}{0.505}$

即 $0.47 \leqslant \frac{\sigma_1^2}{\sigma_2^2} \leqslant 1.84$，男女学生生活费支出的方差比在 90%的置信区间为(0.47，1.84)。

下面将前两节介绍的参数估计方法小结如表 5-12 和表 5-13 所示。

表 5-12　一个总体参数的区间估计

<table>
<tr><th>参数</th><th>点估计量(值)</th><th>标准误差</th><th>(1－α)的置信区间</th><th>假定条件</th></tr>
<tr><td rowspan="3">μ 总体均值</td><td rowspan="2">$\bar{x}$</td><td rowspan="2">$\frac{\sigma}{\sqrt{n}}$</td><td>$\bar{x} \pm z_{\alpha/2}\frac{\sigma}{\sqrt{n}}$</td><td>(1) σ 已知
(2) 大样本($n\geqslant30$)</td></tr>
<tr><td>$\bar{x} \pm z_{\alpha/2}\frac{s}{\sqrt{n}}$</td><td>(1) σ 未知
(2) 大样本($n\geqslant30$)</td></tr>
<tr><td>$\bar{x}$</td><td>$\frac{\sigma}{\sqrt{n}}$</td><td>$\bar{x} \pm t_{\alpha/2}\frac{s}{\sqrt{n}}$</td><td>(1) 正态总体
(2) σ 未知
(3) 小样本($n<30$)</td></tr>
<tr><td>π 总体成数</td><td>p</td><td>$\sqrt{\frac{p(1-p)}{n}}$</td><td>$p \pm z_{\alpha/2}\sqrt{\frac{p(1-p)}{n}}$</td><td>(1) 二项总体
(2) 大样本($n\geqslant30$)</td></tr>
<tr><td>σ^2 总体方差</td><td>s^2</td><td>(不要求)</td><td>$\left(\frac{(n-1)s^2}{\chi^2_{\alpha/2}}, \frac{(n-1)s^2}{\chi^2_{1-\alpha/2}}\right)$</td><td>正态总体</td></tr>
</table>

表 5-13　两个总体参数的区间估计

<table>
<tr><th>参数</th><th>点估计量(值)</th><th>标准误差</th><th>(1－α)的置信区间</th><th>假定条件</th></tr>
<tr><td rowspan="4">$(\mu_1-\mu_2)$，两个总体均值之差</td><td rowspan="2">$\bar{x}_1-\bar{x}_2$</td><td rowspan="2">$\sqrt{\frac{\sigma_1^2}{n_1}+\frac{\sigma_2^2}{n_2}}$</td><td>$(\bar{x}_1-\bar{x}_2) \pm z_{\alpha/2}\sqrt{\frac{\sigma_1^2}{n_1}+\frac{\sigma_2^2}{n_2}}$</td><td>(1) 独立大样本
($n_1\geqslant30, n_2\geqslant30$)
(2) σ_1、σ_2 已知</td></tr>
<tr><td>$(\bar{x}_1-\bar{x}_2) \pm z_{\alpha/2}\sqrt{\frac{s_1^2}{n_1}+\frac{s_2^2}{n_2}}$</td><td>(1) 独立大样本
($n_1\geqslant30, n_2\geqslant30$)
(2) σ_1、σ_2 未知</td></tr>
<tr><td>$\bar{x}_1-\bar{x}_2$</td><td>$\sqrt{\frac{s_1^2}{n_1}+\frac{s_2^2}{n_2}}$</td><td>$(\bar{x}_1-\bar{x}_2) \pm$
$t_{\alpha/2}(n_1+n_2-2)\sqrt{s_p^2\left(\frac{1}{n_1}+\frac{1}{n_2}\right)}$</td><td>(1) 两个正态总体
(2) 独立小样本
($n_1<30, n_2<30$)
(3) σ_1、σ_2 未知但相等</td></tr>
<tr><td>$\bar{x}_1-\bar{x}_2$</td><td>$\sqrt{\frac{s_1^2}{n_1}+\frac{s_2^2}{n_2}}$</td><td>$(\bar{x}_1-\bar{x}_2) \pm$
$t_{\alpha/2}(n_1+n_2-2)\sqrt{\frac{s_1^2}{n_1}+\frac{s_2^2}{n_2}}$</td><td>(1) 两个正态总体
(2) 独立小样本
($n_1<30, n_2<30$)
(3) σ_1、σ_2 未知且不相等
(4) $n_1=n_2$</td></tr>
</table>

(续表)

参数	点估计量(值)	标准误差	$(1-\alpha)$的置信区间	假定条件
$(\mu_1-\mu_2)$，两个总体均值之差	$\bar{x}_1-\bar{x}_2$	$\sqrt{\frac{s_1^2}{n_1}+\frac{s_2^2}{n_2}}$	$(\bar{x}_1-\bar{x}_2)\pm t_{\alpha/2}(v)\sqrt{\frac{s_1^2}{n_1}+\frac{s_2^2}{n_2}}$	(1) 两个正态总体 (2) 独立小样本 $(n_1<30, n_2<30)$ (3) σ_1、σ_2 未知且不相等 (4) $n_1\neq n_2$
$\mu_d=\mu_1-\mu_2$，两个总体均值之差	$\bar{d}$	$\frac{\sigma_d}{\sqrt{n}}$	$\bar{d}\pm z_{\alpha/2}\frac{\sigma_d}{\sqrt{n}}$	匹配大样本 $(n_1\geqslant 30, n_2\geqslant 30)$
	$\bar{d}$	$\frac{\sigma_d}{\sqrt{n}}$	$\bar{d}\pm t_{\alpha/2}(n-1)\frac{s_d}{\sqrt{n}}$	(1) 两个正态总体 (2) 匹配小样本 $(n_1<30, n_2<30)$
(p_1-p_2)，两个总体成数之差	p_1-p_2	$\sqrt{\frac{p_1(1-p_1)}{n_1}+\frac{p_2(1-p_2)}{n_2}}$	$(p_1-p_2)\pm z_{\alpha/2}\sqrt{\frac{p_1(1-p_1)}{n_1}+\frac{p_2(1-p_2)}{n_2}}$	(1) 两个二项总体 (2) 大样本 $(n_1\geqslant 30, n_2\geqslant 30)$
σ_1^2/σ_2^2 两个总体方差比	s_1^2/s_2^2	—	$\left(\frac{s_1^2/s_2^2}{F_{\alpha/2}}, \frac{s_1^2/s_2^2}{F_{1-\alpha/2}}\right)$	两个正态总体

5.2.4 样本容量的确定

在进行参数估计之前，首先应该确定一个适当的样本容量，也就是应该抽取一个多大的样本来估计总体参数。在进行估计时，人们总是希望提高估计的可靠程度。但在一定的样本容量下，要提高估计的可靠程度(置信水平)，就应扩大置信区间，而过宽的置信区间在实际估计中往往是没有意义的。例如，如果要说出某一天会下雨，置信区间并不宽，但可靠性相对较低，如果说第三季度会下一场雨，尽管很可靠，但准确性太差，也就是置信区间太宽了，这样的估计是没有意义的。如果想要缩小置信区间，但不降低置信程度，就需要增加样本容量。而样本容量的增加也会受到许多限制，比如会增加调查的费用和工作量。通常，样本容量的确定与人们愿意容忍的置信区间的宽度以及对此区间设置的置信水平有一定关系。因此，如何确定一个适当的样本容量，也是抽样估计中需要考虑的一个问题。

1. 估计总体均值的样本容量的确定

前面已经讲到，总体均值的置信区间是由样本均值 $\bar{x}$ 和允许误差两部分组成。在重复抽样或无限总体抽样条件下，允许误差为$z_{\alpha/2}\dfrac{\sigma}{\sqrt{n}}$。$z_{\alpha/2}$的值和样本容量$n$共同确定了允许误差的大小。一旦确定了置信水平为$(1-\alpha)$，$z_{\alpha/2}$的值就确定了。对于给定的$z_{\alpha/2}$的值和总体标准差$\sigma$，我们就可以确定任一所希望的允许误差所需要的样本容量。令Δ代表所希望达到的允许误差，则

$$\Delta = z_{\alpha/2}\frac{\sigma}{\sqrt{n}} \tag{5.43}$$

由式(5.43)可以推导出确定样本容量的公式如式(5.44)所示。

$$n = \frac{(z_{\alpha/2})^2\sigma^2}{\Delta^2} \tag{5.44}$$

式(5.44)中：Δ值是使用者在给定的置信水平下可以接受的允许误差，$z_{\alpha/2}$的值可直接由区间估计中所用到的置信水平确定。如果能够求出σ的具体值，就可以用公式(5.44)计算所需的样本容量。在实际应用中，如果σ的值不知道，可以用以前相同或类似的样本的标准差来代替；也可以用试验调查的办法，选择一个初始样本，以初始样本的标准差作为σ的估计值。

从式(5.44)可以看出，样本容量与置信水平成正比，在其他条件不变的情况下，置信水平越大，所需的样本容量也就越大；样本容量与总体方差成正比，总体的差异越大，所要求的样本容量也越大；样本容量与允许误差成反比，可以接受的允许误差越大，所需的样本容量就越小。

需要说明的是，根据式(5.44)计算出的样本容量不一定是整数，通常是将样本容量取成较大的整数，也就是将小数点后面的数值一律进位成整数，例如，24.68 取 25，24.32 也取 25 等。

【例 5.13】拥有工商管理学士学位的大学生毕业月薪的标准差大约为 2000 元，假定想要估计月薪在 95%的置信区间，希望允许误差为 400 元，应抽取多大的样本容量？

解： 已知$\sigma = 2000$，$\Delta = 400$，$z_{\alpha/2} = 1.96$，根据公式(5.44)得

$$n = \frac{(z_{\alpha/2})^2\sigma^2}{\Delta^2} = \frac{(1.96)^2 \times 2000^2}{400^2} = 96.04$$

即应抽取 97 人作为样本。

2. 估计总体成数时样本容量的确定

与估计总体均值时样本容量的确定方法类似，在重复抽样或无限总体抽样条件下，估计总体成数时置信区间的允许误差为$z_{\alpha/2}\sqrt{\dfrac{\pi(1-\pi)}{n}}$。$z_{\alpha/2}$的值和样本容量$n$共同确定了允许误差的大小。一旦确定了置信水平为$(1-\alpha)$，$z_{\alpha/2}$的值就确定了。由于总体成数的值是固定的，所以允许误差由样本容量来确定，样本容量越大，允许误差就越小，估计精度就越高。因此，对于给定的$z_{\alpha/2}$值，就可以确定任一希望的允许误差所需要的样本容量。

令Δ代表所希望达到的允许误差，则

$$\Delta = z_{\alpha/2}\sqrt{\frac{\pi(1-\pi)}{n}} \tag{5.45}$$

由公式(5.45)可以推导出重复抽样或无限总体抽样条件下确定样本容量的公式如公式(5.46)所示。

$$n = \frac{(z_{\alpha/2})^2 \pi(1-\pi)}{\Delta^2} \tag{5.46}$$

公式(5.46)中：允许误差Δ必须是使用者事先确定的，大多数情况下，一般取Δ的值小于 0.10。$z_{\alpha/2}$的值可直接由区间估计中所用到的置信水平确定。如果能够求出 π 的具体值，就可以用公式(5.46)计算所需的样本容量。在实际应用中，往往π的值不知道，可用以前相同或类似的样本成数 p 来代替；也可通过试调查，选择一个初始样本，以初始样本的成数 p 作为 π 的估计值。如果 π 的值无法获取，通常取其最大值 0.5。

【例 5.14】根据以往的生产统计，某种产品的合格率约为 90%，现要求允许误差为 5%，在求 95%的置信区间时，应抽取多少个产品作为样本？

解： 已知$\pi = 90\%$，$\Delta = 5\%$，$z_{\alpha/2} = 1.96$，根据公式(5.46)得

$$n = \frac{(z_{\alpha/2})^2 \pi(1-\pi)}{\Delta^2} = \frac{(1.96)^2 \times 0.9 \times (1-0.9)}{0.05^2} \approx 138.3$$

应取 139 个产品作为样本。

3. 估计两个总体均值之差时样本容量的确定

在估计两个总体均值之差时，样本容量的确定方法与上述方法类似。对于给定的允许误差和置信水平为$(1-\alpha)$的条件下，估计两个总体均值之差所需的样本容量为

$$n_1 = n_2 = \frac{(z_{\alpha/2})^2(\sigma_1^2 + \sigma_2^2)}{\Delta^2} \tag{5.47}$$

式(5.47)中：n_1和n_2为来自两个总体的样本容量；σ_1^2和σ_2^2为两个总体的方差。

【例 5.15】一所中学的教务处想要估计试验班和普通班考试成绩平均分数差值的置信区间。要求置信水平为 95%，预先估计两个班考试分数的方差分别为：试验班$\sigma_1^2 = 90$，普通班$\sigma_2^2 = 120$。如果要求估计的误差范围(允许误差)不超过 5 分，在两个班应分别抽取多少名学生进行调查？

解： 已知$\sigma_1^2 = 90$，$\sigma_2^2 = 120$，$\Delta = 5$，$z_{\alpha/2} = 1.96$，根据式(5.47)得

$$n_1 = n_2 = \frac{(z_{\alpha/2})^2(\sigma_1^2 + \sigma_2^2)}{E^2} = \frac{(1.96)^2 \times (90+120)}{5^2} = 32.27$$

即应抽取 33 人作为样本。

4. 估计两个总体成数之差时样本容量的确定

同样，对于给定的允许误差和置信水平为$(1-\alpha)$的条件下，估计两个总体成数之差

所需的样本容量为

$$n_1 = n_2 = \frac{(z_{\alpha/2})^2\left[\pi_1(1-\pi_1)+\pi_2(1-\pi_2)\right]}{\Delta^2} \tag{5.48}$$

式(5.48)中：n_1和n_2为来自两个总体的样本容量；π_1和π_2为两个总体的成数。

【例 5.16】一家瓶装饮料制造商想要估计顾客对一种新型饮料认知的广告效果。他在广告前和广告后分别从市场营销区各抽选一个消费者随机样本，并询问这些消费者是否听说过这种新型饮料。这位制造商想以 10%的误差范围和 95%的置信水平估计广告前后知道该新型饮料的消费者的成数之差，他抽取的两个样本分别应包括多少人？(假定两个样本容量相等)

解：已知$\Delta=10\%$，$z_{\alpha/2}=1.96$，由于没有π_1和π_2的信息，故用 0.5 作为π_1和π_2的近似值。根据式(5.48)得：

$$n_1 = n_2 = \frac{(z_{\alpha/2})^2\left[\pi_1(1-\pi_1)+\pi_2(1-\pi_2)\right]}{\Delta^2} = \frac{(1.96)^2\times\left[0.5\times(1-0.5)+0.5\times(1-0.5)\right]}{0.1^2} = 192.08$$

即应抽取 193 个消费者作为样本。

5.3 抽样设计

5.3.1 抽样设计的基本原则

不论是参数估计或是假设检验都是根据样本实际观察的资料，按一定的逻辑推理对总体所做的推断。样本资料是判断的基础，而样本资料的准确、有效、充分又要依赖于对抽样的科学设计。抽样设计问题，不仅关系到抽样组织工作的好坏优劣，甚至决定估计和检验的成败，影响全局。因此，如何科学地设计抽样方案，保证随机条件的实现，并且取得最佳的抽样效果，便是一个至关重要的问题。抽样方案设计是抽样调查的一个总体规划，应包括如何从总体中抽取样本，说明调查要取得哪些项目资料，用什么方法去取得这些资料，要求资料的精确度和确定必要的样本单位数目等。完整的抽样方案还应包括一些必要的附件，如调查人员的培训计划、调查问卷或调查表的设计、调查项目的编码以及汇总表的格式等。搞好抽样调查必须掌握以下两个基本原则。

1. 保证实现抽样随机原则

随机取样是抽样推断的前提，失去这个前提，推断的理论和方法也就失去存在的基础。从理论上说，随机原则就是要保证总体每一单位都有同等的中选机会，或样本的抽选的概率是已知的。但在实践中，如何保证这个原则的实现，需要考虑许多问题。

一是要有合适的抽样框。抽样框固然要具备可实施的条件，可以从中抽取样本单位。

仅仅这样是不够的，一个合适的抽样框必须考虑它是不是能覆盖总体的所有单位。例如，某城市进行民意调查，如果以该市的电话号码簿名单为抽样框显然是不合适的，因为并不是所有居民都安装了固定电话，从这里取得的样本资料是很难说具有全市的代表性。抽样框还要考虑抽样单位与总体单位的对应问题。在实践中发生不一致的问题也不是少见的。有的是多个抽样单位对应一个总体单位，例如，调查学校学生家庭情况，以学生名单为抽样框，在学生名单中可能有两个或更多的学生属于同一家庭。有的是一抽样单位对应几个总体单位，例如，人口调查中以住户列表为抽样框，每一住户就包括许多人口。像这类抽样很可能造成总体单位中选机会不均等，应该注意加以调整。

二是取样的实施问题。当总体中单位数很大甚至无限的情况下，要保证总体每单位中选的机会均等不是简单的工作。在设计中要考虑将总体各单位加以分类、排队或分阶段等措施，尽量保证随机原则的实现。

2. 保证实现最大的抽样效果原则

在抽样设计中还必须重视调查费用这个基本因素。实际上任何一项抽样调查都是在一定的费用限制条件下进行的，抽样设计应力求调查费用节省的方案。在设计方案时，我们要注意到，提高精确度的要求和节省费用的要求往往不一致，有时是相互矛盾的。抽样误差要求愈小，就要增加抽样单位数目，调查费用往往就愈大，因此并非抽样误差愈小的方案便是好的方案，而且调查费用和精度之间往往不是线性关系，如图 5-17 所示。

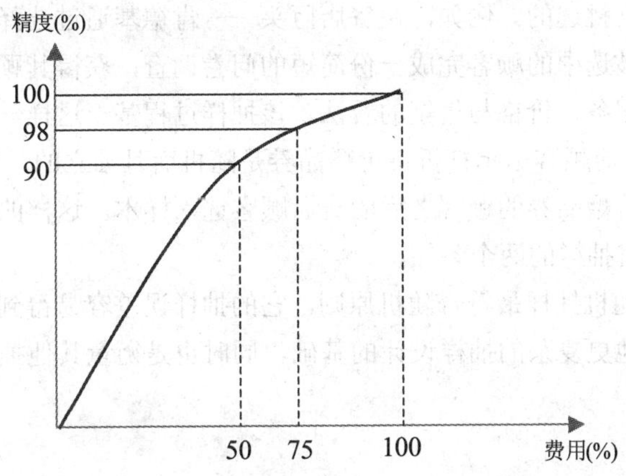

图 5-17　抽样调查费用和精度之间的关系

许多情况是允许一定范围的误差就能够满足分析研究的要求。我们的任务就在于，在一定的误差要求下选择费用最少的方案；或在一定的费用开支条件下，选择误差最小的方案。但如何达到这一要求又与抽样组织方式有关。

5.3.2 抽样组织设计

1. 简单随机抽样

简单随机抽样是从总体中直接随机抽取样本的抽样组织形式，不论是重复抽样或是不重复抽样，都要保证每个单位在抽选中有相等的中选机会。简单随机抽样适用于均匀总体，即具有某种特征的单位均匀地分布于总体的各个部分。它是最基本也是最简单的抽样方式，以上各节所介绍的抽样方式以及抽样误差的计算方法都是就简单随机抽样而言的。

简单随机抽样的过程依赖于总体是有限的还是无限的。自有限总体的简单随机抽样就是从总体容量为 N 的总体中直接随机抽取样本容量为 n 的样本。这种抽样组织形式要求拥有总体抽样框的名单，并在抽样之前对总体各单位加以编号，然后用抽签的方式或根据《随机数字表》或随机数软件来抽选必要的单位数。这种简单随机抽样在实践上受到许多限制，当总体很大时对每个单位编号、抽签等都会遇到难以克服的困难，因此总体容量太大时，在实际应用中往往视为无限总体。无限总体即总体容量无限的总体，它总是与正在进行的随时间不断运转的过程相联系。自无限总体，或总体容量太大以致在实际应用中必须视为无限的对待的简单随机抽样，其样本要求满足两个条件：

① 每一个个体来自同一总体；

② 各个个体的选择是独立的。

对无限总体实施简单随机抽样时，需要设计一个有创造性的抽样调查以确保选择的样本中的个体是独立挑选的。例如，快餐店巨头——肯德基通过选择顾客组成一个简单随机样本，并要求被选中的顾客完成一份简短的问卷调查，获得其顾客的基本资料与其对快餐店的食品、服务、价格与气氛的看法。该抽样过程基于这样一个事实，一些顾客有打折特价赠品券。而顾客出示打折特价赠品券是随机而且独立的，为了避免选择偏差，我们将出示打折特价赠品券的顾客之后的一名顾客选入样本。这样的抽样计划满足来自无限总体的简单随机抽样的两个条件。

理论上，简单随机抽样最符合随机原则，它的抽样误差容易得到数学上的论证，所以可以作为发展其他更复杂的抽样设计的基础，同时也是衡量其他抽样组织形式抽样效果的比较标准。

2. 类型抽样

类型抽样也称分层抽样，它先按一定标志对总体各单位进行分类，然后分别从每一类中按随机原则抽取一定单位构成样本。如图 5-18 所示为类型抽样的示意图。类型抽样的前提是对总体事先有一定的认识，有辅助信息可资利用，这种信息和所研究的标志值大小有密切关系，可以作为分类的标志。通过分类把总体中标志值比较接近的单位归为一组，减少各组内的差异程度，再从各组抽取样本单位就有更大的代表性，因而抽样误差也就相对减小了。在实际工作中广泛应用类型抽样方式。例如，农产量抽样按地区分类，家计调查按国民经济部门分类，产品质量抽查按加工车床型号分类等，都收到明显的效果。设总体由 N 个单位组成，把总体分为 k 组，使 $N=N_1+N_2+\cdots+N_k$，然后从每组的 N_i 中取 n_i 单位构成总容量为 n 的样本，即 $n=n_1+n_2+\cdots+n_k$。由于 k 组是根据一定标志划分的，各组单位数一般是不同的，怎样从 N_i 中取 n_i 呢？通常是按比例取样的，即按各组单位数占总体单位数的比例来分配各组应抽样本的单位数，单位数较多的组应该多取样，单位数较少的组则少取样，保持各组样本单位数与各组单位数之比都等于样本容量与总体单位数之比。即有

$$\frac{n_1}{N_1}=\frac{n_2}{N_2}=\cdots=\frac{n}{N}$$

所以各组的样本单位数为

$$n_i=\frac{n}{N}N_i \quad (i=1,2,\cdots,\ k)$$

总体

一层　二层　…　k层

图 5-18　类型抽样的示意图

采用按比例抽样是为了保持样本结构和总体结构相同，避免样本平均数由于各组比重差异而引起的误差。

类型抽样的样本平均数的计算首先应由各组分别取样，求得各组抽样平均数。

$$\overline{x}_i=\frac{\sum_{j=1}^{n_i}x_{ij}}{n_i} \quad (i=1,\ 2,\ \cdots,\ k)$$

然后，将各组抽样平均数 $\overline{x}_i$ 乘以各组单位数 N_i 或样本单位数 n_i 为权数计算加权平均数，即为所求的样本平均数。

$$\overline{x}=\frac{\sum_{i=1}^{k}N_i\overline{x}_i}{N}=\frac{\sum_{i=1}^{k}n_i\overline{x}_i}{n} \tag{5.49}$$

类型抽样的抽样平均误差可以这样考虑：由于类型抽样是对每一组抽样，所以不存在组间误差，抽样平均误差取决于各组内方差平均水平。首先计算各组内方差。

$$\sigma_i^2=\frac{\sum(X_i-\overline{X}_i)^2}{N_i}\approx\frac{\sum(x_i-\overline{x}_i)^2}{n_i} \tag{5.50}$$

再以各组样本单位数 n_i 为权数，计算各组内方差的平均数。

$$\overline{\sigma_i^2}=\frac{\sum n_i\sigma_i^2}{n} \tag{5.51}$$

样本平均数的抽样平均误差可以按下列公式计算。

在重复抽样条件下：

$$\sigma_{\overline{x}}=\sqrt{\frac{\overline{\sigma_i^2}}{n}} \tag{5.52}$$

在不重复抽样条件下：

$$\sigma_{\bar{x}}=\sqrt{\frac{\overline{\sigma_i^2}}{n}(1-\frac{n}{N})} \tag{5.53}$$

【例 5.17】设某校成人教育学院共有 2000 名在册学生，分为夜大和函授两种类型。为了了解其学习情况，用不重复抽样，按 10%比例抽取样本单位，调查其统计学考试成绩，结果如表 5-14 所示。试在 95%的概率保证下，估计总平均成绩的区间范围。

表 5-14 统计学考试成绩抽样计算表

分组	总人数 N_i	抽样人数 n_i	平均成绩 $\overline{x}_i$	标准差 s_i
夜大	500	50	75	10
函授	1500	150	80	15
合计	2000	200	—	—

解：样本平均数可计算如下。

$$\overline{x}=\frac{\sum_{i=1}^{2}n_i\overline{x}_i}{n}=\frac{50\times75+150\times80}{200}=78.75(分)$$

各组内样本方差的平均数为

$$\overline{\sigma^2}=\frac{\sum_{i=1}^{2}n_iS_i^2}{n}=\frac{50\times10^2+150\times15^2}{200}=193.75$$

抽样平均误差为

$$\sigma_{\bar{x}}=\sqrt{\frac{\overline{\sigma^2}}{n}(1-\frac{n}{N})}=\sqrt{\frac{193.75}{200}\times(1-10\%)}\approx0.9337$$

由于样本容量$n>30$，一般可用正态分布进行区间估计，当可靠性为 95%时，$z_{\alpha/2}=1.96$，因此总平均成绩的区间范围为

$$\overline{x}\pm z_{\alpha/2}\sigma_{\bar{x}}=78.75\pm1.96\times0.9337\approx76.92\sim80.58(分)$$

3. 等距抽样

等距抽样也称机械抽样或系统抽样，它先按某种标志对总体各单位进行顺序排列，然后按固定间隔抽取样本单位。等距抽样也需要事先了解总体一定的辅助信息，能够据以确定各单位的排队位置。在各单位大小顺序排队基础上，再按某种规则依一定间隔取样，这样可以保证所取到的样本单位均匀地分布在总体的各个部分，有较高的代表性。

作为总体各单位顺序排队的标志，可以是无关标志也可以是有关标志。所谓无关标志是指排列的标志和单位标志值的大小无关或不起主要的影响作用。例如，工业产品质

量抽查按时间顺序取样，农产量抽样调查按田间的地理位置顺序取样，家计调查按街道的门牌号码抽取调查户等。

设总体由 N 个单位组成，现在需要抽取一个容量为 n 的样本，先将总体 N 个单位按一定的标志排队，然后将 N 划分为 n 个相等的部分，每部分包含 k 个单位，即 $\frac{N}{n}=k$。现在从第一部分顺序为1, 2, …, i, …, k 单位中随机抽取第 i 个单位，而在第二部分中抽取第$(i+k)$单位，第三部分抽取$(i+2k)$单位，…，在第 n 个部分抽取第$[i+(n-1)k]$单位，共 n 个单位组成一个样本，而且每一个样本单位的间隔为 k。由此可见等距抽样当第一个单位随机确定之后，其余各个单位的位置也就确定了。用这种方法共可能抽取 k 套样本。

在对总体各单位的变异情况有所了解的情况下，也可以采用有关标志进行总体单位排列。所谓有关标志是指作为排列顺序的标志和单位标志值的大小有密切关系。在等距抽样中，不论是无关标志还是有关标志排队，都要注意避免抽样间隔与现象本身的周期性节奏相重合，避免引起系统误差的影响。例如，农产量抽样调查，农作物的抽样间隔不宜和垄的长度相等；工业产品质量抽查，产品抽样时间间隔不宜和上下班时间一致，以免发生系统性的偏差，影响样本的代表性。

用等距抽样方式抽取一个样本，就可以计算样本平均数 $\bar{x}$ 。关于等距抽样的平均误差，它和标志排列的顺序有关，情况比较复杂。如果用来排队的标志是无关标志，而且随机起点取样，那么它的抽样误差就十分接近简单随机抽样的误差，为了简便起见，可以采用简单随机抽样误差公式来近似反映。

4. 整群抽样

整群抽样也称集团抽样，它是将总体各单位划分若干群，然后从其中随机抽取部分群，对中选群的所有单位进行全面调查的抽样组织方式。

在抽样调查中没有总体单位的原始记录可资利用时，常常采用整群抽样。例如，要调查某市去年底育龄妇女的生育人数，但又没有去年的育龄妇女档案资料，无法对育龄妇女抽样，可以采用整群抽样的方式，将全市按户籍派出所的管辖范围分成许多区域，并对抽中的派出所在某管辖区内按户籍册全面调查育龄妇女的生育人数。整群抽样因为是对中选群的全面调查，所以调查单位很集中，可大大简便抽样工作，节省经费开支。

设总体全部 N 单位划分为 R 群，每群包含 M 单位。则 $N=RM$。现在从总体 R 群中随机抽取 r 群组成样本，并分别对中选 r 群的所有 M 单位进行调查。

第 i 群的样本平均数为

$$\bar{x}_i=\frac{\sum_{j=1}^{M}x_{ij}}{M}\quad(i=1,2,\cdots,\ r) \tag{5.54}$$

样本平均数为

$$\bar{x}=\frac{\sum_{i=1}^{r}\bar{x}_i}{r}=\frac{\sum_{i=1}^{r}\sum_{j=1}^{M}x_{ij}}{rM} \tag{5.55}$$

从上式可以看出，整群抽样实质上是以群代替总体单位，以群平均数代替总体单位标志值之后的简单随机抽样。因此样本平均数的抽样平均误差也可以按这一方法来求得。

设$\delta^2 = \dfrac{\sum(\bar{X}_i - \mu)^2}{R}$或$\delta^2 = \dfrac{\sum(\bar{x}_i - \bar{x})^2}{r}$，整群抽样都采用不重复抽样的方法，所以抽样平均误差为

$$\sigma_{\bar{x}} = \sqrt{\frac{\delta^2}{r}\left(\frac{R-r}{R-1}\right)} \tag{5.56}$$

整群抽样是对中选群进行全面调查，所以只存在群间抽样误差，不存在群内抽样误差。这一点和类型抽样只存在组内抽样误差，不存在组间抽样误差恰好相反。因此整群抽样和类型抽样虽然都要对总体各单位进行分组，但对分组所起的作用则是完全不同的，类型抽样分组的作用在于尽量缩小组内的差异程度，达到扩大组间方差提高效果的目的。而整群抽样分组的作用则在于扩大群内的差异程度，从而达到缩小群间方差提高效果的目的。

整群抽样的好处是组织工作方便，确定一群便可以调查许多单位。但是正由于抽样单位比较集中，限制了样本单位在总体中分配的均匀性，所以有时代表性较低，抽样误差较大。在实际工作中，采用整群抽样通常都要增加一些样本单位，以缩小抽样误差，提高估计准确性。

【例 5.18】某厂生产一种电子元件，在连续生产 720 小时中，每隔 24 小时抽取1 小时的全部产品加以检查，根据抽样资料计算结果，电子元件的平均耐用时数为1500 小时，群间方差为 60 小时。试以 95%的可靠程度推断该批电子元件的平均耐用时数。

解： 已知$\bar{x} = 1500$小时，$\delta^2 = 60$小时，$R = 720$，$r = 720/24 = 30$，抽样平均误差为

$$\sigma_{\bar{x}} = \sqrt{\frac{\delta^2}{r}\left(\frac{R-r}{R-1}\right)} = \sqrt{\frac{60}{30} \times \left(\frac{720-30}{720-1}\right)} \approx 1.39(\text{小时})$$

以 95%的可靠性估计该批产品的平均耐用时数的置信区间为

$$1500 \pm 1.96 \times 1.39 = 1500 \pm 2.7244 \approx 1497.28 \sim 1502.72(\text{小时})$$

5. 阶段抽样

阶段抽样是指在抽样时先抽总体中某种更大范围的单位，再从选的大单位中抽较小范围的单位，逐次类推，最后从更小范围单位中抽选样本的基本单位，分阶段来完成抽样的组织工作。当总体很大时，抽样调查要直接抽选总体的基本单位在技术上有很大困难，一般都要采用多阶段抽样方法。例如，我国职工家计调查，第一阶段先抽选调查城市，第二阶段从中选城市的各部门中抽选调查单位，第三阶段再从调查单位中抽选职工，确定具体的调查户，调查各户每月实际生活费收支情况。

以两阶段抽样而论，首先将总体划分为 R 组，每组包含M_i个单位。抽样第一阶段从R组中随机抽取r组，第二阶段再从中选的r组中分别从各组M_i个单位中随机抽取m_i个单位，构成一个样本，这种抽样就是两阶段抽样。其中总体单位数$N = M_1 + M_2 + \cdots + M_R$，

各组单位数可以是相等的，也可以是不等的。样本单位数$n = m_1 + m_2 + \cdots + m_r$，各组抽取的单位数可以是相等的，也可以是不等的，为了简化起见，假定总体R组中每组的单位数都等于M，则有$N=RM$，而且从各组抽取的单位数也相等都为m，则有$n = rm$。

从总体R组中随机抽取r组，并从r组中，每组M个单位中抽m个单位构成样本。样本平均数可以这样计算，先计算第i组的样本平均数$\overline{x}_i$。

$$\overline{x}_i = \frac{\sum_{j=1}^{m} x_{ij}}{m} \quad (i = 1, 2, \cdots, r) \tag{5.57}$$

再计算样本平均数$\overline{x}$。

$$\overline{x} = \frac{\sum_{i=1}^{r} \overline{x}_i}{r} = \frac{\sum_{i=1}^{r}\sum_{j=1}^{m} x_{ij}}{rm} \tag{5.58}$$

两阶段抽样的平均误差是由两部分构成的，第一部分是第一阶段从总体全部组抽部分组所引起的组间误差，第二部分是由第二阶段在中选组中抽部分单位所引起的组内平均误差。在总体R组中抽取r组，又在r组中每组M个单位中抽取m个单位情况下，样本平均方差$\sigma_{\overline{x}}^2$应等于组平均数组间方差的$\frac{1}{r}$以及各组内方差平均数的$\frac{1}{rm}$两项之和。再考虑阶段抽样是不重复抽样的情况，各项必须乘以各自的修正系数，所以样本平均数的抽样平均误差为

$$\sigma_{\overline{x}} = \sqrt{\frac{\sigma_1^2}{r}\left(\frac{R-r}{R-1}\right) + \frac{\sigma_2^2}{rm}\left(\frac{M-m}{M-1}\right)} \tag{5.59}$$

式中：$\sigma_1^2 = \frac{\sum(\overline{X}_i - \overline{X})^2}{R}$为组平均数的组间方差；$\sigma_2^2 = \frac{\sum \sigma_i^2}{R}$为各组内方差的平均数。

应用以上公式，在得不到总体资料的情况下，可以用样本资料来代替。不过用样本组间方差代替总体组间方差，用样本组内方差代替总体组内方差，上述抽样平均误差公式就不是无偏估计，而必须加以适当修正才能成为无偏估计量。修正后的抽样平均误差公式为

$$\sigma_{\overline{x}} = \sqrt{\frac{s_1^2}{r}\left(\frac{R-r}{R-1}\right) + \frac{s_2^2}{rm}\left(\frac{r}{R}\right)\left(\frac{M-m}{M-1}\right)} \tag{5.60}$$

6. 非概率抽样

以上5种抽样组织方式均是概率抽样技术，从总体中选出的元素以已知的概率入选样本，概率抽样的优点在于样本统计量的抽样分布通常是已知的，我们可以用此抽样分布对可能产生的抽样结果的误差做出概率解释。然而，在现实的经济生活中，我们也使用一些非概率抽样技术选取样本，以了解总体的情况。常用的非概率抽样技术有方便抽样、判断抽样等。

(1) 方便抽样

方便抽样是一种非概率抽样技术。顾名思义，样本的确定主要是基于简便。样本中

所包括的元素不是事先确定或按照已知概率选取的。例如，一名教授在某所大学做一项调查，由于学生中的志愿者已准备好并且参加该项调查不需要或几乎不需要成本，故选择由他们组成样本。类似地，一个监督员可以从许多货运板条箱中随便选取橙子进行有关橙子运输质量的调查。显然，给每个橙子贴标签，用概率方式抽样是不现实的。再如，在街头向行人询问对市场物价的看法，或请行人填写某种问卷等；在商场内向顾客询问对商场服务质量的意见；在劳务市场调查外来务工人员打工情况等，由于总体边界不清，调查人员事先对调查对象难以确定抽样框，因此，进行随机抽样去选择样本的抽样方式难以操作。对于此类调查，一般由调研人员从工作方便出发，在调研对象范围内随意抽选一定数量的样本进行调查。

方便抽样具有相对易于选择样本和搜集数据的优点。然而，从其对总体的代表性来讲，它不能用于估计样本的“拟合性”。一个方便样本可能得到好的结论，也可能不能。没有统计上公认的程序可用于对样本结果的质量进行分析和推断。有时，研究者将概率抽样中所设计的统计方法用于方便样本，认为可以将方便抽样视为概率抽样。然而，这种观点尚未得到认可，我们在用方便样本的结果对总体进行推断和解释时要非常小心。

(2) 判断抽样

判断抽样又称“立意抽样”，是另一种非概率抽样技术。它是调查研究人员根据自己对事物的了解，从总体中有目的地抽取一些单位作为样本。在这种抽样方法中，由于对所研究总体非常了解的人选择总体中他认为最具总体代表性的元素，通常相对容易选择样本。例如，报告者可抽样若干个专家，认为这些专家的想法反映了全体专家的普遍意见。然而，抽样结果的质量依赖于选择样本的人的判断。只有当调查人员对自己的研究领域十分熟悉，对调查总体比较了解时采用这种抽样方法，才可获代表性较高的样本。只使判断抽样能够取得较满意的结果，仍不能利用概率的原理对调查结果做出推断。因此，基于判断抽样对总体进行推断时，在下结论的时候要特别小心。

在现实中，除了判断抽样在重点调查中抽取重点单位这种样本是为了及时地直接掌握总体标志总量的基本情况外，非概率抽样多用于探索性研究和预备性研究，以及总体边界不清难于实施概率抽样的研究，或因研究者的时间与人力、物力有限时采用。

注意：采用概率抽样方法，可用估计抽样结果的“拟合度”公式，对抽样结果与总体特征的接近程度进行估计。而对于非概率抽样技术的方便抽样和判断抽样，它们都不能对抽样结果的“拟合度”进行估计。因而，在解释由非概率抽样方法得到的结果时，要特别小心。

本章小结

参数估计是在随机抽样调查的基础上，以样本统计量的抽样分布为理论依据，根据样本信息，来估计总体参数的。对于一个总体，其参数主要有总体均值、总体比率和总体方差，对于两个总体，其参数则主要是两个总体均值之差、两个总体比率之差和两个总体的方差比。参数估计的方法有点估计和区间估计。区间估计则是在点估计的基础上，给出总体参数的一个置信区间，即，点估计±允许误差。

估计一个总体均值的置信区间时，需要考虑两种情况：①在正态总体、方差已知或非正态总体、大样本的情况下，可用正态分布构造总体均值的置信区间；②在正态总体、方差未知、小样本的情况下，则需要用 t 分布构造总体均值的置信区间。估计一个总体比率的置信区间，通常是在大样本条件下，由正态分布给出的。而总体方差的置信区间，则是由 χ^2 分布给出的。

估计两个总体均值之差的置信区间时，需要考虑两种情况：①独立样本，在大样本下，由正态分布构造其置信区间，在小样本条件下则由 t 分布构造其置信区间；②匹配样本，在大样本条件下，由正态分布构造其置信区间，在小样本条件下则由 t 分布构造其置信区间。估计两个总体比率之差的置信区间时，通常也是在大样本的条件下，由正态分布给出的。而两个总体方差比的置信区间，则是由 F 分布给出的。

在实际抽样调查中，样本容量需事先进行计算并加以确定。5.2.4 节内容介绍了各种参数的区间估计方法下，必要的样本容量的确定方法。5.3 节内容介绍了各种抽样组织方式，在抽样调查中，简单随机抽样是最基本的方法。类型抽样、等距抽样、整群抽样、阶段抽样等都是在简单随机抽样的基础上，根据所研究的问题及其数据要求和特点设计的特殊抽样方法。如果所处理的问题及其数据符合特殊抽样方法要求，同时又能够保证随机的原则，通常情况下特殊抽样方法会更简便易行，且有较好的精度。在实际工作中，很可能需要两种或两种以上的抽样组织方式结合使用。需要注意的是非概率抽样不能用于参数估计。

抽样分布的概念及其理论是本章重点之一，因为只有理解并掌握了抽样分布，才能学好参数估计、假设检验等内容。

练习题

一、思考题

1. 什么是抽样调查？有何特点和作用？
2. 什么是抽样分布？请简要概括单总体参数推断时样本统计量的抽样分布。
3. 什么是点估计和区间估计？
4. 什么是抽样误差？影响抽样误差的因素有哪些？
5. 各种抽样组织方式具有什么特点？

二、选择题

1. 重复抽样在总体方差不变的条件下，要使抽样误差范围减小为原来的一半，则样本单位数必须(　　)。

A. 减小到原来的 1/2　　　　B. 增大到原来的 2 倍

C. 增大到原来的 8 倍　　D. 增大到原来的 4 倍

2. 抽样误差是指(　　)。

A. 抽样调查中各种原因引起的全部误差

B. 系统性代表性误差

C. 登记性误差

D. 偶然性代表性误差

3. 抽样调查所必须遵循的原则是(　　)。

A. 准确性原则　　B. 随机性原则

C. 可靠性原则　　D. 灵活性原则

4. 反映抽样指标与总体指标之间抽样误差可能范围的指标是(　　)。

A. 抽样极限误差　　B. 抽样平均误差

C. 概率　　D. 概率度

5. 抽样误差是由于(　　)引起的。

A. 破坏了随机原则　　B. 样本容量过小

C. 观察、测量、计算的失误　　D. 抽样过程中的偶然因素

6. 某市为了了解城市在业人员的经济收入，分别从工人、机关干部、个体劳动者和其他职工中按照一个大体相同的比例随机抽取了 2000 人进行调查。这种调查组织方式属于(　　)。

A. 类型抽样　　B. 纯随机抽样

C. 机械抽样　　D. 整群抽样

7. 按地理划片所进行的区域抽样，其抽样的方式属于(　　)。

A. 纯随机抽样　　B. 等距抽样

C. 整群抽样　　D. 分层抽样

8. 重复抽样的抽样平均误差计算公式为(　　)。

A. $\dfrac{\sigma}{\sqrt{n}}$　　B. $\sqrt{\dfrac{\sigma^2}{n}\left(\dfrac{N-n}{N-1}\right)}$

C. $\sqrt{\dfrac{\pi(1-\pi)}{n}}$　　D. $\sqrt{\dfrac{\pi(1-\pi)}{n}\left(\dfrac{N-n}{N-1}\right)}$

9. 抽自两个独立随机样本提供的信息如下表所示：

样本 1	样本 2
n_1=10	n_2=8
$\bar{x}_1$=22.5	$\bar{x}_2$=20.1
s_1=2.5	s_2=2.0

总体方差的合并估计量为(　　)。

A. 3.27　　B. 4.27　　C. 5.27　　D. 6.27

10. 某城市为估计 A 区和 B 区家庭年平均收入之差，在两个区抽取两个独立的

随机样本，其中 $n_A=8$，$n_B=12$，在估计两个区年平均收入之差的置信区间时所选的家庭为(　　)。

A. 正态总体并且方差相等　　B. 正态总体并且均值相等

C. 非正态总体并且方差相等　　D. 非正态总体并且均值相等

三、计算题

1. 某进出口公司出口一种名茶，以 1% 的抽样比抽取样本，检验结果如下表所示。又知道这批茶叶每包规格重量不低于 150 克，试以 95%的概率估计这批茶叶平均每包重量的范围，并确定是否达到规格重量要求。

每包重量(克)	名茶包数(包)
148～149	10
149～150	20
150～151	50
151～152	20
合计	100

2. 设根据分层抽样得到下表数字，试用 0.9545 概率估计总体平均数的范围，假定抽样比例为 10%。

区域	抽取单位	标志平均数	标准差
甲	600	32	20
乙	300	36	30

3. 某制鞋厂生产一批旅游鞋，随机抽取 100 双进行抽样调查，调查结果如下表所示。

耐穿时间(天)	旅游鞋数量(双)
250～290	10
290～330	15
330～370	50
370～410	20
410 以上	5
合计	100

根据以往经验，旅游鞋耐穿时间的标准差为 40 天，在概率为 95.45%($z_{\alpha/2}=2$)的条件下，试求这批旅游鞋的平均耐穿时间(天)的可能范围。

4. 某地区抽取 200 户家庭进行调查，有关资料如下表所示。

人均月收入(元)	家庭户数(户)
300 以下	10
300～500	15
500～1000	50
1000～1500	80
1500～2000	30
2000～3000	10
3000 以上	5
合计	200

要求：

(1) 以 95%的概率($z_{\alpha/2}=1.96$)估计该地区居民人均收入的范围。(假定$\sigma=641.67$)

(2) 以 95.45%的概率($z_{\alpha/2}=2$)估计该地区人均收入在 1000 元以上的家庭所占的比重。

5. 某电子产品使用寿命在 3000 小时以下为不合格品。现在从 5000 个产品中随机抽取 100 个对其使用寿命进行调查。结果如下表所示。

使用寿命(小时)	产品数量(个)
3000 以下	2
3000～4000	30
4000～5000	50
5000 以上	18
合计	100

要求：

(1) 按重复抽样和不重复抽样计算该产品平均寿命的抽样平均误差；

(2) 按重复抽样和不重复抽样计算该产品合格率的抽样平均误差；

(3) 根据重复抽样计算的抽样平均误差，以 95.45%的概率保证程度对该产品平均使用寿命和合格率进行区间估计。

6. 为调查甲、乙两家银行的户均存款数，从两家银行各抽选一个由 36 个存户组成的随机样本。两个样本均值分别为 4800 元和 3500 元，两个总体标准差分别为 980 元和 960 元。根据经验，知道两个总体均服从正态分布，试求($\mu_1-\mu_2$)的置信度为 90%的置信区间。

7. 某厂有两台生产金属棒的机器，一个随机样本由机器 A 生产的 18 根金属棒组成，另一个随机样本由机器 B 生产的 25 根金属棒组成。两个样本的数据如下：$\bar{x}_1$=9.06cm、$\bar{x}_2$=8.76cm、S_1=0.060cm、S_2=0.058cm。假定两个总体均服从正态分布，且总体方差相等，试求($\mu_1-\mu_2$)的置信度为 95%的置信区间。

8. 某广告公司进行一项空调器用户特点的调查。从装有空调器的家庭中随机抽选200户，其中年人均生活费收入超过20000元的有110户；从未装空调器的家庭中随机抽选100户，其中年人均生活费收入超过20000元的25户，试对已装和未装空调器的两种家庭年人均生活费收入超过20000元的比例之差构造置信度为95%的置信区间。

9. 下表是两部机器生产的袋茶重量(单位：克)的数据。

机器1			机器2		
3.30	3.98	3.28	3.25	3.12	3.20
3.35	3.19	3.30	3.35	3.28	3.70
3.30	3.20	3.30	3.90	3.22	2.98
3.05	3.29	3.34	3.75	3.38	3.45
3.28	3.35	3.33	3.48	3.18	3.20
3.27	3.16	3.30	3.16	2.95	3.50
3.34	3.28	3.25	3.22	3.20	3.45

试构造两个总体方差比(σ_1^2/σ_2^2)95%的置信区间。

四、案例分析题

骏马汽车公司是一家专业的汽车生产企业，其骏马牌汽车畅销全国各地，为了了解消费者对其产品和服务的满意程度，对其所生产的骏马牌中档车用户展开调查，调查表明，许多人抱怨该中档车的传动系统不佳。为此，公司从其设立在全国各地的4S店中选取3家，收集了50辆该中档车首次传动系统故障的维修记录，下表为50个首次传动系统出现故障时所实际行驶的里程数据(单位：公里)。

85586	138114	69922	53500	101769	66998	85861	65605	32534	64090
82256	85288	35662	79294	95774	40002	64342	63436	77437	32464
77539	73341	74425	64544	121352	72069	61978	92857	59465	39323
88798	89341	67202	86813	69568	25065	67998	116803	32609	89641
53402	37831	118444	116269	74276	77098	59817	94219	85092	59902

要求：

(1) 对出现传动系统故障的汽车总体，估计首次传动系统故障时实际行驶里程均值的95%的置信区间，并对该区间估计做出管理上的解释。

(2) 公司如果希望估计的极限误差不超过5000公里，则该选取多大的样本容量？取置信水平为95%。

(3) 为了更全面地对该传动系统问题做出评价，你还需要收集其他一些什么信息？

第6章

假设检验

【案例】宏通公司是一家通信设备生产商，需要在 RF 电路板上焊接电子元器件，在一次产品抽查中，发现不少产品焊接没能达到规定的质量标准。工程部负责对这一问题展开调查，经过对众多影响焊接的因素加以分析后，确定焊接问题可能由 RF 电路板表层有疵点引起。

工程部想知道，存货中有疵点的 RF 电路板的比率是否超过了供应商设计中规定的比率 p_0。于是建立如下假设：$H_0:\pi \leqslant p_0$；$H_1:\pi > p_0$。

H_0 表示存货中表层有疵点的板未能超过供应商设计中所规定的比率，H_1 则表明存货中表层有疵点的板的比率超过了供应商设计中所规定的值。抽样检验表明，H_1 是真的，应该拒绝 H_0，即认为存货中表层有疵点的 RF 板所占比率超过了供应商设计中所规定的值。进一步调查发现，所贮存的 RF 板受到了污染是导致这一比率过高的原因。于是，采取措施，改变贮存环境，消除污染，工程部就此解决了这一问题。本章的目的正是要说明如何对总体的参数做出检验。

假设检验是推断统计的另一项重要内容，它与参数估计类似，但角度不同。参数估计是利用样本信息推断未知的总体参数，而假设检验则是先对总体参数提出一个假设值，然后利用样本信息判断这一假设是否成立。假设检验方法在许多领域都有应用。本章首先介绍有关假设检验的一些基本问题，然后再介绍一个总体参数和两个总体参数的检验方法。

6.1 假设检验的基本问题

6.1.1 假设的陈述

现实生活中，人们经常要对某个“假设”做出判断，确定它是真的还是假的。在研究领域，研究者在检验一种新的理论时，首先要提出一种自己认为是正确的看法，即假设。用统计语言来说，“假设”就是对总体参数的具体数值所做的陈述。

一个假设的提出总是以一定的理由为基础的，但这些理由通常是不完全充分的，因而产生了“检验”的需求，也就是要进行判断。如本章开篇案例中，宏通公司工程部需要判断存货中有疵点的 RF 电路板的比率是否超过了供应商设计中规定的比率。假设检验就是先对总体参数提出某种假设，然后利用样本信息判断假设是否成立的过程。

在假设检验中，首先需要提出两种假设，即原假设和备择假设。原假设通常是研究者想收集证据予以反对的假设，也称为零假设，用 H_0 表示。备择假设通常是研究者想收集证据予以支持的假设，也称为研究假设，用 H_1 表示。确定原假设和备择假设，在假设检验中十分重要，它直接关系到检验的结论。那么该如何来建立原假设和备择假设呢？为此，我们有以下几点认识。

第一，原假设和备择假设是一个完备事件组，而且相互对立。这意味着，在一项假设检验中，原假设和备择假设必有一个成立，而且只有一个成立。在建立假设时，通常是先确定备择假设，然后再确定原假设。这样做的原因是备择假设是人们所关心的，是想予以支持或证实的，因而比较清楚，容易确定。由于原假设和备择假设是对立的，只要确定了备择假设，原假设就很容易确定了。

第二，在假设检验中，等号“=”总是放在原假设上。将“=”放在原假设上是因为我们想涵盖备择假设 H_1 不出现的所有情况。假设检验的惯例是在原假设 H_0 中只写“=”，例如，我们可把原假设和备择假设表述为“$H_0:\mu=\mu_0$，$H_1:\mu>\mu_0$”，因为如果你做出拒绝原假设“$H_0:\mu=\mu_0$”而接受备择假设“$H_1:\mu>\mu_0$”的决策，那么也就意味着你拒绝了“$H_0:\mu<\mu_0$”。换句话说，如果事实上备择假设不正确，“$H_0:\mu=\mu_0$”就代表了可能有的最坏情况。

第三，在面对某一实际问题时，由于不同的研究者有不同的研究目的，即使对同一问题也可能提出截然相反的原假设和备择假设，这是十分正常的，也并不违背关于原假设与备择假设的最初定义。无论怎样确定假设的形式，只要它们符合研究者的最终目的，便是合理的。

下面通过几个例子来说明原假设和备择假设的建立方法。

【例 6.1】一种零件的生产标准是直径为 10cm，为对生产过程进行控制，质量监测人员定期对一台机床进行检查，确定这台机床生产的零件是否符合标准要求。如果零件的平均直径大于或小于 10cm，则表明生产过程不正常，必须进行调整。试陈述用来检验生产过程是否正常的原假设和备择假设。

解：设这台机床生产的所有零件平均直径的真值为 μ。如果 $\mu=10$，表明生产过程正常，如果 $\mu<10$ 或 $\mu>10$，则表明机床生产过程不正常，研究者要检验这两种可能情况中的任何一种。根据原假设和备择假设的定义，研究者想要收集证据予以证明的假设应该是“生产过程不正常”，因为如果研究者事先认为生产过程正常，他就没有必要去进行检验了。所以建立的原假设和备择假设应为

$H_0: \mu = 10$(生产过程正常)

$H_1: \mu \neq 10$(生产过程不正常)

【例 6.2】某品牌洗涤剂在它的产品说明书中声称：平均净含量不少于 500 克。从消费者利益出发，有关研究人员要通过抽检其中的一批产品来验证该产品制造商的说明是否属实。试陈述用于检验的原假设和备择假设。

解：设该品牌洗涤剂的平均净含量的真值为 μ。如抽检的结果发现 $\mu<500$，则表明该产品说明书中关于其净含量的内容是不真实的，有关部门应对其采取措施。一般来说，研究者抽检的意图是倾向于证实这种洗涤剂的平均净含量并不符合说明书的陈述，因为这会损害消费者的利益，如果研究者对产品说明丝毫没有质疑，也就没有抽检的必要了。所以 $\mu < 500$ 是研究者想要收集证据支持的观点。建立的原假设与备择假设应为：

$H_0: \mu \geqslant 500$(净含量符合说明书)

$H_1: \mu < 500$(净含量不符合说明书)

【例 6.3】一家研究机构估计，某城市中家庭拥有汽车的比率超过 30%。为验证这一估计是否正确，该研究机构随机抽取了一个样本进行检验。试陈述用于检验的原假设与备择假设。

解：设该城市家庭拥有汽车的比率真值为 π。显然，研究者想收集证据予以支持的假设是“该城市中家庭拥有汽车的比率超过 30%”。因此建立的原假设与备择假设应为：

$H_0: \pi \leqslant 30\%$(家庭拥有汽车的比率不超过 30%)

$H_1: \pi > 30\%$(家庭拥有汽车的比率超过 30%)

假设检验的目的主要是收集证据来拒绝原假设。原假设最初被假设是成立的，之后就是要根据样本数据，确定是否有足够的不符合原假设的证据以拒绝原假设。当我们没有足够的证据拒绝原假设时，并不等于“证明”了原假设是真的。它仅仅意味着：我们没有足够的证据拒绝原假设，因此不能拒绝原假设。当我们拒绝原假设时，得出的结论是清楚的，比如，在上面的例 6.2 中，如果拒绝原假设，我们可以说该品牌洗涤剂的净含量与说明书所标识的不相符。但如果不拒绝原假设，我们只能说样本提供的证据还不足以推翻原假设，这并不等于我们承认原假设是对的，因而不能说该品牌洗涤剂的净含量≥500。因此，当不拒绝原假设时，实际上并未给出明确的结论。也就是说，不拒绝原假设，并未说净含量≥500，也未说净含量＜500。

在假设检验中，研究者感兴趣的备择假设的内容，可以是原假设 H_0 在某一特定方向的变化，也可以是一种没有特定方向的变化。例如，在例 6.2 中，研究者感兴趣的是洗涤剂的净含量是否低于 500 克，同样，在例 6.3 中，研究者感兴趣的是家庭拥有汽车的比率是否高于 30%。如果备择假设具有特定的方向性，并含有符号“＞”或“＜”的假设检验，称为单侧检验或单尾检验。相反，在例 6.1 中，研究者感兴趣的备择假设没有特定的方向，只是关心备择假设 H_1 是否不同于原假设 H_0，并不关心是大于还是小于，如果备择假设没有特定的方向性，并含有“≠”的假设检验，称为双侧检验或双尾检验。

在单侧检验中，由于研究者感兴趣的方向不同，又可分为左侧检验和右侧检验。如果研究者感兴趣的备择假设的方向为"＜"，称为左侧检验；如果研究者感兴趣的备择假设的方向为"＞"，称为右侧检验。例如，前面的例 6.2 属于左侧检验，而例 6.3 则属于右侧检验。

设μ为总体参数(这里代表总体均值)，μ_0为假设的参数的具体值，可将假设检验的基本形式总结如表 6-1 所示。

表 6-1　假设检验的基本形式

假设	双侧检验	单侧检验	
		左侧检验	右侧检验
原假设	$H_0:\mu=\mu_0$	$H_0:\mu\geqslant\mu_0$	$H_0:\mu\leqslant\mu_0$
备择假设	$H_1:\mu\neq\mu_0$	$H_1:\mu<\mu_0$	$H_1:\mu>\mu_0$

6.1.2　两类错误与显著性水平

假设检验的目的是要根据样本信息做出决策，也就是做出是否拒绝原假设而倾向于备择假设的决策。显然，研究者总是希望能做出正确的决策，但由于决策是建立在样本信息的基础之上，而样本又是随机的，因而就有可能犯错。

如前所述，原假设与备择假设不能同时成立，要么拒绝原假设H_0，要么不拒绝H_0。人们所希望的情况是当原假设H_0正确时没有拒绝它，当原假设H_0不正确时拒绝它。但人们无法保证不犯错误。假设检验过程中可能发生以下两类错误。

① 当原假设为真时拒绝原假设，所犯的错误称为第Ⅰ类错误，又称为弃真错误。犯第Ⅰ类错误的概率通常记为α。

② 当原假设为假时没有拒绝原假设，所犯的错误称为第Ⅱ类错误，又称为取伪错误。犯第Ⅱ类错误的概率通常记为β。

假设检验中的结论及其后果有 4 种情况，如表 6-2 所示。

表 6-2　假设检验的结论与后果

决策结果	实际情况	
	H_0为真	H_0为假
未拒绝H_0	正确决策$(1-\alpha)$	第Ⅱ类错误，记为β
拒绝H_0	第Ⅰ类错误，记为α	正确决策$(1-\beta)$

需要注意：只有当原假设被拒绝时，才会犯第Ⅰ类错误；只有当原假设未被拒绝时，才会犯第Ⅱ类错误。因此，可以不犯第Ⅰ类错误或不犯第Ⅱ类错误，但难以保证两类错

误都不犯。从直觉上说，这两类错误的概率之间存在这样的关系：当 α 增大时，β 减小；当 β 增大时，α 减小。通常希望犯两类错误的概率都尽可能小，但实际上难以做到，要使 α 和 β 同时减小的唯一办法就是增加样本容量。但样本容量的增加又会受许多因素的限制，所以人们只能在两类错误的发生概率之间进行平衡，以使 α 与 β 控制在能够接受的范围内。一般来说，发生哪一类错误的后果更为严重，就应该首先控制该类错误发生的概率，但由于犯第 I 类错误的概率是可以由研究者控制的，因此在假设检验中，人们往往先控制第 I 类错误的发生概率。

发生第 I 类错误的概率也常被用于检验结论的可靠性度量，假设检验中犯的第 I 类错误的概率被称为显著性水平，记为 α。

显著性的意义在这里意味着，如果样本提供的证据拒绝原假设，则表明检验的结果是显著的；如果不拒绝原假设，则表明检验的结果是不显著的。显著性水平是指当原假设实际上正确时，检验统计量落在拒绝域的概率。它是人们事先指定的犯第 I 类错误的概率 α 的最大允许值。显著性水平 α 越小，犯第 I 类错误的可能性自然就越小，但犯第 II 类错误的可能性则随之增大。实际应用中，显著性水平是人们事先给出的一个值，但究竟确定一个多大的显著性水平合适？一般情况下，人们认为犯第 I 类错误的后果更严重些，因此通常会取一个较小的 α 值。著名英国统计学家 Ronald Fisher 在他的研究中把小概率的标准定为 0.05，所以作为一个普遍适用的原则，人们通常选择显著性水平为 0.05 或比 0.05 更小的概率。常用的显著性水平有 α=0.01、α=0.05、α=0.1 等，当然也可以取其他值。

确定了显著性水平 α 就等于控制了第 I 类错误的概率，但犯第 II 类错误的概率 β 却不确定。在拒绝原假设 H_0 时，人们犯错误的概率不超过显著性水平 α，但当样本观测显示没有充分的理由拒绝原假设时，便难以确切知道第 II 类错误发生的概率。因此，假设检验中采用“不拒绝 H_0”而不采用“接受 H_0”的表述方法，这种说法实质上并未做出明确的结论，在多数场合下便避免了第 II 类错误发生的风险，因为“接受 H_0”所得结论的可靠性将由第 II 类错误的概率 β 来测量，而 β 的控制又相对复杂。

6.1.3 检验统计量与拒绝域

在提出具体的假设之后，研究者需要提供可靠的证据来支持他所提出的备择假设。实际操作过程中，提出证据的信息主要来自所抽取的样本，假设检验也就是要凭借可能获得的样本观测结果帮助研究者做出最后的判断和决策。一个很自然的想法是，如果样本提供的证据能够证明原假设是不真实的，研究者就有理由拒绝它，而倾向于选择备择假设。

在一般的假设检验过程中，研究者都倾向于通过样本信息提供对备择假设的支持，而倾向于做出“拒绝原假设的结论”。通常，样本能够提供的信息十分丰富和繁杂，针对特定的研究问题，往往需要对这些信息进行压缩和提炼，检验统计量便是对样本信息进行压缩和概括的结果。

根据样本观测结果计算得到的，并据以对原假设和备择假设做出决策的某个样本统计量，称为检验统计量。

检验统计量实际上是总体参数的点估计量(例如，样本均值$\bar{x}$就是总体均值μ的一个点估计量)，但点估计量并不能直接作为检验的统计量。只有将其标准化后，才能用于度量它与原假设的参数值之间的差异程度。而对点估计量标准化的依据有：原假设H_0为真；点估计量的抽样分布。实际上，假设检验中所用的检验统计量都是标准化检验统计量，它反映了点估计量(如样本均值)与假设的总体参数(如假设的总体均值)相比差多少个标准差。为叙述方便，通常将标准化检验统计量简称为检验统计量。对于总体均值和总体成数的检验，标准化的检验统计量可表示为

$$\text{标准化检验统计量}=\frac{\text{点估计量}-\text{假设值}}{\text{点估计量的抽样标准差}} \tag{6.1}$$

检验统计量是一个随机变量，随着样本观测结果的不同，它的具体数值也是不同的，但只要已知一组特定的样本观测结果，检验统计量的值也就唯一确定了。假设检验的基本原理就是根据检验统计量建立一个准则，依据这个准则和计算得到的检验统计量的值，研究者就可以决定是否拒绝原假设。但统计量的哪些值将导致拒绝原假设而倾向于备择假设呢？这就需要找出能够拒绝原假设的统计量的所有可能取值，这些取值的集合则称为拒绝域。

拒绝域是由显著性水平α所围成的区域。如果利用样本观测结果计算出来的检验统计量的具体数值落在了拒绝域内，就拒绝原假设，否则就不拒绝原假设。

拒绝域的大小与我们事先选定的显著性水平有一定的关系。在确定了显著性水平α之后，就可以根据α值的大小确定出拒绝域的具体边界值。根据给定的显著性水平确定的拒绝域的边界值，称为临界值。

在给定显著性水平α后，查书后所附的统计表就可以得到具体的临界值(也可以直接由Excel中的函数命令计算得到)。将检验统计量的值与临界值进行比较，就可以做出拒绝或不拒绝原假设的决策。

当样本容量固定时，拒绝域的面积随α的减小而减小。α值越小，为拒绝原假设所需要的检验统计量的临界值与原假设的参数值就越远。拒绝域的位置则取决于检验是单侧检验还是双侧检验。双侧检验的拒绝域在抽样分布的两侧(所以被称为双侧检验)，而单侧检验中，如果备择假设具有符号“<”，则拒绝域位于抽样分布的左侧，故称为左侧检验；如果备择假设具有符号“>”，则拒绝域位于抽样分布的右侧，故称为右侧检验。在给定显著性水平α条件下，拒绝域和临界值可用图6-1来表示。

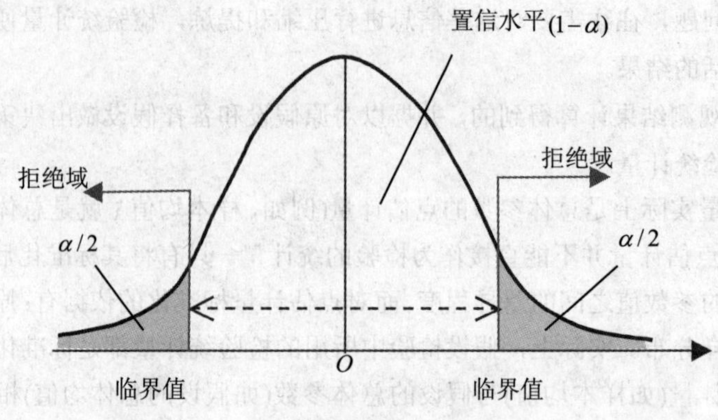

(a) 双侧检验

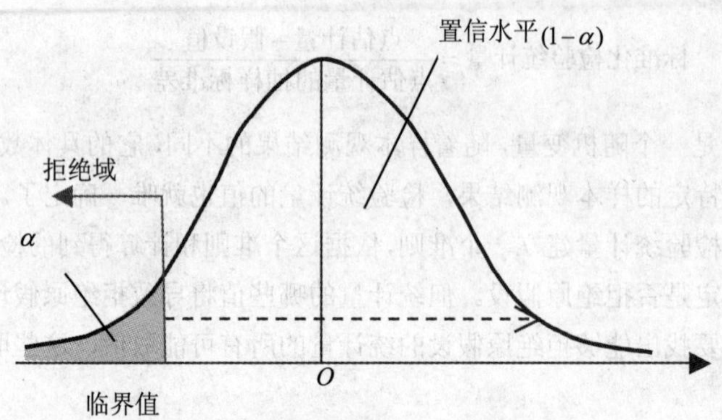

(b) 左侧检验

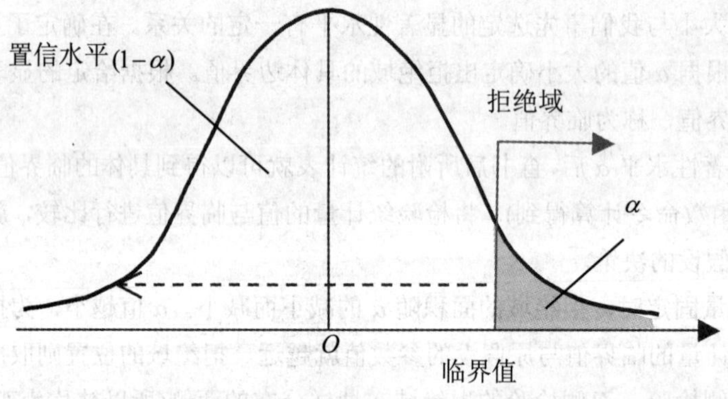

(c) 右侧检验

图 6-1 显著性水平、临界值和拒绝域

6.1.4 利用 *P* 值进行决策

显著性水平 α 是在检验之前确定的，这也就意味着事先确定了拒绝域。这样不论检验统计量的值是大还是小，只要它的值落入拒绝域就拒绝原假设 H_0，否则就不拒绝原假设 H_0。这种固定的显著性水平 α 对检验结果的可靠性起一种度量作用。但不足的是，α 是犯第 I 类错误的上限控制值，它只能提供检验结论可靠性的一个大致范围，而对于一个特定的假设检验问题，却无法给出观测数据与原假设之间不一致程度的精确度量。也就是说，仅从显著性水平来比较，如果选择的 α 值相同，则所有检验结论的可靠性都一样。

如果原假设 H_0 为真，所得到的样本结果会像实际观测结果那么极端或更极端的概率，称为 *P* 值(*P*-value)，也称为观察到的显著性水平。要测量出样本观测数据与原假设中假设的值 μ_0 的偏离程度，则需要计算 *P* 值。

P 值告诉我们：在某个总体的许多样本中，某一类数据出现的经常程度。也就是说，*P* 值是当原假设正确时，得到所观测数据的概率。如果原假设正确的话，*P* 值告诉我们得到这样的观测数据是多么的不可能。相当不可能得到的数据，就是原假设不对的合理证据。*P* 值越小，说明实际观测到的数据与 H_0 之间不一致的程度就越大，检验的结果也就越显著。

P 值也是用于确定是否拒绝原假设的另一个重要工具，它有效地补充了 α 提供的关于检验可靠性的有限信息。为便于理解，这里统一使用符号 z 表示检验统计量，z_c 表示根据样本数据计算得到的检验统计量值，对于假设检验的 3 种基本形式，从抽样分布上看，计算 *P* 值的一般表达式如下。

① 双侧检验：$H_0:\mu=\mu_0$, $H_1:\mu\neq\mu_0$。

P 值是当 $\mu=\mu_0$ 时，检验统计量大于或等于根据实际观测样本数据计算得到的检验统计量绝对值的概率的两倍，即 *P* 值 $=P(|z|\geqslant|z_c|)=2P(z\geqslant|z_c|)$。

② 左侧检验：$H_0:\mu\geqslant\mu_0$, $H_1:\mu<\mu_0$。

P 值是当 $\mu=\mu_0$ 时，检验统计量小于或等于根据实际观测样本数据计算得到的检验统计量的值的概率，即 *P* 值 $=P(z\leqslant z_c)$。

③ 右侧检验：$H_0:\mu\leqslant\mu_0$, $H_1:\mu>\mu_0$。

P 值是当 $\mu=\mu_0$ 时，检验统计量大于或等于根据实际观测样本数据计算得到的检验统计量的值的概率，即 *P* 值 $=P(z\geqslant z_c)$。

对于不同检验的 *P* 值，可以用图 6-2 来表示。

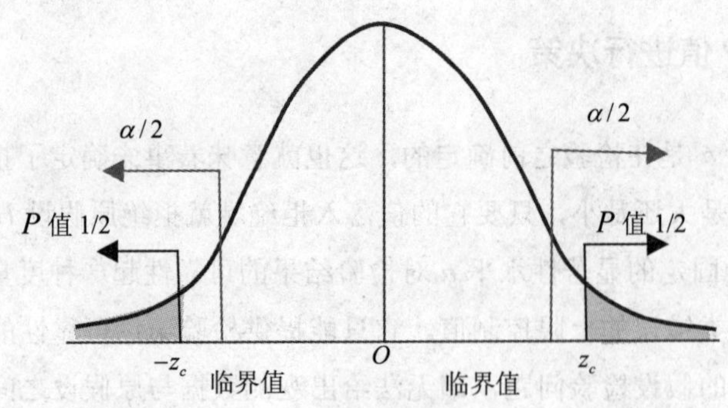

(a) 双侧检验

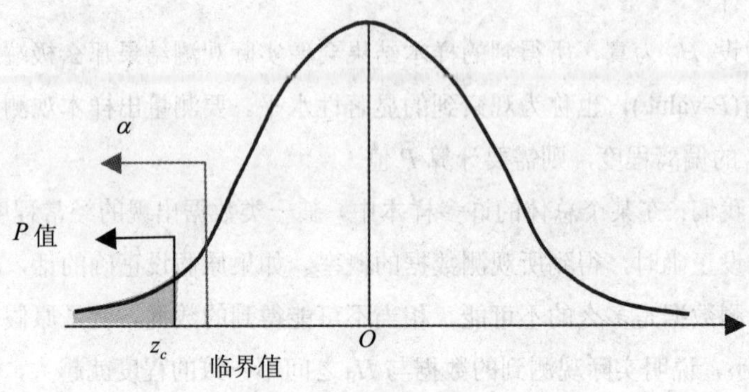

(b) 左侧检验

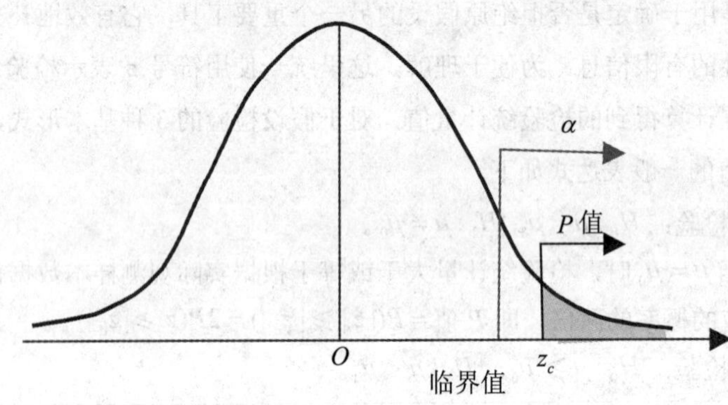

(c) 右侧检验

图 6-2 P 值示意图

有了 P 值后，可以进一步理解显著性水平的含义：显著性水平是事先所要求的用于拒绝原假设的概率，即 P 值。如果事先给出的一个显著性水平，实际上也就是说所要求的 P 值要小到何种程度，这个 P 值就叫显著性水平，用 α 表示。如果事先确定了一个显著性水平 α，也就意味着要求用于拒绝原假设 H_0 的证据必须强到 P 值小于 α 的程度。例如，如果选择 α=0.05，样本数据能拒绝原假设的证据要强到：当 H_0 正确时，这种样本结果发生的频率不超过 5%；如果选 α=0.01，就是要求拒绝原假设 H_0 的证据要更强，这种样本结果发生的频率只有 1%。如果 P 值小于或等于 α，我们称该组数据不利于原假设的证据有 α 的显著性水平。

计算机的使用使 P 值的计算十分容易。在现代统计检验中，不再需要给出 5%或 1%这类传统的显著性水平。P 值提供了更多的信息，它让人们可以选择任意水平来评估结果是否具有统计上的显著性。只要你认为这么大的 P 值就算是显著了，你就可以在这样的 P 值水平上拒绝原假设了。然而，传统的显著性水平，如 1%、5%、10%等，已经被人们普遍接受为“拒绝原假设足够证据的标准”。我们大概可以说：P<0.10 代表有“一些证据”不利于原假设；P<0.05 代表有“适度证据”不利于原假设；P<0.01 代表有“很强证据”不利于原假设。

利用 P 值进行决策的规则十分简单。在已知 P 值的条件下，将其与给定的显著性水平 α 进行比较，就可以确定是否应该拒绝原假设。从图 6-2 可以看出：单侧检验中，P 值位于抽样分布的一侧，而双侧检验中，P 值则位于分布的两侧，每一侧的 P 值为 1/2。通常，将两侧面积的总和定义为 P 值，这样定义的好处是可以将 P 值直接与给定的显著性水平 α 进行比较。因此，不论是单侧检验还是双侧检验，用 P 值进行决策的准则都是：如果 P 值<α，拒绝 H_0；如果 P 值>α，不拒绝 H_0。

P 值计算可以通过查表来求得，但毕竟很麻烦。幸运的是，计算机的应用使得 P 值的计算十分容易，多数统计软件都能够输出有关假设检验的主要计算结果，其中就包括 P 值。可以说，P 值的应用几乎取代了传统的统计量检验方法，它不仅能得到与统计量检验相同的结论，而且给出了统计量检验不能给出的信息。利用统计量根据显著性水平做出决策，如果拒绝原假设，也仅仅是知道我们犯错误的可能性是 α 那么大，但究竟是多少我们却不知道。而 P 值则是我们犯错误的实际概率。

理解假设检验的一些基本概念和基本问题，有助于我们对假设检验的实际应用。下面将假设检验的具体步骤总结如下。

第一步：陈述原假设 H_0 和备择假设 H_1。

第二步：从所研究的总体中抽出一个随机样本。

第三步：确定一个适当的检验统计量，并利用样本数据算出其具体数值。

第四步：确定一个适当的显著性水平 α，并计算出其临界值，指定拒绝域。

第五步：将统计量的值与临界值进行比较，并做出决策。若统计量的值落在拒绝域内，拒绝原假设 H_0，否则不拒绝原假设 H_0 (也可以直接用 P 值做出决策)。

6.2 一个总体参数的检验

本节将在上一节的基础上介绍假设检验的具体应用。与参数估计类似，当研究一个总体时，要检验的参数主要是总体均值μ、总体成数π和总体方差σ^2。上一节介绍的所有概念都适用于将要介绍的检验方法，但由于检验的参数不同，计算检验统计量的方法也有所不同。

6.2.1 总体均值的检验

在对总体均值进行假设检验时，采用什么检验步骤和检验统计量取决于所抽取的样本是大样本($n \geqslant 30$)还是小样本($n < 30$)，此外还需区分总体是否服从正态分布、总体方差σ^2是否已知等几种情况。

1. 大样本的检验方法

假设检验中重要的一步是确定适当的检验统计量。根据抽样分布的知识，在大样本情况下，样本均值的抽样分布近似服从正态分布，其抽样标准差为$\sigma / \sqrt{n}$。将样本均值$\overline{x}$经过标准化后即可得到检验统计量。可以证明，样本的均值经标准化后服从标准正态分布，因而采用正态分布的检验统计量 z。设假设的总体均值为μ_0，当总体方差σ^2已知时，总体均值的检验统计量为

$$z = \frac{\overline{x} - \mu_0}{\sigma / \sqrt{n}} \tag{6.2}$$

当总体方差σ^2未知时，可以用样本方差 s^2 来近似代替总体方差，此时总体均值检验的统计量为

$$z = \frac{\overline{x} - \mu_0}{s / \sqrt{n}} \tag{6.3}$$

【例 6.4】一种罐装饮料采用自动生产线生产，每罐的容量是 255ml，标准差为 5ml。为检验每罐容量是否符合要求，质检人员在某天生产的饮料中随机抽取了 40 罐进行检验，测得每罐平均容量为 255.8ml。取显著性水平 α=0.05，检验该天生产的饮料容量是否符合标准要求。

解：这里所关心的焦点是饮料容量是否符合要求，也就是μ是否等于 255ml。大于或小于 255ml 都不符合要求，因而属于双侧检验问题。提出的原假设和备择假设为：$H_0: \mu = 255, H_1: \mu \neq 255$。

计算检验统计量的具体数值。

$$z=\frac{255.8-255}{5/\sqrt{40}}\approx 1.01$$

检验统计量的数值的含义是样本均值与检验的总体均值相比，相差 1.01 个抽样标准差。

根据给定的显著性水平 α=0.05，查书后所附的标准正态分布表得 $z_{\alpha/2}=z_{0.025}=1.96$。由于 $|z|=1.01<z_{\alpha/2}=1.96$，所以，不拒绝原假设。检验结果表明：样本提供的证据还不足以推翻原假设，因此不能证明该天生产的饮料不符合标准要求。上面的决策过程如图 6-3 所示。

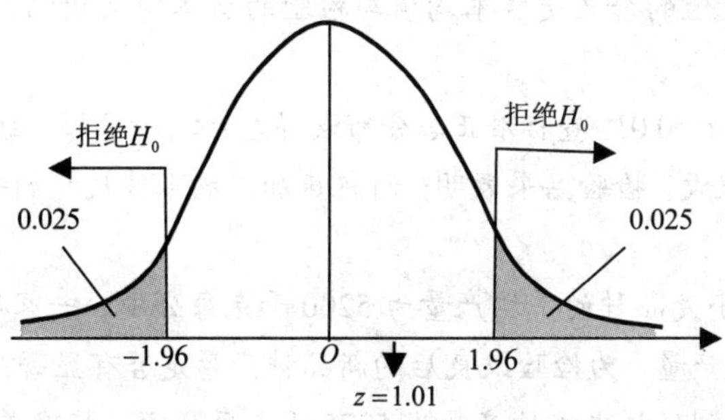

图 6-3　例 6.4 中的拒绝域

此题中的检验也可以利用 P 值进行。P 值可以利用 Excel 的统计函数功能计算。

【例 6.5】一种机床加工的零件尺寸绝对平均误差为 1.35mm。生产厂家现采用一种新的机床进行加工以期进一步降低误差。为检验新机床加工的零件平均误差与旧机床相比是否有显著降低，从某天生产的零件中随机抽取 50 个进行检验。50 个零件尺寸的绝对误差数据(mm)如表 6-3 所示。

表 6-3　50 个零件尺寸的绝对误差数据

单位：mm

1.26	1.19	1.31	0.97	1.81
1.13	0.96	1.06	1.00	0.94
0.98	1.10	1.12	1.03	1.16
1.12	1.12	0.95	1.02	1.13
1.23	0.74	1.50	0.50	0.59
0.99	1.45	1.24	1.01	2.03
1.98	1.97	0.91	1.22	1.06
1.11	1.54	1.08	1.10	1.64
1.70	2.37	1.38	1.60	1.26
1.17	1.12	1.23	0.82	0.86

利用这些样本数据，检验新机床加工的零件尺寸的平均误差与旧机床相比是否有显著降低？($\alpha=0.01$)

解：这里研究者所关心的是新机床加工的零件尺寸的平均误差与旧机床相比是否有显著降低，也就是μ是否小于1.35。因此属于单侧检验问题，而且属于左侧检验。提出的假设如下：$H_0:\mu\geqslant 1.35$, $H_1:\mu<1.35$。根据样本数据计算得：$\bar{x}=1.2152$, $s=0.365749$。

计算检验统计量的具体数值。

$$z=\frac{1.2152-1.35}{0.365749/\sqrt{50}}\approx -2.6061$$

该检验统计量数值的含义是样本均值与检验的总体均值相比，相差–2.6061个抽样标准差。

根据显著性水平α=0.01，查标准正态分布表得$z_\alpha=z_{0.01}=2.33$。由于$z=-2.6061<z_{0.01}=-2.33$，所以拒绝原假设。检验结果表明：新机床加工的零件尺寸的平均误差与旧机床相比有显著降低。

【例6.6】某一小麦品种的平均产量为5200千克每公顷。一家研究机构对小麦品种进行了改良以期提高产量。为检验改良后的新品种产量是否有显著提高，随机抽取了36个地块进行试种，得到的样本平均产量为5275千克每公顷，标准差为120千克每公顷。试检验改良后的新品种产量是否有显著提高。($\alpha=0.05$)

解：研究机构自然希望新品种产量能提高，因而想收集证据支持“产量有显著提高”的假设，也就是μ是否大于5200。因此属于单侧检验问题，而且属于右侧检验。提出的假设如下：$H_0:\mu\leqslant 5200$, $H_1:\mu>5200$。

计算检验统计量的具体数值：

$$z=\frac{5275-5200}{120/\sqrt{36}}=3.75$$

根据给定的显著性水平$\alpha=0.05$，查标准正态分布表得$z_\alpha=z_{0.05}=1.645$。由于$z=3.75>z_{0.05}=1.645$，所以拒绝原假设。检验结果表明：改良后的新品种产量有显著提高。

前面通过3个例子介绍了一个总体均值的检验方法和步骤，这些步骤对以后介绍的其他检验也普遍适用。对大样本总体均值的检验问题做了总结，如表6-4所示。

表6-4　大样本情况下一个总体均值的检验方法

	双侧检验	左侧检验	右侧检验
假设形式	$H_0:\mu=\mu_0$, $H_1:\mu\neq\mu_0$	$H_0:\mu\geqslant\mu_0$, $H_1:\mu<\mu_0$	$H_0:\mu\leqslant\mu_0$, $H_1:\mu>\mu_0$
检验统计量	σ已知：$z=\dfrac{\bar{x}-\mu_0}{\sigma/\sqrt{n}}$；$\sigma$未知：$z=\dfrac{\bar{x}-\mu_0}{s/\sqrt{n}}$		
α与拒绝域	$\|z\|>z_{\alpha/2}$	$z<-z_\alpha$	$z>z_\alpha$
P值决策准则	$P<\alpha$，拒绝H_0		

在实际应用中，我们可以利用 Excel 进行总体均值的检验，可选临界值检测法或 P 值检测法，其决策的结果是一致的，见表 6-5 和表 6-6。

表 6-5 z 检验的临界值检测表

H_0	H_1	临界值	拒绝域	接受域
$\mu=\mu_0$	$\mu\neq\mu_0$	$z_{\alpha/2}=NORMSINV(1-\alpha/2)$	$\lvert z\rvert>z_{\alpha/2}$	$\lvert z\rvert\leqslant z_{\alpha/2}$
$\mu\leqslant\mu_0$	$\mu>\mu_0$	$z_\alpha=NORMSINV(1-\alpha)$	$z>z_\alpha$	$z\leqslant z_\alpha$
$\mu\geqslant\mu_0$	$\mu<\mu_0$	$-z_\alpha=-NORMSINV(1-\alpha)=NORMSINV(\alpha)$	$z<-z_\alpha$	$z\geqslant -z_\alpha$

表 6-6 z 检验的 P 值检测表

H_0	H_1	临界值	拒绝	不拒绝
$\mu=\mu_0$	$\mu\neq\mu_0$	$P=2\times(1-NORMSDIST[ABS(z)])$	$P<\alpha$	$P\geqslant\alpha$
$\mu\leqslant\mu_0$	$\mu>\mu_0$	$P=1-NORMSDIST[ABS(z)]$		
$\mu\geqslant\mu_0$	$\mu<\mu_0$	$P=1-NORMSDIST[ABS(z)]$		

2. 小样本的检验方法

在小样本(n<30)情形下，检验统计量的选择与总体是否服从正态分布、总体方差是否已知有着密切的联系。本节的内容都是首先以总体服从正态分布为假定前提的，然后再依照总体方差是否已知来选择合适的检验统计量。

当总体方差 σ^2 已知的时候，即使在小样本情况下，检验统计量的公式(6.2)仍然服从标准正态分布，因而仍可按公式(6.2)给出的检验统计量对总体均值进行检验，检验的程序与大样本时完全相同，此处不再赘述。这里着重介绍小样本情形下总体方差未知时总体均值的检验方法。

对于小样本，当总体方差 σ^2 未知时，需要用样本方差 s^2 代替总体方差 σ^2，此时公式(6.2)给出的检验统计量不再服从标准正态分布，而是服从自由度为(n−1)的 t 分布。因此需要采用 t 分布来检验总体均值，通常称之为“t 检验”。检验统计量为

$$t=\frac{\overline{x}-\mu_0}{s/\sqrt{n}} \tag{6.4}$$

表 6-7 总结了小样本时总体均值的检验方法。

表 6-7 小样本情况下一个总体均值的检验方法

	双侧检验	左侧检验	右侧检验
假设形式	$H_0:\mu=\mu_0,\ H_1:\mu\neq\mu_0$	$H_0:\mu\geqslant\mu_0,\ H_1:\mu<\mu_0$	$H_0:\mu\leqslant\mu_0,\ H_1:\mu>\mu_0$
检验统计量	σ 未知：$t=\frac{\overline{x}-\mu_0}{s/\sqrt{n}}$；$\sigma$ 已知：$z=\frac{\overline{x}-\mu_0}{\sigma/\sqrt{n}}$		

(续表)

	双侧检验	左侧检验	右侧检验
α与拒绝域	$\|t\|>t_{\alpha/2}(n-1)$	$t<-t_{\alpha}(n-1)$	$t>t_{\alpha}(n-1)$
P值决策准则		$P<\alpha$，拒绝H_0	

【例 6.7】一种汽车配件的平均长度要求为 12cm，高于或低于该标准均被认为是不合格的。汽车生产企业在购进配件时，通常是经过招标，然后对中标的配件提供商提供的样品进行检验，以决定是否购进。现对一个配件提供商提供的 10 个样品进行了检验，其结果为：12.2，10.8，12.0，11.8，11.9，12.4，11.3，12.2，12.0，12.3。假定该供货商生产的配件长度服从正态分布，在 0.05 的显著性水平下，检验该供货商提供的配件是否符合要求？

解：依题意建立如下原假设与备择假设：$H_0:\mu=12,\ H_1:\mu\neq 12$。根据样本计算得：$\bar{x}=11.89,\ \ s=0.4932$。

由于$n<30$为小样本，采用公式(6.4)计算检验统计量。

$$t=\frac{11.89-12}{0.4932/\sqrt{10}}\approx -0.7053$$

根据自由度$(n-1)=10-1=9$，查 t 分布表得：$t_{\alpha/2}(n-1)=t_{0.025}(9)=2.262$，由于$|t|=0.7053<t_{0.025}(9)=2.262$，所以不拒绝原假设，样本提供的证据还不足以推翻原假设。在实践中，通常决定可以购进该配件供应商提供的这种汽车配件。

在实际应用中，我们可以利用 Excel 进行总体均值的 t 检验，见表 6-8 和表 6-9。

表 6-8　t 检验的临界值检测表

H_0	H_1	临界值	拒绝域	接受域
$\mu=\mu_0$	$\mu\neq\mu_0$	$t_{\alpha/2}=TINV(\alpha,\ n-1)$	$\|t\|>t_{\alpha/2}$	$\|t\|\leqslant t_{\alpha/2}$
$\mu\leqslant\mu_0$	$\mu>\mu_0$	$t_{\alpha}=TINV(2\alpha,\ n-1)$	$t>t_{\alpha}$	$t\leqslant t_{\alpha}$
$\mu\geqslant\mu_0$	$\mu<\mu_0$	$-t_{\alpha}=-TINV(2\alpha,\ n-1)$	$t<-t_{\alpha}$	$t\geqslant -t_{\alpha}$

表 6-9　t 检验的 P 值检测表

H_0	H_1	临界值	拒绝	不拒绝
$\mu=\mu_0$	$\mu\neq\mu_0$	$P=TDIST(ABS(t),\ n-1,\ 2)$	$P<\alpha$	$P\geqslant\alpha$
$\mu\leqslant\mu_0$	$\mu>\mu_0$	$P=TDIST(ABS(t),\ n-1,\ 1)$		
$\mu\geqslant\mu_0$	$\mu<\mu_0$	$P=TDIST(ABS(t),\ n-1,\ 1)$		

前面讨论了一个总体均值的检验问题。在实际应用中，首先需要弄清各种方法的适用场合，例如，是大样本还是小样本，总体是否服从正态分布，总体方差是否已知等。对于无法确定总体是否服从正态分布的小样本情形，除了考虑其他检验方法(如非参数检

验)之外，还可以通过增加样本容量来达到大样本标准(一般要求超过30)，从而将小样本问题转换为大样本下的假设检验问题，当然这要取决于实际条件是否允许。

6.2.2 总体成数的检验

总体成数的检验与上面介绍的总体均值的检验基本上是相同的，区别只在于参数和检验统计量的形式不同。所以，总体均值检验的整个程序可以作为总体成数检验的参考，甚至有很多内容可以完全“照搬”。因此，这里将尽可能综合介绍总体成数的检验方法，而且只考虑大样本情形下的总体成数检验。

总体成数检验的3种基本形式如下。

双侧检验：$H_0:\pi=\pi_0$，$H_1:\pi\neq\pi_0$

左侧检验：$H_0:\pi\geqslant\pi_0$，$H_1:\pi<\pi_0$

右侧检验：$H_0:\pi\leqslant\pi_0$，$H_1:\pi>\pi_0$

在构造检验统计量时，仍然利用样本成数p与总体成数π之间的距离等于多少个标准差σ_p来衡量，因为在大样本情形下统计量p近似服从正态分布，而统计量Z则近似服从标准正态分布。

$$z=\frac{p-\pi_0}{\sqrt{\frac{\pi_0(1-\pi_0)}{n}}} \tag{6.5}$$

公式(6.5)就是总体成数检验的统计量。

在给定显著性水平α的条件下，总体成数检验的显著性水平、拒绝域和临界值的图示可参考前面的图6-1。表6-10总结了大样本情况下总体成数检验的一般方法。

表6-10 大样本情况下一个总体成数的检验方法

	双侧检验	左侧检验	右侧检验
假设形式	$H_0:\pi=\pi_0$，$H_1:\pi\neq\pi_0$	$H_0:\pi\geqslant\pi_0$，$H_1:\pi<\pi_0$	$H_0:\pi\leqslant\pi_0$，$H_1:\pi>\pi_0$
检验统计量	$z=\frac{p-\pi_0}{\sqrt{\frac{\pi_0(1-\pi_0)}{n}}}$		
α与拒绝域	$\lvert z\rvert>z_{\alpha/2}$	$z<-z_\alpha$	$z>z_\alpha$
P值决策准则	$P<\alpha$，拒绝H_0		

【例6.8】一种以休闲和娱乐为主题的杂志，声称其读者群中有80%为女性。为验证这一说法是否属实，某研究部门抽取了由200人组成的一个随机样本，发现有146个女性经常阅读该杂志。分别取显著性水平$\alpha=0.05$和$\alpha=0.01$检验该杂志读者群中女性的比率是否为80%，它们的P值各是多少？

解：研究机构想证明的是杂志所声称的说法是否属实，也就是读者群中女性比率是否等于 80%，因此提出的原假设和备择假设为：$H_0: \pi = 80\%$，$H_1: \pi \neq 80\%$。

根据抽样结果计算得：$p = \dfrac{146}{200} = 73\%$

检验统计量为：$z = \dfrac{0.73 - 0.80}{\sqrt{\dfrac{0.80(1-0.80)}{200}}} = -2.475$

根据给定的显著性水平 $\alpha = 0.05$，查标准正态分布表得 $z_{\alpha/2} = z_{0.025} = 1.96$。由于 $|z| = 2.475 > z_{\alpha/2} = 1.96$，所以拒绝原假设。在显著性水平为 0.05 的条件下，样本提供的证据表明该杂志的说法并不属实。

根据给定的显著性水平 $\alpha = 0.01$，查标准正态分布表得 $z_{\alpha/2} = z_{0.005} = 2.58$。由于 $|z| = 2.475 < z_{\alpha/2} = 2.58$，所以不拒绝原假设。在显著性水平为 0.01 的条件下，样本提供的证据表明该杂志的说法是属实的。

由 Excel 计算出的 P 值为 0.013328。显著性水平为 0.05 时，P 值$< \alpha = 0.05$，拒绝 H_0；显著性水平为 0.01 时，P 值$> \alpha = 0.01$，不拒绝 H_0。结论与检验统计量检验一致。

从上面的例子可以看出，对于同一个检验，不同的显著性水平将会得出不同的结论。总体成数左侧检验和右侧检验中拒绝域的建立，读者可直接参照相应的大样本情形下总体均值的检验方法，在这里不再另作总结了。

6.2.3 总体方差的检验

对于许多生产和生活领域而言，仅仅保证所观测到的样本均值维持在特定水平范围之内，并不意味着整个过程的运转正常，方差的大小是否适度则是需考虑的另一个重要因素。一个方差大的产品自然意味着其质量或性能不稳定。因此，总体方差 σ^2 的检验也是假设检验的重要内容之一。

与总体均值和总体成数检验所通常使用的抽样分布(正态分布或 t 分布)不同，一个总体方差的检验用的是卡方(χ^2)分布。此外，总体方差的检验，不论样本容量 n 的大小，都要求总体服从正态分布，这是由检验统计量的抽样分布决定的。

用 σ_0^2 表示假定的总体方差的某一取值，总体方差假设检验的 3 种基本形式如下。

双侧检验：$H_0: \sigma^2 = \sigma_0^2$，$H_1: \sigma^2 \neq \sigma_0^2$

左侧检验：$H_0: \sigma^2 \geqslant \sigma_0^2$，$H_1: \sigma^2 < \sigma_0^2$

右侧检验：$H_0: \sigma^2 \leqslant \sigma_0^2$，$H_1: \sigma^2 > \sigma_0^2$

检验统计量的公式为

$$\chi^2=\frac{(n-1)s^2}{\sigma_0^2} \tag{6.6}$$

对于给定的显著性水平α，双侧检验的拒绝域如图 6-4 所示。对于单侧检验，拒绝域在分布一侧的尾部。

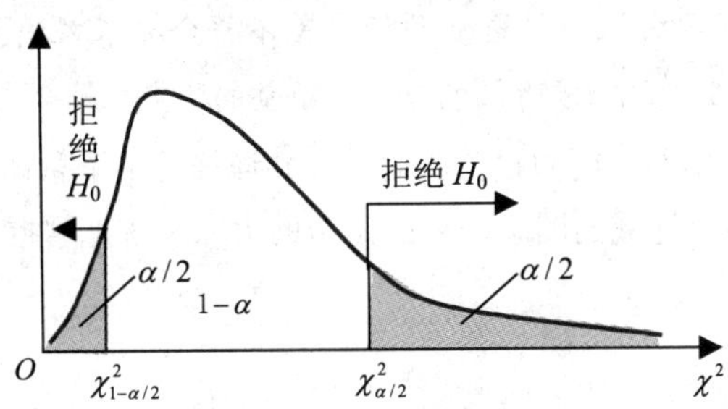

图 6-4　显著性水平为 α 时双侧检验临界值及拒绝域

表 6-11 总结了一个总体方差检验的一般方法。

表 6-11　一个总体方差检验的方法

	双侧检验	左侧检验	右侧检验
假设形式	$H_0:\sigma^2=\sigma_0^2$，$H_1:\sigma^2\neq\sigma_0^2$	$H_0:\sigma^2\geqslant\sigma_0^2$，$H_1:\sigma^2<\sigma_0^2$	$H_0:\sigma^2\leqslant\sigma_0^2$，$H_1:\sigma^2>\sigma_0^2$
检验统计量	$\chi^2=\frac{(n-1)s^2}{\sigma_0^2}$		
α 与拒绝域	$\chi^2>\chi^2_{\alpha/2}(n-1)$或 $\chi^2<\chi^2_{1-\alpha/2}(n-1)$	$\chi^2<\chi^2_{1-\alpha}(n-1)$	$\chi^2>\chi^2_{\alpha}(n-1)$

下面通过一个例子说明总体方差假设检验的一般程序。

【例 6.9】某啤酒生产企业采用自动生产线灌装啤酒，每瓶的装填量为 640ml，但由于受某些不可控因素的影响，每瓶的装填量会有差异。此时，不仅每瓶的平均装填量很重要，装填量的方差σ^2同样很重要。如果σ^2很大，会出现装填量太多或太少的情况，这样要么生产企业不划算，要么消费者不满意。假定生产标准规定每瓶装填量的标准差不应超过和不应低于 4ml。企业质检部门抽取了 10 瓶啤酒进行了检验，得到的样本标准差为$s=3.8\text{ml}$。试以 0.10 的显著性水平检验装填量的标准差是否符合要求？

解：依题意提出如下假设：$H_0:\sigma^2=4^2$，$H_1:\sigma^2\neq4^2$

计算检验统计量为

$$\chi^2 = \frac{(10-1)\times 3.8^2}{4^2} = 8.1225$$

根据显著性水平 $\alpha = 0.10$ 和自由度(10−1)=9，查 χ^2 分布表得 $\chi^2_{0.10/2}(n-1) = \chi^2_{0.05}(9) = 16.9190$，$\chi^2_{1-0.10/2}(n-1) = \chi^2_{0.95}(9) = 3.32511$，由于 $\chi^2_{0.95}(9) = 3.32511 < \chi^2 = 8.1225 < \chi^2_{0.05}(9) = 16.9190$，所以不拒绝原假设 H_0。样本提供的证据不足以推翻原假设。也就是说，在 0.01 的显著性水平下，没有理由认为装填量的标准差不符合要求装填量的标准差。表明：啤酒生产企业采用自动生产线灌装啤酒的每瓶装填量的稳定性符合要求。

上面介绍了一个总体参数的假设检验问题，并详细总结了总体均值、总体成数以及总体方差检验的过程和拒绝域的图示，目的是帮助大家系统地掌握假设检验的一般方法和程序。

6.3 两个总体参数的检验

与参数估计类似，两个总体参数的检验主要包括两个总体均值之差 $(\mu_1 - \mu_2)$ 的检验、两个总体成数之差 $(\pi_1 - \pi_2)$ 的检验和两个总体方差比 σ_1^2 / σ_2^2 的检验等，检验的程序可仿照一个总体参数的检验进行，只是统计量的计算要复杂一些。幸运的是，对于两个总体参数的检验，Excel 都有现成的程序(需要有原始数据)。因此在介绍时也主要是以 Excel 的应用为主，一般不再给出拒绝域的图示。

6.3.1 两个总体均值之差的检验

在实际研究中，常常需要比较两个总体的差异。例如，一所学校的重点班和普通班两个班级学生的英语平均成绩是否有显著差异；生产企业在改进生产线后的平均产量与原生产线相比的平均产量是否有显著提高；等等。这些都属于两个总体均值之差 $(\mu_1 - \mu_2)$ 的检验问题。

两个总体均值之差的 3 种基本假设检验形式如下。

双侧检验：$H_0: \mu_1 - \mu_2 = 0,\quad H_1: \mu_1 - \mu_2 \neq 0$

左侧检验：$H_0: \mu_1 - \mu_2 \geqslant 0,\quad H_1: \mu_1 - \mu_2 < 0$

右侧检验：$H_0: \mu_1 - \mu_2 \leqslant 0,\quad H_1: \mu_1 - \mu_2 > 0$

与参数估计类似，根据样本获得方式不同，两个总体均值检验也分为独立样本和匹配样本两种情形，而且也有大样本与小样本之分。

1. 两个总体均值之差的检验：独立样本

检验两个总体均值之差的统计量是以两个样本均值之差 $(\bar{x}_1 - \bar{x}_2)$ 的抽样分布为基础构造出来的。对于大样本和小样本两种情形，由于两个样本均值之差经标准化后的分布不同，检验的统计量也略有差异。

① 大样本的检验方法。在大样本的情况下，两个样本均值之差$(\bar{x}_1-\bar{x}_2)$的抽样分布近似服从正态分布，而$(\bar{x}_1-\bar{x}_2)$经过标准化后则服从标准正态分布。如果两个总体的方差σ_1^2、σ_2^2已知，则采用式(5.26)作为检验统计量。

当两个总体方差σ_1^2、σ_2^2未知时，可以分别用样本方差s_1^2、s_2^2替代，此时，检验统计量为：

$$z=\frac{(\bar{x}_1-\bar{x}_2)-(\mu_1-\mu_2)}{\sqrt{\frac{s_1^2}{n_1}+\frac{s_2^2}{n_2}}}$$

根据前面介绍的假设检验的思路，可以将两个总体均值之差的检验方法进行概括，如表6-12所示。

表6-12 独立大样本情况下两个总体均值之差的检验方法

	双侧检验	左侧检验	右侧检验
假设形式	$H_0:\mu_1-\mu_2=0$ $H_1:\mu_1-\mu_2\neq0$	$H_0:\mu_1-\mu_2\geqslant0$ $H_1:\mu_1-\mu_2<0$	$H_0:\mu_1-\mu_2\leqslant0$ $H_1:\mu_1-\mu_2>0$
检验统计量	σ_1^2、σ_2^2已知：$z=\frac{(\bar{x}_1-\bar{x}_2)-(\mu_1-\mu_2)}{\sqrt{\frac{\sigma_1^2}{n_1}+\frac{\sigma_2^2}{n_2}}}$；$\sigma_1^2$、$\sigma_2^2$未知：$z=\frac{(\bar{x}_1-\bar{x}_2)-(\mu_1-\mu_2)}{\sqrt{\frac{s_1^2}{n_1}+\frac{s_2^2}{n_2}}}$		
α与拒绝域	$\|z\|>z_{\alpha/2}$	$z<-z_\alpha$	$z>z_\alpha$
P值决策准则	$P<\alpha$，拒绝H_0		

【例6.10】某公司对男女职员的平均小时工资进行了调查，独立抽取了具有同类工作经验的男女职员的两个随机样本，并记录了两个样本的均值、方差等资料，如表6-13所示。

表6-13 两个独立样本的有关计算结果

男性职员	女性职员
$n_1=44$	$n_2=32$
$\bar{x}_1=75$元	$\bar{x}_2=70$元
$s_1^2=64$元	$s_2^2=42.25$元

在显著性水平为0.05的条件下，能否认为男性职员与女性职员平均小时工资存在显著差异？

解：设μ_1=男性职员的小时平均工资，μ_2=女性职员的小时平均工资。我们关心的只是男女职员的平均小时工资是否存在差异，所以提出的原假设和备择假设为

$H_0: \mu_1 - \mu_2 = 0$, $H_1: \mu_1 - \mu_2 \neq 0$

由于两个总体的方差未知，其计算结果为

$$z = \frac{(\bar{x}_1 - \bar{x}_2) - (\mu_1 - \mu_2)}{\sqrt{\frac{s_1^2}{n_1} + \frac{s_2^2}{n_2}}} = \frac{(75-70)-0}{\sqrt{\frac{64}{44} + \frac{42.25}{32}}} \approx 3.002$$

与显著性水平$\alpha = 0.05$对应的两个临界值分别为 1.96 和−1.96，由于$|z| = 3.002 > z_{\alpha/2} = 1.96$，所以拒绝原假设，而倾向于认为该公司的男女职员平均小时工资之间存在显著差异。

② 小样本的检验方法。当两个样本都为独立小样本的情况下，检验两个总体均值之差时，需要假定两个总体都服从正态分布。检验时有以下 4 种情况。

A. 总体服从正态分布。当两个总体方差σ_1^2和σ_2^2已知时，无论样本容量的大小，两个样本均值之差的抽样分布都服从正态分布，应采用式(5.26)作为检验统计量。

B. 总体服从正态分布。当两个总体的方差σ_1^2和σ_2^2未知但相等时，即$\sigma_1^2 = \sigma_2^2$，则需要用两个样本的方差s_1^2和s_2^2来估计，这时需要将两个样本的数据组合在一起，以给出总体方差的合并估计量s_p^2，计算公式见(5.29)。这时，两个样本均值之差经标准化后服从自由度为$(n_1 + n_2 - 2)$的t分布，应采用式(5.30)作为检验统计量。

C. 总体服从正态分布。当两个总体的方差σ_1^2和σ_2^2未知且不相等时，即$\sigma_1^2 \neq \sigma_2^2$，如果两个样本容量相等，即$n_1 = n_2 = n$，两个样本均值之差经标准化后服从自由度为$(n_1 + n_2 - 2) = 2(n-1)$的$t$分布，因而采用的检验统计量为

$$t = \frac{(\bar{x}_1 - \bar{x}_2) - (\mu_1 - \mu_2)}{\sqrt{\frac{s_1^2}{n_1} + \frac{s_2^2}{n_2}}} = \frac{(\bar{x}_1 - \bar{x}_2) - (\mu_1 - \mu_2)}{\sqrt{\frac{s_1^2 + s_2^2}{n}}} \tag{6.7}$$

D. 总体服从正态分布。当两个总体的方差σ_1^2和σ_2^2未知且不相等时，即$\sigma_1^2 \neq \sigma_2^2$，而且两个样本容量也不相等，即$n_1 \neq n_2$时，两个样本均值之差经标准化后不再服从自由度为$(n_1 + n_2 - 2)$的$t$分布，而是近似服从自由度为$v$的$t$分布。这时检验统计量为

$$t = \frac{(\bar{x}_1 - \bar{x}_2) - (\mu_1 - \mu_2)}{\sqrt{\frac{s_1^2}{n_1} + \frac{s_2^2}{n_2}}} \tag{6.8}$$

自由度v的计算公式见式(5.33)。

在表 6-14 中，总结了独立小样本情况下两个总体均值之差的检验的一般方法。

表 6-14 独立小样本情况下两个总体均值之差的检验方法

<table>
<tr><td rowspan="2">假设形式</td><td>双侧检验</td><td>左侧检验</td><td>右侧检验</td><td rowspan="2">假定条件</td></tr>
<tr><td>$H_0:\mu_1-\mu_2=0$
$H_1:\mu_1-\mu_2\neq 0$</td><td>$H_0:\mu_1-\mu_2\geqslant 0$
$H_1:\mu_1-\mu_2<0$</td><td>$H_0:\mu_1-\mu_2\leqslant 0$
$H_1:\mu_1-\mu_2>0$</td></tr>
<tr><td>检验统计量</td><td colspan="3">$z=\dfrac{(\overline{x}_1-\overline{x}_2)-(\mu_1-\mu_2)}{\sqrt{\dfrac{\sigma_1^2}{n_1}+\dfrac{\sigma_2^2}{n_2}}}$</td><td rowspan="2">$\sigma_1^2$和$\sigma_2^2$已知</td></tr>
<tr><td>α 与拒绝域</td><td>$|z|>z_{\alpha/2}$</td><td>$z<-z_\alpha$</td><td>$z>z_\alpha$</td></tr>
<tr><td rowspan="3">检验统计量</td><td colspan="3">$t=\dfrac{(\overline{x}_1-\overline{x}_2)-(\mu_1-\mu_2)}{s_p\sqrt{\dfrac{1}{n_1}+\dfrac{1}{n_2}}}$
自由度：n_1+n_2-2</td><td>①σ_1^2、σ_2^2未知
②$\sigma_1^2=\sigma_2^2$</td></tr>
<tr><td colspan="3">$t=\dfrac{(\overline{x}_1-\overline{x}_2)-(\mu_1-\mu_2)}{\sqrt{\dfrac{s_1^2+s_2^2}{n}}}$
自由度：$n_1+n_2-2=2(n-1)$</td><td>①σ_1^2、σ_2^2未知
②$\sigma_1^2\neq\sigma_2^2$
③$n_1=n_2=n$</td></tr>
<tr><td colspan="3">$t=\dfrac{(\overline{x}_1-\overline{x}_2)-(\mu_1-\mu_2)}{\sqrt{\dfrac{s_1^2}{n_1}+\dfrac{s_2^2}{n_2}}}$
自由度为：$v=\dfrac{\left(\dfrac{s_1^2}{n_1}+\dfrac{s_2^2}{n_2}\right)^2}{\dfrac{\left(s_1^2/n_1\right)^2}{n_1-1}+\dfrac{\left(s_2^2/n_2\right)^2}{n_2-1}}$</td><td>①$\sigma_1^2$、$\sigma_2^2$未知
②$\sigma_1^2\neq\sigma_2^2$
③$n_1\neq n_2$</td></tr>
<tr><td>α 与拒绝域</td><td>$|t|>t_{\alpha/2}$</td><td>$t<-t_\alpha$</td><td>$t>t_\alpha$</td><td></td></tr>
<tr><td>P 值决策准则</td><td colspan="4">$P<\alpha$，拒绝H_0</td></tr>
</table>

【例 6.11】甲、乙两台机床同时加工某种同类型的零件，已知两台机床加工的零件直径(单位：cm)分别服从正态分布$N(\mu_1,\sigma_1^2)$、$N(\mu_2,\sigma_2^2)$，并且有$\sigma_1^2=\sigma_2^2$。为比较两台机床的加工精度有无显著差异，分别独立抽取了甲机床加工的 8 个零件和乙机床加工的 7 个零件，通过测量得到的数据如表 6-15 所示。

表 6-15 两台机床加工零件的样本数据

单位：cm

机床	零件直径							
甲	20.5	19.8	19.7	20.4	20.1	20.0	19.0	19.9
乙	20.7	19.8	19.5	20.8	20.4	19.6	20.2	

在$\alpha=0.05$的显著性水平下，样本数据是否提供证据支持“两台机床加工的零件直径不一致”的看法？

解：提出的原假设和备择假设为

$H_0: \mu_1 - \mu_2 = 0$，$H_1: \mu_1 - \mu_2 \neq 0$

两个独立样本的容量都小于 30，两个总体方差未知但相等。根据样本数据计算得

$\bar{x}_1 = 19.925$，$\bar{x}_2 = 20.143$，$s_1^2 = 0.2164$，$s_2^2 = 0.2729$

总体方差的合并估计量为

$$s_p^2 = \frac{(n_1-1)s_1^2 + (n_2-1)s_2^2}{n_1+n_2-2} = \frac{(8-1)\times 0.2164 + (7-1)\times 0.2729}{8+7-2} \approx 0.2425$$

计算的检验统计量为

$$t = \frac{(\bar{x}_1 - \bar{x}_2) - (\mu_1 - \mu_2)}{s_p\sqrt{\frac{1}{n_1} + \frac{1}{n_2}}} = \frac{(19.925 - 20.143) - 0}{0.2425 \times \sqrt{(\frac{1}{8} + \frac{1}{7})}} \approx -1.7370$$

根据自由度$(n_1 + n_2 - 2) = 8 + 7 - 2 = 13$，$\alpha = 0.05$对应的$t$分布临界值分别是 2.160，−2.160，检验统计量的值没有落入拒绝域，因而不拒绝原假设。也就是说，在 0.05 的显著性水平下，没有理由认为甲、乙两台机床加工的零件直径不一致。

根据两台机床加工零件的样本数据，上述检验可直接由 Excel 提供的检验程序进行。

2. 两个总体均值之差的检验：匹配样本

独立样本提供的数据可能因为样本个体在其他因素方面的“不同质”而对它们所提供的有关总体均值的信息产生干扰，为有效地排除样本个体之间这些“额外”差异带来的误差，可以考虑选用匹配样本。

在检验时，需要假定两个总体配对差值构成的总体服从正态分布，而且配对差是由差值总体中随机抽取的。对于小样本情形，配对差值经标准化后服从自由度为$(n-1)$的t分布。因此选择的检验统计量为

$$t = \frac{\bar{d} - (\mu_1 - \mu_2)}{s_d / \sqrt{n}} \tag{6.9}$$

式(6.9)中的$\bar{d}$、s_d的计算公式同式(5.35)。

匹配小样本情形下，两个总体均值之差的检验方法如表 6-16 所示。

表 6-16　匹配小样本情况下两个总体均值之差的检验方法

	双侧检验	左侧检验	右侧检验
假设形式	$H_0: \mu_1 - \mu_2 = 0$ $H_1: \mu_1 - \mu_2 \neq 0$	$H_0: \mu_1 - \mu_2 \geqslant 0$ $H_1: \mu_1 - \mu_2 < 0$	$H_0: \mu_1 - \mu_2 \leqslant 0$ $H_1: \mu_1 - \mu_2 > 0$
检验统计量	$t = \frac{\bar{d} - (\mu_1 - \mu_2)}{s_d / \sqrt{n}}$；自由度：$n$-1		
α与拒绝域	$\lvert t \rvert > t_{\alpha/2}(n-1)$	$t < -t_\alpha(n-1)$	$t > t_\alpha(n-1)$
P值决策准则	$P<\alpha$，拒绝H_0		

【例 6.12】某饮料公司开发研制出一种新产品，为比较消费者对新老产品口感的满意程度，该公司随机抽选一组消费者(8 人)，每个消费者先品尝一种饮料，然后再品尝另一种饮料，两种饮料的品尝顺序是随机的，然后每个消费者要对两种饮料分别进行评分(0～10 分)，评分结果如表 6-17 所示。

表 6-17 两种饮料评分结果的样本数据

消费者编号		1	2	3	4	5	6	7	8
评分结果	旧款饮料	5	4	7	3	5	8	5	6
	新款饮料	6	6	7	4	3	9	7	6

取显著性水平 $\alpha = 0.05$，该公司是否有证据认为消费者对两种饮料的评分存在显著差异？

解：设 μ_1 = 消费者对旧款饮料的平均评分，μ_2 = 消费者对新款饮料的平均评分。依题意建立的原假设和备择假设为

$$H_0 : \mu_1 - \mu_2 = 0,\quad H_1 : \mu_1 - \mu_2 \neq 0$$

利用 Excel 中的“t-检验：平均值的成对二样本分析”给出的检验结果如图 6-5 所示。

	A	B	C
1	*t*-检验：成对双样本均值分析		
2		变量 1	变量 2
3	平均	5.375	6
4	方差	2.553571429	3.428571429
5	观测值	8	8
6	泊松相关系数	0.724206824	
7	假设平均差	0	
8	df	7	
9	*t* Stat	-1.357241785	
10	*P*(*T*<=*t*) 单尾	0.108418773	
11	*t* 单尾临界	1.894578604	
12	*P*(*T*<=*t*) 双尾	0.216837546	
13	*t* 双尾临界	2.364624251	

图 6-5 例 6.12 中的 Excel 输出检验结果

由于“*P*(*T*<=*t*) 双尾”值=$0.216837546 > \alpha = 0.05$，所以不拒绝原假设，也就是说没有足够的证据支持“消费者对新老饮料的评分”有显著差异。

6.3.2 两个总体成数之差的检验

两个总体成数之差$(\pi_1-\pi_2)$的检验思路与一个总体成数的检验类似，只是由于涉及两个总体，在形式上相对复杂一些。

当n_1p_1、$n_1(1-p_1)$、n_2p_2、$n_2(1-p_2)$都大于或等于 5 时，就可以认为是大样本。根据两个样本成数之差的抽样分布，可以得到用于检验两个总体成数之差检验的统计量，计算公式见式(5.37)。

由于两个总体的成数π_1和π_2是未知的，需要利用两个样本成数p_1、p_2来估计$\sigma_{p_1-p_2}$。这时有两种情况。

(1) 原假设为$H_0:\pi_1-\pi_2=0$情况下的检验

此时，最佳估计量是将两个样本合并后得到的合并成数p。如果设x_1表示样本 1 中具有某种属性的单位数，x_2表示样本 2 中具有某种属性的单位数，则合并后的成数为

$$p=\frac{x_1+x_2}{n_1+n_2}=\frac{p_1n_1+p_2n_2}{n_1+n_2} \tag{6.10}$$

这时两个样本成数之差(p_1-p_2)抽样分布的标准差$\sigma_{p_1-p_2}$最佳估计量为

$$\sigma_{p_1-p_2}=\sqrt{p(1-p)\left(\frac{1}{n_1}+\frac{1}{n_2}\right)} \tag{6.11}$$

将公式(6.11)代入到公式(5.37)中得到两个总体成数之差检验的统计量如式(6.12)所示。

$$z=\frac{(p_1-p_2)}{\sqrt{p(1-p)\left(\frac{1}{n_1}+\frac{1}{n_2}\right)}} \tag{6.12}$$

(2) 原假设为$H_0:\pi_1-\pi_2=d_0(d_0\neq 0)$情况下的检验

在这种情况下，可直接用两个样本成数p_1和p_2来作为相应的两个总体成数π_1和π_2的估计量，从而得到两个样本成数之差(p_1-p_2)抽样分布的标准差$\sigma_{p_1-p_2}$估计量为

$$\sigma_{p_1-p_2}=\sqrt{\frac{p_1(1-p_1)}{n_1}+\frac{p_2(1-p_2)}{n_2}} \tag{6.13}$$

这时得到两个总体成数之差检验的统计量为

$$z=\frac{(p_1-p_2)-d_0}{\sqrt{\frac{p_1(1-p_1)}{n_1}+\frac{p_2(1-p_2)}{n_2}}} \tag{6.14}$$

与两个总体均值之差类似，表 6-18 总结了两个总体成数之差的检验方法。

表 6-18 两个总体成数之差的检验方法

	双侧检验	左侧检验	右侧检验
假设形式	$H_0:\pi_1-\pi_2=0$ $H_1:\pi_1-\pi_2\neq 0$	$H_0:\pi_1-\pi_2\geqslant 0$ $H_1:\pi_1-\pi_2<0$	$H_0:\pi_1-\pi_2\leqslant 0$ $H_1:\pi_1-\pi_2>0$
检验统计量	检验 $H_0:\pi_1-\pi_2=0$； $z=\dfrac{(p_1-p_2)}{\sqrt{p(1-p)\left(\dfrac{1}{n_1}+\dfrac{1}{n_2}\right)}}$ 检验 $H_0:\pi_1-\pi_2=d_0$； $z=\dfrac{(p_1-p_2)-d_0}{\sqrt{\dfrac{p_1(1-p_1)}{n_1}+\dfrac{p_2(1-p_2)}{n_2}}}$		
α 与拒绝域	$\|z\|>z_{\alpha/2}$	$z<-z_\alpha$	$z>z_\alpha$
P 值决策准则	$P<\alpha$，拒绝 H_0		

【例 6.13】一所大学准备采取一项学生在宿舍上网收费的措施，为了解男女生对这一措施的看法是否存在差异，分别抽取了 200 名男生和 200 名女生进行调查，其中的一个问题是："你是否赞成采取上网收费的措施？"男生表示赞成的比率为 27%，女生表示赞成的比率为 35%。调查者认为，男生中表示赞成的比率显著低于女生。取显著性水平 $\alpha=0.05$，样本提供的证据是否支持调查者的看法？

解：设 π_1 = 男生中表示赞成的成数，π_2 = 女生中表示赞成的成数。依题意提出原假设与备择假设为

$H_0:\pi_1-\pi_2\geqslant 0$, $H_1:\pi_1-\pi_2<0$

两个样本的成数分别为：$p_1=27\%$， $p_2=35\%$。由于我们是要检验"男生中表示赞成的比率显著低于女生"(不是检验两者的差值是多少)，所以选择公式(6.12)作为检验统计量。首先计算两个样本的合并成数 p。

$$p=\frac{p_1n_1+p_2n_2}{n_1+n_2}=\frac{200\times 0.27+200\times 0.35}{200+200}=0.31$$

计算的检验统计量为

$$z=\frac{(p_1-p_2)}{\sqrt{p(1-p)\left(\dfrac{1}{n_1}+\dfrac{1}{n_2}\right)}}=\frac{0.27-0.35}{\sqrt{0.31\times(1-0.31)\times\left(\dfrac{1}{200}+\dfrac{1}{200}\right)}}\approx -1.72977$$

由于 $z=-1.72977<-z_{0.05}=-1.645$，所以拒绝原假设，样本提供的证据支持调查者的看法。由 Excel 计算的 P 值为 0.041837<0.05，同样拒绝原假设。

【例 6.14】有两种方法生产同一种产品，方法 1 的生产成本较高而次品率较低，方法 2 的生产成本较低而次品率则较高。管理人员在选择生产方法时，决定对两种方法的次品率进行比较，若方法 1 比方法 2 的次品率低 8%以上，则决定采用方法 1，否则就采

用方法 2。管理人员从方法 1 生产的产品中随机抽取了 300 个，发现有 33 个次品，从方法 2 生产的产品中也随机抽取了 300 个，发现有 84 个次品。用显著性水平$\alpha = 0.01$进行检验，说明管理人员应采用哪种方法进行生产？

解： 设π_1 = 方法 1 的次品率，π_2 = 方法 2 的次品率。依题意提出原假设与备择假设为

$H_0: \pi_1 - \pi_2 \geqslant 8\%$，$H_1: \pi_1 - \pi_2 < 8\%$

两个样本的成数分别为：$p_1 = 11\%$，$p_2 = 28\%$。由于要检验“方法 1 的次品率是否比方法 2 的低 8%”(不是检验两者的差值是否等于 0)，所以选择公式(5.37)作为检验统计量。计算结果为

$$z = \frac{(0.11 - 0.28) - 0.08}{\sqrt{\frac{0.11 \times (1 - 0.11)}{300} + \frac{0.28 \times (1 - 0.28)}{300}}} = -7.91229$$

由于$z = -7.91229 < -z_{0.01} = -2.33$，所以拒绝原假设，表明方法 1 的次品率显著低于方法 2 达 8%以上，所以应采用方法 1 进行生产。由 Excel 计算的 P 值为$1.22E-15 < 0.01$，同样拒绝原假设。

6.3.3 两个总体方差比的检验

在实际应用中，经常要对两个总体的方差进行比较。然而在比较两个总体方差时，通常是对其比值σ_1^2/σ_2^2(或σ_2^2/σ_1^2)进行推断。这是因为当两个样本是从两个正态总体中分别独立地抽取时，方差比σ_1^2/σ_2^2的估计量的抽样分布是人们所熟悉的。通常将原假设与备择假设的基本形式表示成两个总体方差比值与数值 1 之间的比较关系。

由于两个样本方差比s_1^2/s_2^2是两个总体方差比值σ_1^2/σ_2^2的理想估计量，而当容量为n_1和n_2的两个样本分别独立地抽自两个正态总体时，统计量的表达式为

$$F = \frac{s_1^2/\sigma_1^2}{s_2^2/\sigma_2^2} \tag{6.15}$$

服从$F(n_1-1, n_2-1)$分布，所以选择公式(6.15)作为两个总体方差比检验的统计量。在原假设($\mathrm{H}_0: \frac{\sigma_1^2}{\sigma_2^2} = 1$)成立的条件下，检验统计量公式(6.15)变为

$$F = \frac{s_1^2}{s_2^2} \text{或} F = \frac{s_2^2}{s_1^2} \tag{6.16}$$

表 6-19 概括了两个总体方差比的检验方法。

表 6-19 两个总体方差比的检验方法

	双侧检验	左侧检验	右侧检验
假设形式	$H_0:\frac{\sigma_1^2}{\sigma_2^2}=1$, $H_1:\frac{\sigma_1^2}{\sigma_2^2}\neq 1$	$H_0:\frac{\sigma_1^2}{\sigma_2^2}\geqslant 1$, $H_1:\frac{\sigma_1^2}{\sigma_2^2}<1$	$H_0:\frac{\sigma_1^2}{\sigma_2^2}\leqslant 1$, $H_1:\frac{\sigma_1^2}{\sigma_2^2}>1$
检验统计量	$F=\frac{较大的样本方差}{较小的样本方差}$	$F=\frac{s_1^2}{s_2^2}$ 或 $F=\frac{s_2^2}{s_1^2}$	
α 与拒绝域	$F>F_{\alpha/2}(n_1-1,n_2-1)$	$F>F_{\alpha}(n_1-1,n_2-1)$	

可以看到，两个总体方差比的双侧检验是用较大的样本方差除以较小的样本方差(实际上顺序是任意的)，这样做是为了保证拒绝域总发生在抽样分布的右侧，所以只需将检验统计量的值与右侧的$\alpha/2$的分位数进行比较即可做出判断。而单侧检验时，也可以将任何一个单侧检验问题安排为右侧检验。若想检验σ_1^2是否大于σ_2^2，则备择假设可设成$H_1:\frac{\sigma_1^2}{\sigma_2^2}>1$；若想检验$\sigma_2^2$是否大于$\sigma_1^2$，则备择假设可设成$H_1:\frac{\sigma_2^2}{\sigma_1^2}>1$。所以两个总体方差比的检验，我们总可以让拒绝域发生在右侧。而F分布右侧的任何分位数都可以查表得到或由 Excel 算出。

【例 6.15】一家房地产开发公司准备购进一批灯泡，该公司打算在两个供货商之间选择一家购买，两家供货商生产的灯泡平均使用寿命差别不大，价格也很接近，考虑的主要因素就是灯泡使用寿命的方差大小。如果方差相同，就选择距离较近的一家供货商进货。为此，公司管理人员对两家供货商提供的样品进行了检测，得到的数据如表 6-20 所示。

表 6-20 两家供货商灯泡使用寿命的数据

单位：小时

供货商 1	650	569	622	630	596
	637	628	706	617	624
	563	580	711	480	688
	723	651	569	709	632
供货商 2	568	681	636	607	555
	496	540	539	529	562
	589	646	596	617	584

试以$\alpha=0.05$的显著性水平检验两家供货商的灯泡使用寿命的方差是否有显著差异?

解：本例中关注的是两个总体方差是否存在显著差异，因而为双侧检验问题。建立原假设与备择假设如下。

$$H_0:\frac{\sigma_1^2}{\sigma_2^2}=1,\quad H_1:\frac{\sigma_1^2}{\sigma_2^2}\neq 1$$

尽管可以用统计量进行检验，这里建议使用 Excel 提供的检验程序。与上面给出的步骤类似，在“数据分析”对话框中选择“*F*-检验：双样本方差”。

需要特别注意的是，Excel 只给出了单侧检验程序。当 $s_1^2/s_2^2<1$ 时，做的是左侧检验：$H_0:\sigma_1^2\geqslant\sigma_2^2$，$H_1:\sigma_1^2<\sigma_2^2$，检验的拒绝域为 $F<F_{1-\alpha}(n_1-1,\ n_2-1)$。当 $s_1^2/s_2^2>1$ 时，做的是右侧检验：$H_0:\sigma_1^2\leqslant\sigma_2^2$，$H_1:\sigma_1^2>\sigma_2^2$，检验的拒绝域为 $F>F_{\alpha}(n_1-1,\ n_2-1)$。

实际上也可以用来做双侧检验。给定显著性水平为 α 的双侧检验，用 Excel 做显著性水平为 $\alpha/2$ 的单侧检验(本例中应输入 0.025)。当 $F=s_1^2/s_2^2<1$ 时，输出结果中给出了左尾的临界值 $F_{1-\alpha/2}(n_1-1,\ n_2-1)$；当 $F=s_1^2/s_2^2>1$ 时，输出结果中给出了右尾临界值 $F_{\alpha/2}(n_1-1,\ n_2-1)$(*F* 分布的中心位置大概在 1 左右)。实际上，对于双侧检验，当 $F=s_1^2/s_2^2<1$ 时，由于右侧临界值 $F_{\alpha/2}(n_1-1,\ n_2-1)>1$，所以只需将 *F* 值与左侧临界值 $F_{1-\alpha/2}(n_1-1,\ n_2-1)$ 相比，若 $F<F_{1-\alpha/2}(n_1-1,\ n_2-1)$ 则拒绝原假设；同理，当 $F=s_1^2/s_2^2>1$ 时，只需将 *F* 值与右侧临界值 $F_{\alpha/2}(n_1-1,\ n_2-1)$ 相比，若 $F>F_{\alpha/2}(n_1-1,\ n_2-1)$ 则拒绝原假设。

将供货商 1 作为样本 1，供货商 2 作为样本 2。本例得到的检验结果如图 6-6 所示(显著性水平应输入 $\alpha/2=0.025$)。

由于 $s_1^2/s_2^2>1$，所以应将 *F* 与检验统计量 $F_{\alpha/2}(n_1-1,\ n_2-1)$ 进行比较。由于 $F=1.5116<F_{\alpha/2}=2.8607$，所以不拒绝原假设。若利用 *P* 值进行检验，则需要将 Excel 输出的 *P* 值乘以 2，即 $P=2\times0.217541513=0.435083027$，由于 *P* 值 $>\alpha=0.05$，同样也不拒绝原假设。因此，不能认为这两个总体的方差有显著差异。

	A	B	C
1	*F*-检验 双样本方差分析		
2		变量 1	变量 2
3	平均	629.25	583
4	方差	3675.460526	2431.428571
5	观测值	20	15
6	df	19	14
7	*F*	1.511646515	
8	*P*(*F*<=*f*) 单尾	0.217541513	
9	*F* 单尾临界	2.860721536	

图 6-6　例 6.15 中的 Excel 输出的检验结果(一)

如果将样本 1 和样本 2 互换，即将供货商 2 定为样本 1(共 15 个)，将供货商 1 定为样本 2(共 20 个)，则 Excel 输出的结果如图 6-7 所示。

	A	B	C
1	F-检验 双样本方差分析		
2		变量 1	变量 2
3	平均	583	629.25
4	方差	2431.428571	3675.460526
5	观测值	15	20
6	df	14	19
7	F	0.661530318	
8	P(F<=f) 单尾	0.217541513	
9	F 单尾临界	0.349562160	

图 6-7　例 6.15 中的 Excel 输出的检验结果(二)

由于 $s_1^2/s_2^2<1$，这时应将统计量 F 值与左侧临界值 $F_{1-\alpha/2}$ 进行比较。由于 $F=0.6615>F_{1-0.025}=F_{0.975}=0.3496$，所以不拒绝原假设，检验结论与上面完全一致。

本章小结

假设检验是一种统计方法，它是先对总体参数提出一个假设值，然后利用样本信息判断这一假设是否成立。假设是关于总体参数的两种对立的说法，我们将研究者想要寻找证据支持的假设定义为“备择假设”，将其对立面定义为“原假设”。

假设检验有 3 种基本形式，无论哪一种形式，检验统计量的选择和显著性水平的事先指定共同决定了任何一个特定假设检验问题的拒绝域，通过观察检验统计量的值是否落入拒绝域来判断是否应该拒绝原假设。两类错误是在拒绝原假设与没有拒绝原假设时分别可能犯的错误，即包括“第 I 类错误”和“第 II 类错误”。P 值是除拒绝域以外的用于确定是否拒绝原假设的另一个重要工具，它还度量了实际观测数据与原假设之间不一致的程度。

考虑到总体个数的不同，假设检验可分为一个总体参数的假设检验和两个总体参数的假设检验；考虑检验参数的不同，一个总体参数的假设检验分为均值、成数、方差等假设检验，两个总体参数的假设检验分为均值之差、成数之差、方差之比等假设检验。

进行一个总体均值的假设检验时，大致需要考虑两种情况：一是大样本，此时无须正态总体的假定前提，检验统计量在总体方差已知或未知的情况下都近似服从标准正态分布；二是小样本，在总体方差未知时需要假定总体服从正态分布，检验统计量服从 t

分布。对于一个总体成数的假设检验，通常是在大样本条件下进行的，以检验统计量近似服从标准正态分布为理论基础。而一个总体方差的假设检验，则是以总体服从正态分布为前提、以检验统计量服从 χ^2 分布为基础的。

进行两个总体均值之差的假设检验时，需要考虑两类情况：一是独立样本，在大样本的条件下依据正态分布建立拒绝域，在小样本条件下则依据 t 分布建立拒绝域(方差未知时还需要假定两个总体服从正态分布)；二是匹配样本，同样，在大样本条件下依据检验统计量近似服从正态分布来建立拒绝域，在小样本条件下以 t 分布为基础(方差未知时还需假定两个总体的差值总体服从正态分布)。两个总体成数之差的假设检验，通常也是在大样本条件下进行的，检验统计量近似服从正态分布是建立拒绝域的理论基础。至于两个总体方差比的假设检验，则是依据完全不同的 F 分布来进行的。

练习题

一、思考题

1. 理解原假设和备择假设的含义，建立原假设和备择假设有什么要求？
2. 第Ⅰ类错误和第Ⅱ类错误分别是指什么？它们发生的概率大小之间存在怎样的关系？
3. 什么是显著性水平？它对于假设检验决策的意义是什么？
4. 如何区别双侧检验和单侧检验、左侧检验和右侧检验？
5. 什么是 P 值？P 值检验与统计量检验有什么不同？
6. 请联系你所学专业的实际，提出 1 到 2 个需要假设检验的问题。

二、选择题

1. 在假设检验中，不拒绝原假设意味着(　　)。

   A. 原假设肯定是正确的　　　　　　B. 原假设肯定是错误的

   C. 没有证据证明原假设是正确的　　D. 没有证据证明原假设是错误的

2. 在假设检验中，第Ⅰ类错误是指(　　)。

   A. 当假设正确时拒绝原假设

   B. 当原假设错误时拒绝原假设

   C. 当备择假设正确时拒绝备择假设

   D. 当备择假设不正确时未拒绝备择假设

3. 指出下列假设检验中，(　　)属于右侧检验。

   A. $H_0: \mu = \mu_0$，$H_1: \mu \neq \mu_0$　　　　B. $H_0: \mu \geqslant \mu_0$，$H_1: \mu < \mu_0$

C. $H_0: \mu \leqslant \mu_0$, $H_1: \mu > \mu_0$　　D. $H_0: \mu > \mu_0$, $H_1: \mu \leqslant \mu_0$

4. 若检验的假设为$H_0: \mu = \mu_0$, $H_1: \mu \neq \mu_0$，则拒绝域为(　　)。

A. $z > z_\alpha$　　B. $z < -z_\alpha$

C. $z > z_{\alpha/2}$或$z < -z_{\alpha/2}$　　D. $z > z_\alpha$或$z < -z_\alpha$

5. 若检验的假设为$H_0: \mu \geqslant \mu_0$, $H_1: \mu < \mu_0$，则拒绝域为(　　)。

A. $z > z_\alpha$　　B. $z < -z_\alpha$

C. $z > z_{\alpha/2}$或$z < -z_{\alpha/2}$　　D. $z > z_\alpha$或$z < -z_\alpha$

6. 在假设检验中，如果原假设为真，而根据样本所得到的检验结论是否定原假设，则可认为(　　)。

A. 抽样是不科学的　　B. 检验结论是正确的

C. 犯了第Ⅰ类错误　　D. 犯了第Ⅱ类错误

7. 假设检验中，显著性水平表示(　　)。

A. H_0为真时拒绝H_0的概率　　B. 根据样本计算的拒绝真实H_0的概率

C. H_1为真时拒绝H_1的概率　　D. 检验结果犯第Ⅰ类错误的最小概率

8. 当样本统计量的观测值未落入原假设的拒绝域时，表示(　　)。

A. 可以放心地接受原假设　　B. 没有充分的理由否定原假设

C. 没有充分的理由否定备择假设　　D. 备择假设是错误的

9. 在假设检验中，如果所计算出的P值越小，说明检验结果(　　)。

A. 越显著　　B. 越不显著

C. 越真实　　D. 越不真实

10. 检验一个正态总体的方差时所使用的分布为(　　)。

A. 正态分布　　B. t分布

C. χ^2分布　　D. F分布

11. 设z_c为检验统计量的计算值，检验的假设为$H_0: \mu \leqslant \mu_0$, $H_1: \mu > \mu_0$，当$z_c = 1.645$时，计算出的P值为(　　)。

A. 0.025　　B. 0.05

C. 0.01　　D. 0.0025

12. 显著性水平与检验拒绝域的关系是(　　)。

A. 显著性水平α变小，意味着拒绝域缩小

B. 显著性水平α变大，意味着拒绝域扩大

C. 显著性水平α变小，意味着拒绝域扩大

D. 显著性水平α变大，意味着拒绝域缩小

E. 显著性水平α变小或变大，不影响拒绝域的变化

13. 对总体均值μ进行检验，影响检验结论的因素有(　　)。

A. 显著性水平　　B. 样本容量n

C. 总体方差　　D. 样本均值　　E. 总体均值

14. 在假设检验中，当我们做出拒绝原假设而接受备择假设的结论时，表示(　　)。

A. 有充足的理由否定原假设

B. 原假设必定是错误的

C. 犯错误的概率不大于α

D. 犯错误的概率不大于β

E. 在H_0为真的假设下发生了小概率事件

15. 对两个总体方差相等性进行检验(F检验)：$H_0:\sigma_1^2=\sigma_2^2$，$H_1:\sigma_1^2\neq\sigma_2^2$。检验的$P$值越小，说明(　　)。

A. 两个样本方差差别越大　　B. 两个总体方差差别越大

C. 越有理由认为两个样本方差有差别　　D. 越有理由认为两个总体方差有差别

三、计算题

1. 某种纤维原有的平均强度不超过6克，现希望通过改进工艺来提高其平均强度。研究人员测得了100个关于新纤维的强度数据，发现其均值为6.35克。假定纤维强度的标准差仍保持1.19不变，在5%的显著性水平下对该问题进行假设检验。

(1) 选择检验统计量并说明其抽样分布是什么样的。

(2) 检验的拒绝规则是什么？

(3) 计算检验统计量的值，你的结论是什么？

2. 已知某品牌保健品中某维生素含量服从正态分布$N(5.2, 0.11^2)$。某天从生产的产品中随机抽查了10瓶，某维生素的平均含量为5.02，问在0.05的显著性水平下，该天生产的保健品的某维生素含量是否处于产品质量控制状态？

3. 某鞋厂与外商签订的合同规定，皮鞋的优质率不得低于95%。现从某批20000双皮鞋中随机抽查45双，发现有3双没有达到优质标准，问在0.05的显著性水平下，外商是否应该接受该批皮鞋？

4. 某品牌手机广告宣称某款手机的电池充足电后可连续待机150小时。电池待机时间服从正态分布。现检测10个该款手机，足电电池的待机时间分别为(小时)：143，145，148，151，155，156，156，158，160和161，问在0.05的显著性水平下，该广告是否真实可信？

5. A、B两厂生产同种材料，抗压强度服从正态分布，并且已知$S_A=53$，$S_B=67$。从A厂生产的材料中随机抽取81件，测得平均抗压强度为每平方厘米1070公斤；从B厂生产的材料中随机抽取64件，测得平均抗压强度为每平方厘米1020公斤。问在0.05的显著性水平下，是否可以认为两厂生产的平均抗压强度没有显著差异？

6. 某生产线是按照两种操作平均装配时间之差为5分钟而设计的，两种装配操作的独立样本产生如下表所示的资料。

操作 A	操作 B
$n_1 = 100$	$n_2 = 50$
$\overline{x}_1 = 14.8$ 分钟	$\overline{x}_2 = 10.4$ 分钟
$s_1 = 0.8$ 分钟	$s_2 = 0.6$ 分钟

对 $\alpha = 0.02$，检验平均装配时间之差是否等于 5 分钟。

四、案例分析题

某电子厂商最近发明了一种新的成本更低的生产其电子产品的方法，由于新方法可能会影响该电子产品的使用寿命，该公司想对新方法生产的电子产品进行检验，于是建立了如下的原假设和备择假设。

$H_0: \mu_1 - \mu_2 \leqslant 0$，$H_1: \mu_1 - \mu_2 > 0$

其中，μ_1 是原方法下生产的电子产品的平均寿命，μ_2 是在新方法下生产出的电子产品的平均寿命。从每种方法生产的电子产品中各随机抽取 30 个并对其进行试验，得到如下表所示的数据。

序号	样本 1	样本 2	序号	样本 1	样本 2
1	2694	2693	16	2692	2654
2	2714	2696	17	2700	2690
3	2710	2639	18	2652	2643
4	2654	2698	19	2656	2625
5	2707	2608	20	2655	2626
6	2682	2633	21	2728	2611
7	2674	2630	22	2656	2631
8	2732	2624	23	2657	2646
9	2684	2616	24	2696	2642
10	2737	2662	25	2727	2622
11	2721	2661	26	2747	2642
12	2670	2661	27	2730	2614
13	2660	2674	28	2725	2610
14	2728	2602	29	2687	2698
15	2740	2681	30	2738	2676

要求：

(1) 在 α=0.05 的条件下，得出假设检验的结论。检验的 P 值是多少？

(2) 考虑新方法可以节约大量的成本，重新选定 α 的值，比如，α=0.01，此时，原假设是否会被拒绝？两个总体均值之差 99%的置信区间是多少？

(3) 增加样本容量或改进生产过程减小产品寿命的方差，会不会增加或降低犯第Ⅰ类和第Ⅱ类错误的概率？

第7章

方 差 分 析

【案例】天水公司最近开发了一种新的城市供水过滤系统，其元件需从几家供应商处购买，然后由公司组织装配生产。工程部负责确定新过滤系统的最佳装配方法，考虑各种可能后，工程部小组将范围缩小至3种方法：方法A、方法B及方法C。这些方法在产品装配步骤上有所不同，公司管理当局希望确定哪种装配方法每周生产的过滤系统数量最大。

工程部小组从装配车间的全体工人中抽取了18名工人组成样本，然后将装配方法中的每一种分别指派给6名员工。员工将受到关于装配方法的指导，然后开始用这种方法装配过滤系统。一周内每个员工装配的系统数目列在下表中。

观察值	装配方法		
	A	B	C
1	85	59	71
2	75	64	75
3	82	62	73
4	76	69	74
5	71	75	69
6	85	67	82

现在的问题是，装配方法的不同是否会显著影响每周装配产品的数量？本章的方差分析将为我们解决这一问题，并在推荐最佳的生产方案中起着很大的作用。

7.1 方差分析的一般问题

前面我们讨论的都是一个总体或两个总体的统计分析问题，但在实际工作中我们还会经常碰到多个总体的均值比较问题，处理这类问题通常采用的就是方差分析(Analysis of Variance，ANOVA)的方法。从形式上看，方差分析是比较多个总体均值是否相等，但在本质上，是研究变量之间的关系，研究一个(或多个)分类型自变量与一个数值型因变量之间的关系。本章主要介绍单因素方差分析和双因素方差分析。

7.1.1 方差分析的基本概念

所谓方差分析(ANOVA)，就是指检验多个总体均值是否相等的统计方法。

为了便于理解方差分析的含义及基本概念，下面通过一个例子来说明。

【例 7.1】某计算机制造和经销商雇用了大量推销人员，有 3 种支付报酬的方法：只给佣金；给固定薪金；较低的底薪加佣金。现在想了解不同的报酬支付方式对推销人员的销售额是否有显著的影响，即要比较这三类推销人员的平均销售额是否相同。现从三类推销人员中分别抽取了 7 名、6 名和 5 名，调查了其上个月的销售额记录，结果如表 7-1 所示。

表 7-1　不同报酬支付方式的推销员的月销售额

单位：万元

序号	佣金	固定薪金	底薪加佣金
1	65	62	63
2	60	56	59
3	59	55	64
4	69	53	57
5	64	50	62
6	66	54	—
7	58	—	—

在方差分析中，把所要检验的对象称为因素或因子(Factor)，因素的不同表现称为水平(Level)或处理(Treatment)，每个因素下得到的样本数据称为观察值。

在例 7.1 中，我们要分析的是不同的报酬支付方式对推销员的销售额是否有影响。这里的“报酬支付方式”是所要检验的对象，因此它是因素或因子，记为 A。报酬支付方式有 3 种不同的表现：佣金、固定薪金和底薪加佣金，它们就是因子 A 的 3 个水平或处理，记为 A_1，A_2，A_3。每种报酬支付方式下得到的样本数据(月销售额)就是观察值，记为 x_{ij}，表示第 i 个水平的第 j 个观察值。因素的每一个水平可以看作是一个总体，如佣金、固定薪金、底薪加佣金可以看作是 3 个总体，表 7-1 的数据可以看作是从 3 个总体中抽取的样本数据。

在方差分析中，如果变化的因素只有一个，这时的方差分析就称为单因素方差分析(One-way Analysis of Variance)，上例中只涉及报酬支付方式这一因素，因此它是一个单因素方差分析。当方差分析涉及两个变化的因素时，就称为双因素方差分析(Two-way Analysis of Variance)。

在例 7.1 中，我们要研究报酬支付方式对销售额是否有影响，这里的“报酬支付方式”就是自变量，它是一个分类型变量，佣金、固定薪金、底薪加佣金就是“报酬支付方式”这个自变量的具体取值。“月销售额”是因变量，它是一个数值型变量，不同的月销售额就是因变量的取值。方差分析要研究的就是分类型自变量对数值型因变量的影响，在例 7.1 中，也就是研究“报酬支付方式”对“月销售额”的影响。

7.1.2 方差分析的基本思想

我们怎么判断报酬支付方式对月销售额是否有显著影响呢？即怎么检验各总体均值是否相等呢？如果各总体均值相等，可以期望各样本均值很接近。事实上，各样本均值越接近，我们推断总体均值相等的证据就越充分；反之，各样本均值越不同，我们推断总体均值不同的证据也越强。我们不仅要考虑各样本均值的差异大小，而且还要考虑各样本内部的差异大小，对于相同的样本均值差异，如果样本内部差异越小，则越有证据说明各总体均值不等。

样本均值间的差异称为组间误差，记为 SSA，样本内部的差异称为组内误差，记为 SSE，在统计分析中，这些误差大小是用误差平方和来表示的。可以证明组间误差与组内误差之和恰好等于总误差平方和，它是全部观察值与总平均的误差平方和，记为 SST。

由于这些误差的大小还与观察值的多少有关，为了消除观察值多少对误差平方和大小的影响，需要将其平均，也就是用各平方和除以它们的自由度，这一结果称为均方(Mean Square)。3 个平方和所对应的自由度分别为：

SST 的自由度为$(n-1)$，其中 n 为全部观察值的个数；

SSA 的自由度为$(k-1)$，其中 k 为因素水平(总体)的个数；

SSE 的自由度为$(n-k)$。

由于我们主要比较组间均方与组内均方的差异，SSA 的均方(组间均方)记为 MSA，即 $MSA=SSA/(k-1)$，SSE 的均方(组内均方)记为 MSE，即 $MSE=SSE/(n-k)$。

将上述的 MSA 与 MSE 进行对比，就得到所需的检验统计量 F。当 H_0(各总体均值相等)为真时，两者的比值服从分子自由度为$(k-1)$、分母自由度为$(n-k)$的 F 分布，将统计量的值 F 与给定显著性水平 α 的临界值 F_α 进行比较，从而就可做出是否拒绝原假设 H_0 的决策。若 $F>F_\alpha$，则拒绝原假设 H_0，也就是说，各总体均值不等，即所检验的因素(报酬支付方式)对观察值(月销售额)有显著影响。若 $F<F_\alpha$，则不拒绝 H_0，也就是说，没有证据表明各总体均值有显著差异，即不能认为所检验因素(报酬支付方式)对观察值(月销售额)有显著影响。

7.1.3　方差分析检验的一般形式及基本假定

设因素有 k 个水平，每个水平的均值分别用 μ_1, μ_2, …, μ_k 表示，要检验 k 个水平(总体)的均值是否相等，被检验的一般形式为：

$H_0: \mu_1 = \mu_2 = \cdots = \mu_k$，自变量对因变量没有显著影响。

$H_1: \mu_1, \mu_2, \cdots, \mu_k$ 不全相等，自变量对因变量有显著影响。

需要注意的是，拒绝 H_0 时，只是表明至少有两个总体均值不相等，并不意味着所有均值都不相等。

为进行方差分析，需要 3 个基本假定。

① 每个总体都应服从正态分布。也就是说，对于因素的每一个水平，其观察值是来自正态分布的简单随机样本。

② 各总体的方差 σ^2 必须相同。也就是说，对于各组观察数据，是从具有相同方差的正态总体中抽取的。

③ 观察值是独立的。在例 7.1 中，每个月销售额数据都与其他各月的销售额数据独立。

在上述假定下，尽管不知道各总体的均值，但我们可以利用样本数据来检验它们是否相等。

7.2　单因素方差分析

单因素方差分析只涉及一个因素，研究的是一个分类型自变量对因变量的影响。

7.2.1　分析步骤

1. 提出假设

$H_0: \mu_1 = \mu_2 = \cdots = \mu_k$，自变量对因变量没有显著影响。

$H_1: \mu_1, \mu_2, \cdots, \mu_k$ 不全相等，自变量对因变量有显著影响。

2. 计算有关均值

为了便于分析，设单因素方差分析的数据结构如表 7-2 所示。

表 7-2　单因素方差分析的数据结构

观察值序号(j)	因素(i)			
	A_1	A_2	…	A_k
1	x_{11}	x_{21}	…	x_{k1}
2	x_{12}	x_{22}	…	x_{k2}
⋮	⋮	⋮	⋮	⋮
n	x_{1n}	x_{2n}	…	x_{kn}

因素 A 的 k 个水平用 A_1，A_2，…，A_k 表示，x_{ij} 表示第 i 个水平(总体)第 j 个观察值。从不同水平中所抽取的样本容量可以相等，也可以不等。

① 令 $\overline{x}_i$ 表示第 i 个总体的样本均值，则

$$\overline{x}_i = \frac{\sum_{j=1}^{n_i} x_{ij}}{n_i} \quad (i=1,\ 2,\ \cdots,\ k) \tag{7.1}$$

其中，n_i 为第 i 个总体的样本观察值个数。

② 令总均值为 $\overline{\overline{x}}$，则

$$\overline{\overline{x}} = \frac{\sum_{i=1}^{k}\sum_{j=1}^{n_i} x_{ij}}{n} = \frac{\sum_{i=1}^{k} n_i \overline{x}_i}{n} \tag{7.2}$$

式中，$n = n_1 + n_2 + \cdots + n_k$。根据例 7.1 的表 7-1 的数据计算的有关均值见表 7-3。

表 7-3　不同报酬支付方式的推销员的月销售额

单位：万元

序号	佣金	固定薪金	底薪加佣金
1	65	62	63
2	60	56	59
3	59	55	64
4	69	53	57
5	64	50	62
6	66	54	
7	58		

(续表)

序号	佣金	固定薪金	底薪加佣金
样本均值	63	55	61
样本容量	7	6	5
总均值	59.7778		

3. 计算误差平方和

① 总误差平方和 SST。它是全部观察值 x_{ij} 与总平均值 $\bar{\bar{x}}$ 的误差平方和，反映全部观察值的离散程度。

$$SST=\sum_{i=1}^{k}\sum_{j=1}^{n_i}(x_{ij}-\bar{\bar{x}})^2 \tag{7.3}$$

就表 7-1 的数据来说，其总误差平方和为

$SST=(65-59.7778)^2+(60-59.7778)^2+\cdots+(62-59.7778)^2=431.1111$

② 水平项误差平方和 SSA。它是各组平均值 $\bar{x}_i$ ($i=1, 2, \cdots, k$)与总平均值 $\bar{\bar{x}}$ 的误差平方和，反映了各水平总体的样本均值之间的差异程度，因此又称为组间平方和。

$$SSA=\sum_{i=1}^{k}\sum_{j=1}^{n_i}(\bar{x}_i-\bar{\bar{x}})^2=\sum_{i=1}^{k}n_i(\bar{x}_i-\bar{\bar{x}})^2 \tag{7.4}$$

根据例 7.1 的表 7-1 的数据可算得 SSA 如下：

$SSA=7\times(63-59.7778)^2+6\times(55-59.7778)^2+5\times(61-59.7778)^2=217.1111$

③ 误差项平方和 SSE。它是每个水平或各组的各样本数据与其组平均值误差的平方和，反映了每个样本各观察值的离散状况，因此又称为组内平方和或残差平方和。

$$SSE=\sum_{i=1}^{k}\sum_{j=1}^{n_i}(x_{ij}-\bar{x}_i)^2 \tag{7.5}$$

在例 7.1 中，SSE 可算得如下：

$SSE=(65-63)^2+\cdots+(58-63)^2+(62-55)^2+\cdots+(54-55)^2+(63-61)^2+\cdots+(62-61)^2$

$=214$

上述 3 个平方和的关系为：$SST=SSA+SSE$。

从例 7.1 的计算结果，可验证如下：431.1111=217.1111+214。

4. 计算统计量

① 组间均方 MSA。MSA 计算公式为

$$MSA=\frac{SSA}{k-1} \tag{7.6}$$

在例 7.1 中，MSA 为

$MSA=\dfrac{217.1111}{3-1}\approx 108.5556$

② 组内均方 MSE。MSE 的计算公式为

$$MSE = \frac{SSE}{n-k} \tag{7.7}$$

在例 7.1 中，MSE 为

$$MSE = \frac{214}{18-3} \approx 14.2667$$

③ 检验统计量 F。F 是 MSA 与 MSE 的比值，则：

$$F = \frac{MSA}{MSE} \sim F(k-1, n-k) \tag{7.8}$$

根据例 7.1 可得

$$F = \frac{108.5556}{14.2667} \approx 7.6090$$

5. 做出统计决策

计算出统计量 F 的值后，根据给定的显著性水平 α，在 F 分布表中查找分子自由度为$(k-1)$、分母自由度为 $n-k$ 的相应临界值 F_α。若 $F > F_\alpha$，则拒绝原假设 H_0；若 $F < F_\alpha$，则不拒绝 H_0。

根据上面的计算结果，$F \approx 7.6090$，假定显著性水平 α 为 0.05，根据分子自由度 $3-1=2$ 和分母自由度 $18-3=15$，查 F 分布表得临界值 $F_{0.05}(2, 15) = 3.6823$。由于 $F > F_\alpha$，则拒绝原假设 H_0，即 $\mu_1 = \mu_2 = \mu_3$ 不成立，表明 μ_1、μ_2、μ_3 之间有显著差异，也就是说，认为报酬支付方式对月销售额有显著影响。

7.2.2 方差分析表

上面介绍了方差分析的计算步骤，为了使计算过程和结果更加清晰，通常将上述过程的内容列在一张表内，这就是方差分析表(Analysis of Variance Table)。其一般形式如表 7-4 所示。

表 7-4 方差分析表的一般形式

方差来源	平方和 SS	自由度 df	均方 MS	F 值	P 值	F 临界值
组间	SSA	$k-1$	MSA	MSA/MSE		
组内	SSE	$n-k$	MSE			
总和	SST	$n-1$				

对于例 7.1，我们利用 Excel 可以很方便地得到方差分析表，如图 7-1 所示。

	A	B	C	D	E	F	G
1	方差分析						
2	差异源	*SS*	df	*MS*	*F*	*P*-value	*F* crit
3	组间	217.1111	2	108.5556	7.609034	0.005232	3.68232
4	组内	214	15	14.26667			
5							
6	总计	431.1111	17				

图 7-1　Excel 输出的方差分析结果

7.2.3　方差分析中的多重比较

用方差分析检验 k 个总体均值是否相等时，拒绝 H_0 只能得出总体均值不全相等的结论。要进一步检验到底哪些均值之间有差异，这时，Fisher 最小显著差异(Least Significant Difference，LSD)方法可用于判定到底哪些均值之间有差异。其具体做法如下所示。

① 提出原假设：$H_0: \mu_i = \mu_j$，$H_1: \mu_i \neq \mu_j$。

② 计算检验统计量：$|\bar{x}_i - \bar{x}_j|$。

③ 计算 LSD，其公式为

$$LSD = t_{\alpha/2}\sqrt{MSE(\frac{1}{n_i}+\frac{1}{n_j})} \tag{7.9}$$

式中：$t_{\alpha/2}$ 是自由度为$(n-k)$的 t 分布的临界值。n_i、n_j 是第 i 个样本和第 j 个样本的容量。

④ 根据显著性水平 α 作决策：如果 $|\bar{x}_i - \bar{x}_j| > LSD$，则拒绝原假设 H_0；如果 $|\bar{x}_i - \bar{x}_j| < LSD$，则不能拒绝原假设 H_0。

【例 7.2】根据表 7-3 和图 7-1 的结果，对 3 种报酬支付方式的均值作多重比较($\alpha = 0.05$)。

解： ① 提出原假设。

假设 1：$H_0: \mu_1 = \mu_2$，$H_1: \mu_1 \neq \mu_2$

假设 2：$H_0: \mu_1 = \mu_3$，$H_1: \mu_1 \neq \mu_3$

假设 3：$H_0: \mu_2 = \mu_3$，$H_1: \mu_2 \neq \mu_3$

② 计算检验统计量。

$|\bar{x}_1 - \bar{x}_2| = |63 - 55| = 8$

$|\bar{x}_1 - \bar{x}_3| = |63 - 61| = 2$

$|\bar{x}_2 - \bar{x}_3| = |55 - 61| = 6$

③ 计算 LSD。

由图 7-1 知，MSE=14.26667。根据自由度$(n-k)$=18－3=15，查 t 分布表得 $t_{\alpha/2} = t_{0.025} =$

2.1315，由此可算得各 LSD 值为

$$LSD_1 = 2.1315 \times \sqrt{14.26667 \times (\frac{1}{7} + \frac{1}{6})} \approx 4.47913$$

$$LSD_2 = 2.1315 \times \sqrt{14.26667 \times (\frac{1}{7} + \frac{1}{5})} \approx 4.71415$$

$$LSD_3 = 2.1315 \times \sqrt{14.26667 \times (\frac{1}{6} + \frac{1}{5})} \approx 4.87509$$

④ 做出决策。

$|\bar{x}_1 - \bar{x}_2| = 8 > 4.47913$，拒绝 H_0，佣金与固定薪金这两种报酬支付方式的月销售额之间有显著差异。

$|\bar{x}_1 - \bar{x}_3| = 2 < 4.71415$，不拒绝 H_0，不能认为佣金与底薪加佣金这两种报酬支付方式之间的月销售额有显著差异。

$|\bar{x}_2 - \bar{x}_3| = 6 > 4.87509$，拒绝 H_0，固定薪金与底薪加佣金这两种报酬支付方式之间的月销售额有显著差异。

7.3 双因素方差分析

7.3.1 双因素方差分析及其类型

在实际问题中，有时需要考虑几个因素对试验结果的影响。比如在分析食品销量的时候，需要考虑包装方法、销售地区、价格、质量等多个因素的影响。当分析的因素有两个，若记一因素为 A，另一因素为 B，要同时分析 A 和 B 对试验结果的影响，这时的方差分析就是双因素方差分析。

【例 7.3】为研究食品的包装和销售地区对其销售量是否有影响，在 3 个不同的地区用 3 种不同的包装方法进行销售，获得的销售量数据见表 7-5。试分析包装方法和销售地区对食品销量是否有显著影响。(α=0.05)

表 7-5　在 3 个不同的地区用不同的包装方法所获得的销售量

销售地区(A)	包装方法(B)		
	B_1	B_2	B_3
A_1	45	75	30
A_2	50	50	40
A_3	35	65	50

在例 7.3 中，包装方法和销售地区是两个分类型自变量，销售量是一个数值型因变量。要分析包装方法和销售地区对销售量的影响，就是要分析究竟是一个因素在起

作用，还是两个因素都起作用，或两个因素都不起作用。

如果“包装方法”和“销售地区”对销售量的影响是相互独立的，我们分别判断“包装方法”和“销售地区”对销售量的影响，那么这时的双因素方差分析就称为无交互作用的双因素方差分析或无重复双因素方差分析(Two-factor Without Replication)；如果“包装方法”和“销售地区”两个因素对销售量的影响不是相互独立，两者的不同搭配也会对销售量产生影响，那么这时的双因素方差分析就称为有交互作用的双因素方差分析或可重复双因素分析(Two-factor With Replication)。

7.3.2 无交互作用的双因素方差分析

在无交互作用的双因素方差分析中，由于有两个因素 A 和 B，在获取数据时，需要将其中一个因素比如 A，安排在行的位置，称为行因素；另一因素 B 则安排在列的位置，称为列因素。设因素 A 有 r 个水平 A_1，A_2，…，A_r；因素 B 有 s 个水平 B_1，B_2，…，B_s，将因素 A、B 水平的每对组合(A_i, B_j)，$(i=1, 2, \cdots, r;\ j=1, 2, \cdots, s)$都看作一个总体，共有 rs 个总体，对每个总体(A_i, B_j)都做一次试验或抽取容量为 1 的随机样本，其试验结果或观察值记为 $x_{ij}\ (i=1, 2, \cdots, r;\ j=1, 2, \cdots, s)$。其数据结构如表 7-6 所示。

表 7-6 双因素方差分析的数据结构

		因素 B				平均值
		B_1	B_2	…	B_s	$\bar{x}_{i.}$
因素 A	A_1	x_{11}	x_{12}	…	x_{1s}	$\bar{x}_{1.}$
	A_2	x_{21}	x_{22}	…	x_{2s}	$\bar{x}_{2.}$
	⋮	⋮	⋮	⋮	⋮	⋮
	A_r	x_{r1}	x_{r2}	…	x_{rs}	$\bar{x}_{r.}$
平均值 $\bar{x}_{.j}$		$\bar{x}_{.1}$	$\bar{x}_{.2}$	…	$\bar{x}_{.s}$	$\bar{\bar{x}}$

与单因素方差分析类似，同样做出 3 个基本假定：这 rs 个总体中的每一个都服从正态分布，有相同的方差，各观察值相互独立。

双因素方差分析的分析步骤也与单因素方差分析一样，其基本步骤如下所示。

1. 提出假设

为了检验两个因素的影响，需对两个因素分别提出如下假设。

$H_{01}: \mu_{1.} = \mu_{2.} = \cdots = \mu_{r.}$，因素 A(自变量 A)对因变量没有显著影响。

$H_{11}: \mu_{1.}, \mu_{2.}, \cdots, \mu_{r.}$ 不全相等，因素 A(自变量 A)对因变量有显著影响。

式中：$\mu_{i.}$ 为行因素 A 第 i 水平的均值。

$H_{02}: \mu_{.1} = \mu_{.2} = \cdots = \mu_{.s}$，因素 B(自变量 B)对因变量没有显著影响。

$H_{12}: \mu_{.1}, \mu_{.2}, \cdots, \mu_{.s}$ 不全相等，因素 B(自变量 B)对因变量有显著影响。

式中：$\mu_{.j}$ 为列因素 B 第 j 水平的均值。

2. 计算有关均值

① 令 $\bar{x}_{i.}$ 表示行因素 A 第 i 个水平下各观察值的均值，则

$$\bar{x}_{i.}=\frac{\sum_{j=1}^{s}x_{ij}}{s}\quad(i=1,\ 2,\ \cdots,\ r)\tag{7.10}$$

② 令 $\bar{x}_{.j}$ 表示列因素 B 第 j 个水平下各观察值的均值，则

$$\bar{x}_{.j}=\frac{\sum_{i=1}^{r}x_{ij}}{r}\quad(j=1,\ 2,\ \cdots,\ s)\tag{7.11}$$

③ 令总均值为 $\bar{\bar{x}}$，则有

$$\bar{\bar{x}}=\frac{\sum_{i=1}^{r}\sum_{j=1}^{s}x_{ij}}{rs}\tag{7.12}$$

3. 计算误差平方和

① 总误差平方和 SST。它是全部观察值 x_{ij} 与总平均值 $\bar{\bar{x}}$ 的误差平方和，反映全部观察值的离散程度。

$$SST=\sum_{i=1}^{r}\sum_{j=1}^{s}(x_{ij}-\bar{\bar{x}})^2\tag{7.13}$$

② 行因素 A 所产生的误差平方和 SSA。

$$SSA=\sum_{i=1}^{r}\sum_{j=1}^{s}(\bar{x}_{i.}-\bar{\bar{x}})^2=s\sum_{i=1}^{r}(\bar{x}_{i.}-\bar{\bar{x}})^2\tag{7.14}$$

③ 列因素 B 所产生的误差平方和 SSB。

$$SSB=\sum_{j=1}^{s}\sum_{i=1}^{r}(\bar{x}_{.j}-\bar{\bar{x}})^2=r\sum_{j=1}^{s}(\bar{x}_{.j}-\bar{\bar{x}})^2\tag{7.15}$$

④ 误差项平方和 SSE。

$$SSE=\sum_{i=1}^{r}\sum_{j=1}^{s}(x_{ij}-\bar{x}_{i.}-\bar{x}_{.j}+\bar{\bar{x}})^2\tag{7.16}$$

与单因素情况类似，上述 4 个平方和的关系为

$$SST=SSA+SSB+SSE$$

4. 计算统计量

① 行因素 A 的均方 MSA。

$$MSA=\frac{SSA}{r-1}\tag{7.17}$$

② 列因素 B 的均方 MSB。

$$MSB=\frac{SSB}{s-1} \tag{7.18}$$

③ 随机误差项的均方 MSE。

$$MSE=\frac{SSE}{(r-1)(s-1)} \tag{7.19}$$

④ 检验统计量。

检验行因素 A 对因变量影响是否显著，用下面的统计量。

$$F_A=\frac{MSA}{MSE}\sim F[r-1,\ (r-1)(s-1)] \tag{7.20}$$

检验列因素 B 对因变量影响是否显著，用下面的统计量。

$$F_B=\frac{MSB}{MSE}\sim F[s-1,\ (r-1)(s-1)] \tag{7.21}$$

5. 做出统计决策

计算出统计量的值后，根据给定的显著性水平α，查 F 分布表得相应的临界值 $F_\alpha[(r-1),\ (r-1)(s-1)]$、$F_\alpha[(s-1),\ (r-1)(s-1)]$。

若 $F_A > F_\alpha[(r-1),\ (r-1)(s-1)]$，则拒绝原假设 H_{01}；

若 $F_B > F_\alpha[(s-1),\ (r-1)(s-1)]$，则拒绝原假设 H_{02}。

为了使计算过程更加清晰，通常将上述过程的内容列成方差分析表，其一般形式如表 7-7 所示。

表 7-7　双因素方差分析表

方差来源	平方和 SS	自由度 df	均方 MS	F 值	P 值	F 临界值
行因素 A	SSA	$r-1$	MSA	F_A		
列因素 B	SSB	$s-1$	MSB	F_B		
误差	SSE	$(r-1)(s-1)$	MSE			
总和	SST	$rs-1$				

7.3.3　有交互作用的双因素方差分析

在双因素方差分析中，如果两个因素在不同水平的搭配会对因变量产生新的影响时就要考虑交互作用，这就是有交互作用的双因素方差分析。

设因素 A 有 r 个水平 A_1，A_2，…，A_r，因素 B 有 s 个水平 B_1，B_2，…，B_s，对因素 A、B 水平的每对组合(A_i，B_j)，($i=1, 2, \cdots, r$；$j=1, 2, \cdots, s$)都做 $t(\geqslant 2)$次试验或抽取容量为 t 的随机样本，其试验结果或观察值记为 x_{ijk}($i=1, 2, \cdots, r$；$j=1, 2, \cdots, s$；

$k=1, 2, \cdots, t$)。其数据结构如表 7-8 所示。

表 7-8 有交互作用的双因素方差分析的数据结构

		因素 B			
		B_1	B_2	…	B_s
因素A	A_1	$x_{111}, \cdots, x_{11t}$	$x_{121}, \cdots, x_{12t}$	…	$x_{1s1}, \cdots, x_{1st}$
	A_2	$x_{211}, \cdots, x_{21t}$	$x_{221}, \cdots, x_{22t}$	…	$x_{2s1}, \cdots, x_{2st}$
	⋮	⋮	⋮	⋮	⋮
	A_r	$x_{r11}, \cdots, x_{r1t}$	$x_{r21}, \cdots, x_{r2t}$	…	$x_{rs1}, \cdots, x_{rst}$

有交互作用的双因素方差分析，其方法和分析步骤与前述完全类似，这里不再赘述。对这些问题的检验方法都是建立在平方和的分解基础之上的，下面列出有关记号和计算公式。

$$\overline{x}_{ij.}=\frac{1}{t}\sum_{k=1}^{t}x_{ijk} \tag{7.22}$$

$$\overline{x}_{i..}=\frac{1}{st}\sum_{j=1}^{s}\sum_{k=1}^{t}x_{ijk} \tag{7.23}$$

$$\overline{x}_{.j.}=\frac{1}{rt}\sum_{i=1}^{r}\sum_{k=1}^{t}x_{ijk} \tag{7.24}$$

$$\overline{\overline{x}}=\frac{1}{rst}\sum_{i=1}^{r}\sum_{j=1}^{s}\sum_{k=1}^{t}x_{ijk} \tag{7.25}$$

总平方和：

$$SST=\sum_{i=1}^{r}\sum_{j=1}^{s}\sum_{k=1}^{t}(x_{ijk}-\overline{\overline{x}})^2 \tag{7.26}$$

行因素 A 的平方和：

$$SSA=st\sum_{i=1}^{r}(\overline{x}_{i..}-\overline{\overline{x}})^2 \tag{7.27}$$

列因素 B 的平方和：

$$SSB=rt\sum_{j=1}^{s}(\overline{x}_{.j.}-\overline{\overline{x}})^2 \tag{7.28}$$

交互作用平方和：

$$SSAB=t\sum_{i=1}^{r}\sum_{j=1}^{s}(\overline{x}_{ij.}-\overline{x}_{i..}-\overline{x}_{.j.}+\overline{\overline{x}})^2 \tag{7.29}$$

误差项平方和：

$$SSE=\sum_{i=1}^{r}\sum_{j=1}^{s}\sum_{k=1}^{t}(x_{ijk}-\overline{x}_{ij.})^2 \tag{7.30}$$

其平方和分解式为

$$SST = SSA + SSB + SSAB + SSE$$

检验统计量为

$$F_A = \frac{SSA/(r-1)}{SSE/[rs(t-1)]} = \frac{MSA}{MSE} \sim F[(r-1),\ rs(t-1)] \tag{7.31}$$

$$F_B = \frac{SSB/(s-1)}{SSE/[rs(t-1)]} = \frac{MSB}{MSE} \sim F[(s-1),\ rs(t-1)] \tag{7.32}$$

$$F_{A\times B} = \frac{SSAB/(r-1)(s-1)}{SSE/[rs(t-1)]} = \frac{MSAB}{MSE} \sim F[(r-1)(s-1),\ rs(t-1)] \tag{7.33}$$

于是，其方差分析表的一般形式如表 7-9 所示。

表 7-9 有交互作用的双因素方差分析表

方差来源	平方和 SS	自由度 df	均方 MS	F 值	P 值	F 临界值
行因素 A	SSA	$r-1$	MSA	F_A		
列因素 B	SSB	$s-1$	MSB	F_B		
交互 A×B	$SSAB$	$(r-1)(s-1)$	$MSAB$	$F_{A\times B}$		
误差	SSE	$rs(t-1)$	MSE			
总和	SST	$rst-1$				

【例 7.4】某营销公司为了研究不同的广告媒体和广告方案对产品销售量的影响，对3种广告方案和两种广告媒体的组合进行了试验，所获得的销售量数据如表 7-10 所示。

表 7-10 不同广告媒体和广告方案的销售量

		广告媒体 B	
		电视 B_1	报纸 B_2
广告方案A	A_1	12	8
		9	10
		15	9
	A_2	24	18
		29	15
		25	21
	A_3	15	12
		17	18
		13	15

试分析广告方案、广告媒体或其交互作用对销售量的影响是否显著。(α=0.05)

解：由 Excel 可重复作用方差分析，得到的输出结果如图 7-2 所示。

A	B	C	D	E	F	G	H
1	方差分析：可重复双因素分析						
2	SUMMARY	电视(B1)	报纸(B2)	总计			
3	A1						
4	观测数	3	3	6			
5	求和	36	27	63			
6	平均	12	9	10.5			
7	方差	9	1	6.7			
8	A2						
9	观测数	3	3	6			
10	求和	78	54	132			
11	平均	26	18	22			
12	方差	7	9	25.6			
13	A3						
14	观测数	3	3	6			
15	求和	45	45	90			
16	平均	15	15	15			
17	方差	4	9	5.2			
18	总计						
19	观测数	9	9				
20	求和	159	126				
21	平均	17.666667	14				
22	方差	45.75	20.5				
23	方差分析						
24	差异源	*SS*	*df*	*MS*	*F*	*P*-value	*F* crit
25	样本	403	2	201.5	31	1.818E-05	3.8852938
26	列	60.5	1	60.5	9.3076923	0.0100688	4.7472253
27	交互	49	2	24.5	3.7692308	0.0536717	3.8852938
28	内部	78	12	6.5			
29	总计	590.5	17				

图 7-2　Excel 输出的可重复作用方差分析的结果

由图 7-2 可知，F_A=31 > F crit=3.8852938，或 P-value=1.818E – 05 < α=0.05，拒绝原假设，即不同的广告方案对销售量有显著影响；F_B=9.3076923 > F crit=4.7472253，或 P-value=0.0100688 < α =0.05，拒绝原假设，即不同的广告媒体对销售量有显著影响；$F_{A\times B}$ =3.7692308 < F crit=3.8852938，或 P-value=0.0536717 > α =0.05，不拒绝原假设，没有证据表明广告方案和广告媒体的交互作用对销售量有显著影响。

本章小结

方差分析是检验多个总体均值是否相等的一种统计分析方法。为进行方差分析，需要满足 3 个假定前提：第一，每个总体都应服从正态分布；第二，各总体的方差 σ^2 必须相同；第三，观察值是独立的。方差分析的基本思想是：把总误差平方和分解为组间误差平方和与组内误差平方和，这些误差平方和除以各自的自由度即可得到相应的方差，进而把组间方差和组内方差对比构造检验统计量 F，通过计算 F 值并将其与临界值比较来完成检验。

根据所涉及的分类自变量的多少，方差分析可分为单因素方差分析和双因素方差分析。在双因素方差分析中，根据两个因素之间有无交互作用，又可分为无交互作用的双因素方差分析(或称无重复双因素方差分析)和有交互作用的双因素方差分析(或称可重复双因素方差分析)。

如果由方差分析得出各总体均值不相等，则可进一步由 *LSD* 方法判别究竟哪些总体均值不相等。方差分析一般计算工作量较大，统计软件的使用能方便地给出方差分析的结果。通常统计软件(如 Excel)都会给出：在一定显著性水平 α 下，检验统计量 F 的值及其临界值 F_α，通过两者比较，我们就能得出是否拒绝原假设的结论。统计软件也同时提供 P 值，它允许我们可直接将 P 值与显著性水平 α 比较，而得出与 F 检验相同的结论。

练习题

一、思考题

1. 什么是方差分析？它有哪些类型？
2. 方差分析有哪些基本假定？
3. 方差分析的基本思想是什么？
4. 解释总误差平方和、组间误差平方和、组内误差平方和的含义。
5. 方差分析中多重比较的作用是什么？
6. 什么是交互作用？请解释有交互作用的双因素方差分析和无交互作用的双因素方差分析。

二、选择题

1. 方差分析作为一种统计研究方法，研究的是(   )。

A. 分类变量之间的关系

B. 数值型变量之间的关系

C. 数值型变量与分类型变量之间的关系

D. 分类型变量与数值型变量之间的关系

2. 方差分析中检验统计量的抽样分布是(   )。

A. 正态分布　　B. t 分布

C. F 分布　　D. χ^2 分布

3. 单因素方差分析中，组内误差平方和对应的自由度是(   )。

A. $n-1$　　B. $k-1$

C. $n-k$　　D. n

4. 单因素方差分析中，下列检验统计量正确的是(   )。

A. $\frac{MSA}{MST}$　　B. $\frac{MSE}{MST}$

C. $\frac{MSE}{MSA}$　　D. $\frac{MSA}{MSE}$

5. 若检验统计量 $F=\frac{MSA}{MSE}$ 近似等于 1，说明(   )。

A. 组间方差中不包含系统因素的影响　　B. 组内方差中不包含系统因素的影响

C. 组间方差中包含系统因素的影响　　D. 方差分析中应拒绝原假设

E. 方差分析中应接受原假设

6. 单因素方差分析中，给定显著性水平 α，确定拒绝原假设的是(   )。

A. $F > F_{\alpha}$　　B. $F < F_{\alpha}$

C. $F > F_{\alpha/2}$　　D. $F < F_{\alpha/2}$

7. 在一个双因素组间设计的方差分析中，一位研究者报告行因素 A 对因变量影响显著性的统计量 $F(1,54)=0.94$，列因素 B 对因变量影响显著性的统计量 $F(2,108)=3.14$。你能由此得到的结论是(   )。

A. B 因素对因变量影响显著性比 A 因素的大

B. 研究中有 110 个被试

C. 此研究是无交互作用的双因素方差分析

D. 这个结果报告一定有错误

8. 对于同一批数据，分别进行单因素方差分析和无交互作用的双因素方差分析，各自分析中的总离差平方和 SST 的关系是(   )。

A. 相同　　B. 可能相等也可能不等

C. 单因素方差分析中的 SST 大

D. 无交互作用的双因素方差分析中的 SST 大

9. 有交互作用的双因素方差分析中，反映交互作用的误差平方和是(　　)。

A. $\sum_{i=1}^{r}\sum_{j=1}^{s}\sum_{k=1}^{t}(x_{ijk}-\overline{\overline{x}})^2$　　B. $st\sum_{i=1}^{r}(\overline{x}_{i..}-\overline{\overline{x}})^2$

C. $rt\sum_{j=1}^{s}(\overline{x}_{.j.}-\overline{\overline{x}})^2$　　D. $t\sum_{i=1}^{r}\sum_{j=1}^{s}(\overline{x}_{ij.}-\overline{x}_{i..}-\overline{x}_{.j.}+\overline{\overline{x}})^2$

10. 有交互作用的双因素方差分析中，检验交互作用的统计量服从(　　)。

A. $F[(r-1),\ rs(t-1)]$　　B. $F[(s-1),\ rs(t-1)]$

C. $F[(r-1)(s-1),\ rs(t-1)]$　　D. $F[(r-1)(s-1),\ rs]$

三、计算题

1. 某化学公司需要采购一批用于混合原料的机器，经过一番调研分析后，采购范围缩小到 A、B、C 这 3 家制造商，该公司还收集了这 3 家制造商的机器关于混合原料所需时间(单位：分钟)的数据，得到的资料如下表所示(单位：分钟)。试利用这些数据检验 3 家制造商的机器混合一批原料所需平均时间是否相同？(α=0.05)

A 制造商	B 制造商	C 制造商
20	28	20
26	26	19
24	31	23
22	27	22

2. 从 5 个总体中抽取容量不同的样本数据，得到资料见下表。取α=0.01，检验 5 个总体的均值是否相等？

样本 1	样本 2	样本 3	样本 4	样本 5
12	16	13	10	13
13	17	12	9	10
13	16	12	12	14
14	14	11	9	
12	17		10	
14				

3. 从 3 个总体中各选取 10 个观察值，ANOVA 分析表的一部分如下表所示。

差异来源	*SS*	df	*MS*	*F*	*P-value*	*F crit*
组间			210		0.245946	3.354131
组内	3836			—	—	—
总计		29	—	—	—	—

要求：

(1) 完成上面的方差分析表。

(2) 在显著性水平α=0.05 下，检验 3 个总体均值是否有显著差异？

4. 从 3 个总体中各选取 4 个观察值，得到资料见下表。在下面的计算中，设α=0.05。

样本 1	样本 2	样本 3
156	158	148
142	180	161
149	164	154
165	174	169

要求：

(1) 通过方差分析，检验 3 个总体的均值是否有显著差异？

(2) 用 Fisher LSD 方法检验哪些均值有差异？

5. 某厂商在 5 个地区：华东、华北、华南、华西和华中销售自己生产的产品，该产品有 3 种包装方式 A、B 和 C，销售部门想了解不同的外包装和地区对产品的销量是否有影响，销售部门从过去的销售数据中得到如下表的销售资料。

地区	包装方式		
	A	B	C
华东	51	55	48
华北	46	54	51
华南	45	43	43
华西	34	41	39
华中	44	53	45

以α=0.05 的显著性水平，检验不同的包装方式对销量是否有显著影响？不同的地区对销量是否有显著差异？

四、案例分析题

一个纺织品制造商收到一个很大的用于制作制服的衣料订单，这些衣料由 4 条不同的染色流水线进行染色，每条流水线每天生产的衣料数量大致相同。

通常，如果订单数量不是很大，只会用到一条流水线来完成订单，因为这样衣料的图案亮度会控制得较好，而不同流水线染色的图案亮度总会有些差异。但是这个订单很大，要同时用到4条流水线，这时候需要通过使所有生产的衣料的图案亮度的方差最小化来尽可能使图案保持一致。最近，顾客抱怨图案亮度的差异太大了。因此决定对4条流水线生产的衣料图案亮度进行方差分析检验。从每条流水线随机抽取样本并测量亮度，测量值在0～100之间，数据如下表所示。

观察值	流水线 1	流水线 2	流水线 3	流水线 4
1	66.55	66.16	68.36	72.32
2	71.91	65.94	66.81	66.69
3	67.61	68.62	66.50	72.36
4	66.13	63.86	65.22	70.88
5	71.31	69.38	65.06	69.76
6	68.99	64.55	65.42	71.05
7	71.83	66.82	66.50	68.78
8	68.99	65.56	64.82	74.40
9	69.81	63.66	68.31	66.73
10	72.49	64.71	68.17	73.58
11	69.99	67.32	65.50	66.72
12	73.44	71.39	70.39	70.37
13	70.39	63.78		75.72
14	68.42	70.25		74.65
15	71.66			
16	65.14			

要求：

(1) 在α=0.05的显著性水平下进行检验并给出你的结论。

(2) 哪两条流水线染色的衣料的平均亮度有明显的不同？

(3) 在生产过程中停止某一条流水线进行亮度调整的成本很高，如果只能将一条流水线停下来调整，应该调整哪一条呢？应该将其调整到多少亮度值才能使所染色的衣料的图案尽可能保持一致？

第8章

相关分析和回归分析

【案例】作为营销服务的手段之一，某大型超市设计了直接向顾客邮寄宣传品的促销活动。由于该公司的数据库储存了上亿名超市卡顾客的消费信息，所以它把那些最有可能对促销活动做出反应的顾客作为促销目标，通过直接向他们邮寄宣传品达到获得收益的目的。企业的分析发展部门运用回归分析方法，建立能度量并预测顾客对于促销活动做出反应的模型。如，企业的分析发展部门从储存的上亿名超市卡顾客的数据库中选取一个样本，分析直接向顾客邮寄宣传品的促销活动后，样本中的每一位顾客购买商品的种类，建立顾客购买本超市商品的总金额($\hat{y}$)与购买促销商品的金额(x)之间关系的估计回归方程为

$$\hat{y} = 100.80 + 35x$$

利用这一方程，企业的分析发展部能够预测：顾客收到促销宣传品的反应将是，每1元促销商品将可能带动其购买超市商品35元。

实际上，购买本超市商品的总金额还与顾客的收入水平、是否拥有信用卡以及每次光顾超市的平均消费额度等有关，企业的分析发展部门又如何建立包含这些因素的、能更好地度量并预测顾客对于促销活动做出反应的模型？超市商品主要是日用消费品，你的促销可能受制于人们一定的消费量。过于频繁的促销可能使其带动购买超市商品的作用变弱，对此又该如何建立回归模型，以及如何运用建立的回归模型来预测促销的效果呢？

通过本章的学习，你会知道如何从定性角度分析判断现象之间的变量关系，定量评价现象之间的变量的相关关系的密切程度；根据相关数据建立各种估计回归方程，并能够对因变量进行合理的预测。

8.1 相关分析

8.1.1 相关关系的概念和种类

1. 相关关系的概念

在客观现象的发展变化中，现象之间总是普遍联系和相互依存的，客观现象(变量)之间的数量依存关系可分为两种类型：确定性关系和相关关系。

确定性关系也叫函数关系，它指的是变量之间的严格的确定关系。例如，求单利的利息，可用一个确定的数学公式 $c=i \times p \times t$ 反映，其中，i 为利率，p 为本金，t 为储蓄时间。只要给定 i、p、t 某些数值，必有一个确定的 c 值与之对应。

相关关系是指现象之间客观存在的非确定性的数量依存关系。例如，广告费投入的变动，会相应地影响销售额的变动，但销售额的变动又不完全由广告费投入量决定，它还受产品质量、性能、价格等因素影响，而且有一定的随机性。广告费的投入与销售额之间就是一种相关关系。凡是一个现象发生了数量变化，另一个现象也发生相应的但不完全确定的数量变化，即构成相关关系。

2. 相关关系的种类

由于客观现象之间联系的复杂性，它们的相关关系表现为各种不同的类型和形式，可以按不同的标志进行分类。

(1) 按相关关系涉及的变量或因素的个数，可以分为单相关与复相关

单相关也称为一元相关，是指两个变量之间的相关关系。复相关是指多个变量之间的相关关系，即一个变量与两个及两个以上变量的复杂依存关系。复相关又称为多元相关。例如，研究稻谷每亩产量对施肥量的相关关系是单相关，稻谷每亩产量为因变量，施肥量为自变量。研究稻谷每亩产量对施肥量、浇水量的相关关系就是复相关，增加变量，可以提高预测或说明问题的精确度，但计算的难度也相应增加。

(2) 按相关关系的表现形式，可以分为线性相关与非线性相关

将具有相关关系的两个变量的对应值绘制在直角坐标系上，如果其散点图趋向直线的形式，则称为线性相关或直线相关。变量 x 发生变化，变量 y 也随之发生大致成比例的变化，表明 x 和 y 之间是线性相关。例如，例 8.1 高校人数与周边饭店的季营业额的关系就表现为线性相关。如果其散点图趋向某种曲线的形式，则称为非线性相关，也可称为曲线相关。例如，商品销售额与商品流通费用率之间的关系就表现为非线性相关。

(3) 按相关关系的方向，可以分为正相关和负相关

正相关指的是相关变量之间的变动方向是一致的，即变量 x 增加或减少，变量 y 也

相应增加或减少。例如，广告费的投入与销售额之间，若广告费增加，销售额也相应增加，属正相关。负相关与正相关正好相反，它指的是相关变量之间的变动方向是相反的，即变量 x 增加或减少，变量 y 随之减少或增加。例如，劳动生产率与单位产品成本之间，若劳动生产率提高，单位产品成本则降低，这类相关关系称为负相关。

(4) 按相关关系的程度，可分为完全相关、不完全相关和不相关

如果变量 x 的变化完全由变量 y 决定，则把这种相关关系称为完全相关。实质上，完全相关就是一种确定性的函数关系。如果变量 x 的变化与变量 y 的变化有关，但此变化又不完全由变量 x 决定，还受随机因素的影响，则把这种相关关系称为不完全相关。许多客观现象的数量表现都具有随机性，因此它们之间的关系通常都表现为不完全相关。如果变量 x 的变化不受变量 y 影响，变量之间彼此独立，则把这种关系称为不相关。

8.1.2 相关分析的图表和意义

相关分析是研究现象之间是否存在某种依存关系，并对具体有依存关系的现象探讨其相关方向以及相关程度，是研究随机变量之间相关性的统计分析方法。相关关系是相关分析的研究对象。

1. 相关图表

相关图表包含相关图和相关表两层含义。它们是直观地表达变量之间的相关关系的程度的方法。在进行相关分析前，须先定性分析所研究问题的有关现象之间是否存在依存关系，以及存在着何种依存关系；然后，直观地表达变量之间的相关关系的程度，所需的方法通常有相关表和相关图。

相关表是将具有相关关系的原始数据，按某一顺序平行排列在一张表上，以观察它们之间的相互关系。

【例 8.1】当教育部决定将各高校的后勤社会化时，某从事饮食业的企业家认为这是一个很好的投资机会，他得到 10 组高校人数与周边饭店的季营业额的数据资料(如表 8-1 所示)，并想根据数据决策其投资规模。

表 8-1 高校人数和周边饭店的季营业额

饭店	学生人数(万人) x	季营业额(万元) y	饭店	学生人数(万人) x	季营业额(万元) y
1	1	18	6	12	158
2	2	32	7	20	180
3	3	60	8	20	220
4	5	108	9	22	225
5	8	80	10	26	320

解：由表 8-1 可知，随着高校学生人数的增加，其周边饭店的季营业额虽然有波动，

但总体上增加，根据相关表可以直观地看出学生人数与营业额之间的相关趋势为正相关，即学生人数增加，季营业额增加；学生人数减少，季营业额减少。

相关表不仅可以直观地展示变量之间相关关系的方向，还是绘制相关图的基础。

相关图也称为分布图或散点图，它是在平面直角坐标中把相关关系的原始数据用点描绘出来，通常以直角坐标的横轴代表自变量 x，纵轴代表因变量 y。相关图所反映的变量之间的相关关系的方向和程度比相关表更为清晰，也更为直观。利用表 8-1 的数据绘制相关图，如图 8-1 所示。

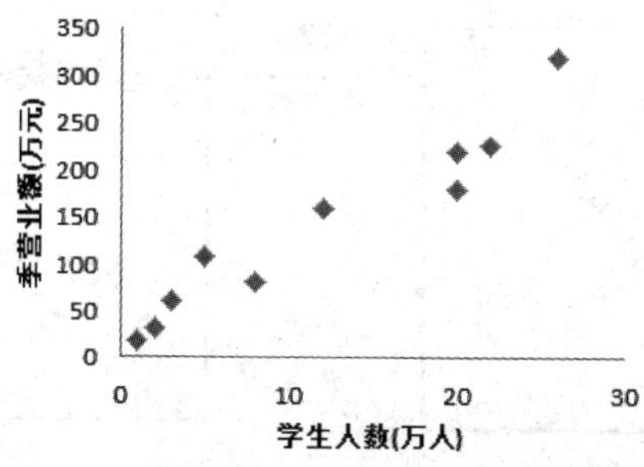

图 8-1 学生人数和季营业额相关图

观察图 8-1 可以得出，散点分布自左下方向右上方伸展，散点分布比较集中。若用一条直线，可以更好地表达这种关系，如图 8-2 所示。直线两侧点的数目相同，季营业额随着学生人数的增加而增加，清楚地展示了两个变量之间的关系方向。因为各数据点与直线靠得比较近，可知学生人数与饭店季营业额之间存在着较密切的关系。

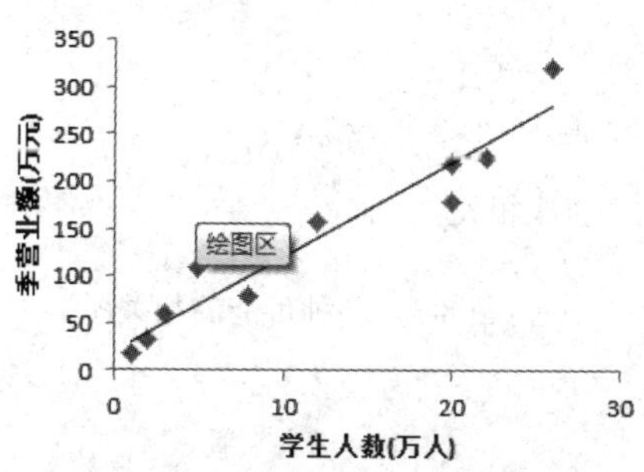

图 8-2 配有合适直线的散点图

图 8-3 说明了相关图中各种可能的关系。图(a)和图(b)表示了 x 和 y 之间的正、负的线性关系；图(c)和图(d)分别表示 x 和 y 之间的正、负的曲线关系；图(e)表示 x 和 y 之间的关系不是很密切，其散点的分布域较宽，与图(a)相比表明变量之间的联系程度较差；图(f)散点的分布成水平趋向，表明 x 和 y 之间没有什么关系，即 x 取不同值时，y 值几乎不变。变量之间的散点分布如果与图(f)相同，则预示着不能用一个变量去预测另一变量。

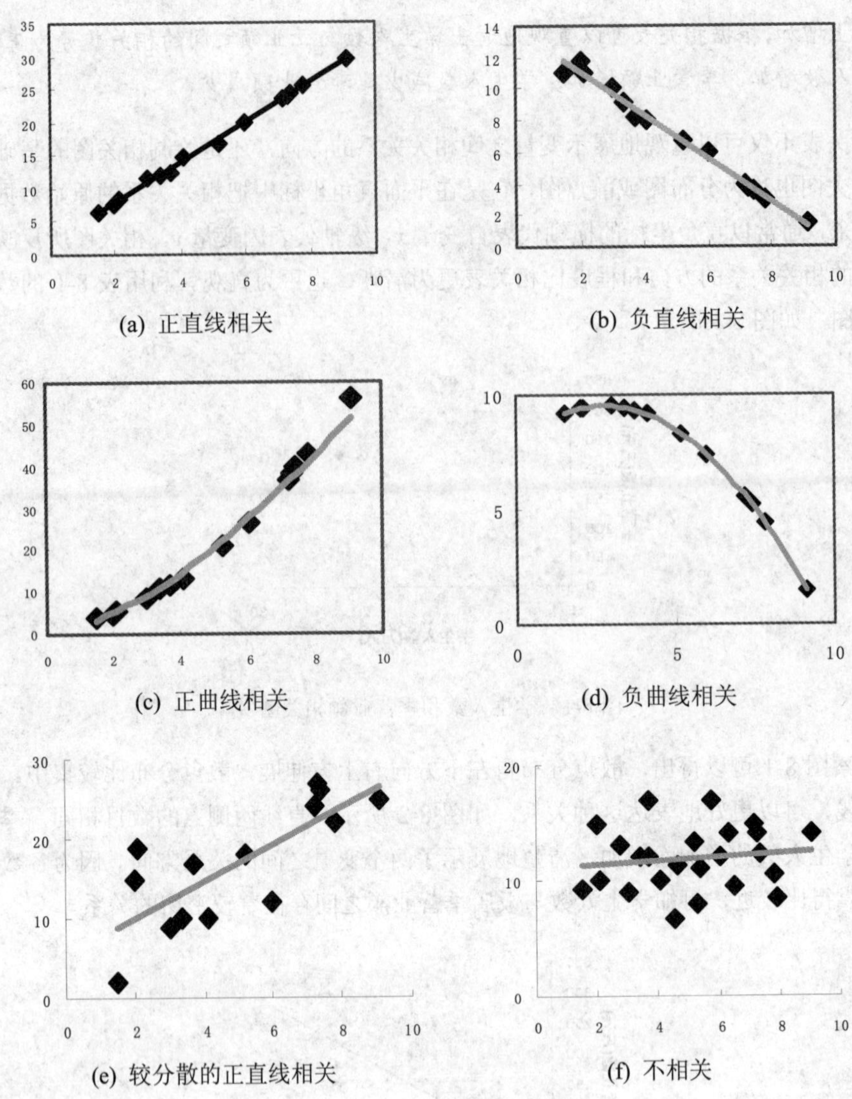

(a) 正直线相关　(b) 负直线相关

(c) 正曲线相关　(d) 负曲线相关

(e) 较分散的正直线相关　(f) 不相关

图 8-3　各种可能的相关图

2. 相关分析的意义

研究两个或两个以上的变量间的相关关系的方法，称为相关分析。对现象之间的相关分析研究的目的，就是要找出现象之间相互关系的密切程度及其变化的规律性，以便做出某种判断和推断。例如，某药物研究人员想要鉴别一种能够治疗食欲不振之疾病的药品，其药品剂量 x 和食欲 y 之间的相关程度，是药物研究人员制造药品的依据。

(1) 相关分析可以确定变量之间相关关系的方向和程度

由于相关关系是一种不严格依存的数量关系，它们的依存关系有的比较密切，有的密切程度很小。现象之间相关的密切程度，对于研究现象的发展变化的规律性是十分重要的。判断相关关系密切程度的指标是相关系数，相关系数的大小可以表明 x 和 y 之间相关关系的程度。相关系数的正负号，可以表明 x 和 y 之间相关关系的方向。

(2) 相关分析可以衡量回归估计的精确程度

相关分析常常与回归分析联合使用，只有当变量之间相关关系的密切程度较高时，用一个变量去估计另一变量才是有效的。例如，根据某公司几年来的广告费投入和销售额建立一个回归方程，若想知道投入一定数额的广告费，其销售额估计的有效性，只有当销售额与广告费投入有密切相关时，上述估计才会有效，否则回归方程的建立就无任何意义。

8.1.3 简单线性相关

1. 相关系数

尽管相关图直观地反映了两个变量之间的相互关系及其相关方向和程度，但相关图并没有给我们提供一个确切地描述变量 x 和 y 之间相关强度的数值。而变量之间的关系到底密切到何种程度，又是决策者极为关心的问题。例如，销售经理经常要决定广告策划的方式，他必须在赠品与报纸广告上做出选择，其选择的依据就是哪一种方式对销售量的影响更大，哪一种方式的广告宣传与销售的关系最为密切。为了准确地表明两个变量线性关系的程度和方向，我们有必要用一个指标对此进行说明。这个指标就是相关系数。

相关系数是描述相关的两个变量之间相关关系密切程度的数量指标。早在1890年，英国著名统计学家Karl Pearson便提出了一个测定两个变量线性相关的计算方法，通常称为积差相关系数或简单相关系数，计算公式为

$$r=\frac{\sum(x-\overline{x})(y-\overline{y})}{\sqrt{\sum(x-\overline{x})^2\sum(y-\overline{y})^2}}=\frac{\sum xy-\frac{1}{n}\sum x\sum y}{\sqrt{(\sum x^2-\frac{1}{n}(\sum x)^2)(\sum y^2-\frac{1}{n}(\sum y)^2)}} \tag{8.1}$$

式中：r 表示相关系数；x，y 分别表示两个变量；$\overline{x}$，$\overline{y}$ 分别表示两个变量数列的均值。

【例8.2】利用表8-1的数据，计算学生人数x(万人)和季营业额y(万元)的相关系数。

解： 学生人数和季营业额的相关系数计算表(不含阴影列，阴影列的计算在例8.5用到)如表8-2所示。

表 8-2 相关系数计算表

饭店	x	y	x^2	y^2	xy	$(x_i-\overline{x})^2$
1	1	18	1	324	18	118.81
2	2	32	4	1024	64	98.01
3	3	60	9	3600	180	79.21
4	5	108	25	11664	540	47.61
5	8	80	64	6400	640	15.21
6	12	158	144	24964	1896	0.01
7	20	180	400	32400	3600	65.61
8	20	220	400	48400	4400	65.61
9	22	225	484	50625	4950	102.01
10	26	320	676	102400	8320	198.81
合计	119	1401	2207	281801	24608	790.90

根据式(8.1)得

$$r=\frac{24608-\frac{1}{10}\times119\times1401}{\sqrt{(2207-\frac{1}{10}\times119\times119)\times(281801-\frac{1}{10}\times1401\times1401)}}\approx0.96$$

计算结果表明，学生人数与饭店季营业额之间的相关程度较高，两者的相关方向为正值，说明 x 和 y 之间为高度正相关。

2. 相关系数的性质

① 相关系数的取值范围在−1～1之间，即$|r|\leqslant1$。

② 若 $0<r\leqslant1$，表示变量 x 与变量 y 为线性正相关关系；若 $-1\leqslant r<0$，表示变量 x 与变量 y 为线性负相关关系。

③ 若$|r|=1$，表示两个变量完全线性相关，即变量 x 与变量 y 之间存在确定的函数关系。若 $r=1$，表示两个变量完全线性正相关；若 $r=-1$，表示两个变量完全线性负相关。

④ 若 $r=0$，表示两个变量不存在线性相关。

⑤ 当$0<|r|<1$时，表示两个变量存在不同程度的线性相关。$|r|$的数值越接近 1，表示两个变量之间线性相关程度越高；反之，$|r|$的数值越接近 0，表示两个变量之间线性相关程度越低。通常认为：$0<|r|\leqslant0.3$ 为微弱相关；$0.3<|r|\leqslant0.5$ 为低度相关；$0.5<|r|\leqslant0.8$ 为显著相关；$0.8<|r|\leqslant1$ 为高度相关。

⑥ 相关系数不受变量值水平和计量单位的影响，便于在不同资料之间对相关程度进行比较。

3. 相关系数的显著性检验

在实际的客观现象分析中，相关系数 r 一般都是根据样本数据计算出来的，它受到抽样随机性的影响。由于抽取的样本不同，r 的取值也就不同，因此，r 是一个变量。所以需要考察样本相关系数的可靠性，即对总体相关系数ρ进行显著性检验。具体步骤如下。

第一步，提出假设。

$$H_0:\rho=0; H_1:\rho\neq 0$$

第二步，构造检验统计量。

$$t=|r|\sqrt{\frac{n-2}{1-r^2}}\sim t(n-2)$$

第三步，确定临界值。根据给定的显著性水平α和自由度$(n-2)$，查 t 分布表或利用 Excel 计算，得到临界值 $t_{\alpha/2}(n-2)$。

第四步，进行决策。若$t>t_{\alpha/2}(n-2)$，则拒绝原假设 H_0，接受备择假设 H_1，表明总体的两个变量之间存在显著的线性相关关系；若 $t\leqslant t_{\alpha/2}(n-2)$，则不拒绝原假设 H_0，表明总体的两个变量之间不存在显著的线性相关关系。

【例 8.3】继续例 8.2，检验高校学生人数与周边饭店季营业额之间的相关系数是否显著，显著性水平α=0.05。

解：第一步，提出假设。

$H_0:\rho=0;\ H_1:\rho\neq 0$

第二步，构造检验统计量。

$$t=|r|\sqrt{\frac{n-2}{1-r^2}}=0.96\times\sqrt{\frac{10-2}{1-0.96\times 0.96}}\approx 10.40$$

第三步，确定临界值。根据给定的显著性水平α=0.05 和自由度 10−2=8，查找 t 分布表或利用 Excel 计算，得到临界值$t_{0.025}(8)=TINV(0.05,8)=2.31$。

第四步，进行决策。由于$t=10.40>t_{0.025}(8)=2.31$，所以拒绝原假设 H_0，说明高校学生人数与周边饭店季营业额之间存在着显著的正线性相关关系。

8.2 线性回归分析

8.2.1 回归分析

回归分析是根据已知变量估计未知变量的一种统计方法，它是以对未知变量(因变量)同其他变量(自变量)相互关系的观察为基础，在某种精确度下，预测未知变量的数值。

回归分析这一术语是1877年由英国生物学家Francis Galton(1822—1911)第一次作为统计概念加以应用的。

回归分析的主要内容和步骤如下。

首先，选择适当的回归模型。根据理论分析所研究的客观现象，找出其现象间的因果关系及相互间的联系，构建理论模型，以便得到一个较好地反映客观现象变化规律的回归模型。还可以根据相关关系的具体形态或散点图的方法，选择一个拟合效果较好的回归模型。

其次，进行参数估计。根据收集的样本数据对模型中的参数进行估计。

然后，进行模型的检验。即对参数估计值加以评定，确定它们在理论上是否有意义，在统计上是否显著。只有通过检验的模型才能用于实际，所以模型检验也是重要的环节。

最后，进行预测。即根据回归方程进行适当预测，这是回归分析的最终目的。

1. 总体回归方程与样本回归方程

我们通过一个具体例题简要说明回归分析的一些基本概念。

假定要研究家庭消费支出与家庭收入之间的关系，一个总体由 50 户家庭组成，将其按人均月收入水平划分成组内收入水平大致相同的 10 个组。表 8-3 列出了各个家庭的人均月消费支出 y 和收入 x 的情况。图 8-4 为不同收入水平的家庭支出散点分布图。

表 8-3 某总体的家庭收支情况

单位：千元/月

人均月收入 x	人均月消费支出 y						条件均值 $E(y)$
1	0.77	0.81	0.80	0.82			0.8
2	1.10	1.40	1.70	1.80			1.5
3	1.70	1.90	2.20	2.45	2.75		2.2
4	1.65	2.30	2.90	3.45	3.50	3.60	2.9
5	2.50	3.00	3.40	3.80	4.00	4.90	3.6
6	3.20	3.70	4.00	4.40	8.10	8.40	4.3
7	4.00	4.30	4.80	8.20	8.60	6.10	8.0
8	4.30	8.00	8.80	6.40	7.00		8.7
9	4.50	8.60	6.80	7.30	7.80		6.4
10	6.00	7.50	7.80				7.1

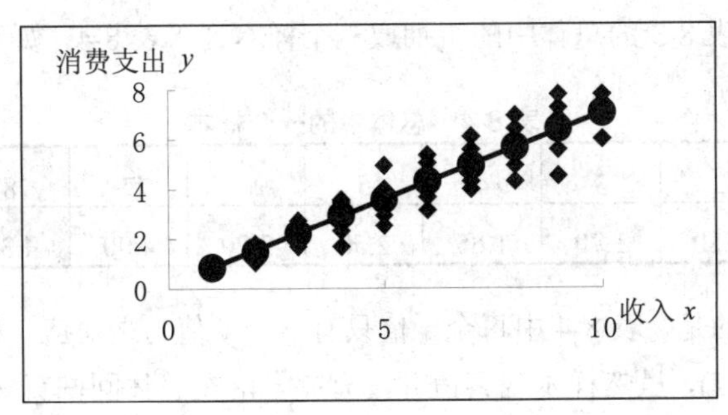

图 8-4 不同收入水平的家庭消费支出散点分布图

从图 8-4 的散点分布可以看出，虽然各个家庭的消费支出存在差异，但各组家庭的平均消费支出随着收入水平的提高不断增加。当 x 取特定值 x_i 时，y 的条件均值 $E(y\,|\,x=x_i)$，简记为 $E(y_i)$。例如，x=2 千元/月时，有 4 个 y 值，每个值出现的概率均为 1/4，所以 y 的条件均值$=1.10\times\frac{1}{4}+1.40\times\frac{1}{4}+1.70\times\frac{1}{4}+1.80\times\frac{1}{4}=1.5$(千元/月)。

即收入水平每月为 2000 元的 4 个家庭的月平均消费支出为 1500 元。同样可以计算出其他收入水平下各个家庭的平均消费支出，将这些条件均值绘制在散点图 8-4 中(用粗圆点表示)，它们正好都落在一条直线上；这条直线形象地描述了家庭收入变化时，消费支出的平均变化规律。这条直线(即自变量 x 取各个给定值时 y 均值的轨迹)称为总体回归直线(Population Regression Line)，总体回归直线所对应的方程为

$$E(y\,|\,x=x_i)=\beta_0+\beta_1 x_i \tag{8.2}$$

公式(8.2)称为总体回归方程(Population Regression Function，PRF)，β_0，β_1 称为参数(Parameters)，也称为回归系数(Regression Coefficients)。β_0 称为截距(Intercept)，是 x 为 0 时 y 的(条件)均值；β_1 称为斜率(Slope)，斜率系数度量了 x 每变动一单位，y (条件)均值的变化率。例如，若斜率系数为 0.5，则表明收入每增加 1 千元，y 的(条件)均值增加 0.5 千元，即消费支出平均增加 0.5 千元。

总体回归方程只是反映了总体的平均变化规律，即给定 x 条件下，y 分布的均值。从表 8-3 和图 8-4 都可以看出，单个家庭的消费支出 y_i 与平均消费支出 $E(y_i)$之间存在着一定的离差，即，$\varepsilon_i=y_i-E(y_i\,|\,x=x_i)=y_i-(\beta_0+\beta_1 x_i)$，则

$$y_i=\beta_0+\beta_1 x_i+\varepsilon_i \tag{8.3}$$

公式(8.3)称为总体回归模型，其中 ε_i 称为随机误差项。

回归分析的主要任务就是求出总体回归参数的具体数值，进而利用总体回归方程描述和分析总体的平均变化规律，即只要求出相对每个 x 的 y 的条件均值，然后再把这些均值连接起来，就得到了总体回归线。严格来说，回归分析是条件回归分析，所以无须每时每刻都加上“条件”二字，表达式 $E(y_i\,|\,x=x_i)$ 可以简写成 $E(y_i)$。而在实际中很少获得整个总体的数据，通常仅仅有来自总体的一个样本。

例如，假设从表 8-3 的总体中随机抽取一个样本列入表 8-4，如下所示。

表 8-4　总体中的一个样本

x	1	2	3	4	5	6	7	8	9	10
y	0.77	1.10	1.70	1.65	2.50	3.20	4.00	4.30	4.50	6.00

与表 8-3 不同的是，表 8-4 中每个 x 值只有一个 y 值与之对应。根据这 10 组观察值绘制成散点图(图 8-5)，虽然样本观察值并没有完全落在总体回归直线上，但样本是从总体中随机抽取的，必然包含总体的信息，散点分布仍然呈现出明显的线性趋势。

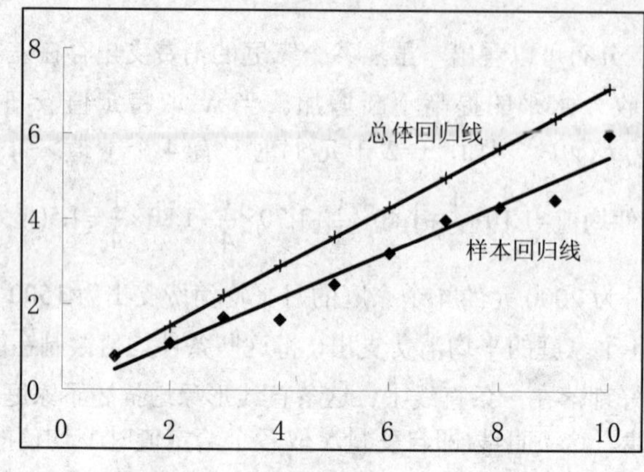

图 8-5　总体回归线与样本回归线

设法确定一条直线来较好地拟合这些样本观察值，称这条直线为样本回归线(Sample Regression Lines)，其对应的方程为

$$\hat{y}_i = \hat{\beta}_0 + \hat{\beta}_1 x_i \tag{8.4}$$

公式(8.4)称为样本回归方程(Sample Regression Function)，$\hat{y}_i$为总体条件均值 $E(y \mid x = x_i)$的估计量；$\hat{\beta}_0$，$\hat{\beta}_1$分别为总体回归参数 β_0，β_1 的估计量。如果估计误差较小，$\hat{\beta}_0$，$\hat{\beta}_1$的值与总体回归参数 β_0，β_1 比较接近，则可以用样本回归方程近似代替总体回归方程，即利用样本回归方程近似地描述总体的平均变化规律。

实际值 y_i 与估计值 $\hat{y}_i$ 的离差用 e_i 表示，则

$$e_i = y_i - \hat{y}_i = y_i - (\hat{\beta}_0 + \hat{\beta}_1 x_i) \tag{8.5}$$

公式(8.5)中的 e_i 称为残差项(Residual Term)，简称(Residual)。

2. 相关分析和回归分析的联系和区别

相关分析和回归分析都是对客观现象数量依存关系的分析，在理论基础和方法上具

有一致性，是研究变量之间相关关系的两种基本方法，两者之间既有联系又有区别。

(1) 相关分析与回归分析的联系

相关分析和回归分析有着密切的联系，具体表现如下。

① 相关分析和回归分析具有共同的研究对象。它们都是研究变量之间相关关系的统计方法。

② 相关分析和回归分析需要相互补充。相关分析需要依靠回归分析来表明变量间相关关系的具体形式，而回归分析需要依靠相关分析来表明变量间相关关系的密切程度。

③ 相关分析是回归分析的前提。只有当变量之间存在高度相关时，进行回归分析寻求其相关关系的具体形式才有意义，而对于相关程度很低的两个变量进行回归分析则没有实际意义。

④ 回归分析是相关分析的拓展。回归分析是建立在相关分析的基础上，对于具有密切相关关系的两个变量进行深入分析，建立它们之间的数学关系式，并进行预测。

(2) 相关分析与回归分析的区别

相关分析和回归分析也有明显的区别，具体表现如下。

① 变量的地位不同。在相关分析中，变量处于平等地位，不必区分自变量和因变量；而在回归分析中，变量处于不平等地位，必须区分自变量和因变量。

② 变量的性质不同。在相关分析中，两个变量都是随机变量；而在回归分析中，因变量是随机变量，自变量假定为非随机变量。

③ 研究的目的不同。相关分析研究变量间相关关系的密切程度和方向；而回归分析研究变量间相关关系的具体形式。

④ 研究的方法不同。相关分析通过相关表、相关图和相关系数研究变量间的相关关系；而回归分析通过回归模型研究变量间的相关关系。

⑤ 所起的作用不同。相关分析只能描述变量间相关关系的密切程度和方向，不能由一个变量的变化预测另一个变量的变化情况；而回归分析可以揭示自变量对因变量的影响大小，并可根据回归方程进行预测。

8.2.2　一元线性回归模型

1. 回归模型的基本假定

回归模型是描述因变量如何依赖自变量和随机误差项的方程。一元线性回归模型只涉及一个自变量，可表述为

$$y = \beta_0 + \beta_1 x + \varepsilon \tag{8.6}$$

涉及两个或两个以上自变量的线性回归模型称为多元线性回归模型。不妨设有 k 个自变量，则 k 元线性回归模型可表述为

$$y = \beta_0 + \beta_1 x_1 + \beta_2 x_2 + \cdots + \beta_k x_k + \varepsilon \tag{8.7}$$

公式(8.7)中，β_0，β_1，β_2，…，β_k 是模型的回归参数。

利用样本数据估计回归模型中的参数时，为了提高估计的精确度，通常需要对模型的随机误差项和自变量的特性事先做一些假定。一般要求满足以下几个假定。

假定 1：随机误差项ε是服从正态分布的实随机变量。

由于在大样本情形下，最小二乘估计量都可认为近似服从正态分布，即假定 1 成立。而面对小样本问题时，只是在对参数进行显著性检验和确定置信区间才需要假定 1，而假定 1 是否成立对估计量的统计性质没有影响。

假定 2：零均值假定，即随机误差项ε的平均值为零，$E(\varepsilon)=0$。

由于随机误差项是模型中未出现的解释变量、测量误差等所有随机因素的综合结果，因此它对因变量的影响不是系统的，而且有正有负，所有可能取值平均起来应为 0。此外，在线性模型中，可将随机项的非零期望值归入常数项，使随机项的期望值变为 0。

假定 3：同方差假定，即对于自变量 x_1，x_2，…，x_k 所有观察值，随机误差项ε的方差σ^2都相同。

如果对不同的自变量观察值随机误差项的方差是不同的，则称为异方差情形，这可能会破坏最小二乘估计量的估计以及假设检验的推断，此时最小二乘法不再适用。

假定 4：非自相关假定，即与自变量不同观察值对应的随机误差项之间是互不相关、互不影响的。

如果随机误差项存在自相关，即“按时间(如时间序列)或者空间(如截面数据)排列的数值之间具有相关关系”[1]，那么将会破坏最小二乘估计量的估计以及假设检验的推断，与异方差产生的后果很相似。

假定 5：自变量与误差项不相关假定。

在前文中已经指出回归分析是条件回归分析，这样才能将自变量对因变量的影响和随机项对因变量的影响区分开来。因此，在一般情况下将假定自变量是非随机变量，那么假定 5 成立。

假定 6：无多重共线性假定，即自变量之间不存在完全的或近似的线性关系。

如果自变量之间存在完全的或者高度的共线性，利用回归分析可能无法区分每个自变量对 y 的单独影响。

在上述 6 个假定中前 4 个假定都是针对随机项的，假定 5 是针对自变量和随机项的，假定 6 是针对多元模型中多个自变量的假定。

假定 1、假定 2 和假定 3 决定了随机误差项的分布：$\varepsilon \sim N(0,\ \sigma^2)$。由于 y 是ε的线性函数，那么 y 也服从正态分布。这在对参数进行区间估计和计算估计误差时都要用到。而假定中σ^2实际上是未知的，它是模型中的一个重要参数，在根据观察值对参数进行

[1] Maurice G. Kendall and William R. Buckland. A Dictionary of Statistical Terms. Hafner, New York, 1971.

估计的同时，也将给出σ^2的一个估计。

在实际经济问题中，假定 3、假定 4 和假定 6 不一定都能满足，需要各自用相应的检验方法进行诊断并采取相应的措施加以补救，具体做法可参考计量经济学的相关教材和文献资料，本书不做讲解。

2. 最小二乘估计(OLS)

简单起见，先讨论一元线性回归模型。

$$y_i = \beta_0 + \beta_1 x_i + \varepsilon_i$$

假设从总体中获取了 n 组观察值$(x_1, y_1), (x_2, y_2), \cdots, (x_n, y_n)$，对于第 i 个 x 值，估计的回归方程可表示为$\hat{y}_i = \hat{\beta}_0 + \hat{\beta}_1 x_i$，则观察值$y_i$与估计值$\hat{y}_i$的离差$e_i$为

$$e_i = y_i - \hat{y}_i = y_i - (\hat{\beta}_0 + \hat{\beta}_1 x_i)$$

对于 x 和 y 的 n 对观察值，可以用来描述其关系的直线有多条，这就产生了一个问题：如何从这些直线中选择一条最佳拟合(近似)线？直观地可以这样考虑，如果这些资料真实地反映了客观实际情况，那么为了能够描述客观事实，模型应该尽可能地接近这些数据。因此，选择最佳拟合线的标准可以确定为：使总的拟合误差(即总离差)达到最小。描述这一标准的方法有很多种，其中最常用的就是普通最小二乘法(Ordinary Least Square，OLS)：所选择的回归模型应该使所有观察值的残差平方和达到最小，则

$$\sum e_i^2 = \sum (y_i - \hat{y}_i)^2 = \sum (y_i - \hat{\beta}_0 - \hat{\beta}_1 x_i)^2 = \min \tag{8.8}$$

令$Q = \sum (y_i - \hat{y}_i)^2$，根据微积分的极值定理，对 Q 求相应于$\hat{\beta}_0$和$\hat{\beta}_1$的偏导数，并令其等于 0，便可求出$\hat{\beta}_0$和$\hat{\beta}_1$。

根据以下方程组

$$\begin{cases} \dfrac{\partial Q}{\partial \hat{\beta}_0} = 2\sum (y_i - \hat{\beta}_0 - \hat{\beta}_1 x_i)(-1) = 0 \\ \dfrac{\partial Q}{\partial \hat{\beta}_1} = 2\sum (y_i - \hat{\beta}_0 - \hat{\beta}_1 x_i)(-x_i) = 0 \end{cases}$$

经化简得到求解$\hat{\beta}_0$和$\hat{\beta}_1$的标准方程组

$$\begin{cases} \sum y_i = n\hat{\beta}_0 + \hat{\beta}_1 \sum x_i \\ \sum x_i y_i = \hat{\beta}_0 \sum x_i + \hat{\beta}_1 \sum x_i^2 \end{cases}$$

解方程组得

$$\begin{cases}\hat{\beta}_1 = \dfrac{n\sum x_i y_i - \sum x_i \sum y_i}{n\sum x_i^2 - (\sum x_i)^2} \\ \hat{\beta}_0 = \overline{y} - \hat{\beta}_1 \overline{x}\end{cases} \tag{8.9}$$

公式(8.9)中：$\overline{y} = \frac{1}{n}\sum y_i$；$\overline{x} = \frac{1}{n}\sum x_i$。

对于两变量之间构造的模型是否存在显著性关系，需要进行模型或者解释变量的显著性检验(见 8.3.2 与 8.3.3)。

【例 8.4】经例 8.3 求证知：高校学生人数与周边饭店季营业额之间存在着显著的正线性相关关系。那么，高校学生人数与周边饭店季营业额之间具体关系又是怎么样的呢？

解：根据例 8.1 并利用表 8-2 的数据，$\overline{y} = \frac{1}{n}\sum y_i = 140.1$，$\overline{x} = \frac{1}{n}\sum x_i = 11.9$。根据公式(8.9)计算参数估计值为

$$\begin{cases}\hat{\beta}_1 = \dfrac{n\sum x_i y_i - \sum x_i \sum y_i}{n\sum x_i^2 - (\sum x_i)^2} = \dfrac{10 \times 24608 - 119 \times 1401}{10 \times 2207 - 119^2} \approx 10.03 \\ \hat{\beta}_0 = \overline{y} - \hat{\beta}_1 \overline{x} \approx 140.1 - 10.03 \times 11.9 = 20.69\end{cases}$$

则样本回归方程为

$\hat{y}_i = 20.69 + 10.03x_i$

3. 参数的估计误差和置信区间

(1) 估计误差

估计误差即估计值 $\hat{\beta}_1$ 和真值 β_1 的偏差($\hat{\beta}_1 - \beta_1$)，随着抽样的不同，误差大小是一个随机变量，因此需要考虑其平均误差。参数估计量的平均误差为

$$\sqrt{E(\hat{\beta}_1 - \beta_1)^2} = \sqrt{\sigma^2 / \sum (\mathrm{x}_i - \overline{x})^2}$$

其中，σ^2 是误差项ε的方差，这个值通常并不知道，实际计算中一般采用 σ^2 的无偏估计量。

$$\hat{\sigma}^2 = \sum e_i^2 / (n-2) \tag{8.10}$$

用 $\hat{\sigma}^2$ 估计 σ^2，并且用 $S(\hat{\beta}_1)$ 表示系数 $\hat{\beta}_1$ 的估计误差。

$$S(\hat{\beta}_1) = \sqrt{\frac{\hat{\sigma}^2}{\sum (\mathrm{x}_i - \overline{x})^2}} = \sqrt{\frac{\sum e_i^2}{(n-2)\sum (\mathrm{x}_i - \overline{x})^2}} \tag{8.11}$$

同理，$\hat{\beta}_0$ 的估计误差为

$$S(\hat{\beta}_0)=\sqrt{\frac{(\sum e_i^2)(\sum x_i^2)}{n(n-2)\sum(\mathrm{x}_i-\bar{x})^2}} \tag{8.12}$$

【例 8.5】继续例 8.4，根据例 8.1 并利用表 8-2 的资料，计算$\hat{\sigma}^2$、$S(\hat{\beta}_1)$、$S(\hat{\beta}_0)$。

解： $\sum(\mathrm{x}_i-\bar{x})^2=790.90$(见表 8-2 的阴影列)；利用样本回归方程$\hat{y}_i=20.69+10.03x_i$，估计$\hat{y}_i$，求$\sum e_i^2=\sum(y_i-\hat{y}_i)^2=5888.01$(见表 8-7)。

由公式(8.10)计算出σ^2的无偏估计量为

$\hat{\sigma}^2=\sum e_i^2/(n-2)=5888.01/8\approx 736.00$

根据式(8.11)与式(8.12)计算得$\hat{\beta}_0$和$\hat{\beta}_1$的估计误差。

$$S(\hat{\beta}_1)=\sqrt{\frac{\hat{\sigma}^2}{\sum(\mathrm{x}_i-\bar{x})^2}}=\sqrt{\frac{736.00}{790.90}}\approx 0.96$$

$$S(\hat{\beta}_0)=\sqrt{\frac{(\sum e_i^2)(\sum x_i^2)}{n(n-2)\sum(\mathrm{x}_i-\bar{x})^2}}=\sqrt{\frac{\sum e_i^2}{(n-2)\sum(\mathrm{x}_i-\bar{x})^2}}\times\sqrt{\frac{\sum x_i^2}{n}}=S(\hat{\beta}_1)\sqrt{\frac{2207}{10}}\approx 14.33$$

$S(\hat{\beta}_0)$和$S(\hat{\beta}_1)$又称为系数的标准误差(或标准差)。系数的标准误差只是反映了估计量与真值的相对偏离程度。$S(\hat{\beta}_1)$越小，则$\hat{\beta}_1$和真值β_1的近似误差越小，但不能认为$\hat{\beta}_1$和β_1的绝对误差就是$S(\hat{\beta}_1)$，这可从参数置信区间得到进一步说明。

(2) 置信区间

为了对系数的取值情况有更多了解，可以按一定的可靠性确定系数的取值范围。就是在一定的置信水平下，求得系数的置信区间。

构造统计量

$$t=\frac{\hat{\beta}_1-\beta_1}{S(\hat{\beta}_1)}\sim t(n-2) \tag{8.13}$$

对于给定的置信水平(1-α)，由t分布表查得临界值$t_{\alpha/2}(n-2)$，使得$P\left(|t|<t_{\alpha/2}(n-2)\right)=1-\alpha$，则

$$P\left(\hat{\beta}_1-t_{\alpha/2}(n-2)S(\hat{\beta}_1)<\beta_1<\hat{\beta}_1+t_{\alpha/2}(n-2)S(\hat{\beta}_1)\right)=1-\alpha \tag{8.14}$$

所以，参数β_1的置信区间为

$$\left(\hat{\beta}_1-t_{\alpha/2}(n-2)S(\hat{\beta}_1),\ \hat{\beta}_1+t_{\alpha/2}(n-2)S(\hat{\beta}_1)\right) \tag{8.15}$$

即以$100\times(1-\alpha)\%$的概率保证回归系数属于该区间内。

类似地，可构造参数β_0在置信水平为(1-α)的置信区间为

$$\left(\hat{\beta}_0-t_{\alpha/2}(n-2)S(\hat{\beta}_0),\ \hat{\beta}_0+t_{\alpha/2}(n-2)S(\hat{\beta}_0)\right) \tag{8.16}$$

【例 8.6】继续例 8.5，求$\alpha=0.05$的置信水平下，系数$S(\hat{\beta}_1)$、$S(\hat{\beta}_0)$的置信区间。

解：查 t分布表，$\alpha = 0.05$，$t_{\alpha/2}(n-2) = t_{0.025}(8) = 2.31$。

根据式(8.15)，求得参数β_1的置信区间为：$10.03 \pm 2.31 \times 0.96$，即(7.81，12.25)；

根据式(8.16)，求得参数β_0的置信区间为：$20.69 \pm 2.31 \times 14.33$，即(-12.41，53.79)。

8.2.3 多元线性回归模型

1. 多元线性回归模型的参数估计

对于多元线性回归模型：

$$y_i = \beta_0 + \beta_1 x_{1i} + \beta_2 x_{2i} + \cdots + \beta_k x_{ki} + \varepsilon_i (i = 1, 2, \cdots, n)$$

如果利用最小二乘法估计模型的参数，同样应该使残差平方和达到最小，即有

$$\begin{aligned}\sum e_i^2 &= \sum (y_i - \hat{y}_i)^2 \\ &= \sum (y_i - \hat{\beta}_0 - \hat{\beta}_1 x_{1i} - \hat{\beta}_2 x_{2i} - \cdots - \hat{\beta}_k x_{ki})^2 = \min\end{aligned}$$

因此，参数估计值应该是下列方程组的解。

$$\begin{cases} \dfrac{\partial Q}{\partial \hat{\beta}_0} = 2\sum (y_i - \hat{\beta}_0 - \hat{\beta}_1 x_{1i} - \hat{\beta}_2 x_{2i} - \cdots - \hat{\beta}_k x_{ki})(-1) = 0 \\ \dfrac{\partial Q}{\partial \hat{\beta}_1} = 2\sum (y_i - \hat{\beta}_0 - \hat{\beta}_1 x_{1i} - \hat{\beta}_2 x_{2i} - \cdots - \hat{\beta}_k x_{ki})(-x_{1i}) = 0 \\ \vdots \\ \dfrac{\partial Q}{\partial \hat{\beta}_k} = \sum (y_i - \hat{\beta}_0 - \hat{\beta}_1 x_{1i} - \hat{\beta}_2 x_{2i} - \cdots - \hat{\beta}_k x_{ki})(-x_{ki}) = 0 \end{cases}$$

若定义矩阵

$$Y = \begin{pmatrix} y_1 \\ y_2 \\ \vdots \\ y_n \end{pmatrix}_{n\times 1} \quad X = \begin{pmatrix} 1 & x_{11} & x_{21} & \cdots & x_{k1} \\ 1 & x_{12} & x_{22} & \cdots & x_{k2} \\ & & & \vdots & \\ 1 & x_{1n} & x_{2n} & \cdots & x_{kn} \end{pmatrix}_{n\times(k+1)} \quad \hat{B} = \begin{pmatrix} \hat{\beta}_0 \\ \hat{\beta}_1 \\ \vdots \\ \hat{\beta}_k \end{pmatrix}_{(k+1)\times 1} \quad e = \begin{pmatrix} e_1 \\ e_2 \\ \vdots \\ e_n \end{pmatrix}_{n\times 1}$$

方程组可以用矩阵表示成

$$X'Y = (X'X)\hat{B}$$

所以，参数的最小二乘估计为

$$\hat{B} = (X'X)^{-1} X'Y$$

2. 参数的估计误差和置信区间

若记$C=(X'X)^{-1}$，可以证明

$$S(\hat{\beta}_i)=\sqrt{c_{ii}\sigma^2}(i=0, 1, 2,\cdots, k)$$

其中，c_{ii}为矩阵 $\boldsymbol{C}$ 对角线上 i 个元素，σ^2为随机误差项的方差，可以用无偏估计量$\hat{\sigma}^2$进行估计。

$$\hat{\sigma}^2=\frac{\sum e_i^2}{n-k-1}=\frac{e'e}{n-k-1}$$

这样，参数估计值的标准差为

$$S(\hat{\beta}_i)=\sqrt{c_{ii}\hat{\sigma}^2}=\sqrt{c_{ii}\frac{\sum e_i^2}{n-k-1}}$$

同理，可构造统计量为

$$t=\frac{\hat{\beta}_i-\beta_i}{S(\hat{\beta}_i)}\sim t(n-k-1)$$

所以，对于给定的置信度$(1-\alpha)$，参数β_i的$100\times(1-\alpha)\%$置信区间为

$$\left(\hat{\beta}_i-t_{\alpha/2}(n-k-1)S(\hat{\beta}_i),\ \hat{\beta}_i+t_{\alpha/2}(n-k-1)S(\hat{\beta}_i)\right)$$

3. 多元回归模型中的相关分析

在多元回归分析中，由于变量总数不止两个，因变量与多个自变量的组合产生一定的依存关系；同时，任何两个变量之间的相关关系都可能受到其余变量的影响。为此需要对已建立的多元回归模型进行相关分析，包括复相关和偏相关。

(1) 复相关

所谓复相关，是指一个因变量与多个自变量之间的相关关系。所有自变量共同变动时，因变量随之而变动，其相关程度就可用复相关系数来测定。假定多元回归模型为

$$y_i=\beta_0+\beta_1x_{1i}+\beta_2x_{2i}+\cdots+\beta_kx_{ki}+\varepsilon_i(i=1, 2, \cdots, n)$$

复相关系数的计算公式为

$$r_{y\cdot x_1\cdots x_k}=\sqrt{\frac{\sum(\hat{y}_i-\overline{y})^2}{\sum(y_i-\overline{y})^2}} \tag{8.17}$$

由于多元回归模型中各自变量对因变量作用的方向不一定相同，回归系数有的为正，有的为负。复相关系数恒为正值。

【例 8.7】根据某服装店 15 家分店的规模、年销售额和年促销费用的数据(如表 8-5 所示)，试计算年销售额与规模、年促销费用的相关程度。

表 8-5 某服装店 15 家分店的规模、年销售额和年促销费用的数据

商店	年销售额(万元) y	规模大小(平方米) x_1	年促销费用(万元) x_2	$\hat{y}$
1	368	172	20	318.81
2	389	164	20	307.53
3	665	281	55	698.8
4	854	355	25	608.74
5	341	129	30	321.98
6	556	220	40	514.09
7	366	113	45	398.12
8	469	350	25	601.69
9	546	315	40	648.04
10	288	151	20	289.2
11	1067	516	55	1027.15
12	758	456	30	783.05
13	1170	584	50	1091.13
14	408	350	25	601.69
15	650	405	30	711.14
合计	8895	4561	510	8918.16

解：利用最小二乘法，可得回归方程为

$\hat{y}_i = -51.31 + 1.41x_1 + 6.38x_2$

用公式(8.17)可以求得因变量 y 和自变量 x_1 及 x_2 的复相关系数为 $r_{y \cdot x_1 x_2} = 0.93$。

计算结果表明，商店规模大小和促销费用作为一个整体影响因素同年销售额存在高度相关。

(2) 偏相关

偏相关是指多元回归模型中各个自变量在其他自变量固定不变时，单个变量与因变量的相关关系，其相关程度用偏相关系数测定。计算偏相关系数需以各变量两两之间的单相关系数为基础。利用例 8.7 中表 8-5 的资料计算偏相关系数，具体步骤如下。

首先，计算因变量 y、自变量 x_1 和 x_2 这三个变量两两之间的单相关系数。因变量 y 和自变量 x_1 的单相关系数，记为 r_{y1}；自变量 x_1 和 x_2 的单相关系数，记为 r_{12}。其余类推，并将相关系数列成如表 8-6 所示的相关系数矩阵表。

表 8-6 相关系数矩阵表

	y	x_1	x_2
y	1		
x_1	0.8814	1	
x_2	0.6023	0.3993	1

表的对角线是每个变量自身的相关，相关系数必为 1。利用相关系数表的数据，可以分别计算两个自变量各自对因变量 y 的偏相关系数。

自变量 x_1 和因变量 y 的偏相关系数记为 $r_{y1\cdot 2}$，计算公式为

$$r_{y1\cdot 2}=\frac{r_{y1}-r_{y2}r_{12}}{\sqrt{(1-r_{y2}^2)(1-r_{12}^2)}} \tag{8.18}$$

将表 8-6 的相关系数代入式(8.18)得：$r_{y1\cdot 2}=\dfrac{0.8814-0.6023\times 0.3993}{\sqrt{(1-0.6023^2)\times(1-0.3993^2)}}\approx 0.8757$。

即在年促销费用固定不变时，商店规模大小同年销售额的偏相关系数为 0.8757。

自变量 x_2 和因变量 y 的偏相关系数记为 $r_{y2\cdot 1}$，计算公式为

$$r_{y2\cdot 1}=\frac{r_{y2}-r_{y1}r_{12}}{\sqrt{(1-r_{y1}^2)(1-r_{12}^2)}} \tag{8.19}$$

将表 8-6 的相关系数代入式(8.19)得：$r_{y2\cdot 1}=\dfrac{0.6023-0.8814\times 0.3993}{\sqrt{(1-0.8814^2)\times(1-0.3993^2)}}\approx 0.5781$。

即在商店规模大小固定不变时，年促销费用同年销售额的偏相关系数为 0.5781。

从计算结果可见，偏相关系数与简单线性相关系数的正负符号相同，数值不同。偏相关系数是考察两个变量之间的纯相关关系，它排除了其余因素的影响，故而有净相关系数之称。由于社会经济管理问题的复杂性，仅用一个自变量来说明问题往往是不够的。因此，在研究社会经济发展现象时，用多元回归、复相关和偏相关分析，比一元回归和单相关分析更为真实和精确。

8.3 回归模型的统计检验和预测

利用样本数据估计得到的样本回归方程，只是总体回归方程的一个近似估计模型，所估计的回归方程是否确切地反映了变量之间的相互关系还需要进行检验。

8.3.1 模型的拟合优度检验

所谓“拟合优度”，即回归模型对样本数据的近似程度。度量模型拟合优度的指标通常用判定系数 R^2，它是建立在对总离差平方和进行分析的基础之上的。

总离差是指因变量的观察值与其样本均值的离差$(y_i-\overline{y})$。总离差可以分解为两个部分：一是因变量的估计值与样本均值的离差$(\hat{y}_i-\overline{y})$，称为回归差；二是因变量的观察值与估计值的离差$(y_i-\hat{y}_i)$，即残差。3 个离差的关系为

$$y_i-\overline{y}=(y_i-\hat{y}_i)+(\hat{y}_i-\overline{y}) \tag{8.20}$$

式(8.20)中各变量的关系如图 8-6 所示。

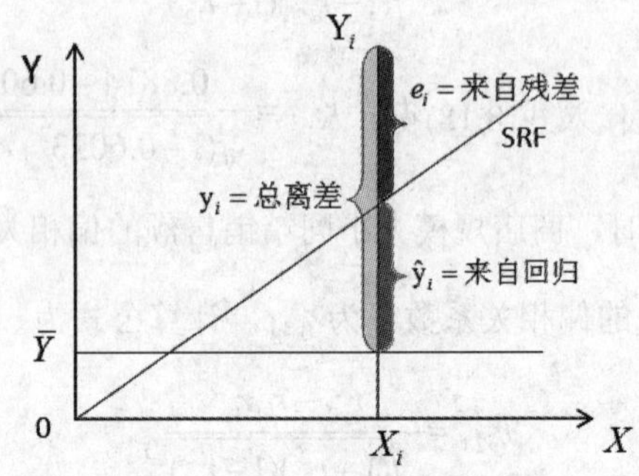

图 8-6 总离差分解图

可以证明

$$\sum(y_i-\overline{y})^2=\sum(\hat{y}_i-\overline{y})^2+\sum(y_i-\hat{y}_i)^2 \tag{8.21}$$

式中：$\sum(y_i-\overline{y})^2$ 称为总离差平方和，反映了因变量 y (关于均值$\overline{y}$)的总体变化情况，记为 SST；$\sum(\hat{y}_i-\overline{y})^2$ 称为回归平方和，反映了变量 $\hat{y}$ 的总变化情况，即 y 的变化中可以用回归模型来解释的部分，记为 SSR；$\sum(y_i-\hat{y}_i)^2$ 称为残差平方和，反映了回归模型的总拟合误差，即 y 的变化中不能用回归模型来解释的部分，记为 SSE。3 个平方和的关系为

总离差平方和(SST)=回归平方和(SSR)+残差平方和(SSE)

总离差平方和的分解公式表明，在 y 的总体变化中，被回归模型解释的部分越多，则模型的拟合误差相对来说就越小。可以用回归平方和占总离差平方和的比重作为衡量模型对样本拟合优度的指标，称为判定系数，记为 R^2。则

$$R^2=\frac{SSR}{SST}=1-\frac{\sum e_i^2}{\sum(y_i-\overline{y})^2} \tag{8.22}$$

显然，$0 \leqslant R^2 \leqslant 1$，并且当 $R^2 \to 1$ 时，$\sum e_i^2 \to 0$。因此，R^2 的值越接近于 1，则表明模型对样本数据的拟合程度越高。

【例 8.8】继续例 8.4，回答样本回归方程 $\hat{y}_i = 20.69 + 10.03x_i$ 对样本数据的拟合程度。

解： 根据题意，求学生人数(x)和季营业额(y)的 SST、SSR。具体数据参见表 8-7。

表 8-7　学生人数和季营业额的拟合优度计算表

饭店	x	y	$\hat{y}$	$(y_i - \bar{y})^2$	$(y_i - \hat{y}_i)^2$
1	1	18	30.72	14908.41	161.80
2	2	32	40.75	11685.61	76.56
3	3	60	50.78	6416.01	85.01
4	5	108	70.84	1030.41	1380.87
5	8	80	100.93	3612.01	438.06
6	12	158	141.05	320.41	287.30
7	20	180	221.29	1592.01	1704.86
8	20	220	221.29	6384.01	1.66
9	22	225	241.35	7208.01	267.32
10	26	320	281.47	32364.01	1484.56
合计		1401		85520.90	5888.01
				SST	SSE

根据公式(8.21)，求得：$SSR = SST - SSE = 85520.90 - 5888.01 = 79632.89$

$$R^2 = \frac{SSR}{SST} = \frac{79632.89}{85520.90} = 0.9311$$

判定系数 R^2 为 93.11%，表明周边饭店季营业额的总变差中有 93.11%是由高校学生人数的变化引起的。

8.3.2　模型的显著性检验

所谓模型的显著性检验，就是检验模型对总体的近似程度，即检验因变量 y 和模型中自变量的线性关系是否显著。通常构造 F 统计量进行检验，称为 F 检验。

对多元线性回归模型

$$y_i = \beta_0 + \beta_1 x_{1i} + \beta_2 x_{2i} + \cdots + \beta_k x_{ki} + \varepsilon_i \quad (i = 1,\ 2,\ \cdots,\ n)$$

进行 F 检验，具体步骤如下。

第一步，提出假设。

$$H_0:\beta_1=\beta_2=\cdots=\beta_k=0;\ H_1:\beta_1,\ \beta_2,\ \cdots,\ \beta_k\text{至少有一个不等于}0$$

第二步，构造检验统计量。

$$F=\frac{SSR/k}{SSE/(n-k-1)}\sim F(k,\ n-k-1) \tag{8.23}$$

第三步，确定临界值。根据给定的显著性水平α、分子自由度 k 和分母自由度$(n-k-1)$，查找F分布表，得到临界值$F_\alpha(k,\ n-k-1)$。

第四步，进行决策。若$F>F_\alpha(k,\ n-k-1)$，则拒绝原假设H_0，接受备择假设H_1，即模型的线性关系是显著的；若 $F\leqslant F_\alpha(k,\ n-k-1)$，则不拒绝原假设 H_0，即模型的线性关系不显著，方程估计不可靠。

一元线性回归模型进行F检验的步骤与多元线性模型的相同，只需将其中参数k取为1即可。

【例 8.9】采用模型的显著性检验，检验例 8.5 建立的高校学生人数与周边饭店季营业额之间的线性关系是否显著。

解：H_0: 线性关系不显著，H_1: 线性关系显著

检验统计量:

$$F=\frac{MSR}{MSE}=\frac{SSR/1}{SSE/n-2}=\frac{79632.89/1}{5888.01/8}=108.20$$

查F分布表，$\alpha=0.05$，$F_\alpha(1,\ 8)=5.32$，即，F=108.20>F0.05(1，8)=5.32，拒绝H_0，这一结果足以使我们认为，例 8.5 建立的高校学生人数与周边饭店季营业额之间的线性关系是显著的。

8.3.3 解释变量的显著性检验

如果模型通过了F检验，则表明模型中所有解释变量(自变量)对因变量y的“总影响”是显著的，但并不同时意味着模型中的每一个解释变量对y都有重要影响，或者说并不是每个解释变量的单独影响都是显著的。为了使模型更加简单、合理，应该剔除掉不重要的变量，使模型中只保留有显著影响的变量。因此，有必要对模型中每个解释变量的显著性进行检验。

对于多元线性回归模型，为了检验某个自变量x_i对y是否有显著影响，进行解释变量的显著性检验，具体步骤如下。

第一步，提出假设。

$$H_0:\beta_i=0;\ H_1:\beta_i\neq 0$$

第二步，构造检验统计量。

$$t_i = \frac{\hat{\beta}_i}{S(\hat{\beta}_i)} \sim t(n-k-1) \tag{8.24}$$

第三步，确定临界值。根据给定的显著性水平α与自由度$(n-k-1)$，查找 t 分布表，得到临界值$t_{\alpha/2}(n-k-1)$。

第四步，进行决策。若$|t_i|>t_{\alpha/2}(n-k-1)$，则拒绝原假设 H_0，接受备择假设 H_1，即认为 β_i 显著不为零，因变量 y 与解释变量 x_i 的线性关系是显著的；若$|t_i|\leqslant t_{\alpha/2}(n-k-1)$，则不拒绝原假设 H_0，即认为 β_i 与 0 没有显著差异，因变量 y 与解释变量 x_i 的线性关系不显著。

一元线性回归模型进行 t 检验的步骤与多元线性模型的相同，只需将其中参数 k 取为 1 即可。

【例 8.10】采用解释变量的显著性检验，检验例 8.5 建立的高校学生人数与周边饭店季营业额之间的线性关系是否显著。

解：$H_0:\beta_1=0$，$H_1:\beta_1\neq 0$

检验统计量：

$$t=\frac{\hat{\beta}_1}{S(\hat{\beta}_1)}=\frac{10.03}{0.9647}=10.40$$

查 t 分布表，$\alpha=0.05$，$t_{\alpha/2}(n-2)=t_{\alpha/2}(8)=2.31$，即，$t$=10.40>$t_{0.025}(8)$=2.31，拒绝 H_0，β_1 显著不等于零。

因此，可以认为：高校学生人数与周边饭店季营业额之间的线性关系是显著的。

在实际中，我们可以直接利用 Excel 计算，便捷地得出结论。例 8.1 的回归图的 Excel 处理，见第 11 章的例 11.14；例 8.2 至例 8.6 与例 8.8 至例 8.10 的计算的 Excel 处理，见第 11 章的例 11.16，计算结果如图 11-41 所示。从图 11-41 中的数据能够方便地获得上述各题的结论。

注意：在一元线性回归分析中，回归系数的显著性检验与回归模型的显著性检验是等价的，因此 t 检验和 F 检验的结论是一致的。但在多元回归分析中，它们是不等价的，t 检验只检验方程中各个系数的显著性，而 F 检验则检验的是整个方程的显著性。

8.3.4 预测

回归分析的目的之一是对因变量进行合理预测。如果所建立的模型通过了各项检验，并且也有实际意义，就可以用估计的回归方程对因变量进行预测，即通过自变量的取值来估计因变量 y 的取值。预测分为点预测和区间预测。

1. 点预测

点预测的方法就是将自变量的数值代入估计的回归方程中计算出因变量的预测值。

对一元线性回归方程：

$$\hat{y}_i = \hat{\beta}_0 + \hat{\beta}_1 x_i$$

若给定自变量数值 x_f，则因变量 y 的点预测值为

$$\hat{y}_f = \hat{\beta}_0 + \hat{\beta}_1 x_f$$

多元线性回归方程 $\hat{y}_i = \hat{\beta}_0 + \hat{\beta}_1 x_{1i} + \hat{\beta}_2 x_{2i} + \cdots + \hat{\beta}_k x_{ki}, (i=1, 2, \cdots, n)$，可表述为 $\hat{y}_i = X_i'\hat{B}$，其中，$X_i = \begin{pmatrix} 1 \\ x_{1i} \\ \vdots \\ x_{ki} \end{pmatrix}$，$X_i' = (1, x_{1i}, \cdots, x_{ki})$，$\hat{B} = \begin{pmatrix} \hat{\beta}_0 \\ \hat{\beta}_1 \\ \vdots \\ \hat{\beta}_k \end{pmatrix}$。则对预测期 f，给定自变量 X_f 水平下的因变量的点估计值为 $\hat{y}_f = X_f'\hat{B}$。

因变量的估计值 $\hat{y}_f$，既可看作是给定自变量水平下的因变量期望值的估计值，也可看作是个别值的估计值。

2. 区间预测

利用估计的回归方程，对于自变量的特定值，求出因变量 y 的一个估计值的区间就是区间估计。区间估计也有两种类型：一是置信区间估计，它是对自变量的一个给定值，求出 y 的平均值的估计区间，这一估计区间称为置信区间；二是预测区间估计，它是对自变量的一个给定值，求出 y 的某个别值的估计区间，这一区间称为预测区间。

(1) y 的期望值的置信区间估计

仍以一元线性回归方程为例，设 x_f 为自变量 x 的一个给定值；$E(y_f)$为对于给定的 x_f，因变量 y 的期望值。由点预测可知，当 $x = x_f$ 时，$\hat{y}_f = \hat{\beta}_0 + \hat{\beta}_1 x_f$ 为 $E(y_f)$的估计值。

但点预测值 $\hat{y}_f$ 不一定精确等于 $E(y_f)$，为此需要对 $E(y_f)$可能的置信区间做出预测。对于给定的 x_f，$E(y_f)$在$(1-\alpha)$的置信水平下的置信区间可表示为

$$\hat{y}_f \pm t_{\alpha/2}(n-2)\sqrt{\hat{\sigma}^2\left(\frac{1}{n} + \frac{(x_f - \bar{x})^2}{\sum_{i=1}^{n}(x_i - \bar{x})^2}\right)} \tag{8.25}$$

对于有 k 个自变量的多元线性回归方程 $\hat{y}_i = X_i'\hat{B}$，对于给定的 X_f，$E(y_f)$在$(1-\alpha)$的置信水平下的置信区间可表示为

$$\hat{y}_f \pm t_{\alpha/2}(n-k-1)\hat{\sigma}\sqrt{X_f'(X'X)^{-1}X_f}$$

对于中心化变量，$E(y_f)$在$(1-\alpha)$的置信水平下的置信区间可表示为

$$\hat{y}_f \pm t_{\alpha/2}(n-k-1)\hat{\sigma}\sqrt{\frac{1}{n} + \dot{X}_f'(\dot{X}'\dot{X})^{-1}\dot{X}_f}$$

其中，

$$\dot{X}_f=\begin{pmatrix} x_{1f}-\overline{x}_1 \\ x_{2f}-\overline{x}_2 \\ \vdots \\ x_{kf}-\overline{x}_k \end{pmatrix}$$

(2) y 的个别值的预测区间估计

点预测值 $\hat{y}_f$ 不一定等于真实值 y_f，因此，还需要对真实值 y_f 可能的置信区间做出预测。真实值 y_f 的置信水平为$(1-\alpha)$的预测区间为

$$\hat{y}_f \pm t_{\alpha/2}(n-2)\sqrt{\hat{\sigma}^2\left(1+\frac{1}{n}+\frac{(x_f-\overline{x})^2}{\sum_{i=1}^{n}(x_i-\overline{x})^2}\right)} \tag{8.26}$$

对于给定的显著性水平 α，样本容量 n 越大，x_f 越靠近 $\overline{x}$，则预测区间长度就越短，此时的预测精度就越高。所以，为了提高预测精度，样本容量 n 应越大越好，所给定的 x_f 不能偏离 $\overline{x}$ 太远。当 $x_f=\overline{x}$ 时，预测精度最高；当 x_f 偏离 $\overline{x}$ 太远时，预测效果就很差。

【例 8.11】根据例 8.5 已求得高校学生人数与周边饭店季营业额之间的样本回归方程为 $\hat{y}_i=20.69+10.03x_i$，且 $\hat{\sigma}^2=736.00$。取置信水平为 95%，$t_{\alpha/2}(n-2)=t_{0.025}(10-2)=2.31$，求当高校学生人数 $x_f=25$ 万人时，周边饭店季营业额的预测区间估计。

解：将 $x_f=25$ 万人代入已知回归方程得

$\hat{y}_i=20.69+10.03x_i=20.69+10.03\times 25=271.44$(万元)

根据式(8.25)，$E(y_f)$ 的置信区间为

$$271.44\pm 2.31\times\sqrt{736.00\times[\frac{1}{10}+\frac{(25-11.9)^2}{790.90}]}=271.44\pm 35.28$$

即 236.16(万元)$\leqslant E(y_f)\leqslant$306.72(万元)。也就是说，当高校学生人数为 25 万人时，周边饭店季营业额的平均值在 236.16 万元到 306.72 万元之间。

根据式(8.26)，周边饭店季营业额 y_f 在 95％置信水平下的预测区间为

$$271.44\pm 2.31\times\sqrt{736.00\times[1+\frac{1}{10}+\frac{(25-11.9)^2}{790.90}]}=271.44\pm 71.97$$

即 199.47(万元)$\leqslant y_f \leqslant$343.41(万元)。也就是说，当高校学生人数为 25 万人时，周边饭店季营业额的预测区间在 199.47 万元到 343.41 万元之间。

两个区间的宽度不太一样，y 的个别值的预测区间要宽一些。二者的差别表明，估计 y 的平均值比预测 y 的某个特定值或个别值更精确。同样，当 $x_f=\overline{x}$ 时，预测区间也是最精确的。

对于有 k 个自变量的多元线性回归方程 $\hat{y}_i = X_i'\hat{B}$，对于给定的 x_f，y_f在(1−α)的置信水平下的置信区间可表示为

$$\hat{y}_f \pm t_{\alpha/2}(n-k-1)\hat{\sigma}\sqrt{1+X_f'(X'X)^{-1}X_f}$$

对于中心化变量，y_f在(1−α)的置信水平下的置信区间可表示为

$$\hat{y}_f \pm t_{\alpha/2}(n-k-1)\hat{\sigma}\sqrt{1+\frac{1}{n}+\dot{X}_f'(\dot{X}'\dot{X})^{-1}\dot{X}_f}$$

关于显著性检验解释的几点注意：

在进行变量显著性检验时，若拒绝零假设 H_0：β_1=0，并且做出变量 x 和 y 之间存在显著性关系的结论，并不意味着我们能做出变量 x 和 y 之间存在一个因果关系的结论。只有当分析人员有着理论上的充分证据，能够证明变量间确实存在因果关系，我们才能认为变量间存在这样一个因果关系的结论是合理的。在高校学生人数与周边饭店季营业额中，利用例 8.4 表 8-1 的数据，做出高校学生人数 x 与周边饭店季营业额 y 之间存在着一个显著关系的结论，而且估计的回归方程 $\hat{y}_i = 20.69 + 10.03x_i$ 给出了这一显著关系的最小二乘估计结果。但是我们不能断定就是高校学生人数 x 的变化引起了周边饭店季营业额 y 的变化，因为我们只不过识别了一个统计上显著的关系。这样一个因果关系结论的合理性，一方面要从理论上给予证实，另一方面要依靠分析人员出色的判断能力。

另外，由于我们只不过是拒绝了 H_0：β_1=0，和证实了变量 x 和 y 之间存在统计显著性关系，但这并不能让我们做出变量 x 和 y 之间存在线性关系的结论。我们仅仅能说明在 x 的样本观测值范围以内 x 和 y 是相关的，而且这个线性关系只是解释了 y 的变化趋势的显著部分，无法判定在样本观测值范围以外的 x 和 y 之间也是线性关系。

已知变量 x 和 y 之间存在一个显著的关系，利用估计的回归方程，对于 x 的样本观测值范围以内的 x 值进行预测，我们认为是完全有把握的。除非有理由相信，超出这个范围模型仍是适用的，在一般情形下，在自变量 x 的取值范围以外进行预测应十分小心谨慎。

需要强调的是，回归分析能用来识别变量间是如何相互联系的，但不能用来作为变量间存在一个因果关系的根据。

8.4 非线性回归分析

在现实中，客观现象的变量之间的关系是复杂的，直接表现为线性关系的情况并不多见，而是经常要碰到变量之间的关系呈曲线型的情形。但是，大部分非线性关系又可以通过一些简单的数学处理，使之简化为数学上的线性关系，从而可以运用线性回归的

方法进行回归分析。

8.4.1 双曲线

若变量 x 随 y 而增加，最初增加很快，以后逐渐减慢并趋于稳定，则可以选用双曲线。其方程为

$$y=\alpha+\beta\frac{1}{x} \tag{8.27}$$

例如，商品的需求量和商品自身的价格之间的相关关系，就可选用双曲线函数来描述，如图 8-7 所示。

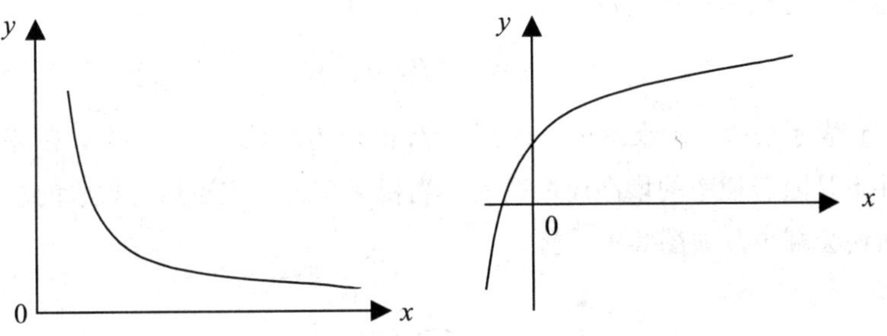

图 8-7　双曲线函数

线性化方法：令 $x'=\frac{1}{x}$，则有 $y=\alpha+\beta x'$。

8.4.2 幂函数曲线

若变量 x 与 y 都接近等比变化，即其环比分别接近一个常数，可拟合幂函数曲线。如著名的“反映所购买的一种商品的均衡数量与消费者收入水平之间的关系”的恩格尔曲线，以 x 表示收入水平，以 y 表示商品(生活必需品，并假定商品价格不变)需求量，其方程为

$$y=\alpha x^{\beta} \tag{8.28}$$

公式(8.28)中，α 和 β 均为参数。由公式(8.28)可知，随着消费者收入的上升，其对商品的需求量总体是上升的。若以收入水平 x 为横坐标，以商品需求量 y 为纵坐标，则在 x、y 的坐标系中，可画得如图 8-8 所示的恩格尔曲线。

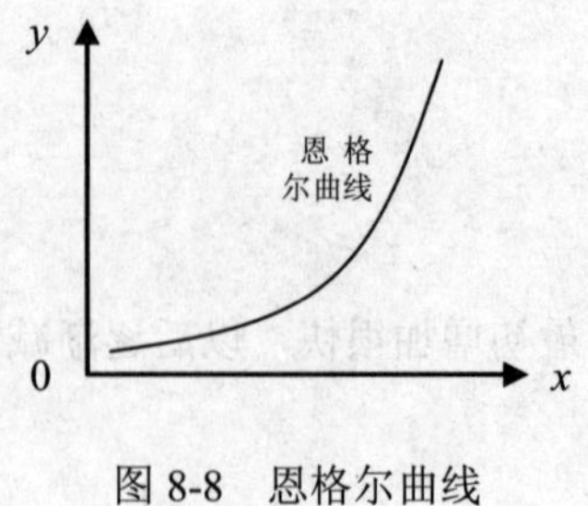

图 8-8　恩格尔曲线

8.4.3　二次曲线

如描述税收与税率关系的拉弗曲线，其方程为

$$y = \beta_0 + \beta_1 x_1 + \beta_2 x_1^2 \tag{8.29}$$

其中，y 表示税收；x 表示税率；β_0、β_1和β_2为参数，且$\beta_2 < 0$。拉弗曲线方程表明，税收并不是随着税率的增高而增高的，当税率高过一定点后，税收的总额不仅不会增加，反而还会减少，如图 8-9 所示。

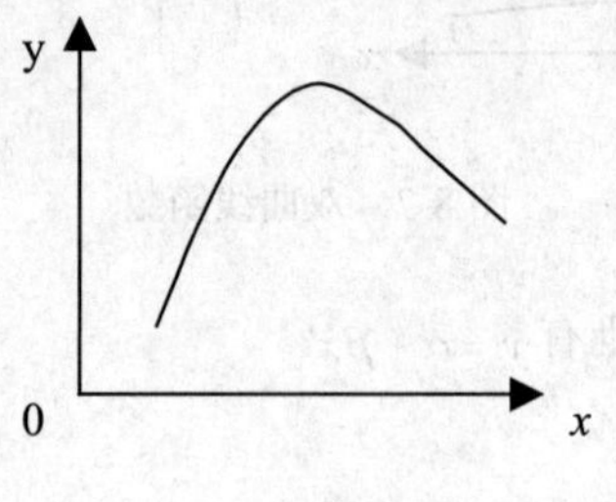

图 8-9　拉弗曲线

线性化方法：令$x_2 = x_1^2$，则二次方程可转换为

$$y = \beta_0 + \beta_1 x_1 + \beta_2 x_2$$

8.4.4　对数曲线

对数曲线的方程为

$$y = \alpha + \beta \lg x \tag{8.30}$$

y、x 的轨迹如图 8-10 所示。

线性化方法：令$x' = \lg x$，则方程变换为$y = \alpha + \beta x'$。

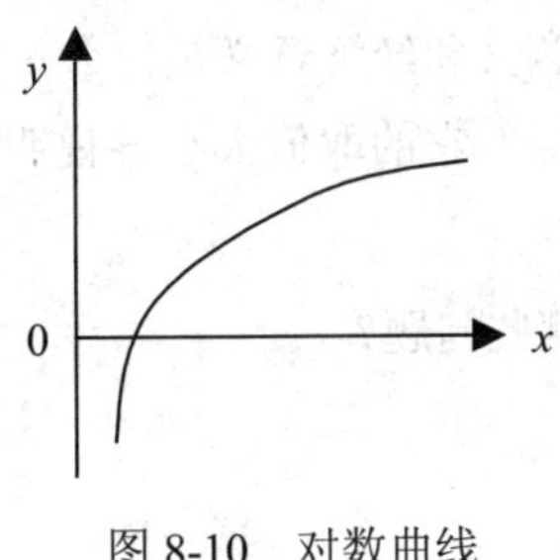

图 8-10　对数曲线

本章小结

相关分析就是研究两个或两个以上变量之间相关程度大小以及用一定函数来表达现象相互关系的方法。相关关系是两个现象数值变化不完全确定的随机关系，是一种不完全确定的依存关系。相关关系是相关分析的研究对象。其目的是对客观现象之间关系的密切程度和变化规律性做出定量分析。

进行相关分析需要确定现象之间有无关系和相关关系形式，确定相关关系的密切程度、计算相关系数并进行相应的检验。

回归分析是对具有相关关系的两个或两个以上变量之间数量变化的一般关系进行测定，确定一个相应的数学表达式，以便从一个已知量来推测另一个未知量，为估计预测提供一个重要的方法。具体做法是从一组数据出发，分析所得数据，用配合直线或曲线来描述变量之间相互关系的形状，求出配合直线或曲线的经验公式，即回归方程。利用回归方程对变量进行估计或预测，并估算误差范围和可靠程度。应用回归预测时应注意：相关分析和回归分析的联系和区别，正确地把它们结合起来；正确理解相关和回归分析中各种测定方法的意义和解释计算的结果；选择恰当的回归方程，避免方程形式的错误识别；避免多重共线性，即避免自变量之间的高度相关；定性分析与定量分析结合起来，不能轻易地把统计上的相关关系都解释为因果关系；数据资料的准确性、可比性和独立性，以及数据的平稳性问题；回归模型用于外推预测要谨慎。

练习题

一、思考题

1. 什么是相关关系？相关系数如何计算，它有哪些特点？
2. 为什么要把相关分析与回归分析结合在一起使用？
3. 什么是回归分析？回归分析主要解决哪些问题？

4. 回归方程$\hat{\beta}_0$、$\hat{\beta}_1$的数学意义和经济意义是什么？请举例说明。

5. 回归估计标准差如何计算？它的取值大小各说明什么问题？如何根据$\hat{\sigma}^2$进行区间估计？

6. 应用回归预测时应注意哪些问题？

二、选择题

1. 相关关系是(　　)。
   A. 函数关系
   B. 因果关系
   C. 现象之间客观存在的，关系数值是固定的依存关系
   D. 现象之间客观存在的，关系数值是不固定的依存关系

2. 判定现象之间相关关系密切程度的主要方法是(　　)。
   A. 对客观现象做定性分析　　B. 编制相关表
   C. 绘制相关图　　D. 计算相关系数

3. 现象之间相互依存关系的程度越低，则相关系数(　　)。
   A. 越接近于 0　　B. 越接近于 1
   C. 越接近于−1　　D. 等于 0

4. 在计算相关系数时，要求相关的两个变量(　　)。
   A. 都是随机变量　　B. 都不是随机变量
   C. 其中因变量是随机变量　　D. 其中自变量是随机变量

5. 下列相关现象中，(　　)是负相关的。
   A. 商品流转的规模愈大，流通费用水平则愈低
   B. 产量增加，则产品成本随之降低
   C. 家庭的消费支出随工资收入的增加而增加
   D. 商品产品成本越高，则利润越低

6. 在回归直线方程$\hat{y}_i = \hat{\beta}_0 + \hat{\beta}_1 x_i$中，$\hat{\beta}_1$表示(　　)。
   A. 当x增加一个单位时，y增加$\hat{\beta}_0$的数量
   B. 当y增加一个单位时，x增加$\hat{\beta}_1$的数量
   C. 当x增加一个单位时，y平均增加$\hat{\beta}_1$的数量
   D. 当y增加一个单位时，x的平均增加值

7. 在直线回归方程中，(　　)。
   A. 两个变量中须确定自变量和因变量
   B. 一个回归方程只能做一种推算
   C. 回归系数只能取正值
   D. 要求两个变量都是随机的
   E. 要求因变量是随机的，而自变量是给定的数值

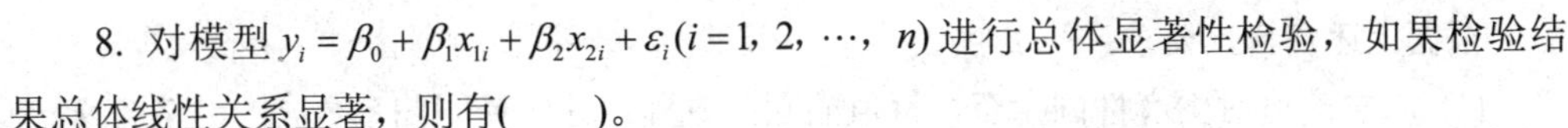

8. 对模型 $y_i = \beta_0 + \beta_1 x_{1i} + \beta_2 x_{2i} + \varepsilon_i (i=1, 2, \cdots, n)$ 进行总体显著性检验，如果检验结果总体线性关系显著，则有(　　)。

A. $\beta_1 = \beta_2 = 0$　　　　B. $\beta_1 \neq 0$，$\beta_2 = 0$

C. $\beta_1 = 0$，$\beta_2 \neq 0$　　　　D. $\beta_1 \neq 0$，$\beta_2 \neq 0$

E. $\beta_1 = \beta_2 \neq 0$

9. 回归估计标准差是用于(　　)。

A. 度量一组观察值与平均数的离差

B. 度量观察值围绕回归直线的变化程度或分散程度

C. 衡量回归方程推算结果是否可靠的分析指标

D. 衡量平均数推算结果是否可靠的分析指标

10. 假定实际观察值围绕回归直线服从正态分布，利用 36 组样本数据，求得平均销售额为 1000 万元，回归估计标准差为 50 万元。下期销售额的预测值为 1000 万元，则(　　)。

A. 下期实际销售额将落在 900 万元～1100 万元的区间的可能性为 95%

B. 下期实际销售额将落在 902 万元～1098 万元的区间的可能性为 95%

C. 下期实际销售额将落在 983 万元～1017 万元的区间的可能性为 95%

D. 下期实际销售额将落在 897 万元～1103 万元的区间的可能性为 95%

三、计算题

1. 某县城研究居民月家庭人均生活费支出和月家庭收入的相关关系，随机抽查 10 户进行调查，其结果如下表所示(单位：元)。

月人均生活费	85	88	90	94	96	100	106	118	120	124
月人均收入	100	110	120	130	140	150	160	170	180	190

利用上表资料，要求：

(1) 绘制散点图。

(2) 计算相关系数，并检验(α＝0.05)。

(3) 估计当月人均收入为 200 元时，其人均生活费应为多少元？

(4) 求估计的标准差，当概率为 98.45%、x 为 200 时的 y 的估计区间。

2. 已知某集团公司所属的 10 个企业的生产性固定资产价值和总产值的资料如下表所示(单位：万元)。

企业编号	生产性固定资产价值	总产值	企业编号	生产性固定资产价值	总产值
1	318	524	6	502	928
2	910	1019	7	314	605
3	200	638	8	1210	1516
4	409	815	9	1022	1219
5	415	913	10	1225	1624

根据上述资料，要求：

(1) 求总产值对生产性固定资产价值的回归方程，并解释回归系数 $\hat{\beta}_1$ 的经济含义。

(2) 求相关系数，并说明生产性固定资产价值与总产值之间的相关等级。

3. 开盛运输公司的业务遍及全国各地的货物运送。为了制定最佳的工作计划表，公司的管理人员希望估计公司司机每天行驶的时间。为此记录了有关数据，如下表所示。

运输任务	行驶距离(公里)	运送货物次数	行驶时间(小时)	运输任务	行驶距离(公里)	运送货物次数	行驶时间(小时)
1	100	4	9.3	6	80	2	6.2
2	50	3	4.8	7	75	3	7.4
3	100	4	8.9	8	65	4	6.0
4	100	2	6.5	9	90	3	7.6
5	50	2	4.2	10	90	2	6.1

根据上述资料，要求：

(1) 司机每天行驶的时间与每天运送货物行驶距离之间的回归分析；

(2) 司机每天行驶的时间与每天运送货物行驶距离、运送货物次数之间的回归分析；

(3) 请解释回归系数的含义；

(4) 请对两个估计的回归方程之间的关系做出一些解释。

4. 某企业希望确定其广告费 x 与销售收入 y 之间的关系，以制定营销计划。使用 Excel 回归分析工具计算得到结果如下图所示。

回归统计	
相关系数	0.98283344
判定系数	0.96596157
修正判定系数	0.9602885
标准误差	1.92157756
观测值	8

方差分析					
	df	*SS*	*MS*	*F*	*F* 统计量的显著性水平
回归分析	1	628.7202	628.7202	170.271359	1.2485E-05
残差	6	22.15476	3.69246		
总计	7	650.875			

	系数	标准误差	*t* 统计量值	*P* 值	Lower95%	Upper95%
截距	5.71428571	1.497281	3.816441	0.00879716	2.050570678	9.378000751
变量 X	3.86904762	0.296506	13.04881	1.2485E-05	3.143523931	4.594571307

要求：

(1) 写出广告费与销售收入的回归方程。

(2) 给出 $\hat{\beta}_0$ 与 $\hat{\beta}_1$ 置信度为 95%的区间估计。

(3) 指出广告费与销售收入的判定系数。

(4) 指出回归标准误差。

(5) 判定广告费与销售收入的线性相关程度，并说明理由。

5. 将 12 名公司职员大学本科的学习成绩平均数与其管理训练考试分数进行比较，并将其结果列在下表中。

考试分数 y	76	89	83	79	91	95	82	69	66	75	80	88
平均分数 x	2.2	2.4	3.1	2.5	3.5	3.6	2.5	2.0	2.2	2.6	2.7	3.3

(1) 请确定 y 对 x 的回归方程。

(2) 求实际值与估计值误差的平方和。

四、案例分析题

成本估计是回归分析在会计学上的一个重要应用。某企业会计师为了估计某个范围某产品产量相联系的生产成本，收集了该企业一年来各月的该产品产量与总成本数据，如下表所示。

月份	产量(件)	总成本(元)	月份	产量(件)	总成本(元)
1	2000	176000	7	4000	314000
2	3000	246000	8	4000	310000
3	4000	324000	9	5000	375000
4	3000	249000	10	3000	243000
5	4000	316000	11	4000	318000
6	5000	370000	12	5000	375000

企业的生产计划进度表表明，次年 1 月必须生产 3000 件产品。次年 1 月按计划完成生产任务，其财务报表显示，实际生产成本是 270000 元。

要求：

(1) 对这些数据做出数值的和图示的概述。

(2) 利用回归分析研究该产品产量与生产成本之间的关系。在此，至少给出生产每件产品的可变成本，与总成本中的变异能被产量解释的百分比。

(3) 您对次年 1 月发生这样高的总成本担忧吗？请加以讨论。

第9章 时间序列分析

【案例】改革开放以来，尤其是我国加入 WTO 以后，中国是典型的靠出口拉动经济增长的国家。2008 年美国金融危机引发的世界金融危机对我国贸易的影响，备受人们关注。若想了解我国出口规模的变化情况，可从中国统计年鉴或国家统计局网站中查找到历年出口总额资料并绘制成相应图表。图 9-1 是中国从 1992 年至 2012 年历年出口总额，它直观地显示了我国出口总额的变化过程。从图中可了解 1992 年以来我国历年出口总额的走势，从 2006 年开始出口总额接近 1 兆美元，受 2008 年美国金融危机的影响，2009 年出口总额比 2008 年大幅下降，但经历了 2009 年中国对外贸易发展的困难年，随着世界经济复苏与国内各项稳外需的政策效应，我国出口规模延续了恢复性增长态势。

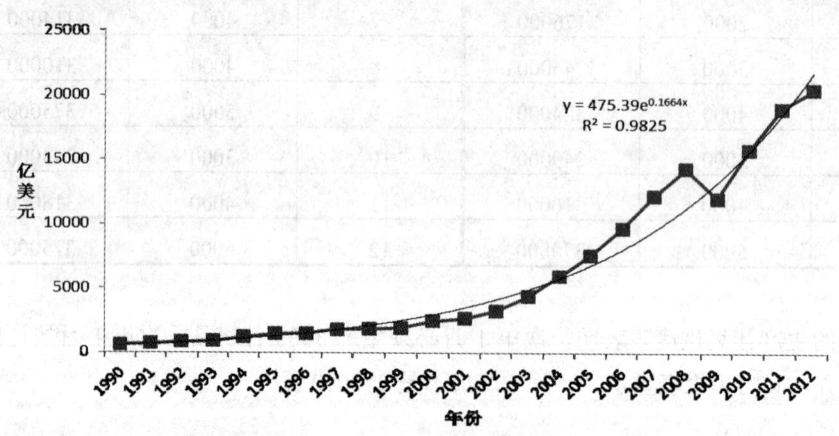

资料来源：国家统计局网站 http://data.stats.gov.cn/workspace/index?m=hgnd。

图 9-1 1992 年至 2012 年中国出口总额趋势图

显然，把反映社会经济现象发展变化的指标按时间先后顺序排列，能够清晰地反映社会经济现象发展变化的过程和特点，并可以借助趋势的拟合方程对未来的数值做出初步估计。

本章将讨论时间序列的编制方法和原则，如何利用时间序列分析反映社会经济现象发展变化的过程和特点，以及如何分解影响时间序列变化的因素和运用相应的测定方法，根据历史数据对社会经济现象的发展做出预测等。

9.1　时间序列的编制

9.1.1　时间序列的概念和意义

时间序列亦称时间数列或动态数列，是统计数据按时间先后顺序排列而形成的一种数列。时间数列可以反映现象发展变化的过程和特点，是研究现象发展变化的趋势和规律以及对未来状态进行科学预测的重要依据。

【例 9.1】表 9-1 是 2003—2015 年我国国内生产总值等数据按年顺序排列的资料。

表 9-1　我国 2003—2015 年的国内生产总值等数据资料

年份	国内生产总值 (亿元)	年底人口数 (万人)	人均国内生产总值 (元/人)	职工平均工资* (元)
2003	137422.0	129227	10666	14040
2004	161840.2	129988	12487	16024
2005	187318.9	130756	14368	18364
2006	219438.5	131448	16738	21001
2007	270232.3	132129	20505	24932
2008	319515.5	132802	24121	29229
2009	349081.4	133450	26222	32736
2010	413030.3	134091	30876	37147
2011	489300.6	134735	36403	42452
2012	540367.4	135404	40007	47593
2013	595244.4	136072	43852	52388
2014	643974.0	136782	47203	57361
2015	685505.8	137462	49992	63241

*注：表中“职工平均工资”指城镇单位在岗职工的平均工资。

资料来源：国家统计局国家数据网站 http://data.stats.gov.cn/easyquery.htm?cn=C01。

由表 9-1 可以看出，时间序列由两个基本要素构成：

① 时间要素，表明现象所属的时间，其时间可能为某一时期，也可能为某一时点；

② 观察值要素，反映现象在某一时间上发展变化的状态，可以用绝对数、相对数或平均数等指标形式。

编制时间序列是进行时间序列分析的前提，具有重要的意义：

① 时间序列能直接描述现象的发展过程和结果；

② 根据时间序列计算各种动态分析指标，进行时间序列的对比分析，以揭示现象发展过程和结果的数量特征，反映其发展趋势及其规律性；

③ 通过对时间序列的构成分析，揭示社会经济现象发展变化的规律性，对现象的未来发展和变化做出统计预测；

④ 对比不同的时间序列，揭示现象之间的相互关联情况。

9.1.2 时间序列的种类

按观察值的表现形式不同，时间序列可分为：绝对数时间序列、相对数时间序列和平均数时间序列。

1. 绝对数时间序列

绝对数时间序列可用于反映社会经济现象在各期达到的绝对水平及其发展变化的过程，它是将一系列同类的绝对数指标按时间先后顺序排列而成的统计数列。由于绝对指标有时期和时点之分，因而绝对数时间序列又可分为时期序列和时点序列。

(1) 时期序列

时期序列中的观察值反映现象在某一段时间内发展过程的活动总量。例如，例 9.1 的表 9-1 中的国内生产总值序列就是时期序列。

时期序列中的每个观察值一般是通过连续登记而取得，且各观察值通常可以相加，用于反映现象在更长一段时间内的活动总量，其数值的大小与所属时期的长短有直接关系。

(2) 时点序列

时点序列中的观察值反映某一时点或瞬间所达到的水平总量。例如，例 9.1 的表 9-1 中的年底人口总数序列就是时点序列。

时点序列中的每个观察值通常是通过一定时间间隔登记一次而取得的，各观察值不能相加，其数值的大小与时点间隔长短没有直接联系。

2. 相对数时间序列

相对数时间序列可用于反映社会经济现象对比关系发展变化情况，它是将一系列同类的相对指标按时间先后顺序排列而成的统计数列。例如，例 9.1 中表 9-1 中的人均国内生产总值序列就是相对数时间序列。

由于相对数时间序列中各观察值都是相对数，其计算基数(即分母)不同，所以相对数时间序列中各观察值不能直接相加。

3. 平均数时间序列

平均数时间序列可用于反映社会经济现象一般水平的发展变化情况，它是将一系列同类的平均指标按时间先后顺序排列而成的统计数列。例如，例 9.1 表 9-1 中的职工平均工资序列就是平均数时间序列。

由于平均数时间序列中各观察值都是平均数，它和相对数时间序列一样，各观察值也是不能相加的，因为各平均数相加没有实际意义。

9.1.3 时间序列的编制原则

编制时间序列的目的，是为了通过各时间上的指标数值的对比，研究现象发展变化的过程及其规律性。因而，保证时间序列中各项指标数值的可比性是至关重要的。具体应遵循以下 4 条原则。

1. 时期长短相等原则

时期序列中由于指标数值大小与时期长短直接相关，一般来说各指标数值所属时间长度应当一致。

时点序列中指标数值虽与时点间隔没有直接联系，但为了更准确地反映现象的发展趋势和变化规律，一般来说应当尽可能使时点间隔相等。

2. 总体范围一致原则

总体范围变化，指标数值必然不同。例如，研究杭州市区工业增加值情况，由于 1996 年、2001 年杭州市城区行政区划经历了两次调整，使辖区面积扩大，则调整年前后指标数值就不能进行直接对比，必须将资料进行适当的调整，以求得总体范围一致，然后再进行动态比较分析。

3. 计量方式一致原则

在时间序列中，各项指标的计算口径、计算方法、计算价格和计量单位应前后一致，否则前后期不能直接对比，须进行相应的调整。例如，企业劳动生产率，其分子产量可采用实物产量指标，也可采用价值产量指标，分母人数可按生产工人计算，也可按全部职工计算；使用价值量指标时计算价格又有现行价格与不变价格之别。因此，当研究企业劳动生产率的变动、编制其时间序列时，各项指标的计算口径、计算方法、计算价格和计量单位须前后一致，以保证动态分析中指标的可比性。

4. 指标内容一致原则

在时间序列中，同一名称的统计指标所包含的社会经济内容应前后一致，否则指标数值之间不能直接对比，须进行相应的调整。例如，我国 1993 年、2007 年经历了会计制度的大改革，改革前后的“企业净利润”的内容就有很大不同，因此，会计制度大改革前后的“企业净利润”不能直接对比。对于这种情况，须进行适当的调整，或者对变化前后指标所包括的内容、含义做出必要说明。

9.2 时间序列的对比分析

根据时间数列计算一系列动态分析指标是利用时间数列分析反映社会经济现象发展变化的过程和特点、趋势和规律的常用方法。这些分析指标是通过时间数列中各指标加以对比或平均而得到的派生指标。以对比方法得到的派生指标，称为动态比较指标；以平均方法得到的派生指标，称为序时平均指标。

通常动态比较指标有发展水平、增长量、发展速度和增长速度；序时平均指标对应的有平均发展水平、平均增长量、平均发展速度和平均增长速度等。

9.2.1 发展水平与平均发展水平

1. 发展水平

发展水平就是时间数列中的每一项具体的指标值。它反映社会经济现象在不同时期所达到的规模或水平，是计算其他动态分析指标的基础。

发展水平既可能是总量指标，也可能是相对指标或平均指标。按在时间数列中所处位置的不同，发展水平有最初水平、最末水平或报告期水平、基期水平之称。

时间数列中第一项指标值叫最初水平，最末一项指标值叫最末水平，一般用a_0表示最初水平，用a_n表示最末水平，中间各项用a_1，a_2，…，a_{n-1}表示。

报告期水平是指所要计算分析的那个时期的发展水平，基期水平是指作为比较基础时期的发展水平。两个不同的发展水平相比较，可计算出动态比较指标。

2. 平均发展水平

平均发展水平就是将时间序列中各期的发展水平加以平均。平均发展水平可以根据绝对数时间序列计算，也可以根据相对数时间序列或平均数时间序列计算。由绝对数时间序列计算平均发展水平，是计算平均发展水平的基本方法。

(1) 以绝对数时间序列计算

绝对数时间序列分为时期序列和时点序列，各自计算平均发展水平的方法不同。

① 根据时期序列计算。由于时期序列各项指标值可以相加，所以，由时期序列计算平均发展水平可采用简单算术平均数的方法。其计算公式如下。

$$\bar{a}=\frac{a_1+a_2+\cdots+a_n}{n}=\frac{\sum a}{n} \tag{9.1}$$

式中：$\bar{a}$表示平均发展水平；a_1，a_2，…，a_n表示时间序列中各时期的指标值；n 表示时期个数。

【例 9.2】宏达公司第二季度完成销售额情况列于表 9-2。

表 9-2　宏达公司第二季度销售额

月份	4	5	6
销售额(万元)	80	68	71

解：二季度每月平均销售额为

$$\bar{a}=\frac{\sum a}{n}=\frac{80+68+71}{3}=73(万元)$$

② 根据时点序列计算。由于时点序列有连续时点和间断时点之分，采用不同的时点资料计算平均发展水平的方法有所不同。

A. 以连续时点序列计算平均发展水平。连续时点序列是指时点序列的资料既是逐日记录，又是逐日排列的。在连续时点序列中又有间隔相等和间隔不等之分。

a. 间隔相等连续时点序列是以日为间隔而编制的，当由这种序列计算平均发展水平时，可采用简单算术平均数法。其计算公式如下。

$$\bar{a}=\frac{\sum a}{n} \tag{9.2}$$

【例 9.3】宏达公司 5 月上旬每天职工人数为：2200，2100，2300，2159，2545，2440，2360，2300，2659，2341，求 5 月上旬平均职工人数。

解：5 月上旬的平均职工人数为

$$\bar{a}=\frac{\sum a}{n}=\frac{2200+2100+2300+2159+2545+2550+2360+2300+2659+2341}{10}=2340(人)$$

b. 间隔不等连续时点序列是指如果时点序列是在某段时期内各时点数持续不变，而整个时期中各时期段中时点数又不等的时点资料。对此应以每次变动持续的间隔长度(f)为权数，对各时点数水平(a)加权，应用加权算术平均数计算平均发展水平。其计算公式如下。

$$\bar{a}=\frac{\sum af}{\sum f} \tag{9.3}$$

【例 9.4】某商店某月的空调库存量如表 9-3 所示。求该商店当月的平均日库存空调的台数。

表 9-3　空调库存量

日期	库存台数(台)
1 日至 5 日	10
6 日至 15 日	12
16 日至 24 日	14
25 日至 27 日	17
28 日至 30 日	20

解：根据表 9-3 的资料，计算该商店当月平均日库存空调的台数为

$$\bar{a}=\frac{\sum af}{\sum f}=\frac{5\times10+10\times12+9\times14+3\times17+3\times20}{5+10+9+3+3}$$
$$=13.57(\text{台})$$

B. 间断时点序列求平均发展水平。在间断时点序列中有两个时点数和多个时点数之分，多个时点数又分为间隔相等和间隔不相等两种情况。

a. 只有两个时点数且已知两个时点数时，其计算公式如下。

$$\bar{a}=\frac{a_1+a_2}{2} \tag{9.4}$$

b. 间隔相等的间断时点序列，即当掌握的资料是间隔相等的期初或期末资料，如月末或季末的职工人数，月末或季末的库存量等，计算序时平均数可以假设在两个时点间的变动是均匀的。因而将相邻两个时点指标值相加后除以 2，即可得到两个时点之间的序时平均数，然后根据每个间隔的平均数，以简单算术平均数求整个研究时间内的序时平均数。其计算公式如下。

$$\bar{a}=\frac{\frac{a_1+a_2}{2}+\frac{a_2+a_3}{2}+\cdots\frac{a_{n-2}+a_{n-1}}{2}+\frac{a_{n-1}+a_n}{2}}{n-1} \tag{9.5}$$
$$=\frac{\frac{a_1}{2}+a_2+a_3+\cdots+a_{n-1}+\frac{a_n}{2}}{n-1}$$

式中：n 表示时点个数。

间隔相等时点序列的序时平均数等于首末两数值的 1/2 加上中间各项数值，再除以项数减 1。

【例 9.5】某商店彩电库存量见表 9-4。计算第三季度的平均彩电库存量。

表 9-4　某商店彩电库存量

日期	6 月 30 日	7 月 31 日	8 月 31 日	9 月 30 日
彩电库存台数	55	57	60	65

解：根据表 9-4 资料，计算某商店第三季度的平均彩电库存量为：

$$\overline{a}=\frac{\frac{55}{2}+57+60+\frac{65}{2}}{4-1}=59(台)$$

c. 间隔不等的间断时点序列，其计算则应以各相邻时点之间所间隔的时间为权数，采用加权算术平均法进行计算。其计算公式如下。

$$\overline{a}=\frac{\frac{a_1+a_2}{2}f_1+\frac{a_2+a_3}{2}f_2+\cdots+\frac{a_{n-1}+a_n}{2}f_{n-1}}{\sum f} \tag{9.6}$$

【例 9.6】根据表 9-5 资料，计算某商店第二季度的平均职工人数。

表 9-5　某商店第二季度职工人数资料

日期	4 月 1 日	4 月 15 日	6 月 1 日	7 月 1 日
职工人数	60	62	64	64

解：根据表 9-5 的资料，计算某商店第二季度的平均职工人数为

$$\overline{a}=\frac{\frac{60+62}{2}\times0.5+\frac{62+64}{2}\times1.5+\frac{64+64}{2}\times1}{0.5+1.5+1}=63(人)$$

根据间断时点序列计算序时平均数，是假定研究现象在相邻两个时点之间的变动是均匀的，实际上各种现象的变动一般是不均匀的。因此，为了使计算结果能尽量反映实际情况，间断时点序列的间隔不宜过长。

(2) 以相对数时间序列和平均数时间序列计算

相对数时间序列和平均数时间序列都是由两个有联系的绝对数时间序列的各项指标对比得到的，它们都是不具备直接可加性的指标。所以，以相对数时间序列和平均数时间序列计算序时平均数时，要先分别计算分子、分母两个总量指标数列的序时平均数，然后把分子和分母的序时平均数进行对比，才能求得相对数(或平均数)时间序列的序时平均数。其计算公式如下。

$$\overline{c}=\frac{\overline{a}}{\overline{b}} \tag{9.7}$$

式中：$\overline{c}$ 表示相对数时间序列或平均数时间序列的序时平均数；$\overline{a}$ 表示分子总量指标时间序列的序时平均数；$\overline{b}$ 表示分母总量指标时间序列的序时平均数。

【例 9.7】某商业企业商品流转速度资料见表 9-6，已知上一年年末商品库存额为 200 万元。请计算当年第一季度平均商品流转次数。

表 9-6　某商业企业某年第一季度商品流转情况表

月份	商品销售额 (万元)	月末库存商品额 (万元)	商品流转速度 (万元)
	a	b	c
1 月份	1100	210	5.4
2 月份	1200	220	5.6
3 月份	1300	230	5.8

解：根据表 9-6 的资料，计算当年第一季度平均商品流转次数为

$$第一季度平均商品流转次数(\overline{c})=\frac{第一季度平均每月商品销售额\overline{a}}{第一季度平均每月库存商品额\overline{b}}$$

$$=\frac{[1100+1200+1300]\div 3}{[\frac{200}{2}+210+220+\frac{230}{2}]\div 3}=\frac{1200}{215}\approx 5.65(次)$$ [1]

9.2.2　增长量和平均增长量

1. 增长量

增长量是用相减的方法计算所得的动态比较指标，它是时间数列中报告期水平与基期水平之差。其计算公式如下：

$$增长量=报告期水平-基期水平 \tag{9.8}$$

由于比较时所用的基期不同，增长量可分为逐期增长量和累计增长量两种。

(1) 逐期增长量

逐期增长量是报告期水平减报告期的前一期水平。其计算公式如下。

$$逐期增长量=报告期水平-报告期的前一期水平$$

$$=a_1-a_0,\ a_2-a_1,\ \cdots,\ a_n-a_{n-1} \tag{9.9}$$

(2) 累计增长量

累计增长量是报告期水平减某一固定期水平(一般为最初水平)所得的差。它说明一定时期内的总增长量。其计算公式如下。

$$累计增长量=报告期水平-固定期水平$$

$$=a_1-a_0,\ a_2-a_0,\ \cdots,\ a_n-a_0 \tag{9.10}$$

一般式为：a_i-a_0。

---

[1] $\overline{c}\neq\frac{\sum c}{n}=\frac{5.4+5.6+5.8}{3}=5.6(次)$。

逐期增长量与累计增长量之间具有这样的关系：各个逐期增长量之和等于相应的累计增长量。

2. 平均增长量

平均增长量就是逐期增减量的平均数。它说明现象在一定时期内平均每个时间间隔增减的绝对量，可用简单算术平均数来计算。其计算公式如下。

$$
\begin{aligned}
\text{平均增长量} &= \frac{\text{逐期增减量之和}}{\text{逐期增减项数}} = \frac{\text{累计增减量}}{\text{时间序列项数}-1} \\
&= \frac{(a_1-a_0)+(a_2-a_1)+\cdots+(a_n-a_{n-1})}{n} \\
&= \frac{a_n-a_0}{n}
\end{aligned}
\tag{9.11}
$$

式(9.11)中，n 为逐期增减量的个数，它比发展水平的个数少一个。

9.2.3 发展速度和增长速度

1. 发展速度

发展速度是时间数列中报告期水平与基期水平之比，是一种动态相对数。它可以用来说明报告期水平已发展到基期水平的百分之几或若干倍。发展速度的基本计算公式如下。

$$
\text{发展速度} = \frac{\text{报告期水平}}{\text{基期水平}} \times 100\% \tag{9.12}
$$

由于对比采用的基期不同，发展速度又可分为定基发展速度和环比发展速度两种。

(1) 定基发展速度

定基发展速度，又称总速度，是指报告期水平与某一固定基期水平之比。它说明报告期水平相当于某一固定基期水平的几倍或百分之几，反映现象在一段时期内的总变化速度。其计算公式如下。

$$
\begin{aligned}
\text{定基发展速度} &= \frac{\text{报告期发展水平}}{\text{某一固定基期水平}} \times 100\% \\
&= \frac{a_1}{a_0},\ \frac{a_2}{a_0},\ \cdots,\ \frac{a_n}{a_0}
\end{aligned}
\tag{9.13}
$$

(2) 环比发展速度

环比发展速度是报告期水平与报告期的前一期水平之比，它表明本期水平为前期的百分之几。其计算公式如下。

$$环比发展速度=\frac{报告期水平}{报告期的前一期水平}\times100\% \\ =\frac{a_1}{a_0},\ \frac{a_2}{a_1},\ \frac{a_3}{a_2},\ \cdots,\ \frac{a_n}{a_{n-1}} \\ =\frac{a_i}{a_{i-1}} \tag{9.14}$$

定基发展速度与环比发展速度的关系为：

① 定基发展速度等于相应的各个环比发展速度的连乘积；

② 两个相邻时期的定基发展速度之商等于相应时期的环比发展速度。

2. 增长速度

增长速度是反映现象变化程度的动态相对数。它是时间数列中某一增长量与基期发展水平之比，说明报告期水平比基期究竟增长(或下降)了几倍或百分之几。其计算公式如下。

$$增长速度=\frac{增长量}{基期水平}\times100\% \\ =\frac{报告期水平-基期水平}{基期水平}\times100\% \\ =发展速度-1(100\%) \tag{9.15}$$

由于采用的基期和增长量不同，增长速度可分为定基增长速度和环比增长速度两种。

① 定基增长速度。它是报告期累计增长量与某一固定基期水平之比。它表明现象在一段时间内总的增长速度。其计算公式如下。

$$定基增长速度=\frac{报告期的累计增长量}{某一固定基期水平}\times100\% \\ =\frac{a_n-a_0}{a_0}=\frac{a_n}{a_0}-1(100\%) \\ =定基发展速度-1(100\%) \tag{9.16}$$

② 环比增长速度。它是报告期逐期增长量与报告期的前一期水平之比。它表明现象报告期发展水平逐期增长速度。其计算公式如下。

$$环比增长速度=\frac{报告期的逐期增长量}{报告期的前一期水平}\times100\% \\ =\frac{a_i-a_{i-1}}{a_{i-1}}=\frac{a_i}{a_{i-1}}-1(100\%) \\ =环比发展速度-1(100\%) \tag{9.17}$$

定基增长速度与环比增长速度之间不存在直接的数学换算关系。如果需要由环比增长速度计算定基增长速度，必须首先将环比增长速度换算为环比发展速度，再连乘求定基发展速度，最后将所得结果减 100%。

9.2.4　平均发展速度与平均增长速度

1. 平均发展速度

平均发展速度用来说明现象在较长时间内发展速度变动的平均程度，以反映现象在一定发展阶段内各个时期发展变化的一般水平。

在实际工作中，平均发展速度有水平法和累计法两种计算方法。

(1) 水平法

水平法，又称几何平均法。它是通过对 n 个环比发展速度(x_i)进行连乘后，再对积求 n 次根或者对定基发展速度开 n 次方根来计算平均发展速度($\overline{x}$)的方法。求得的平均发展速度为某一现象在一定发展阶段内总的发展速度的平均数，是该计算期内环比发展速度的代表值。具体计算公式如下。

$$\begin{aligned}\overline{x} &= \sqrt[n]{x_1 \cdot x_2 \cdot x_3 \cdots x_n} \\ &= \sqrt[n]{\frac{a_1}{a_0} \times \frac{a_2}{a_1} \times \frac{a_3}{a_2} \times \cdots \times \frac{a_n}{a_{n-1}}} \\ &= \sqrt[n]{\frac{a_n}{a_0}} \\ &= \sqrt[n]{R}\end{aligned} \tag{9.18}$$

式(9.18)中：x_i 表示各期环比发展速度；R 表示定基发展速度(即总速度)；n 表示环比发展速度的个数。

按水平法计算的平均发展速度，从基本计算公式看，它受一定发展阶段内各时期环比发展速度数值大小的影响，但从简化后的计算公式看，它实际上只受最初水平和最末水平数值大小的影响，从而掩盖了该发展阶段内各个时期发展速度的具体差异，因此，在应用几何平均法计算平均发展速度或运用该指标分析问题时要注意以下 3 点。

① 要注意最初水平和最末水平是否受特殊因素的影响。

② 如果各期环比发展速度在特殊高低变化的情况下，便需计算分段平均发展速度来补充总平均发展速度，并将平均发展速度与其相应的绝对数结合分析。

③ 如果个别环比发展速度出现负值或零时，也需用总速度与分段平均发展速度结合使用，并具体问题作具体分析。

(2) 累计法

累计法，又称代数平均法或方程法。它是通过研究阶段内各期实际水平之和对基期水平之比所确立的代数方程来计算平均发展速度的方法。这种方法的出发点是，按这种方法计算的平均发展速度($\overline{x}$)所推算出来的各期计算水平($a_0\overline{x}^i$)的总和($\sum_{i=1}^{n} a_0\overline{x}^i$)应等于各期实际水平($a_i$)的总和($\sum_{i=1}^{n} a_i$)。

按照累计法计算平均发展速度，得

$$a_0\overline{x} + a_0\overline{x}^2 + a_0\overline{x}^3 + \cdots + a_0\overline{x}^n = a_1 + a_2 + a_3 + \cdots + a_n \tag{9.19}$$

等式两边同除以a_0，并移项得

$$\overline{x} + \overline{x}^2 + \overline{x}^3 + \cdots + \overline{x}^n - \frac{a_1 + a_2 + a_3 + \cdots + a_n}{a_0} = 0$$

解高次方程(9.19)得出$\overline{x}$的正根，这就是所要计算的平均发展速度。

同一资料用水平法和累计法所计算的平均发展速度数值不相等，这是由于累计法的计算特点不同于水平法。水平法实际上仅考虑最末一期发展水平，它要求根据最初水平和按水平法求得的平均发展速度推算所得的最末水平($a_0\overline{x}^n$)，应等于最末一期的实际发展水平(a_n)。而累计法需要考察整个发展阶段中各期的发展水平，即要求按累计法平均发展速度推算的各期计算水平的总和等于各期实际水平总和，累计法平均发展速度数值的大小受各期实际发展水平总和与基期发展水平百分比大小影响。

因此，实际工作中，考察最末一年所达到的水平指标的采用水平法计算平均发展速度，考察整个发展阶段总量的指标的采用累计法计算平均发展速度。

2. 平均增长速度

平均增长速度是现象在各时期环比增长速度的序时平均数，说明现象在增长时期内增长的一般水平。其计算公式如下。

$$\text{平均增长速度}=\text{平均发展速度}-1(100\%) \tag{9.20}$$

当平均发展速度大于 1 或 100%时，平均增长速度为正值，说明现象在一定时期内增长的平均程度；当平均发展速度小于 1 或 100%时，平均增长速度为负值，说明现象在一定时期内降低的平均程度。

9.3 时间序列的成分及其分析

9.3.1 时间序列的成分

在一个时间序列中，数据的轨迹或者行为包含几种成分。通常假定有 4 种独立的成分：长期趋势、季节变动、循环变动和不规则变动。时间序列的具体值就是这些独立成分综合的结果。

1. 长期趋势成分

尽管时间序列数据通常呈现随机起伏的状态，但在一段较长的时间内，它仍然呈现出相对升高或降低的运动趋势。研究社会经济现象时(以下叙述以社会经济现象为研究对象)，长期趋势(T)指社会经济现象在较长时期内沿某一方向持续发展变化的一种趋向或状态，表现为时间序列中的各项指标从长期看，呈现持续上升、持续下降或平稳发展变化的总趋势。例如，随着国民经济的发展，我国的人均国内生产总值、职工平均工资呈逐年上升的趋势，而人口死亡率、文盲率呈下降趋势。

2. 季节变动成分

季节变动(S)指社会经济现象在一年内受自然季节变换和社会经济(节假日和风俗习惯)等因素影响而发生的有规律的周期性波动。例如，铁路、航空等客运量一般在春运和旅游旺季呈现高峰；农产品生产、销售及储存中的“旺季”和“淡季”；等等。

注意，季节变动中的“季节”是广义的，它不仅指一年中的四季，而且泛指任何一种有规律的，按一定周期(季、月、旬、周、日)重复出现的变化。

3. 循环变动成分

任何时间间隔超过一年，且围绕着趋势线上下波动的点的轨迹都可归结为时间序列的循环成分。循环变动(C)指社会经济现象在较长时间内呈现出涨落相间、峰谷交替的周期性波动。例如，经济增长一般有复苏、繁荣、衰退和萧条的周期性表现。

4. 不规则变动成分

不规则变动(I)也称为剩余变动或随机变动，它是时间序列中除了上述 3 种变动之外剩余的一种变动，是各种偶然的或突发性的因素(如自然灾害、战争以及无法预料的和无法具体解释的随机性因素)影响的结果。

在现实的社会经济生活中，长期趋势、季节变动、循环变动和不规则变动 4 种变动因素往往交织在一起。可以认为时间序列 Y 是 4 个因素的函数。

$$Y_t = f(T_t,\ S_t,\ C_t,\ I_t)$$

9.3.2　时间序列的分解模型

为了揭示现象发展变化的各种规律性，需要对时间序列进行分解，分别测定每种因素对时间序列的影响。按照 4 种变动因素相互作用的方式不同，时间序列可分解为多种模型，其中常用的有加法模型和乘法模型。

加法模型：假设 4 种变动因素相互独立，时间序列便是各因素相加的和。

$$Y = T + S + C + I$$

式中：Y 为绝对数指标的原时间序列；长期趋势 T 也是绝对数指标，与 Y 同单位，

S、C、I 为季节变动、循环变动和不规则变动对长期趋势所产生的偏差，或是正值，或是负值。季节性影响不管处在循环变动的哪个阶段，这种模式都是相同的。

乘法模型：假设 4 种变动因素是相互交错影响的关系，时间序列便是各因素的乘积。

$$Y = T \times S \times C \times I$$

式中：Y、T 均为绝对数指标；S、C、I 则是比率，或称为指数，是在 100%上下波动、对原序列指标增加或减少的百分比。一般来说，T、S 属于常态现象，$T \times S$ 称为常态，$C \times I$ 称为剩余变动。

时间序列的分解方法，因组合模型的不同而不同。

加法模型用减法分解，例如：$T = Y - (S + C + I)$ 或 $C + I = Y - (T + S)$。

乘法模型用除法分解，例如：$T = \dfrac{Y}{S \times C \times I}$ 或 $S \times I = \dfrac{Y}{T \times C}$。

在实际应用中，无论哪种模型，当采用年度数据时，季节影响因素就被掩盖了。事实上，有些现象的时间序列并非 4 种变动因素都在，或是只有 T、S 和 I，或是只有 T、C 和 I 等。在经济统计中，主要采用乘法模型。

9.3.3 长期趋势分析

对长期趋势的分析与测定，不仅可以认识现象发展变化的基本趋势和规律性，作为预测的重要依据，而且是准确地测定其他变动因素的基础。

常用测定长期趋势的方法有时距扩大法、移动平均法、最小平方法等。前两种属于非数学模型方法类，其特点是采用加总或平均的方法，消除不规则变动和季节变动，测出长期趋势值；最小平方法属于数学模型方法类，其特点为先选择长期趋势的表现形式，即数学模型，再以时间数列为资料，求解数学模型。下面具体介绍这几种分析方法。

1. 时距扩大法

时距扩大法是将原来时间长度较短的时间序列的时期扩大，将几个时期的资料加以合并，求出时间长度较长的新的时间序列，以便消除较短时期的偶然因素、季节因素影响所引起的波动，反映社会经济现象发展的总趋势。

【例 9.8】某超市 28 天的销售额资料如表 9-7 所示。

表 9-7 某超市 28 天的销售额统计表

单位：万元

日期	销售额	日期	销售额	日期	销售额	日期	销售额
1	10	8	11	15	11	22	10
2	11	9	10	16	10	23	11
3	10	10	11	17	11	24	12

(续表)

日期	销售额	日期	销售额	日期	销售额	日期	销售额
4	12	11	11	18	12	25	11
5	11	12	12	19	12	26	13
6	24	13	25	20	25	27	27
7	20	14	22	21	24	28	25

解：从表 9-7 的资料中可看出，销售额是上升的趋势，但日与日之间，有升降交替的现象，上升趋势并不绝对。将各日资料合并为每周资料，即扩大时距，可整理得出新的时间序列，如表 9-8 所示。

表 9-8　某超市每周的销售额统计表

单位：万元

日期	1 日至 7 日	8 日至 14 日	15 日至 21 日	22 日至 28 日
总销售额	98	102	105	109

从表 9-8 可看出，销售额呈现出明显的上升趋势。

在运用时距扩大法时应注意以下几点。

(1) 只能用于时期数列。

(2) 扩大后的各个时期的时距应该相等，这样才能相互比较，看出现象的变动趋势。

(3) 时距长短要适当，如时距扩大不够，不能消除现象变动中的周期因素、偶然因素等。反之，如时距过长，整理的新时间序列的指标太少，会掩盖现象发展的具体趋势。

2. 移动平均法

移动平均法是将时间序列的时距扩大，将时间序列的各项数值从第一项数值开始，依次逐项移动，重叠求其规定期数的系列序时平均数，从而形成一个由序时平均数构成的新的派生数列，以清除原时间序列中的不规则变动，反映现象发展趋势。

移动平均法的具体步骤如下。

第一步，选择一定的用于平均的时距项数 K。

第二步，对原序列计算 K 项移动平均数，其计算公式为

$$\overline{Y}_{i+(k+1)/2-1}=\frac{Y_i+Y_{i+1}+\cdots+Y_{i+K-1}}{K}\quad(i=1,\ 2,\ \cdots,\ n)\tag{9.21}$$

第三步，若 K 为奇数，则 K 项移动平均数即为长期趋势值；若 K 为偶数，则将 K 项移动平均数再做一次 2 项移动平均即可得到长期趋势值。

【例 9.9】根据某地凉鞋零售资料，如表 9-9 的 1～3 列所示，计算移动平均数。

表 9-9　某地凉鞋零售量移动平均趋势表

单位：万双

年份	季度	零售量	4 项移动平均趋势值	4 项修正移动平均趋势值	移动平均比率(%)
		(1)	(2)	(3)	(4)=(1)/(3)
第一年	3	560			
	4	40			
第二年	1	80	270	275.0	29.1
	2	400	280	282.5	141.5
	3	600	285	287.5	208.7
	4	60	290	302.5	19.8
第三年	1	100	315	322.5	31.0
	2	500	330	332.5	150.4
	3	660	335	337.5	195.6
	4	80	340	352.5	22.7
第四年	1	120	365	382.5	31.4
	2	600	400	402.5	149.1
	3	800	405	407.5	199.3
	4	100	410	422.5	23.7
第五年	1	140	435		
	2	700			

计算结果见表 9-9 的第 5 列(带灰底色的第 6 列为例 9.13 备用)，详情如图 9-2 所示。

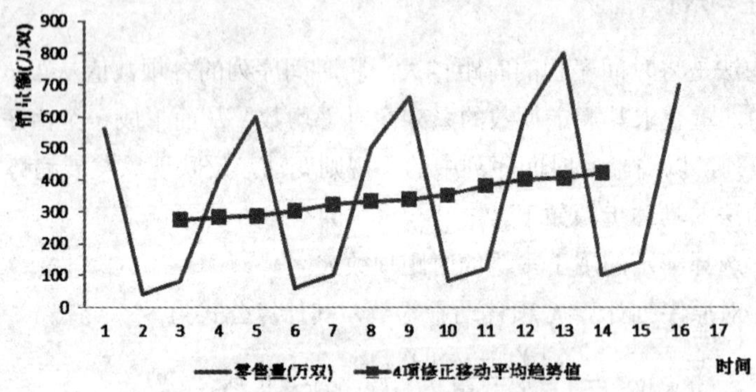

图 9-2　某地凉鞋零售量移动平均趋势

运用移动平均法分析长期趋势时，应注意以下几个问题。

① 移动平均后的趋势值应放在各移动项的中间位置上。采用奇数项移动平均时，

一次即得趋势值；采用偶数项移动平均时，要再做一次 2 项移动平均。因此，除客观须采用偶数项(如一年 4 季或 12 个月)为时距的以外，一般以奇数项为时距。

② 移动平均后的数列比原数列项数要少。移动平均时采用的项数愈多，虽能更好地进行修匀，但所得趋势值的项数就愈少。移动平均项数与趋势值的项数关系为：

趋势值项数=原数列项数–移动平均项数+1

③ 移动平均法所取项数的多少，应视资料的特点而定。如果时间序列包含周期性变动，移动平均的项数 K 应与周期长度一致。这样才能在消除不规则变动的同时，也消除周期性波动。

3. 最小平方法

最小平方法也称为最小二乘法，是研究长期趋势最常用的方法，在第 8 章的内容中也有涉及。它对社会经济现象的发展的趋势拟合，可以采用直线，也可以采用曲线，视现象发展的性质和特点，即根据实际时间序列或其图形状态而定。

(1) 线性趋势

线性趋势是指现象随着时间的推移而呈现出稳定增长或下降的线性变化规律，表现为时间序列的折线图大致呈直线形状，或时间序列各期的逐期增长量大致相同。

当社会经济现象的发展呈线性趋势时，可以用下列线性趋势方程来描述。

$$\hat{Y}_t = \beta_0 + \beta_1 t \tag{9.22}$$

式(9.22)中，$\hat{Y}_t$ 代表时间序列 Y_t 的趋势值；t 代表时间标号；β_0 代表趋势线在 Y 轴上的截距；β_1 是趋势线的斜率。

式(9.22)中，β_0、β_1 为两个待定参数，根据 OLS 法可解得

$$\begin{cases} \beta_1 = \dfrac{n\sum tY - \sum t \sum Y}{n\sum t^2 - (\sum t)^2} \\ \beta_0 = \dfrac{\sum Y - \beta_1 \sum t}{n} \end{cases} \tag{9.23}$$

其中，n 表示时间序列的项数。

【例 9.10】以某公司当年 1 月至 10 月的销售额资料为例来说明线性趋势方程的计算方法，如表 9-10 所示。

表 9-10 某公司销售额线性趋势方程的计算表

月份 t	销售额(万元)y	ty	t^2	趋势值(万元)$\hat{Y}$
1	9.89	9.89	1	9.69
2	10.71	21.42	4	10.53
3	10.55	31.65	9	11.36

(续表)

月份 t	销售额(万元)y	ty	t^2	趋势值(万元)$\hat{Y}$
4	12.22	48.88	16	12.20
5	13.76	68.80	25	13.03
6	13.80	82.80	36	13.86
7	14.51	101.57	49	14.70
8	15.20	121.60	64	15.53
9	16.50	148.50	81	16.37
10	17.33	173.30	100	17.20
合计 55	134.47	808.41	385	—

解：将表中数据代入计算公式(9.23)，可得

$$\beta_1=\frac{n\sum tY-\sum t\sum Y}{n\sum t^2-(\sum t)^2}=\frac{10\times 808.41-55\times 134.47}{10\times 385-55\times 55}\approx 0.83$$

$$\beta_0=\frac{\sum Y-\beta_1\sum t}{n}=\frac{134.47-0.83\times 55}{10}\approx 8.86$$

将β_0、β_1值代入式(9.22)，得线性趋势方程

$\hat{Y}=8.86+0.83t$

实际上，利用统计软件能够很方便快捷地求得这线性趋势方程。详见第 11 章例 11.19。将各年的原序列与趋势值绘制成图 9-3，可以看出人口数量的变化趋势。

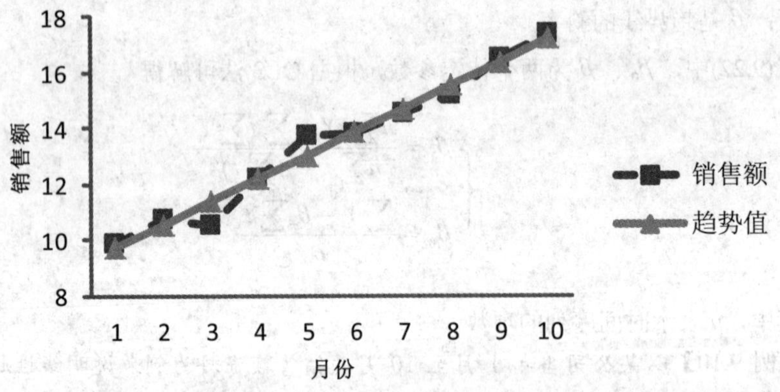

图 9-3　某公司月销售额的线性趋势

(2) 非线性趋势

社会经济现象发展变化的长期趋势，除表现为持续上升或下降的直线外，还表现为多种曲线，需要用适当的曲线方程来配合。常用的曲线方程有：指数曲线、二次抛物线、

三次曲线等。

① 二次抛物线。如果社会经济现象逐期增长量的增长(即二级增长)大体相同，即，二阶差分接近于常数，则可考虑用二次抛物线来拟合这一发展趋势。抛物线的一般方程为

$$Y = a + bt + ct^2 \tag{9.24}$$

式(9.24)中有 3 个待定参数，根据最小平方法的要求，同样用求偏微分的方法，导出下列 3 个标准方程式。

$$\begin{cases} \sum Y = na + b\sum t + c\sum t^2 \\ \sum tY = a\sum t + b\sum t^2 + c\sum t^3 \\ \sum t^2 Y = a\sum t^2 + b\sum t^3 + c\sum t^4 \end{cases}$$

【例 9.11】现某公司有 11 年的销售量资料，编制成时间序列，如表 9-11 的第 1 列与第 3 列数据所示。试作长期趋势分析。倒数第 1 列与倒数第 2 列数据备用于例 9.17。

表 9-11　某公司的销售量二次曲线趋势计算表

年份 (t)	序号 (t')	销售量 (Y_t)	一次差分 $Y_t - Y_{t-1}$	二次差分 $(Y_t-Y_{t-1})-(Y_{t-1}-Y_{t-2})$	趋势值 $\hat{Y}_t$	残差 $\lvert Y_t - \hat{Y}_t \rvert$	残差平方 $(Y_t - \hat{Y}_t)^2$
1	-5	200			198.94	1.06	1.1236
2	-4	225	25		224.91	0.09	0.0081
3	-3	250	25	0	252.20	2.20	4.84
4	-2	280	30	5	280.81	0.81	0.6561
5	-1	310	30	0	310.74	0.77	0.5929
6	0	345	35	5	341.99	3.01	9.0601
7	1	380	35	0	347.56	2.44	5.9536
8	2	405	25	-10	408.43	3.43	11.7649
9	3	440	35	10	443.66	3.66	13.3956
10	4	480	40	5	480.19	0.19	0.0361
11	6	520	40	0	518.04	1.96	3.8416
合计	0					22.59	51.3144

解：分析公司 11 年的销售量数据，其二次差值(表 9-11 的第 3 列数据)在±10之间，接近于常数，可决定用二次曲线拟合该公司销售量发展趋势。

根据最小平方法确定二次曲线方程。为了计算便捷，将年份中心化，得表 9-11 第 2 列数据。依据表 9-11 第 2、3 列数据，求得二次曲线趋势方程为

$$\hat{Y}_t = 341.99 + 31.90t' + 0.66t'^2$$

若采用 Excel 统计软件处理数据，可以直接依据表 9-11 第 1、3 列数据，快捷地获得二次曲线趋势方程如下。

$$\hat{Y}_t = 174.45 + 23.94t + 0.66t^2$$

将各期趋势值及原序列绘成折线图，可以看出该公司销售量发展的趋势形态(图形略)。

② 指数曲线。指数曲线用于描述几何级数递增或递减的现象。当社会经济现象各期的发展速度接近相等，或者说各期的环比增长速度大致相同时，表明现象的发展呈现指数曲线型趋势。一般的自然增长及大多数经济序列都有指数变化趋势，如本章的开篇案例，1992 年至 2012 年中国出口总额的变化趋势就呈现出指数的形态。指数曲线方程为

$$\hat{Y}_t = ab^t \tag{9.25}$$

公式(9.25)中，a，b 为待定参数。若 $b>1$，表示增长率随 t 的增加而增加；若 $b<1$，表示增长率随 t 的增加而降低；若 $a>0$，$b<1$，趋势值 $\hat{Y}_t$ 逐渐降低且以 0 为极限。

拟合指数曲线常用的方法是先把指数曲线方程转换为对数直线形式，即两端取对数，得

$$\lg \hat{Y}_t = \lg a + t \lg b$$

然后根据最小平方法原理，按直线趋势方程的参数确定方法，得到 $\lg a$ 和 $\lg b$ 的标准方程如下。

$$\begin{cases} \sum \lg Y = n \lg a + \lg b \sum t \\ \sum t \lg Y = \lg a \sum t + \lg b \sum t^2 \end{cases}$$

求出 $\lg a$ 和 $\lg b$ 后，再取其反对数，即得参数 a 和 b。

在实际工作中，利用统计软件能非常便捷地获得指数方程的参数与趋势图。比如，对 1992 年至 2012 年中国出口总额的折线求趋势线的图 9-1，只要参照例 11.17(3)的③、④步操作。当然，须在图 11-45 对话框的“趋势预测/回归分析类型”框中选择“指数”，在“显示公式”与“显示 R 平方值”的前置方框中分别打钩。即得：图 9-1，获得指数方程 $\hat{Y}_t = 475.39\mathrm{e}^{0.1664t}$。

9.3.4 季节成分分析

研究季节成分的目的，在于分析过去的季节变动，认识和掌握季节变动的规律性，进行各种短期预测，预测未来的季节变动。

从其是否考虑长期趋势的影响来看，测定季节成分主要有两种方法：一种是按月(季)

平均法，不考虑长期趋势的影响，直接根据原始的时间数列来计算；另一种是移动平均趋势剔除法，根据剔除长期趋势影响的数列资料来计算。这两种方法都要求有不少于 3 年的资料作为基本数据进行计算分析，这样才能较好地消除偶然因素的影响，使季节变动的规律更切合实际。

1. 按月(季)平均法

按月(季)平均法就是通过计算季节比率的方法，测定季节变动的规律性。计算步骤如下。

第一步，用表列出现象 3 年以上分月(季)资料。

第二步，计算同期(月或季)的算术平均数。

第三步，计算全期的算术平均数。

第四步，计算季节指数(比率)与季节变差。其计算公式为

$$\text{季节指数(比率)}S_i=\frac{\text{同月(或同季)平均数}}{\text{全年总平均数}}\times 100\% \tag{9.26}$$

$$\text{季节变差}L_i=\text{同月(或同季)平均数}-\text{全年平均数} \tag{9.27}$$

季节比率表明各月(或季)水平比全年总水平高或低的程度，反映季节变动的一般规律。由于各月(或各季)的季节比率都是以全年各月的总平均数作为计算基础，全年 12 个月份季节比率之和等于 1200%，4 个季度季节比率之和等于 400%。12 个月季节比率或 4 个季度季节比率的平均数均为 100%。季节变动则表现为各月(或季)的季节比率围绕 100%上、下波动，表明各月(或季)变量与全年平均为 100%的相对关系。

季节变差是用绝对数表示的季节变动指标，表明各月(或季)变量与全年平均数的差异量。其差异量的计量单位与原时间数列的计量单位相同。

当各月季节比率之和不等于 1200%或各季度季节比率之和不等于 400%，或季节变差之和不等于零时，则用校正系数对季节比率加以调整或用校正值对季节变差进行修正。其计算公式为

$$S_i^*=S_i\times\text{校正系数},\quad L_i^*=L_i+\text{校正值} \tag{9.28}$$

$$\text{校正系数}=\frac{1200\%}{\sum\text{月季节比率}}\quad\text{或}\quad\text{校正系数}=\frac{400\%}{\sum\text{季度季节比率}} \tag{9.29}$$

$$\text{校正值}=\frac{\text{季节变差之和}}{12}\quad\text{或}\quad\frac{\text{季节变差之和}}{4} \tag{9.30}$$

【例 9.12】根据某市连续 3 年各月皮衣销售量资料，用按月平均法计算各月的季节比率与季节变差，如表 9-12 所示。

解：1 月份季节比率$=\frac{22800}{13540.3}\times 100\%\approx 168.39\%$

1 月份季节变差=22800－13540.3=9259.7 (件)

其余各月类推。

表 9-12　某市连续 3 年皮衣销售季节变动表

单位：件

月份	第一年 (1)	第二年 (2)	第三年 (3)	3 年合计 (4)=(1)+(2)+(3)	月平均 (5)=(4)/3	季节比率(%) (6)	季节变差 (7)
1	15500	24500	28400	68400	22800.0	168.39	9259.7
2	9400	15500	14500	39400	13133.3	99.99	−407.0
3	4500	7500	8200	20200	6733.3	49.73	−6807.0
4	3000	4500	3400	10900	3633.3	29.83	−9907.0
5	1500	2500	1800	5800	1933.3	14.28	−11607.0
6	1300	1600	1400	4300	1433.3	10.59	−12107.0
7	1250	3700	3500	8450	2819.7	20.80	−10723.6
8	2500	4500	4300	11300	3769.7	27.82	−9773.6
9	4000	7500	8700	20200	6733.3	49.73	−6807.0
10	9000	15500	14500	39000	13000.0	99.01	−540.3
11	34500	42500	47500	124500	41500.0	309.49	27959.7
12	35500	48500	51000	135000	45000.0	332.34	31459.7
合计	121950	178300	187200	487450	162483.3	1200.00	—
平均	10163	14858	15600	40621	13540.3	100.00	—

上表各月季节比率所组成的时间数列明显地表明该市皮衣销售量的季节变动规律，自 1 月份起，逐渐下降，6 月份为最低谷，7 月份起逐月增长，至 12 月份达到高峰。

2. 移动平均趋势剔除法

移动平均趋势剔除法是采用移动平均，先把时间数列中的趋势成分、偶然因素剔除，然后再进行季节指数(比率)或季节变差测定的方法。其计算步骤如下。

第一步，用表列出现象 3 年以上分月(季)资料。

第二步，计算移动平均数。

第三步，以实际值除以相应的移动平均趋势值，得移动平均比率，剔除原序列的趋势成分。其计算公式为

$$\text{移动平均比率}=\frac{\text{实际值}}{\text{移动平均趋势值}}\times 100\% \tag{9.31}$$

第四步，计算季节指数 S_i 以消除不规则变动。其计算公式为

$$季节指数S_i=\frac{各年同月(季)移动平均比率的平均水平}{全年各月(季)移动平均比率的平均水平}\times 100\%$$

若各月季节指数之和不等于 1200%或各季度季节指数之和不等于 400%，则用调整系数对季节指数加以调整，$S_i^* = S_i \times$调整系数。调整系数的算法如式(9.29)的校正系数。

【例 9.13】根据某地凉鞋零售资料，用趋势剔除法计算各季的季节比率，如表 9-9 和表 9-13 所示。

表 9-13　季节指数计算表

单位：万双

年份	第一季度	第二季度	第三季度	第四季度	合计
第二年	29.1	141.6	208.7	19.8	399.2
第三年	31.0	150.4	195.6	22.7	399.7
第四年	31.4	149.1	196.3	23.7	400.5
三年平均	30.5	147.0	200.2	22.1	399.8
季节指数	30.52	147.11	200.30	22.08	400.00

解：在表 9-13 中，根据表 9-9 所得 3 年各季度的移动比率(见表 9-9 的第 6 列)数据求均值，则全期平均季节比率合计为 399.8%，小于 400%，则用 400% ÷ 399.8% × 100 ≈ 100.05%作为修正系数，分别乘上 3 年平均各季的移动平均比率，如第一季度，由 30.5% × 100.05% ≈ 30.52%，则第一季节指数为 30.52%，依次类推求得各季度的季节指数。计算结果表明，该地凉鞋零售呈明显季节变动，每年从第二季度进入旺季，到第三季度达到零售顶峰，第四季度迅速回落，一直维持到次年的第一季度，都是零售淡季。

对季节变动进行预测时，若现象的发展没有明显的上升和下降趋势，就可以直接利用已计算的季节比率和季节变差，则

$$季节比率预测值=上年月平均值\times 各月季节比率 \tag{9.32}$$

$$季节变差预测值=上年月平均值+各月季节变差 \tag{9.33}$$

【例 9.14】根据例 9.12 中表 9-12 某市第三年皮衣销售量资料，预测第四年各月的皮衣销售量。

解：第四年 1 月份的皮衣销售量为

季节比率预测销售量=15600×168.38% = 26267.3(件)

季节变差预测销售量=15600 + 9259.7 = 24859.7(件)

其余各月类推。

如果时间数列存在明显的增长或下降趋势，就需要把增长或下降的趋势考虑进去。方法是先根据平行数列中各个年度资料的合计数，用测定与分析长期趋势的方法，计算

预测年度的趋势值，再根据预测年度平均月/季趋势值乘基年的各月季节比率(或加基年的各月/季季节变差)进行预测。

9.3.5 循环成分与不规则成分分析

循环成分归因于时间序列的多年循环，它与季节变动类似。但是，由于其所涉及的时间太长，使得获得比较恰当的数据进行循环成分分析比较困难；通常循环的周期是变化的，因此，循环成分比季节成分分析要困难得多。

循环成分的测定最常用的方法是剩余法，即从时间序列中分别消除长期趋势和季节变动，然后再消除不规则变动，剩余部分便是循环变动。其具体步骤如下。

第一步，消除季节变动。根据原时间序列 Y 计算季节指数，然后求得无季节性资料，用公式表示为

$$\frac{Y}{S}=\frac{T\times S\times C\times I}{S}=T\times C\times I \tag{9.34}$$

第二步，剔除长期趋势。根据 $T\times C\times I$ 序列计算趋势值 T，然后求得含有循环变动及不规则变动的序列，用公式表示为

$$\frac{T\times C\times I}{T}=C\times I \tag{9.35}$$

第三步，消除不规则变动。对 $C\times I$ 序列进行移动平均(MA)，即得循环变动值 C，用公式表示为

$$C=MA(C\times I) \tag{9.36}$$

不规则变动的测定也采用剩余法，即从时间序列中注意将长期趋势、季节变动和循环变动分离出来，其剩余部分归结为不规则变动。其具体步骤的第一步、第二步和第三步同循环变动的测定，第四步是从 $C\times I$ 序列中消除循环变动 C，即可求得不规则变动，用公式表示为

$$\frac{C\times I}{C}=I \tag{9.37}$$

9.4 时间序列的预测方法

时间序列预测是指将所研究现象发展变化的趋势和规律进行类推或延伸，借以预测下一段时间或以后若干年内可能达到的水平。

进行时间序列预测一般要经过以下几个步骤。

第一步，收集和整理历史资料，编制时间序列，并根据时间序列汇成统计图表。

第二步，分析时间序列，通常是把各种可能发生作用的因素进行分类，一般分为四大类，即长期趋势、季节变动、循环变动和不规则变动。

第三步，构建预测模型。在审核分析资料的基础上，按照资料所反映的事物的本质特征及相互制约关系建立适当的预测模型。

第四步，利用时间序列资料求出长期趋势的变动模型后，就可将其用来预测长期趋势。

第五步，计算季节因素和循环因素对预测值的影响。

由于季节变动规律比较稳定，实际预测中一般假定未来的季节指数不变，即直接利用所测定的季节指数作为未来的季节变动的预测值。循环变动很难测定和预测，不规则变动是无法预测的，都可以不予考虑。所以，最主要的是长期趋势的预测。本节介绍几种常用的长期趋势预测方法。

9.4.1　趋势外推法

当研究对象依时间变化呈现某种上升或下降趋势，没有明显季节波动，且能找到一个合适的函数曲线反映这种变化趋势时，就可以用时间 t 为自变量，时间序列数值 y 为因变量，建立趋势模型：$y=f(t)$。如果有理由认为现象发展的过程中没有跳跃式变化，且影响现象长期趋势的基本因素在预测期仍然起着同样的作用，那么赋予变量 t 所需要的值，就能得到相应的时间序列未来值，这就是趋势外推法。实际应用中，必须先分析影响长期趋势的各种因素是否会出现变化，而且外推的时间不宜太远。

1. 趋势外推模型的选择

趋势外推法主要利用图形识别法和差分法计算来进行模型的选择。

(1) 图形识别法

图形识别法就是将时间序列的数据绘制在以时间 t 为横轴，时序观察值为纵轴的坐标平面上，观察散点的分布并将其形状与各类函数曲线模型的图形进行比较，以选择较为适宜的模型。

(2) 差分法

由于模型种类很多，为了根据历史数据正确选择模型，常常利用差分法把时间序列的数据修匀，使非平稳序列成为平稳序列。

当时间序列各期数值的一阶差分 $y_t'=y_t-y_{t-1}$ 大致相等时，就可以适配一次(线性)模型。

当时间序列各期数值的二阶差分 $y_t''=y_t'-y_{t-1}'$ 大致相等时，就可以适配二次(抛物线)模型。

当时间序列各期数值的一阶比率 $\dfrac{y_t}{y_{t-1}}$ 大致相等时，就可以适配指数曲线模型。

当时间序列各项数值一阶差分的一阶比率大致相等时，就可以适配修正指数曲线模型。

2. 用趋势外推法进行预测

(1) 多项式曲线模型的趋势外推预测法

多项式曲线模型的一般形式为：$\hat{y}_t = a_0 + a_1 t + a_2 t^2 + \cdots + a_k t^k$。

当 k=1 时，为直线模型：$\hat{y}_t = a_0 + a_1 t$，利用相应参数估计方法(最小平方法)计算参数 a_0 和 a_1 的估计值，获得线性趋势方程。如根据表 9-10 某公司当年 1 月至 10 月的销售额资料利用最小平方法获得趋势方程：$\hat{Y} = 8.86+0.83t$。若预测其当年 11 月份的销售额 $\hat{Y}_{11}$，只要将 t=11 代入方程即可得：$\hat{Y}_{11} = 8.86+0.83\times 11=17.99$(万元)。

当 k =2 时，为二次多项式模型：$\hat{y}_t = a_0 + a_1 t + a_2 t^2$，利用最小平方法可计算得参数 a_0、a_1 和 a_2 的估计值。如例 9.11 根据表 9-11 中公司的销售量资料，获得二次曲线趋势方程：$\hat{Y}_t = 341.99 + 31.90t' + 0.66t'^2$ 或 $\hat{Y}_t = 174.45 + 23.94t + 0.66t^2$。

若预测该公司第 12 年的销售量，只要将 $t'=6$ 或 t=12 代入方程，即得 $\hat{Y}_{12} = 341.99 + 31.90\times 6 + 0.66\times 6^2 = 557.15$，或 $\hat{Y}_{12} = 174.45 + 23.94\times 12 + 0.66\times 12^2 = 557.77$。

(2) 指数曲线模型的趋势外推预测法

指数曲线模型：$\hat{y}_t = a\times e^{bt}$ (a>0)，对模型两边取对数变换得：$\lg y_t = \lg a + bt$，令 $Y_t = \lg y_t$，$A = \lg a$，则指数曲线模型就转化为直线模型 $Y_t = A + bt$，再进行参数估计，以获得趋势模型，然后，利用趋势模型进行预测。

(3) 修正的指数曲线模型的趋势外推预测

修正的指数曲线模型：$\hat{y}_t = a + bc^t$ (0<c<1)。式中，a，b 和 c 为待定参数。

将时间序列按时间先后顺序分为三组，设各组序列项数为 n，第一组序列总和为 $\sum_{i=1}^{n} y_{1i}$，第二组序列总和为 $\sum_{i=1}^{n} y_{2i}$，第三组变量总和为 $\sum_{i=1}^{n} y_{3i}$ 则

$$c = \left[\frac{\sum_{i=1}^{n} y_{3i} - \sum_{i=1}^{n} y_{2i}}{\sum_{i=1}^{n} y_{2i} - \sum_{i=1}^{n} y_{1i}}\right]^{1/n},\quad b = \left(\sum_{i=1}^{n} y_{2i} - \sum_{i=1}^{n} y_{1i}\right)\times\frac{c-1}{(c^n-1)^2},\quad a = \frac{1}{n}\left[\sum_{i=1}^{n} y_{1i} - b\left(\frac{c^n-1}{c-1}\right)\right]$$

可计算得各参数估计值，从而获得修正指数曲线趋势模型。

(4) 龚珀兹曲线模型的趋势外推预测法

对龚珀兹曲线模型 $\hat{y}_t = k\times a^{b^t}$，可先取对数变换得：$\lg y_t = \lg k + b^t \times \lg a$。令 $Y_t = \lg y_t$，$A = \lg k$，$B = \lg a$，则模型转换为修正的指数曲线模性：$Y_t = A + B\times b^t$，再进行参数估计，以获得趋势模型。

9.4.2 移动平均预测

移动平均预测就是用移动平均值作为下一期的预测值。与用于测定长期的移动平均

法不同的是，每个 k 期移动平均值不是代表观测值中间一期的趋势值，而是第($i+k$)期的预测值；移动平均值的位置不再是居中放置，而是置于第($i+k$)期。

移动平均法可分为简单移动平均预测法和加权移动平均预测法。下面将具体介绍这两种移动平均预测方法。

1. 简单移动平均预测法

简单移动平均预测法就是在时间序列中选择包括本期在内的最近 k 个时期的观察值，计算其序时平均数作为下一个时期的预测值。随着预测时期向前推移，相邻的 k 个时期也向前移动，故称移动平均预测法。预测公式如下。

$$\hat{y}_{t+1} = \frac{y_t + y_{t-1} + \cdots + y_{t-(k-1)}}{k} \tag{9.38}$$

式(9.38)中：$\hat{y}_{t+1}$ 为(t+1)时期的预测值；y_t，y_{t-1}，…，$y_{t-(k-1)}$ 为以前连续 k 个时期的实际值；k 为预测依据的时期数。

2. 加权移动平均预测法

加权移动平均预测法是在时间序列中选择包括本期在内的最近 k 个时期的观察值，并根据各观察值对预测值的影响程度的高低，分别给予不同的权数，计算其加权平均数作为下一期预测值，且随着预测时期向前推移，相邻的 k 个时期也向前移动。

简单移动平均数假定以前各个时期的实际值对预测值的影响程度相同。实际上，距离预测期近的数据对预测值的影响较大，反之，距离预测期远的数据对预测值的影响较小。这样，应该给不同时期的数据以不同的权数，计算加权移动平均数作为预测值。各期权数的大小，可根据实际情况确定。如需加重近期数据对预测值的影响，则给近期数据以大一些的权数；反之，权数的差别可小些。各权数的级差可相等，也可不等。加权移动平均预测公式如下。

$$\hat{y}_{t+1} = w_t y_t + w_{t-1} y_{t-1} + \cdots + w_{t-(k-1)} y_{t-(k-1)} \tag{9.39}$$

式(9.39)中：w_{t+1-i} (i=1，2，…，k)为各期的权数；$\sum_{i=1}^{k} w_{t+1-i} = 1$。

【例 9.15】某银行股票连续 18 个工作日的收盘价格如表 9-14 第 2 列所示，试用三期移动平均预测法(k=3 日)和加权移动平均法(权数分别为 w_t=0.5，w_{t-1}=0.3，w_{t-2}=0.2)进行预测，并将原序列与预测序列绘制成图进行比较(见图 9-4)。

表 9-14　某股票价格的移动平均值

时间(日)	价格(元)	价格的预测值(元)	
		移动平均值	加权移动平均值
1	3.11		
2	3.1		
3	3.09		

(续表)

时间(日)	价格(元)	价格的预测值(元)	
		移动平均值	加权移动平均值
4	3.08	3.100	3.097
5	3.09	3.090	3.087
6	3.05	3.087	3.087
7	3.06	3.073	3.068
8	3.05	3.067	3.063
9	3.03	3.053	3.053
10	3.08	3.047	3.042
11	3.05	3.053	3.059
12	3.03	3.053	3.055
13	3.02	3.053	3.046
14	3.03	3.033	3.029
15	2.99	3.027	3.027
16	2.93	3.013	3.008
17	2.94	2.983	2.968
18	2.95	2.953	2.947
19	—	2.940	2.943

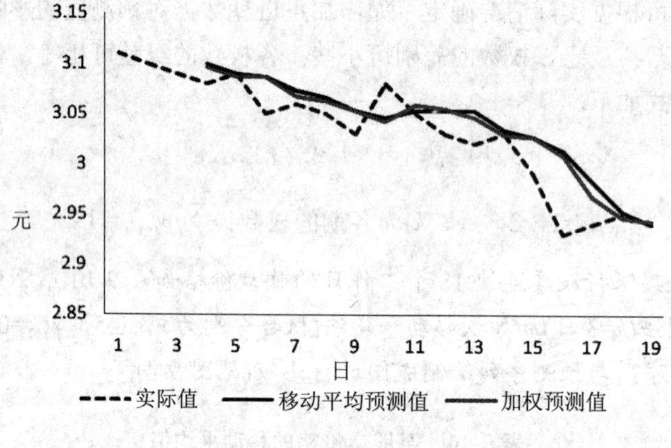

图 9-4　移动平均

用加权移动平均法求预测值，对近期的趋势反映较敏感，但如果一组数据有明显的季节性影响时，用加权移动平均法所得到的预测值可能会出现偏差。因此，有明显的季节性变化因素存在时，最好不要加权。

9.4.3 指数平滑预测

1. 指数平滑法原理

为了将历史统计数据中的随机因素加以过滤，消除统计数据的起伏波动状况，以便把握事物发展的主流，突出事物发展的方向和趋势，可以采用指数平滑法加以分析处理。指数平滑预测是在移动平均法基础上发展起来的一种时间序列分析预测方法，它通过计算指数平滑值，配合一定的时间序列预测模型对现象的未来进行预测。其原理是任一期的指数平滑值都是本期实际观察值与前一期指数平滑值的加权平均。指数平滑的公式如下。

$$S_{t+1}=\alpha y_t+(1-\alpha)S_t \tag{9.40}$$

式(9.40)中：S_{t+1}和S_t分别表示(t+1)期和 t 期的指数平滑值；y_t为第 t 期的实际观察值；α称为平滑系数，且 $0<\alpha<1$。上述公式也可改写成

$$S_{t+1}=S_t+\alpha(y_t-S_t) \tag{9.41}$$

即，下期预测数=本期预测数+平滑系数×(本期实际数−本期预测数)。

指数平滑法与移动平均法相比具有较大的改进。首先，用移动平均数预测，当时期 k 确定以后，预测值就只受预测期以前连续 k 个时期实际值的影响，再远的时期，就与预测值无关，把实际值对预测值的影响按时期截然分开。事实上，事物的发展是一个连续渐变的过程，只能说较近时期的实际值对预测值的影响大些，较远时期的实际值对预测值的影响小些，不能把较远时期的实际值对预测值的影响完全抹杀。指数平滑法正好弥补了移动平均法的这一缺点，承认了以前所有时期的实际值对预测值都有影响，将指数平滑公式展开：

$$\begin{aligned}S_{t+1}&=\alpha y_t+(1-\alpha)S_t\\&=\alpha y_t+(1-\alpha)\times\left(\alpha y_{t-1}+(1-\alpha)S_{t-1}\right)\\&=\alpha y_t+\alpha(1-\alpha)y_{t-1}+(1-\alpha)^2S_{t-1}\\&\quad\vdots\\&=\alpha y_t+\alpha(1-\alpha)y_{t-1}+\alpha(1-\alpha)^2y_{t-2}+\cdots+\alpha(1-\alpha)^{t-1}y_1+(1-\alpha)^tS_1\end{aligned}$$

式中：S_1称为初始值，通常将时间序列的最初水平y_1作为初始值S_1。可见，指数平滑值S_{t+1}实质上是以前各期实际值的加权算术平均数，且由权数呈指数形式递减可知，各期的影响程度是由近至远按指数曲线规律下降的。

其次，指数平滑预测法需要掌握的数据，被简化到最低限度，只要有本期预测值和实际值两个数据，就可对下一期做出预测。因此，指数平滑法是实际工作中被广泛应用的一种短期预测方法。

应用指数平滑法的关键是平滑系数α的选择。α取值愈大，近期值的权数愈大，它对预测值的影响也愈大；α取值愈小，近期值与远期值对预测值的影响趋于一致。在实际应用中

平滑系数α的取值可以根据经验确定，如果预测值受近期数的影响大些，α取值应大些；反之，如果事物的变动没有明显规律，各时期的影响程度相差不大，α取值可小些。如果缺乏经验，可以根据前几期的实际值，测算一下α不同取值的预测误差，取误差小的α值为适宜。

2. 指数平滑的预测公式

根据平滑次数不同，指数平滑法可分为：一次指数平滑法、二次指数平滑法和三次指数平滑法。

当时间序列没有明显的趋势变化，可直接用一次指数平滑法计算结果作为下期的预测值。其预测公式为

$$\hat{y}_{t+1} = \alpha y_t + (1-\alpha)\hat{y}_t \tag{9.42}$$

式(9.42)中，$\hat{y}_{t+1}$为$(t+1)$期的预测值，即$(t+1)$期的平滑值S_{t+1}；y_t是t期的实际值；$\hat{y}_t$是t期的预测值，即t期的平滑值S_t。该公式又可以改写为

$$\hat{y}_{t+1} = \hat{y}_t + \alpha(y_t - \hat{y}_t) \tag{9.43}$$

即，下期预测值又是本期预测值与以α为权数的本期实际值与预测值误差之和。

【例 9.16】某旅馆过去 10 个月的营业额数据见表 9-15 第 2 列，采用一次指数平滑法，分别用平滑系数α=0.3，α=0.4 和α=0.5 来预测各月的营业额。

解：若平滑系数α=0.3，$\hat{y}_1$即初始值S_1，$S_1 = y_1 = 203.8$(万元)

$\hat{y}_2 = \alpha y_1 + (1-\alpha)\times\hat{y}_1 = 0.3\times203.8 + (1-0.3)\times203.8 = 203.8$(万元)

$\hat{y}_3 = \alpha y_2 + (1-\alpha)\times\hat{y}_2 = 0.3\times214.1 + (1-0.3)\times203.8 = 206.9$(万元)

其余类推。

表 9-15　某旅馆营业额的指数平滑值

时间(月)	营业额(万元)	营业额指数平滑值(万元)		
		α=0.3	α=0.4	α=0.5
1	203.8	—	—	—
2	214.1	203.8	203.8	203.8
3	229.9	206.9	207.9	209.0
4	223.7	213.8	216.7	219.4
5	220.7	216.8	219.5	221.6
6	198.4	217.9	220.0	221.1
7	207.8	212.1	211.4	209.8
8	228.5	210.8	209.9	208.8
9	206.5	216.1	217.4	218.6
10	226.8	213.2	213.0	212.6
11	—	217.3	218.5	219.7

当时间序列具有较明显的线性趋势变化时，一次指数平滑预测值总会落后于实际值的变动，此时需要使用二次指数平滑法。

二次指数平滑是在一次指数平滑基础上的再一次平滑，其二次指数平滑值计算公式为

$$\hat{y}_{t+1}^{(2)}=\alpha\hat{y}_t^{(1)}+(1-\alpha)\hat{y}_t^{(2)} \tag{9.44}$$

式(9.44)中：$\hat{y}_t^{(1)}$ 表示一次指数平滑值；$\hat{y}_{t+1}^{(2)}$ 和 $\hat{y}_t^{(2)}$ 表示二次指数平滑值。

然后建立二次指数平滑的预测模型。

$$\hat{y}_{t+T}=a_t+b_tT \tag{9.45}$$

式(9.45)中：$a_t=2\hat{y}_t^{(1)}-\hat{y}_t^{(2)}$；$b_t=\dfrac{\alpha}{1-\alpha}(\hat{y}_t^{(1)}-\hat{y}_t^{(2)})$，$T$ 表示未来的第 T 期。

当时间序列具有较明显的非线性增长趋势时，一次指数平滑和二次指数平滑都将失去有效性，此时需要使用三次指数平滑法。

三次指数平滑是在二次指数平滑基础上的再一次平滑，求取三次指数平滑值，然后建立预测模型，并根据一次、二次、三次指数平滑值求解模型参数。

三次指数平滑值计算公式为

$$\hat{y}_{t+1}^{(3)}=\alpha\hat{y}_t^{(2)}+(1-\alpha)\hat{y}_t^{(3)} \tag{9.46}$$

式(9.46)中：$\hat{y}_t^{(2)}$ 表示二次指数平滑值；$\hat{y}_{t+1}^{(3)}$ 和 $\hat{y}_t^{(3)}$ 表示三次指数平滑值。

三次指数平滑法的预测模型为

$$\hat{y}_{t+T}=a_t+b_tT+c_tT^2 \tag{9.47}$$

式(9.47)中：$a_t=3\hat{y}_t^{(1)}-3\hat{y}_t^{(2)}+\hat{y}_t^{(3)}$；$b_t=\dfrac{\alpha}{2(1-\alpha)^2}[(6-5\alpha)\hat{y}_t^{(1)}-2(5-4\alpha)\hat{y}_t^{(2)}+(4-3\alpha)\hat{y}_t^{(3)}]$；$c_t=\dfrac{\alpha}{2(1-\alpha)^2}[\hat{y}_t^{(1)}-2\hat{y}_t^{(2)}+\hat{y}_t^{(3)}]$。

需要注意的是，预测值只是反映现象的发展趋势，即使很准确的预测模型获得的趋势线，其本质也只是平均数的作用，实际值总是在预测值的上下波动。由于指数平滑预测公式既定，可能与实际情况存在偏差，随着预测超前期数 T 增大，预测误差越大，预测结果的精度越小。因此，指数平滑预测法主要适用于进行时间序列的短期预测。

9.4.4　预测误差

由于预测模型或方法的选择不当、参数估计不准确或不规则变动等因素的影响，预测结果总是存在偏差。现象的实际值与预测值之差称为预测误差，可用于衡量预测模型或方法的优劣。预测误差小，预测结果的精度就高。

以 y_t 表示 t 期的实际值，$\hat{y}_t$ 表示 t 期的预测值，n 表示预测值个数。衡量预测误差大小的常用指标有以下 5 个。

(1) 平均绝对误差(*MAE*)

$$MAE = \frac{1}{n}\sum_{t=1}^{n}|y_t - \hat{y}_t| \tag{9.48}$$

(2) 平均相对误差(*MPE*)

$$MPE = \frac{1}{n}\sum_{t=1}^{n}\left|\frac{y_t - \hat{y}_t}{y_t}\right| \tag{9.49}$$

(3) 均方误差(*MSE*)

$$MSE = \frac{1}{n}\sum_{t=1}^{n}(y_t - \hat{y}_t)^2 \tag{9.50}$$

(4) 均方根误差(*RMSE*)

$$RMSE = \sqrt{MSE} = \sqrt{\frac{1}{n}\sum_{t=1}^{n}(y_t - \hat{y}_t)^2} \tag{9.51}$$

(5) 估计标准误差(S_y)

$$S_y = \sqrt{\frac{1}{n-m}\sum_{t=1}^{n}(y_t - \hat{y}_t)^2} \tag{9.52}$$

式(9.52)中：m 为趋势方程中未知参数的个数。

【例 9.17】续例 9.11，求该公司销售量趋势方程测算误差。

解：由于例 9.11 是根据最小平方法确定二次曲线方程的。因此，根据表 9-11 的倒数第 1 列数据，计算该公司销售量趋势方程的测算误差。

$$RMSE = \sqrt{\frac{1}{n}\sum_{t=1}^{n}(\mathrm{Y}_t - \hat{Y}_t)^2} = \sqrt{\frac{51.3144}{11}} \approx 2.1598$$

均方根误差约为 2.16。可见，误差很小，模型：$\hat{Y}_t = 341.99 + 31.90t' + 0.66t'^2$ 可用。

根据表 9-11 的倒数第 2 列数据，可方便地观察到平均绝对误差(MAE)约为 2.05，也可见到误差很小，从而判断模型是可用的。

以上衡量预测误差大小的指标中，平均绝对误差和平均相对误差受异常值的影响较小，而均方误差和均方根误差受异常值的影响较大。在对多个模型的预测误差进行比较时，采用平均相对误差可以避免绝对水平和计量单位不同的影响。估计标准误差用于衡量趋势外推预测模型的预测误差大小。

本章小结

时间序列是指将某种现象的某一个统计指标在不同时间上的各个数值，按时间先后顺序排列而形成的序列。它是研究现象发展变化趋势、规律和对未来状态进行预测的重要依据。时间序列按其观察值的表现形式不同分为：绝对数时间序列、相对数时间序列和平均数时间序列。编制时间序列应遵循的原则是保证时间序列中各项指标数值的可比性。

时间序列的变化受到长期趋势、季节变动、周期变动和不规则变动 4 个因素的影响。对时间序列进行四因素分解的方法有很多，较常用的模型有加法模型和乘法模型。长期趋势常用的测定与分析方法有时距扩大法、移动平均法、最小平方法等。季节变动较常用的测定方法是按月(季)平均法和移动平均趋势剔除法。循环变动测定最常用的方法是剩余法。

对时间数列中各统计指标加以对比或平均计算，从而得到的一系列动态分析指标，是研究事物发展变化的趋势和规律的常用方法。根据计算方法的不同，可分为动态比较指标和序时平均指标。通常动态比较指标有发展水平、增长量、发展速度和增长速度；序时平均指标对应的有平均发展水平、平均增长量、平均发展速度和平均增长速度等。

时间序列预测是指将现象在过去和现在所呈现出来的趋势和规律进行类推或衍生，借以预测现象在未来时间上可能达到的水平。预测方法有趋势外推法、移动平均预测和指数平滑预测。预测误差是指现象的实际值与预测值之差，用于衡量预测模型或方法的优劣。衡量预测误差大小的常用指标有平均绝对误差、平均相对误差、均方误差、均方根误差和估计标准误差。

练习题

一、思考题

1. 编制时间序列应遵守哪些原则？
2. 怎样由相对数时间序列、平均数时间序列计算序时平均数？
3. 运用几何平均数计算速度应注意哪些问题？
4. 如何判断长期趋势的类型？
5. 什么是季节变动？怎样测定季节变动？

二、选择题

1. 反映同类现象在不同时期发展变化一般水平的指标是(　　)。
   A. 算术平均数　　B. 调和平均数　　C. 众数　　D. 序时平均数
2. 如果每年的增长量大于 1，则各年环比发展速度将(　　)。
   A. 上升　　B. 下降　　C. 不变　　D. 无法判断
3. 如果每年的发展速度小于 1，则各年逐期增长量将(　　)。
   A. 增加　　B. 减少　　C. 不变　　D. 无法判断
4. 用移动平均法修匀时间序列，移动的时距长短必须(　　)。
   A. 是奇数　　B. 是偶数
   C. 是无名数　　D. 考虑现象有无周期变动

5. 平均发展水平的计算只适用于(　　)。
   A. 总量指标时间序列　　B. 时期序列
   C. 时点序列　　D. 总量指标、平均指标和相对指标时间序列
6. 某工业企业今年利润额 1000 万元，去年 800 万元，则(　　)。
   A. 今年比去年增长 125%　　B. 今年是去年的 1.25 倍
   C. 今年比去年增长 25%　　D. 今年比去年增加 200 万元
   E. 今年为去年的 125%
7. 下列选项中，属于时期序列的是(　　)。
   A. 历年旅客周转数　　B. 某地区 1990 年至 1998 年的工业总产值
   C. 某企业每年年末的在册人数　　D. 某农场每年年末的耕地面积
   E. 某企业每年利润额
8. 定基发展速度与环比发展速度之间(　　)。
   A. 反映的经济内容不同　　B. 对比的基期不同
   C. 计算方法不同　　D. 速度指标相同
   E. 环比发展速度的连乘积等于定基发展速度
9. 发展水平、增长量、发展速度、增长速度间的关系是(　　)。
   A. 发展速度=基期水平+报告期水平　　B. 增长速度=增长水平+基期水平
   C. 增长量=报告期水平-基期水平　　D. 增长速度=发展速度-1
   E. 发展水平=增长量之和
10. 平均增长量(　　)。
   A. 是逐期增长量的序时平均数　　B. 是累计增长量的序时平均数
   C. 是环比速度的序时平均数　　D. 可用累计增长量除以逐期增长量的项数
   E. 可用累计增长量之和除以其项数

三、计算题

1. 某企业工人人数资料如下表所示。

月份	1 月	2 月	3 月	4 月	5 月	6 月	7 月
月初人数(人)	200	210	220	208	230	240	212

试计算该企业第一季度和第二季度及上半年的平均人数。

2. 某校年平均毕业生人数如下表所示。

年份	1950—1960	1961—1965	1966—1969	1970—1976	1977—1982	1983—1992	1993—2002	2003—2015
年平均毕业生人数(人)	600	800	750	800	900	4000	10000	20000

试计算该校 66 年来平均每年的毕业生人数。

3. 某企业工人数和产值资料如下表所示。

月份	6 月	7 月	8 月	9 月	10 月	11 月	12 月
月末人数(人)	120	—	—	112	—	130	140
月产值(百元)	380	385	374	390	400	410	370

试计算该企业下半年平均每月人均产值。

4. 某厂上半年总产值及平均每个工人产值资料如下表所示。

月份	1 月	2 月	3 月	4 月	5 月	6 月
总产值(万元)	60.0	69.0	68.0	70.5	70.4	70.0
人均产值(元)	2000	2100	2200	2250	2200	3000

试计算该厂第二季度平均月劳动生产率和上半年平均劳动生产率。

5. 计算下表中空缺的指标值(单位：万元)。

年份	发展水平	增减量		平均增减量	发展速度(%)		增长速度(%)	
		累计	逐期		定基	环比	定基	环比
2010	285	—	—	—	—	—	—	—
2011				42.5				
2012		109.2						
2013							45.2	
2014						139.0		
2015								3.2

6. 在“十二五”计划中首次明确收入增长要超过 GDP 的增速，而 2010 年我国城镇居民人均可支配收入为 19109 元，这仅相当于美国 20 世纪 60 年代末期水平。若年均增长 10%，需要经过多少年才能使人均可支配收入达到 40000 元，即美国 20 世纪 70 年代中期水平(均按 1 美元=6.4 人民币换算)？若要在 2015 年达到 40000 元，那么年均增长速度应为多少？

7. 下表是某加工企业连续 5 年的加工量数据(单位：吨)。

月＼年	第一年	第二年	第三年	第四年	第五年
1	78.8	91.9	90.4	66.8	99.5
2	78.1	92.1	100.1	73.3	80.0
3	84.0	80.9	114.1	85.3	108.4
4	94.3	94.5	108.2	94.6	118.3

(续表)

月\年	第一年	第二年	第三年	第四年	第五年
5	97.6	101.4	125.7	74.1	126.8
6	102.8	111.7	118.3	100.8	123.3
7	92.7	92.9	89.1	106.7	117.3
8	41.6	43.6	46.1	44.0	42.0
9	109.8	117.5	132.1	132.1	150.6
10	127.3	153.1	173.9	162.5	176.6
11	210.3	229.4	273.3	249.0	249.2
12	242.8	286.7	352.1	330.8	320.6

试对上述时间序列进行分解，计算季节指数和剔除季节变动。

四、案例分析题

下表是客乐饭店近 3 年各月饮料的营业额(单位：千元)资料。

时间	1 月	2 月	3 月	4 月	5 月	6 月	7 月	8 月	9 月	10 月	11 月	12 月
近 3 年	242	235	232	178	184	140	145	152	110	130	152	206
近 2 年	263	238	247	193	193	149	157	161	122	130	167	230
近 1 年	281	255	265	205	210	160	166	174	126	148	173	235

客乐饭店要建立一个系统以提前1年预测来年各月饮料的营业额，以便安排来年的进货。

对客乐饭店的饮料的营业额数据进行分析。请为客乐商场发展部准备一份囊括你的发现、预测和建议的总报告，其中包括：

(1) 时间序列的图形。

(2) 数据的季节分析。计算出每个月的季节指数，并评论每个月的营业额季节影响的高低。季节指数是否有直观上的意义？对此加以讨论。

(3) 预测来年各月饮料的营业额。

(4) 提出建议，说明你的系统在面对新的销售数据时需要进行的更新。

(5) 在你的报告中，给出你所分析的详细计算结果。

假设来年 1 月饮料的营业额为 295000 元，则你的预测误差是多少？若此误差使客乐商场发展部对你的预测产生疑惑，你将作何解释？

第10章

统计指数

【案例】国家统计局一般在月后13日左右，季度、年度则延至月后20日左右发布居民消费价格指数(CPI)、工业品出厂价格指数(PPI)等各类指数。这些指数一则是为宏观经济分析与决策提供支持，再则是为了帮助居民了解当前的商业和经济状况。例如，2011年5月份，CPI同比上涨5.5个百分点，环比上涨0.1个百分点；PPI同比上涨6.8个百分点……

CPI为105.5%，意味着报告期比基期的消费价格整体上提高了5.5%。尽管只有少数居民确切理解这个数据的含义，但人们的确知道该数值大于100%，意味着价格的上涨。一般来说，CPI的高低直接影响着国家的宏观经济调控措施的出台与力度，如央行是否调息、是否调整存款准备金率等。同时，CPI的高低也间接影响资本市场(如股票市场)的变化。PPI的上涨一方面可看出企业成本压力加大，利润空间被压缩，未来面临深层次结构性调整的需求越来越强烈；另一方面，上游的价格压力将逐步传导至下游，未来CPI上行压力逐渐显现出来。

虽然国家统计局发布的居民消费价格指数可能是最著名的指数，但是还有许多政府和私人机构的指数，它们也可以帮助我们理解某一时期(或地区)的经济状况和另一时期(或地区)的经济状况的比较分析。同时，指数分析法是利用指数体系进行因素分析。为了有助于理解指数的计算与指数分析法，本章从统计指数的概念与总指数的编制开始介绍。

10.1　统计指数的概念和类别

10.1.1　统计指数的概念

统计指数，简称指数。从指数产生和发展的历史来看，最早的指数是物价指数，随着统计指数的应用和理论的不断发展，逐步扩展到工业生产、进出口贸易、铁路运输、工资、成本、生活费用、股票证券等各个方面，从而使得指数的定义就不仅仅局限于物价指数，而是把所有反映经济现象动态变化的相对数都称为指数。到了现代，指数的应用不仅突破了动态对比的范畴，而且应用于经济现象在不同地区、不同部门和不同国家之间的对比，认为相对数都是指数。由于指数的方法论问题主要是针对综合反映某类现象的变动展开讨论的，为了将指数与相对数相区别，人们又将指数的概念分为广义和狭义两种。广义的指数是指一切说明社会经济现象数量变动或差异程度的相对数。狭义的指数是一种特殊的相对数，也即专指说明不能直接相加的复杂社会经济现象综合变动的相对数。

指数作为相对数看，和其他一般相对数比，既有共同性，又有特殊性。指数的内涵大于一般相对数，外延小于一般相对数，且指数已形成了一种与一般相对数统计分析方法相异的自身独特的统计分析方法体系。因此，本章对指数定义如下。

指数包括指数的概念和指数分析法两层含义：一是指数的概念有广义和狭义两种，二是指数分析法，即通过计算各种指数来反映某一经济现象的数量总变动及其组成要素对总变动影响程度的统计分析方法。

指数有相对性、综合性和平均性三大基本特性。相对性是指指数的结果不是一个绝对水平，而是一个相对水平，是两个数值比较的结果。综合性是指它综合反映了现象总体的数量变化关系。比如，一类商品，包括许多种不同的商品，把它们综合起来，计算其价格变动的类指数，这种类指数反映了多种不同的商品价格的总变动情况，具有综合性。平均性是指它反映了现象总体中各单位变动的平均水平。比如，生活用品有成千上万种，有些生活消费品的价格上升，另外一些生活消费品的价格则下降，也会有一些生活消费品的价格持平，计算生活费用价格指数，既不是集中在价格上升的生活消费品上，也不是集中在价格下降的生活消费品上，当然也不是集中在价格持平的生活消费品上，而是从平均的意义上测定所有生活消费品的价格总变动。

10.1.2　统计指数的分类

从不同的角度，可以对统计指数进行不同的分类。

1. 按计入指数的项目数量不同，指数可分为个体指数和总指数

个体指数是说明单个事物或现象在不同时期上的变动程度。例如，一种商品的价格指数、一种产品的产量指数和一种商品的成本指数等。它属于在广义的指数范畴内。

总指数是说明多种事物或现象在不同时期上的综合变动程度。例如，几种产品综合的产量指数、全部商品的物价指数等，都是总指数。

2. 按计算形式不同，指数可分为简单指数和加权指数

简单指数是指不用权数编制总指数的方法。简单指数对每一种具体的个体指数在整体中所居的地位不加考虑，直接简单地相加平均。

加权指数不仅考虑每一种具体的个体指数的数值大小，而且在对各个体指数进行综

合，形成综合指数时，还要根据每一种具体的个体指数在整体中所处的地位，赋予权数，再进行相加平均。

3. 按所反映现象的特征不同，指数可分为数量指标指数和质量指标指数

数量指标指数，简称数量指数，它反映现象的总规模、水平或工作总量的变化程度。例如，产品产量指数、商品销售量指数等，这些指数是根据产量、销售量等数量指标变动计算的。若把所研究的特性称为指数化因素，则数量指数的特点是其指数化因素为数量指标。

质量指标指数，简称质量指数，它反映工作质量的变动状况。例如，劳动生产率指数、价格指数、成本指数等，它们是根据劳动生产率、价格和成本等质量指标变动计算的。质量指数的特点是其指数化因素为质量指标。

4. 按比较的指标是否属于同一时间，指数可分为静态指数和动态指数

动态指数又称时间指数，它是将不同时间上的同类现象水平进行比较的结果，反映现象在时间上的变化程度，常见的动态指数有零售物价指数、消费价格指数、股价指数、工业生产指数等。动态指数按比较时采用的基期不同，又可分为定基指数和环比指数两种。在一个动态指数数列中，如果各期指数都是以某一固定时期作为基期的，就称为定基指数；而环比指数的基期是随报告期的变化而变化的，可以报告期的上一期，或上一年的同期作为基期。

静态指数包括空间指数与计划静态指数，它们分别反映同类现象的数量在相同时间内不同空间或实际对计划的差异程度。如不同地区、不同单位的工资水平相互比较的相对数，以及企业的产量计划完成程度等。

10.2 总指数的编制

10.2.1 个体指数与总指数性质及其关系

按照经济统计学的观点，个体指数是一个变量。该变量表现了总体中各种商品从基期到报告期价格(物量)变化的所有结果。由于各种商品价格(物量)的变化受人的行为因素的干扰有不同程度变化，而人的行为因素又因时间、地点、经济环境等的不同而变化，所以，商品价格(物量)的变化具有随机性。

为了解掌握经济发展的进程，分析社会商品生产和销售的动态变化，需要对社会商品总体进行调查，掌握社会商品在不同时期的价格和物量数据资料。但由于社会商品众多，受到人力、物力、财力、时间等多种因素的限制，不可能将所需资料一个不漏地全部收集到。因此世界各国都用代表品集团的数据资料来对社会商品总体性质进行统计推断，即将代表品集团的数量特征看作是社会商品总体的数量特征。

令 x、y、z 分别为社会商品个体价格指数、个体物量指数和个体价值指数，则：$z=xy$。现实生活中，可以把随机变量 x、y 和 z 看成是连续型的。根据总指数的性质，社会商品的价格指数、物量指数和价值指数分别是社会商品个体价格指数、个体物量指数和个体价值指数的平均。社会商品千差万别，每种商品的价格指数及物量指数均不相同。即使是同种类产品，不同厂家生产的商品价格指数和物量指数也不尽相同，从而价值指数也就不同。从全社会来看，可以认为社会商品价值指数是社会商品价格指数与物量指数的函数，也就是以社会商品个体价格指数 x 及个体物量指数 y 为自变量的函数。设随机变量 x 和 y 的边际概率密度函数分别为：$f(x)$、$f(y)$，联合密度函数为 $f(x，y)$，则社会商品价格指数(E_x)、物量指数(E_y)和价值指数(E_z)分别为

$$E_x = \int_0^1 xf(x)\mathrm{d}x \tag{10.1}$$

$$E_y = \int_0^1 yf(y)\mathrm{d}y \tag{10.2}$$

$$E_z = E_{xy} = \int_0^1\int_0^1 xyf(x,y)\mathrm{d}xy \tag{10.3}$$

对社会中任一商品的个体价格指数 x，不论该商品的物量指数值如何变化，该商品个体价格指数对社会价值总额的影响作用始终是 $f(x)$。E_x 是不考虑物量的变动，单纯研究商品价格变化状况的量化模式。同理，E_y 是不考虑物价变化带动物量随机变化的部分，单纯研究商品物量变动状况时得到的社会商品物量指数值。E_z 是综合考虑商品价格与物量共同变化时社会商品价值指数值。

我国选择代表品集团的具体做法是，把社会商品首先划分成几个大类，大类下划分中类，中类下划分小类，然后在每个小类中选取代表品。如果把社会商品按一定标志分成 n 层，从每一层中随机抽取一种类(对于不同厂家生产的同一产品，同一厂家生产的不同质量、规格、等级等产品都归为一种类，使种类与现实生活中的观念及实际操作相吻合)，这样所抽到的商品就构成一个分层样本，这些众多的分层样本中必然包含代表品集团。如果代表品集团是随机抽样获得的，那么代表品集团是所有样本中最能代表总体、能说明总体数量特征的样本。尽管实际中代表品集团是有意识抽选的，但是将它作为一个分层随机样本处理并不失一般性。

10.2.2 总指数的编制方法

由于统计研究的对象是总体，而且个体指数编制比较简单，可以视为总体指数的特例，因此，统计指数编制方法都是针对总指数而言的。编制方法分为两类：一是简单指数法；二是加权指数法。加权指数法按综合方法的不同，又分为加权综合指数法和加权

平均数指数法。

本节在介绍这些基本方法时，用商品价格和数量为例说明总指数的编制，并统一规定：p 表示价格；q 表示物量；下标 0 表示基期的取值；下标 1 表示报告期的取值；下标 s 表示特定期的取值；k 表示个体指数；$\overline{K}$ 表示总指数。

1. 简单指数法

简单指数法是指不用权数编制总指数的方法。简单指数法的实质是排除所反映对象的各自不同的重要性和影响力(也即权数)，而单独研究其某一特性变化的方法。简单指数法的主要表现形式有简单综合法、简单算术平均法、简单调和平均法、简单几何平均法、简单中位数法和简单众数法等。

(1) 简单综合法

简单综合法，又称简单总和法，该方法是将指数化因素报告期取值的总和，与其基期的取值总和进行比较。如简单综合法的物价指数计算公式为

$$\overline{K}=\frac{\sum p_1}{\sum p_0} \tag{10.4}$$

【例 10.1】设某商店 3 种商品报告期和基期销售价格如表 10-1 所示，试用简单综合法计算物价总指数。

表 10-1 某商店商品销售价格

商品名称	计量单位	基期价格(元)	报告期价格(元)
		P_0	P_1
甲	件	4.2	4.0
乙	米	3.6	3.0
丙	台	9.6	12.0

解：简单综合法计算的物价总指数为

$$\overline{K}=\frac{\sum p_1}{\sum p_0}=\frac{4.0+3.0+12}{4.2+3.6+9.6}=\frac{19.0}{17.4}\approx 1.0920 \text{ 或 } 109.20\%$$

说明 3 种商品报告期价格较基期价格上涨了 9.20%。

该计算方法存在的缺陷主要表现在以下几个方面。

① 计算的结果受计量单位的影响。如例 10.1 中，乙商品的计量单位如果不是米而是尺，那么计算的指数值就有较大差异。

② 即使在计算物价指数时保持计量单位相同，但由于各种商品的价值不同，使计算结果受价值高的商品价格影响，存在着隐伏加权。即个别高价商品的价格变动能够支配与左右总指数的高低，掩盖了一些低价商品价格变动对总指数的影响。如例 10.1 中，甲、乙两种商品的价格都下降，但由于高价商品丙的价格上涨，使总指数趋向仍表现为上涨。

(2) 简单算术平均法

简单算术平均法是个体指数之和的简单算术平均。例如，简单算术平均法的物价指数计算公式为

$$\overline{K}=\frac{\sum p_1/p_0}{N} \tag{10.5}$$

式(10.5)中：N 表示个体指数的个数。

将例 10.1 表 10-1 中的数据代入上式，求得 3 种商品的价格总指数为

$$\overline{K}=\frac{\sum p_1/p_0}{N}=\frac{(4.0/4.2)+(3.0/3.6)+(12.0/9.6)}{3}\approx 1.0119 \text{ 或 } 101.19\%$$

可见，用该方法计算的价格总指数表明，3 种商品的平均价格上升了 1.19%。这与用简单综合法计算的结果有差异。这种过渡到以相对指标为基础的计算方法，克服了简单综合法所有的缺陷。但是，这种方法是在视各指标的权数均为 1 的条件下计算的，这显然与商品的重要性和价格变动的实际影响不符。

当实际中由于种种客观条件的限制而无法取得权数资料时，简单指数不失为测算指数的一种手段。但是从简单指数的编制方法来看，简单指数法没有结合商品的重要性和影响力，明显存在一种缺陷，利用简单指数法计算的结果只是粗略的概况，不是编制指数的完美方法。在指数编制实践中，现已很少使用，因此，对简单调和平均法、简单几何平均法、简单中位数法和简单众数法等就不在此赘述。

2. 加权指数法

(1) 加权综合指数法

综合指数法是将不可同度量的诸经济变量通过另一个有关的称为同度量因素的变量转换成可相加的总量指标，然后以总量指标对比所得到的相对数来说明复杂现象量的综合变动的一种指数编制方法。其主要特点是先综合而后对比。下面以物量指数和物价指数为例，说明总指数的综合编制法。

设某商店 3 种商品报告期和基期销售量和价格等资料如表 10-2 所示。根据该表资料，可以编制 3 个总指数，即销售额总指数($\overline{K}_{pq}$)、销售量总指数($\overline{K}_q$)、销售价格总指数($\overline{K}_p$)。

表 10-2　某商店商品销售统计表

商品名称	计量单位	销售量		价格(元)		销售额(元)			
		基期	报告期	基期	报告期	基期	报告期	假定值	
		q_0	q_1	p_0	p_1	p_0q_0	p_1q_1	p_0q_1	p_1q_0
甲	件	200	250	4.2	4.0	840	1000	1050	800
乙	米	750	800	3.6	3.0	2700	2400	2880	2250
丙	台	50	46	9.6	12.0	480	552	441.6	600
合计	—	—	—	—	—	4020	3952	4371.6	3650

销售额总指数的计算是很容易的，将报告期的销售额和基期的销售额相比即可。总指数公式为

$$\overline{K}_{pq}=\sum p_1q_1/\sum p_0q_0 \tag{10.6}$$

由式(10.6)与表10-2的数据求得$\overline{K}_{pq}$=3952/4020≈0.9831或98.31%。

然而，销售量总指数和销售价格总指数就不那么容易计算了。

销售量总指数是反映多种商品销售量变动的总指数。不同种类的商品，由于使用价值、计量单位不同，其实物量是不能相加的。因此，就需要把各种性质不同的实物量过渡到性质相同的价值量。在编制销售量总指数的过程中，可以通过价格把不同的实物量转化为价值量，则有

$$\text{销售价格}(p)\times\text{销售量}(q)=\text{销售额}(pq) \tag{10.7}$$

式(10.7)中，价格也是一个变量因素，它时刻都可能在变化，因此，商品销售额的总变动就不能代表商品销售量的总体变化了。只有当价格固定不变，即，剔除价格变动的影响时，才能实现商品销售额的变动来综合反映各种商品销售量的总体变动的目标。

在统计学中，一般把不能直接相加的不同度量的指标过渡到可以直接相加的同度量的指标所需引入的媒介因素，叫作同度量因素。考察的随时间变化的因素指标称为指数化因素。在计算销售量总指数时，销售价格便是把不可相加的各种商品销售量过渡到能够直接相加的价值量的同度量因素，而销售量就是指数化因素。

再看销售价格总指数，不同商品的价格虽然都是以货币单位计量，似乎可以直接相加，但实际上它们也是不同度量的，如甲商品是每件的价格，乙商品是每米的价格，而丙商品是每台的价格，各种产品使用价值不同，它们的价格相加也是没有意义的。因此，也要通过同度量因素使之转化为可以相加的价值量指标。

一般而言，复杂现象的总体中包括两个或两个以上互有联系的因素，编制综合指数时，就将其中的一个或几个因素固定下来，只测定其中未固定的一个因素的变动。

综上所述，编制综合指数要解决好两个问题：

第一，正确选择同度量因素，使得本来不能直接相加的指标转化为可直接相加的指标；

第二，确定同度量因素的固定期，使计算结果不受同度量因素变动的影响。

然而，从表10-2资料中可以看出，同度量因素所属的时期有报告期、基期等，不同期的同度量因素数值不同，对应计算的总指数数值不等。那么，同度量因素究竟应该固定在哪个时期为好呢？对于这个问题，统计学界一直有不同的主张，因而也就产生了采用不同期同度量因素的各种综合指数公式。

① 拉斯贝尔指数。拉斯贝尔指数编制公式是由德国经济学家埃蒂恩·拉斯贝尔(Etienne Laspeyres，1834—1913)在1864年提出的，故也称为拉斯贝尔指数公式，编制的指数简称拉氏指数，该指数的主要特点就是将同度量因素的时期固定在基期。

从经济意义上来看，拉氏指数将同度量因素固定在基期，是为了单纯地反映指数化因素的综合变动。用拉氏指数公式编制的销售量指数和销售价格指数分别如下。

A. 拉氏物量指数：

$$\overline{K}_q = \sum q_1 p_0 / \sum q_0 p_0 \tag{10.8}$$

如，将表 10-2 资料代入式(10.8)，得到该商店销售量总指数为

$\overline{K}_q$ =4371.6÷4020≈1.0875 或 108.75%

计算结果表明，3 种商品销售量报告期比基期平均增长了 8.75%。因为在公式(10.8)中，基期与报告期的价格水平保持不变，即 108.75%，只包括了销售量的变动程度，而不包括销售价格变动的因素。

B. 拉氏物价指数：

$$\overline{K}_p = \sum p_1 q_0 / \sum p_0 q_0 \tag{10.9}$$

如，将表 10-2 资料代入公式(10.9)，可得到该商店物价总指数为

$\overline{K}_p$ =3650÷4020≈0.9080 或 90.80%

在式(10.9)中，分子是按基期销售量乘以报告期销售价格计算的假定销售额，分母是基期的销售额，两者对比说明由于销售价格变化对销售额的影响程度。

② 派许指数。派许指数编制公式是由德国经济学家哈曼·派许(Hermann Paasche，1985—1925)在 1874 年提出的，也称派氏指数公式，编制的指数简称派氏指数，该指数的主要特点就是将同度量因素的时期固定在报告期。从经济意义上来看，派氏指数将同度量因素固定在报告期是为了反映在报告期同度量因素条件下，指数化因素的综合变动。用派氏指数公式编制的销售量指数和销售价格指数分别如下。

A. 派氏物量指数：

$$\overline{K}_q = \sum q_1 p_1 / \sum q_0 p_1 \tag{10.10}$$

如，将表 10-2 资料代入式(10.10)，可得出该商店销售量总指数为

$\overline{K}_q$ =3952÷3650≈1.0827 或 108.27%

在公式(10.10)中，分子是报告期的销售额，分母是基期销售量按报告期销售价格计算的假定销售额。它旨在说明在价格保持不变的条件下，销售量对销售额的影响程度。然而，这个指数由于采用了报告期的销售价格作为同度量因素，因此，它不但反映了销售量变动的影响，而且包括了销售价格和销售量同时变动的交互影响。

B. 派氏物价指数：

$$\overline{K}_p = \sum p_1 q_1 / \sum p_0 q_1 \tag{10.11}$$

如，将表 10-1 资料代入公式(10.11)，可得出该商店销售量总指数为：

$\overline{K}_p$ =3952÷4371.6≈0.9040 或 90.40%

在式(10.11)中，分子是报告期的销售额，分母是以报告期销售量按基期价格计算的假定销售额，目的在于说明销售量不变的情况下，销售价格水平的变动方向和变动程度。

由于这个指数把销售量固定在报告期，因此，它不但反映了价格变动的影响，而且还反映了销售价格和销售量同时变动的影响。

③ 固定权数指数。拉氏指数和派氏指数都是以实际资料为权数的综合指数，而固定权数指数则是以同度量因素在某一特定时期的取值为权数。用该公式计算的物量指数和物价指数分别为

A. 固定权数物量指数：

$$\overline{K}_q = \sum q_1 p_s / \sum q_0 p_s \tag{10.12}$$

B. 固定权数物价指数：

$$\overline{K}_p = \sum p_1 q_s / \sum p_0 q_s \tag{10.13}$$

我国的工业产品产量指数就曾经采用公式(10.12)这种形式。如 20 世纪 80 年代各年的产量指数都以 1980 年的产品价格为同度量因素。其优点是可以事先编制不变价格详细目录，编制指数时操作方便，也便于前后动态比较。但该指数也存在着明显的缺陷：编制不变价格目录工作浩繁；固定价格不能确切地反映日新月异的新产品出现的影响，特别是当市场价格变动很大时，固定价格背离实际，据此计算的动态指数就不能真实反映工业生产的增长。

综上所述，综合指数的编制需要注意以下两点。

第一，表 10-2 所列举的销售额指标是由销售价格和销售量两个因素构成的，要计算其中一个因素的报告期相对于基期的变动程度(即这个因素的指数)，就要把另一个因素固定起来。同理，若一个总量指标是由 3 个因素构成，在运用综合指数法计算其中一个因素的指数时，就要把其他因素都作为同度量因素固定起来，以便反映要考察的那个因素报告期相对于基期的变动程度。

第二，通过上述分析可以看出，运用不同的指数公式计算结果有所不同。这里由于综合指数都要假定同度量因素不随基期或报告期的变动而变动，而这是不符合实际情况的。因此，计算结果带有近似的性质，这是指数方法的局限性。从形式上看，拉氏指数与派氏指数的区别只是权数的差异，因此将两者的差叫作“权偏误”，并认为拉氏指数存在上偏，派氏指数存在下偏等。在实际编制总指数时，究竟采用哪一个时期的同度量因素，要根据不同的研究对象、目的，以及资料取得的难易程度，来选用相应的计算公式。

(2) 加权平均数指数法

在运用综合指数法编制总指数时，无论选择哪一种同度量因素，当把不同度量因素的变量转化为可相加的总量指标时，在指数公式中，或是分子，或是分母，都存在一种假定。如果研究的范围很大，包括的对象种类很多，要取得两个时期的指标取值及其权重是相当烦琐的，这就给实际应用带来了困难。因此，编制总指数还经常采用另一种形式——平均数指数。平均数指数是对个体指数加权平均计算的。平均数指数的编制特点是先求得个体指数，后对个体指数平均得到总指数。人们常根据抽样调查取得的代表商品的资料，运用此方法计算物量或价格总指数。

按指数化因素指标的性质和平均方法不同，平均数指数分为加权算术平均数指数和

加权调和平均数指数两种。

① 加权算术平均数指数。加权算术平均数指数是对个体指数采用加权算术平均法计算的总指数。该方法通常用于计算物量指数，也可用于计算物价指数。以物量指数为例，计算公式为

$$\overline{K_q}=\sum k_q p_0 q_0/\sum p_0 q_o=\sum k_q(p_0 q_0/\sum p_0 q_o) \tag{10.14}$$

式(10.14)中，k_q 为个体物量指数(q_1/q_o)。该指数的权数就是基期各商品的价值在所有商品的价值中的比重。

仍用表 10-2 的数据说明加权算术平均数的计算。

$$\overline{K_q}=\sum k_q(p_0 q_0/\sum p_0 q_o)$$

$$=\frac{250}{200}\times\frac{840}{4020}+\frac{800}{750}\times\frac{2700}{4020}+\frac{46}{50}\times\frac{480}{4020}$$

≈1.0875 或 108.75%

计算结果表明，3 种商品销售量报告期比基期平均增长 8.75%，这与前面根据拉氏物量指数公式计算的结果相同。在资料完全相同的情况下，以基期价值总量指标为权数的加权算术平均数指数同拉氏物量指数是一致的。

$$\overline{K_q}=\sum k_q(p_0 q_0/\sum p_0 q_o)=\sum\frac{q_1}{q_0}(p_0 q_0/\sum p_0 q_o)=\sum q_1 p_0/\sum q_o p_0 \tag{10.15}$$

但需要注意的是，实际工作中用两种方法计算的指数是不一致的。因为，综合指数通常采用全面资料，而加权平均数指数则采用抽样资料。此外，如果上列公式中权数不是用基期资料，而是用报告期资料，结果会不同。

② 加权调和平均数指数。加权调和平均数指数是对个体指数用加权调和平均法计算的总指数。通常用于计算物价指数。计算公式为

$$\overline{K}_p=\sum p_1 q_1/\sum\frac{1}{k_p}p_1 q_1=1/(\sum\frac{1}{k_p}p_1 q_1/\sum p_1 q_1) \tag{10.16}$$

式(10.16)中，k_p 为个体价格指数 $\frac{p_1}{p_0}$。该指数的权数就是报告期各商品的价值在所有商品的价值中的比重。

如，对表 10-2 的数据计算加权调和平均数物价指数如下。

$$\overline{K}_p=\sum p_1 q_1/\sum\frac{1}{k_p}p_1 q_1$$

$$=(1000+2400+552)/(\frac{4.2}{4}\times1000+\frac{3.6}{3}\times2400+\frac{9.6}{12}\times552)$$

$$\approx 0.9040 \text{ 或 } 90.40\%$$

计算结果表明，3 种商品价格报告期比基期平均下降 9.60%，这与前面根据派氏物价指数公式计算的结果相同。从公式(10.17)的推导中也不难看出，在资料完全相同的情况下，

以报告期价值总量指标为权数的加权调和平均数物价指数同派氏物价指数是一致的。

$$\overline{K}_p = \sum p_1q_1 / \sum \frac{1}{k_p} p_1q_1 = \sum p_1q_1 / \sum \frac{p_0}{p_1} p_1q_1) = \sum p_1q_1 / \sum p_0q_1 \tag{10.17}$$

亦须注意，实际工作中用两种方法计算的指数是不一致的。因为，综合指数通常采用全面资料，而加权平均数指数则采用抽样资料。此外，如果公式(10.17)中权数不是用报告期数据，而是用基期数据，结果也会不同。

③ 固定权数指数。和加权综合指数法一样，加权平均数指数法也可采用固定权数计算。在实际工作中，往往采用经济发展比较稳定的某一时期的价值总量结构作为固定的权数，一经确定便沿用 5 年乃至 10 年不变。固定权数的比重形式，$pq/\sum pq$，用 w 表示，加权算术平均数指数的公式为

$$\overline{K}_q = \sum k_q w / \sum w \tag{10.18}$$

加权调和平均指数的公式为

$$\overline{K}_p = \sum w / \sum \frac{1}{k_p} w \tag{10.19}$$

采用固定权数的加权平均数指数，不仅可以避免每次编制指数权数资料来源的困难，而且也便于前后不同时期的比较。

平均数指数和综合指数的经济内容是一致的。它们的区别，除了计算方法不同(综合指数是先综合后对比，平均数指数是先对比后综合)、资料来源不同(综合指数通常采用全面资料，平均数指数则是采用抽样资料)之外，综合指数的分子分母之差具有一定的经济内容，即说明由于价格变动或物量变动而带来的价值总量指标的增减量；而平均数指数的分子分母之差却不具有这一经济内容，特别是采用固定权数的平均数指数，只具有相对数的意义。

10.2.3 直接影响统计指数功能发挥的基本要素

实际工作中，编制一个统计指数要考虑 4 个基本要素，即代表规格品、权重、基期和计算公式。这 4 个要素的选择，将直接影响到指数功能的发挥。

1. 代表规格品的选择

统计指数的本质是从研究对象总体中挑选出具有代表性的样本，以反映总体某一属性的综合动态演变。比如，在编制物价指数时，由于市场上的商品成千上万，等级、规格、品牌、花色、样式纷繁复杂，若要将全部商品价格都包含在内，显然是不可能的，因此，要科学地选择部分具有代表性的商品，用这些商品的价格来编制物价指数，以反映价格的实际变动情况。这些具有代表性的商品就称为物价指数的代表规格品。

在选择代表规格品时，应遵循以下基本原则：

① 要针对统计指数编制的目的；

② 要有科学的选择方法，使样本能充分反映总体的性质；

③ 要遵循统一的选择标准；

④ 要有必要的、适当的数量；

⑤ 要定期审查，及时调整更新。

2. 权数的选择

指数的权数是利用加权指数法测算指数时必须考虑的重要因素，它是权衡各项代表规格品指数化因素的变动对总指数变动影响作用的统计指标，关系到指数的代表性和准确性。在指数编制的实践中，选择权数应注意以下 3 个问题：

① 权数内容的选择要服从研究目的；

② 权数形式的选择要取决于客观具备的资料条件，贯穿需要与可能相结合的原则，着眼于实际权数；

③ 权数时期的选择要考虑到计算结果的实际经济意义。

3. 基期的选择

指数是反映研究对象某一属性变动的相对数，计算时就存在着作为比较基础时期(也即基期)的选择问题。

为使所编制的指数具有丰富的经济意义，指数基期的选择需注意以下 3 点：

① 根据指数编制的具体目的和要求，选择一个正常时期或典型时期作为基期；

② 根据研究对象的波动程度，决定基期的长短；

③ 在观测研究对象的长期变动趋势和规律时，要以研究对象比较稳定的时期为基础。

4. 计算公式的选择

统计指数编制有简单指数法、加权综合指数法和加权平均指数法等形式。每种指数的编制方法又包括若干计算公式。因此，选择哪种形式，以及选择哪个计算公式使编制的统计指数保持好的质量，既是统计指数理论的基本问题，也是统计指数编制实践的现实问题。以下 4 点可供参考：

① 应以加权指数公式为基本形式；

② 应以有关统计资料占有情况为基础；

③ 应力求使计算的结果具有充分的经济意义；

④ 应力求计算简明和结果的敏感性。

10.3 几种重要的常用指数

世界各国的政府统计，基本上都是根据上述的指数方法原理编制各种各样的质量指数和数量指数。下面介绍经济研究和经济管理中常用的若干重要的指数：零售价格指数、消费价格指数、股价指数。

10.3.1 零售价格指数

商品零售价格(Retail Price Indices)是商品在流通过程中的最后一个环节的价格。零售价格指数是反映城乡商品零售价格变动趋势的一种经济指数。

1. 商品零售价格指数的主要分类

① 按城乡居民的收入水平和消费构成的不同，商品零售价格指数可分为城市商品零售价格指数和农村商品零售价格指数。

② 按商品用途的不同，商品零售价格指数可分为食品、饮料烟酒、服装鞋帽、纺织品、中西药品、化妆品、书报杂志、文化体育用品、日用品、家用电器、首饰、燃料、建筑装潢材料、机电产品共 14 大类零售价格指数。每个大类可分为许多中类，每个中类又可分为许多小类。

③ 按产品部门的不同，商品零售价格指数可分为工业品零售价格指数、农产品零售价格指数、饮食业零售价格指数等。

④ 按消费性质的不同，商品零售价格指数可分为生产资料零售价格指数和生活资料零售价格指数。

2. 商品零售价格指数编制中存在的主要问题

① 代表商品和代表规格品的选择。

② 典型地区的选择。

③ 商品价格的调查与确定。

④ 权数的确定。

3. 商品零售价格指数的计算公式

商品零售价格指数采用加权算术平均公式计算。其公式为

$$\overline{K}_p=\frac{\sum kw}{\sum w}$$

式中：k 为商品个体价格指数，w 为权数。

市县商品零售价格指数根据各调查商品的基期和报告期平均价格加权计算，而后按“选中市县—省—全国”的顺序分级编制计算各单项商品的零售价格指数和类别指数。这样自下而上的分层计算价格指数，脉络清楚，可以提供多种层次与类别的价格指数，满足不同层次管理部门的需要。

零售物价的调整变动直接影响到城乡居民的生活支出和国家的财政收入，影响居民购买力和市场供需平衡，影响消费与积累的比例。因此，计算零售价格指数，可以从一个侧面对上述经济活动进行观察与分析，同时还可以在此基础上编制其他各种派生价格指数，如价格弹性系数等。

10.3.2 消费价格指数

消费价格指数(Consumer Price Index，CPI)是世界各国普遍编制的一种指数，不同国家对这一指数赋予的名称并不一致，我国称之为居民消费价格指数。它是度量一组代表性消费商品及服务项目价格水平随着时间而变动的相对数，反映居民家庭购买的消费品及服务价格水平的变动情况。

编制消费价格指数时，不可能将所有的消费项目价格变动都包括在内，而只能从千千万万的消费项目中选择一定数量的消费项目作为代表品。俗话称“一揽子”(或“一篮子”)商品。这“一揽子”商品一般按以下程序确定：首先将消费支出进行层层分类，如分为大类、中类和小类，然后再从每个小类中选择代表品。代表品的多少，根据各国国情而定，少则几十种，多则几百种。权数根据各类别消费支出占总支出的比重确定。与代表品类似，一般情况下，权数一经确定就相对稳定。

消费价格指数一般采用加权算术平均法。其计算公式为

$$\overline{K}_p = \frac{\sum kw}{\sum w}$$

消费价格指数的计算步骤为：首先，计算各代表品的个体指数，并用各代表品所代表的该类商品的消费支出额占小类支出比重进行加权平均，得到各小类的类指数；然后，对各小类指数用各小类支出比重占中类支出比重进行加权平均，得到各中类的类指数；并继续对各中类指数用各中类消费支出占各大类支出比重加权平均，得到各大类的类指数；最后，对各大类指数用各大类消费支出占所有消费支出的比重加权平均，得到消费价格指数。如我国目前的居民消费价格指数，反映的是城乡居民所购买的生活消费品价格和服务项目价格的综合变动程度。包含的调查内容分为食品、烟酒及用品、衣着、家庭设备用品及服务、医疗保健及个人用品、交通和通信、娱乐教育文化用品及服务、居住等 8 大类，共 263 个基本分类(国际分类标准)，约 700 种商品和服务项目。居民消费价格指数(CPI)的编制主要是根据我国城乡居民的消费习惯、消费结构，参照抽样调查原理选中的近 12 万户(城市 5 万户，农村 7 万户)城乡居民家庭的消费支出数据，采用国际上通行的方法计算居民消费价格指数。我国居民消费价格指数是综合了城市居民消费价格指数与农村居民消费价格指数计算取得的。

消费价格指数除了反映生活消费品价格和服务价格的变动趋势和程度的作用外，还常用来反映通货膨胀状况、货币购买力变动、职工实质收入水平等。

反映通货膨胀状况：

$$\text{通货膨胀率} = \frac{(\text{报告期消费价格指数} - \text{基期消费价格指数})}{\text{基期消费价格指数}}$$

反映货币购买力变动：

$$货币购买力指数=\frac{1}{居民消费价格指数}$$

反映对职工实质工资的影响：

$$实质工资=\frac{实际工资}{消费价格指数}$$

实质工资比实际工资更能测量购买力。若当我们的工资收入额没有增加，而CPI大于100%，表明我们的购买力是在下降的。因此，评价工资水平，或通过价值总量评价数量的总变动，往往需要进行时间数列的缩减，以消除价格上涨的影响。

消费价格指数是宏观经济分析和决策、价格总水平监测和调控以及国民经济核算的重要指标。其按年度计算的变动率通常被用来作为反映通货膨胀(或紧缩)程度的指标。这一指标影响着政府制定货币、财政、消费、价格、工资、社会保障等政策。同时也直接影响居民的生活水平评价。

10.3.3 股票价格指数

股票价格指数(Stock Price Index)，简称股价指数，也称股票指数。它是反映不同时期的股价变动情况的相对指标，也就是将第一时期的股价平均数作为另一时期股价平均数的基准的相对数。通过股票指数，人们可以了解计算期的股价比基期的股价上升或下降的程度。

股价指数的计算公式为

$$I_p=\frac{\sum p_1q_1}{\sum p_0q_1}$$

股价指数的形成过程如下所示。

首先，选出列入指数计算过程的样本股。样本股的选定主要依据股票的市值、活跃程度、行业代表性等。一般入选的样本股，其流通市值应在交易所的全部上市交易股票品种中举足轻重，这类股票是市场价格总水平的平衡力量。同时，入选的股票还应与市场总的价格波动有较高相关度，这类股票的价格变动能够反映出市场股价总水平的变动程度和方向。另外，股票入选还应考虑到行业的代表性。如我国上海和深圳两个证券交易所的成分股指数。若将全部上市股票作为指数计算的采样股，自然也就不存在选择样本股的问题。如我国上海和深圳两个证券交易所的综合指数。

然后，计算基期股票价格的平均数。确定某一时点为编制指数的基期。采用一种方法计算这一天的采样股的平均股价，如算术平均数就是以该日采样股收盘价之和除以采样股股数，而加权平均数，则还要以采样股的发行量、流通量或成交量为权数。将计算出的结果作为编制股价指数的基期数据。如果以全部上市公司的股票为采样股，也可以不采取平均股价的方法，直接以总市值进行计算。

最后，进行指数化。以基期统计数据为分母，以计算期统计数据为分子，再乘一个固定乘数，就完成了指数化的全过程。这个固定乘数一般是 100、1000 等，表示基期为 100、1000 的情况下，现在是多少。计算结果就是股价指数，其单位称为“点”。股价指数的“点”不是百分点，也不是货币单位，而是统计单位。上海证券交易所股价综合指数，以 1990 年 12 月 19 日为基日(基日为 100 点)，以现有所有上市的股票(包括 A 股和 B 股)为样本，以报告期股票发行量为权数进行编制。

各国的主要证券交易所都有自己的股价指数。国际市场上比较著名的指数有道·琼斯股价指数和标准普尔股价指数、伦敦金融时报 FTSE 指数、法兰克福 DAX 指数、法国巴黎 CAC40 指数、瑞士的苏黎世 SMI 指数、日本的日经指数等。我国上海和深圳两个证券交易所联合发布 300 指数，上海证券交易所、深圳证券交易所分别发布综合指数和成分股指数(如上证 180 指数、深证 100 指数)。证券交易所股价指数的发布几乎与股票行情的变化同步。股价指数是反映股市行情的指示器，是表明股市变动的重要指标。

10.4 指数分析法

指数分析法是利用指数体系进行因素分析。那么何为指数体系？如何利用指数体系进行因素分析？

10.4.1 指数体系及其作用

1. 指数体系的概念

以统计指标表现的社会经济现象之间的内在经济联系是多种多样的。这些相互依存的现象的指标间的内在联系，有的表现为数量上的累加关系，如企业职工工资总额是企业所有职工个体工资的总和；有的在数量上表现为相乘关系，如产品产值为产品产量与产品价格两个因素的乘积；还有的表现为相乘后再累加的复合关系，如产品总成本是每一产品产量与其单位产品成本乘积之和。上述数量关系以公式表示如下。

累加关系为

$$\text{企业工资总额} = \sum \text{企业每一位职工的工资额}$$

相乘关系为

$$\text{商品销售收入} = \text{商品销售量}(q) \times \text{商品销售价格}(p) \tag{10.20}$$

复合关系为

$$\text{产品总成本} = \sum[\text{产品产量}(q) \times \text{单位产品成本}(z)] \tag{10.21}$$

以上相乘关系、复合关系的各个指标指数化后，相应的各指数之间同样存在这种对应关系：

$$\text{商品销售收入指数}\left(\frac{q_1p_1}{q_0p_0}\right)=\text{商品销售量指数}\frac{q_1p_0}{q_0p_0}\times\text{商品销售价格指数}\frac{q_1p_1}{q_1p_0} \quad (10.22)$$

$$\text{产品总成本指数}\left(\frac{\sum q_1z_1}{\sum q_0z_0}\right)=\text{产品产量指数}\frac{\sum q_1z_0}{\sum q_0z_0}\times\text{产品单位成本指数}\frac{\sum q_1z_1}{\sum q_1z_0} \quad (10.23)$$

由于社会经济现象之间固有的相互依存的经济联系，使得3个或更多有联系的指数在数量上构成一定的对等关系，这种相互联系的指数的对等关系组成的整体，就称为指数体系，它从形式上看表现为一种经济方程式。

2. 指数体系的作用

在指数体系中，指数之间存在着数量上的对应关系，其使指数体系具有以下3方面的作用。

① 利用指数体系进行指数之间的相互换算。例如，已知某企业报告期产品产量比基期增长了20%，总产值增长了14%，借此就可推算出报告期的产品价格比基期下降了5%。

② 利用指数体系进行因素分析。分析现象总变动中各因素发生作用的方向和程度，从而探寻现象变动的具体原因。

③ 利用指数体系，分析现象的发展变化趋势的内在原因。

10.4.2 因素分析法

指数分析法是利用指数体系进行因素分析，通常直接称为因素分析法。它就是依据指数体系原理从数量方面研究经济现象总变动中各因素变动对总变动的影响，包括两个方面：一是测定经济现象总量指标受各因素变动的影响；二是测定平均指标(或相对指标)受各因素变动的影响。

1. 总量指标变动的因素影响分析

总量指标往往可以分解为两个或两个以上因素指标的乘积。通常，把总量指标分解为两个因素指标的乘积，从相对数分析和绝对数分析两方面，分析各因素的变动对总变动的影响，称为总量指标的两因素分析。对分解为两个以上因素的这种分析称为总量指标的多因素分析。就分析方法来说，多因素分析是以两因素分析为基础的。

(1) 总量指标的两因素分析

总量指标的两因素分析有简单的两因素分析与加权的两因素分析两种。

① 总量指标简单两因素分析。总量指标简单两因素分析，是把总量指标分解为两个因素指标，分解的两个因素指标中必定是：一个为数量指标，另一个为质量指标，被分析的总量指标指数等于各因素指标个体指数的乘积。

由于总量指标的简单两因素分析与总量指标的加权两因素分析的分析方法一样，都是依据指数体系原理，经过6个分析步骤完成。只是总量指标简单两因素分析是依据相乘关系的经济方程，而总量指标加权两因素分析是依据复合关系的经济方程，因此总量指标简单两因素分析的计算更为简单。在此就省略总量指标简单两因素分析的演算。

② 总量指标加权两因素分析。总量指标加权两因素分析，是对由许多性质有差异，但又有联系的单个现象所组成的复杂现象进行的分析。

以工资总额分解为职工人数和工资水平两个因素的分析为例，说明总量指标加权两因素的分析过程。

【例 10.2】根据表 10-3 的资料研究工资总额的变动及各因素变动对工资的影响。

表 10-3　工资总额变动因素分析计算表

工资级别	月工资水平(元/人)		职工人数(人)		工资总额(元)		
	基期	报告期	基期	报告期	基期	报告期	假定
甲	3000	3200	120	240	360000	768000	720000
乙	3800	4200	160	210	608000	882000	798000
丙	4500	5400	120	150	540000	810000	675000
合计	—	—	400	600	1508000	2460000	2193000

解：第一步，分析经济现象内在的联系，列出经济方程式。

经分析可知，工资总额与职工人数和工资水平两因素存在如下经济关系：

工资总额=∑组职工人数(f)×工资水平(x)

第二步，根据经济方程式列出指数体系。

$$\frac{\sum f_1x_1}{\sum f_0x_0}=\frac{\sum f_1x_0}{\sum f_0x_0}\times\frac{\sum f_1x_1}{\sum f_1x_0}$$

$$\sum f_1x_1-\sum f_0x_0=(\sum f_1x_0-\sum f_0x_0)+(\sum f_1x_1-\sum f_1x_0)$$

第三步，测定工资总额的总变动。

工资总额指数=$\dfrac{\sum f_1x_1}{\sum f_0x_0}\times 100\%=\dfrac{2460000}{1508000}\times 100\%\approx 163.13\%$

工资总额的绝对增加额=$\sum f_1x_1-\sum f_0x_0=2460000-1508000=952000$(元)

第四步，测定各因素变动对工资总额的影响。

① 职工人数增加对工资总额的影响。

影响程度：$\dfrac{\sum f_1x_0}{\sum f_0x_0}\times 100\%=\dfrac{2193000}{1508000}\times 100\%\approx 145.42\%$

影响的绝对额：$\sum f_1x_0-\sum f_0x_0=2193000-1508000=685000$(元)

② 职工工资水平提高对工资总额的影响。

影响程度：$\dfrac{\sum f_1x_1}{\sum f_1x_0}=\dfrac{2460000}{2193000}\times 100\%\approx 112.18\%$

影响的绝对额：$\sum f_1x_1-\sum f_1x_0=246000-2193000=267000$(元)

第五步，依据指数体系原理，综合以上分析，应有：

工资总额变动程度等于职工人数影响程度与工资水平影响程度的积。

163.13% = 145.42%×112.18%

工资总额增加等于职工人数影响与工资水平提高影响的工资总额之和。

952000 元=685000 元+276000 元

第六步，分析评价。上述计算说明，该企业报告期的工资总额比其基期增长了63.13%，增加额为952000元。其中，报告期比基期职工人数增加使工资总额增长了45.42%，增加额为685000元；工资水平提高使工资总额增长了12.18%，增加额为267000元。

(2) 总量指标的多因素分析

利用指数体系原理进行总量指标的多因素分析，其方法与两因素分析法基本相同。由于其包括的因素多，运用综合指数编制通则，确定同度量因素固定期就不如两因素分析那样简单。因为因素多了，就难以直观地论断数量指标和质量指标。

为了使多因素现象指数体系编制时，同度量因素固定期的选择不发生混乱，在分析列示经济现象的关系方程式时，需要对各个因素指标的衔接顺序加以合理排列。

各因素指标排列的顺序为：第一个因素指标为数量指标，其后各因素指标的排列应能使相邻两因素结合后仍具有一定经济意义的关系。即，当被分析的指标为总量指标时，该总量指标无论分解成多少个因素指标，其中必有一个，而且仅有一个因素指标为数量指标。将这唯一的数量指标排列在第一位，并使相邻两因素指标两两合并仍有经济意义。这是由于相邻两指标两两可以相合，就可以将多个因素化简为较少的因素，直至两因素。从而可以简单地判断在多因素分析过程中，综合指数编制通则的遵循情况。

例如，对原材料消耗额进行因素分析，原材料消耗额可分解为产品产量、单位产品原材料消耗量、原材料单价3个因素指标。其中，只有产品产量为数量指标，其余两个都是质量指标。而产品产量与单位产品原材料消耗量相乘即为原材料消耗量指标，即两指标可合并，合并后仍有经济意义；单位产品原材料消耗量与原材料单价相乘即为单位产品原材料消耗额，该两指标亦可合并，合并后亦有经济意义。因而，其经济方程式为

$$\text{原材料消耗额}(qmp)=\overbrace{\text{产品产量}(q)\times\text{单位产品原材料消耗量}}^{\text{原材料消耗量}}(m)\times\text{原材料单价}(p) \qquad (10.24)$$

$$\underbrace{\text{单位产品原材料消耗量}(m)\times\text{原材料单价}(p)}_{\text{单位产品原材料消耗额}}$$

运用指数体系原理，按照综合指数编制通则，分析产品产量(q)这一数量指标变动对原材料消耗额总量指标影响时，要将单位产品原材料消耗量(m)与原材料单价(p)两个质量指标固定在基期；分析单位产品原材料消耗量变动对原材料消耗额影响时，应将产品产量指标(数量指标)固定在报告期，原材料单价(质量指标)固定在基期；反映原材料单价变动对原材料消耗量影响时，要将原材料消耗量(产品产量与单位产品原材料消耗量的乘

积)(数量指标)固定在报告期。

根据以上分析，可得如下指数体系。

简单的指数体系计算公式：

$$\frac{q_1m_1p_1}{q_0m_0p_0}=\frac{q_1m_0p_0}{q_0m_0p_0}\times\frac{q_1m_1p_0}{q_1m_0p_0}\times\frac{q_1m_1p_1}{q_1m_1p_0} \tag{10.25}$$

加权的指数体系计算公式：

$$\frac{\sum q_1m_1p_1}{\sum q_0m_0p_0}=\frac{\sum q_1m_0p_0}{\sum q_0m_0p_0}\times\frac{\sum q_1m_1p_0}{\sum q_1m_0p_0}\times\frac{\sum q_1m_1p_1}{\sum q_1m_1p_0} \tag{10.26}$$

上述两种指数体系中的分子分母差额，都表明各个因素变动对原材料消耗额变动影响的绝对额，则

$$q_1m_1p_1-q_0m_0p_0=(q_1m_0p_0-q_0m_0p_0)+(q_1m_1p_0-q_1m_0p_0)+(q_1m_1p_1-q_1m_1p_0)$$

$$\sum q_1m_1p_1-\sum q_0m_0p_0=(\sum q_1m_0p_0-\sum q_0m_0p_0)+(\sum q_1m_1p_0-\sum q_1m_0p_0)+(\sum q_1m_1p_1-\sum q_1m_1p_0)$$

3 个因素以上的多因素分析可以此类推。

然而，随着因素的增多，按指数体系原理进行同度量因素固定期的确定，显得繁杂而易搞错。所以，对于多因素分析，在实际工作中，往往采用连锁替代法。

连锁替代法，是在被分析指标所包含的各因素指标构成的经济方程式中，将各因素的基期数字顺次以报告期数字来替代，有多少因素就替代多少次。每次替代后所得结果与替代前所得结果对比，就是该因素对被分析指标的影响程度；二者的差额就是被替代因素的变动对被分析指标影响的绝对值。

运用连锁替代法，进行多因素分析，关键在于合理地排列各因素指标的顺序。因为各因素变动的先后顺序不同，替代后计算所得的各因素影响的结果不一样。运用连锁替代法对多因素进行分析的各因素，正确的排列顺序的标准为：连锁替代法结果应符合综合指数编制的通则的要求。

从上述原材料消耗额的指数体系可见，其各指数的同度量因素的固定正好为连锁替代形式。因此，可以得出这样一个结论：运用连锁替代法对多因素进行分析的各因素正确排列顺序为：当被分析指标为总量指标时，其分解的因素指标中唯一的数量指标排在第一位，并使相邻两指标两两合并仍有经济意义。

仍以上述原材料消耗额的三因素分析为例，说明运用连锁替代法进行多因素分析的步骤。

第一步，确定各因素间的排序。根据上述分析可知，其三因素的排序为：$q\times m\times p$。

第二步，确定替代顺序。根据连锁替代法有

基期状态：$q_0m_0p_0$。

第一次替代 q：$q_1m_0p_0$，q 因素变动对被分析指标的影响。

第二次替代 m：$q_1m_1p_0$，m 因素变动对被分析指标的影响。

第三次替代 p：$q_1m_1p_1$，p 因素变动对被分析指标的影响。

第三步，根据替代结果，运用指数体系原理，计算各因素变动对被分析指标的影响程度和影响的绝对量。

第四步，写出分析结论。

下面结合实例，运用连锁替代法进行多因素分析。

【例 10.3】某企业利润净额的变动资料列示于表 10-4 中，试分析各因素变动对企业利润净额的影响。

表 10-4 某企业利润净额的变动有关指标

指标	单位	符号	基期	报告期
利润净额	万元	Y	153.60	211.20
职工平均人数	人	N	1000	1200
全员劳动生产率	万元/人·年	T	3.20	3.52
产销比率	%	R	80.00	100.00
销售收入利润率	%	η	6.00	5.00

注：产销比率=产品销售收入÷产品总产值×100%。

解：第一步，根据表 10-4 资料，该企业的利润净额可分解为职工平均人数、全员劳动生产率、产销比率、销售收入利润率 4 个因素指标。其经济方程为

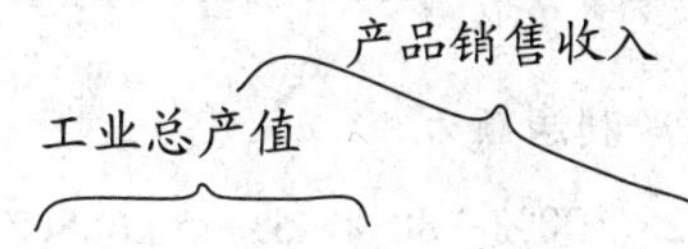

利润净额=职工平均人数(N)×全员劳动生产率(T)×产销比率(R)×销售收入利润率(η)

产值利润率

第二步，各因素指标之间正确的连乘顺序应为：$N\times T\times R\times\eta$。

根据连锁替代法，各因素的依次变动顺序为：

$$N_0T_0R_0\eta_0 \to N_1T_0R_0\eta_0 \to N_1T_1R_0\eta_0 \to N_1T_1R_1\eta_0 \to N_1T_1R_1\eta_1$$

经以上分析后，可得该多因素分析的相对数平衡式和绝对数平衡式。

多因素分析的相对平衡式：

$$\frac{N_1T_1R_1\eta_1}{N_0T_0R_0\eta_0}=\frac{N_1T_0R_0\eta_0}{N_0T_0R_0\eta_0}\times\frac{N_1T_1R_0\eta_0}{N_1T_0R_0\eta_0}\times\frac{N_1T_1R_1\eta_0}{N_1T_1R_0\eta_0}\times\frac{N_1T_1R_1\eta_1}{N_1T_1R_1\eta_0}$$

多因素分析的绝对平衡式：

$$N_1T_1R_1\eta_1-N_0T_0R_0\eta_0=(N_1T_0R_0\eta_0-N_0T_0R_0\eta_0)+(N_1T_1R_0\eta_0-N_1T_0R_0\eta_0)$$
$$+(N_1T_1R_1\eta_0-N_1T_1R_0\eta_0)+(N_1T_1R_1\eta_1-N_1T_1R_1\eta_0)$$

第三步，计算变动的程度和绝对量。

① 利润净额的总变动：

$$利润净额指数=\frac{N_1T_1R_1\eta_1}{N_0T_0R_0\eta_0}\times100\%=\frac{211.20}{153.60}\times100\%=137.50\%$$

利润净额增加额为

$$N_1T_1R_1\eta_1-N_0T_0R_0\eta_0=211.20-153.60=57.60(万元)$$

② 各因素变动对利润净额的影响。

A. 职工平均人数变动的影响：

$$职工人数指数=\frac{N_1T_0R_0\eta_0}{N_0T_0R_0\eta_0}\times100\%=\frac{1200}{1000}\times100\%=120\%$$

由于职工人数变动而增加的净利润额为

$$N_1T_0R_0\eta_0-N_0T_0R_0\eta_0=(1200-1000)\times3.20\times80\%\times6\%=30.72(万元)$$

B. 全员劳动生产率变动的影响：

$$全员劳动生产率指数=\frac{N_1T_1R_0\eta_0}{N_1T_0R_0\eta_0}\times100\%=\frac{3.52}{3.20}\times100\%=110\%$$

由于全员劳动生产率变动而增加的净利润额为

$$N_1T_1R_0\eta_0-N_1T_0R_0\eta_0=1200\times(3.52-3.20)\times80\%\times6\%=18.432(万元)$$

C. 产销比率变动的影响：

$$产销比率指数=\frac{N_1T_1R_1\eta_0}{N_1T_1R_0\eta_0}\times100\%=\frac{100\%}{80\%}\times100\%=125\%$$

由于产销比率变动而增加的净利润额为

$$N_1T_1R_1\eta_0-N_1T_1R_0\eta_0=1200\times3.52\times(100\%-80\%)\times6\%=50.688(万元)$$

D. 产品销售收入净利润率变动的影响：

$$产品销售收入净利率指数=\frac{N_1T_1R_1\eta_1}{N_1T_1R_1\eta_0}\times100\%=\frac{5\%}{6\%}\times100\%\approx83.33\%$$

由于产品销售收入净利润率变动而增加的净利润额为

$$N_1T_1R_1\eta_1-N_1T_1R_1\eta_0=1200\times3.52\times100\%\times(5\%-6\%)=-42.24(万元)$$

以上各指数之间的关系为

137.5%=120%×110%×125%×83.33%

各因素变动影响的绝对额之间的关系为

57.6 万元= 30.72 万元+18.432 万元+50.688 万元+(−42.24)万元

第四步，分析评价。以上分析表明，该企业报告期与基期相比利润净额增长了 37.5%，是由于职工人数增长了 20%，全员劳动生产率增长了 10%，产销比率增长了 25%，以及产品销售收入的净利润率下降了 16.67%这 4 个因素共同作用的结果。从影响的绝对额来看，该企业报告期比基期利润净额增加了 57.6 万元，其中由于职工人数增加了 200 人，使利润净额增加了30.72万元；由于全员劳动生产率提高了0.32万元/人·年，使利润净额增加了18.432万元；由于产销比率提高了20%，使利润净额增加了50.688万元；由于每百元产品销售收入净利润降低了1%，使利润净额减少42.24万元。可见，该企业报告年采取了薄利多销的经营方针，扭转了基年产品积压的状况，并将扩大生产和提高效率一起抓，使企业净利润有较大幅度提高。

2. 平均指标变动的因素影响分析

与总量指标一样，平均指标的变动也受各种因素影响。对平均指标变动的影响因素进行分析，亦需运用指数体系原理。根据影响因素之多少，平均指标变动的因素分析亦可分为两因素分析和多因素分析。

(1) 平均指标变动的两因素分析

由于平均指标有加权算术平均数这一特征，平均指标变动的两因素分析有两种：一是总平均指标变动分解为变量和权数两因素的分析；二是平均指标分解为其他两因素的分析。通常第一种分析方法更受人们关注。

① 加权算术平均指标变动的两因素分析。加权平均数的水平由变量和权数两个因素决定。在分组条件下，总平均指标的变动，受组平均指标(即变量)和各组单位数在总体中所占比重(即权数)两个因素的影响。例如，职工平均工资是各类职工工资水平的加权算术平均数，职工平均工资($\bar{x}$)的变动就受各类职工工资水平(x)的变动和各类职工占职工总数的比重($f/\sum f$)变动的影响。即有

总平均工资=[∑(组平均工资×该组职工人数)]÷组职工人数

$$\bar{x}=\frac{\sum x\cdot f}{\sum f}=\sum x\cdot\left(\frac{f}{\sum f}\right) \tag{10.27}$$

根据指数体系原理可知，总平均指标($\bar{x}$)与组平均指标(x)和各组职工比重($f/\sum f$)可构成如下平均指标指数体系。

平均指标可变指数=平均指标结构影响指数×平均指标固定结构指数　　(10.28)

A. 平均指标可变指数。平均指标可变指数是反映组职工比重(结构)和组平均工资(变量值)同时变动的平均指标指数。其计算公式为

平均指标可变指数=报告期总平均指标÷基期总平均指标×100%　　(10.29)

$$=\frac{\bar{x}_1}{\bar{x}_0}=\frac{\sum f_1x_1/\sum f_1}{\sum f_0x_0/\sum f_0}\times 100\%$$

$$=\frac{\sum x_1(f_1/\sum f_1)}{\sum x_0(f_0/\sum f_0)}\times 100\%$$

B. 平均指标结构影响指数。平均指标结构影响指数是反映结构变动，而变量值不变的综合指数。变量值应固定在基期还是报告期呢？

根据综合指数编制通则可以推得，变量值应固定在基期。因为总平均指标为两个总量指标相除，即总体标志总量(总量指标)除以总体单位数(总量指标)。按照总量指标多因素分析的因素排序可得

总体标志总量指标=总体单位数指标×结构指标×组平均指标

按照确定固定期的规律(连锁替代)可知，当反映结构指标($f/\sum f$)变动时，组平均指标(x)应固定不变，固定在基期。当分析组平均指标(x)变动时，结构指标($f/\sum f$)应固定不变，固定在报告期。

平均指标结构影响指数的计算公式为

$$\text{平均指标结构影响指数}=\frac{\sum x_0(f_1/\sum f_1)}{\sum x_0(f_0/\sum f_0)}\times 100\% \tag{10.30}$$

C. 平均指标固定结构指数。平均指标固定结构指数是反映结构不变，变量值变动的综合指数。其计算公式为

$$\text{平均指标固定结构指数}=\frac{\sum x_1(f_1/\sum f_1)}{\sum x_0(f_1/\sum f_1)}\times 100\% \tag{10.31}$$

平均指标的可变指数、结构影响指数、固定结构指数构成的指数体系，存在下列方程关系。

$$\frac{\sum x_1(f_1/\sum f_1)}{\sum x_0(f_0/\sum f_0)}=\frac{\sum x_0(f_1/\sum f_1)}{\sum x_0(f_0/\sum f_0)}\times\frac{\sum x_1(f_1/\sum f_1)}{\sum x_0(f_1/\sum f_1)}$$

$$\frac{\sum x_1\cdot f_1}{\sum f_1}-\sum x_0\cdot(\frac{f_0}{\sum f_0})=[\sum \overline{x_0}\cdot(\frac{f_1}{\sum f_1})-\sum x_0\cdot(\frac{f_0}{\sum f_0})]+[\sum x_1\cdot(\frac{f_1}{\sum f_1})-\sum x_0\cdot(\frac{f_1}{\sum f_1})]$$

【例 10.4】以例 10.2 中表 10-3 的资料为例，分析总平均指标受组平均指标与职工结构变动影响的情况。

解：报告期职工月平均工资$=\frac{\sum x_1\cdot f_1}{\sum f_1}=\frac{2460000}{600}=4100$(元)

基期职工月平均工资$=\frac{\sum x_0\cdot f_0}{\sum f_0}=\frac{1508000}{400}=3770$(元)

假定的平均工资$=\frac{\sum x_0\cdot f_1}{\sum f_1}=\frac{2193000}{600}=3655$(元)

报告期比基期职工月平均工资变动情况：

总平均工资指数$=\frac{\sum x_1(f_1/\sum f_1)}{\sum x_0(f_0/\sum f_0)}\times 100\%=\frac{4010}{3770}\approx 108.75\%$

人均工资增加额$=\frac{\sum x_1\cdot f_1}{\sum f_1}-\sum x_0\cdot(\frac{f_0}{\sum f_0})$=4100−3770=330(元)

其中，由于职工总体结构变化，使职工平均工资的变动情况为

结构影响指数$=\dfrac{\sum x_0(f_1/\sum f_1)}{\sum x_0(f_0/\sum f_0)}\times100\%=3655\div3770\times100\%\approx96.95\%$

结构影响使人均工资增加，增加额=3655−3770=−115(元)

由于总工资水平变化，使职工平均工资的变动情况为

固定结构指数$=\dfrac{\sum x_1(f_1/\sum f_1)}{\sum x_0(f_1/\sum f_1)}\times100\%=4100\div3655\times100\%\approx112.18\%$

组平均工资变动使总平均工资增加，增加额$=\sum x_1\cdot(\dfrac{f_1}{\sum f_1})-\sum x_0\cdot(\dfrac{f_1}{\sum f_1})=4100-3655=$ 445(元)

各因素变化存在下列平衡关系。

108.75%=96.95%×112.18%

330 元=(−115 元)+445 元

以上的计算结果表明，报告期职工月平均工资比基期提高了 8.75%，人均每月增加了 330 元。这是由于各组月工资都提高了，使月平均工资提高了 12.17%，平均每人增加了 445 元。而同时不同工资水平的各组职工构成发生了变化(低工资组的职工比重明显提高)，使总平均工资下降了 3.05%，平均每人减少了 115 元。两个影响因素共同作用的结果表明，人均月工资提高的 445 元中，有 115 元被职工构成变化所抵消。

通过加权算术平均指标变动的两因素分析可以发现：在总量指标加权两因素分析中，因素指标中的数量指标变动对总量指标变动的影响包括了数量指标总数变动和结构变动两因素的共同作用。换句话说，在总量指标加权两因素分析中，实际上数量指标的影响涵盖着其总数变动与总数的内部结构变动，若将可变指数引入总量指标加权两因素分析，就是三因素分析。

仍以例 10.2 中表 10-3 工资总额变动因素分析为例，说明如下。

$$\frac{\sum f_1x_1}{\sum f_0x_0}=\frac{\sum f_1x_0}{\sum f_0x_0}\times\frac{\sum f_1x_1}{\sum f_1x_0}=\frac{\bar{x}_0\sum f_1}{\bar{x}_0\sum f_0}\times\frac{\sum f_1x_0}{\bar{x}_0\sum f_1}\times\frac{\sum f_1x_1}{\sum f_1x_0}$$

$$\sum f_1x_0-\sum f_0x_0=(\bar{x}_0\sum f_1-\bar{x}_0\sum f_0)+(\sum f_1x_0-\bar{x}_0\sum f_1)+(\sum f_1x_1-\sum f_1x_0)$$

由表 10-3 数据可算得下列数量关系。

163.13%=150.00%×96.95%×112.18%

952000 元=754000 元+(−69000 元)+267000 元

可见，该企业的工资总额报告期比基期增长了 63.13%，增加额为 952000 元。其中，职工人数增加 200 人，使工资总额增长了 50%，增加的绝对额为 754000 元；职工构成发生变化，使工资总额下降了 3.05%，减少的工资额为 69000 元；工资水平提高使工资总额增长了 12.18%，增加绝对额为 267000 元。

② 平均指标的其他两因素分析。平均指标的其他两因素分析的方法与加权算术平均指标变动的两因素分析相同。只要将平均指标适当地分解为两个因素指标的乘积，然后按照综合指数编制通则，正确选择同度量因素的固定期，平均指标的其他两因素分析就迎刃而解。

(2) 平均指标变动的多因素分析

平均指标变动也会受两个以上因素影响，如人均净利润受全员劳动生产率、产销比率、产品销售收入净利率变动的影响。再如全员劳动生产率受工业生产人员在全员职工中比重、工人在工业生产人员中的比重、工人劳动生产率的影响，而工人劳动生产率又受平均工作月(季、年)长度、平均工作日长度、工人时劳动生产率等因素的影响等。利用指数体系原理，可以对这些因素的影响程度和影响绝对量一一加以测定。

具体测定的方法和步骤如下。

第一步，对经济现象进行分析，寻找被分析的平均指标与各因素指标之间的关系。

第二步，确定各因素指标的排序。将被分析平均指标的分母(总体单位数为数量指标)移项到等式的右边第一位，使相邻的两个指标两两结合有经济意义，以确定各因素指标的排序；然后将被分析平均指标的分母转回，复原等式左边被分析的平均指标，即得平均指标多因素分析的各因素指标正确排序的经济方程式。

第三步，运用连锁替代法进行平均指标的多因素分析。

例如，经以上分析可知：

全员劳动生产率=工业生产人员占全部职工比重(a)×工人占工业生产人员比重(b)×工人劳动生产率(c)

全员劳动生产率=产品产量÷全部职工人数

产品产量=全部职工人数×工业生产人员占全部职工比重(a)×工人占工业生产人员比重(b)×工人劳动生产率(c)

可见以上影响全员劳动生产率的三因素的排序正确的是 $a×b×c$。

运用连锁替代法，得如下指数体系。

$$\frac{a_1b_1c_1}{a_0b_0c_0}=\frac{a_1b_0c_0}{a_0b_0c_0}\times\frac{a_1b_1c_0}{a_1b_0c_0}\times\frac{a_1b_1c_1}{a_1b_1c_0}$$

$$a_1b_1c_1-a_0b_0c_0=(a_1b_0c_0-a_0b_0c_0)+(a_1b_1c_0-a_1b_0c_0)+(a_1b_1c_1-a_1b_1c_0)$$

计算指数体系中各因素的数值，即可得全员劳动生产率的总变动与各因素变动对全员劳动生产率变动的影响程度和影响绝对额。

本章小结

指数是反映现象变化的相对数。在商业与经济环境中，物价指数和物量指数是测量价格和数量变动的重要尺度。综合物价指数是对一组商品或产品的全部价格变动进行复合测量，通常加权综合物价指数中的权数由商品项目的使用数量确定。根据商品项目的使用数量，对指数中的每个项目的个体物价指数进行加权，也可以计算加权综合物价指数。物量指数亦同理。

通常编制数量指标综合指数时，取基期的质量指标为同度量因素；编制质量指标综合指数时，取报告期的数量指标为同度量因素。当按上述一般通则编制的综合指数在经济意义上出现不符合实际情况的时候，应遵循同度量因素的确定取决于研究事物的本身的总原则。

指数本质是从研究对象总体中挑选出的具有代表性的样本，以反映总体某一属性的综合动态演变。因此，在实际统计工作中，代表规格品、权重、基期和计算公式是编制指数时应该考虑的 4 个基本要素，它们将直接影响到指数功能的发挥。

居民消费价格指数是最为著名的指数，此外还介绍了零售价格指数、股价指数等几种常用的指数，并提及物价指数经常用于缩减一些随时间推移而变动的经济数列。

指数分析法是利用指数体系，对现象的综合变动从数量上分析其受各因素影响的方向程度及绝对数量。当观察其中一个因素的变动时，其他因素(一个或一个以上)必须固定不变。通常分析数量指标变动时，相应作为权数的质量指标固定在基期；而分析质量指标变动时，相应作为权数的数量指标固定在报告期。连环替代法能大大简化多因素分析。运用连环替代法对多因素进行分析的关键是各因素的排列顺序。各因素正确排列顺序为：当被分析指标为总量指标时，其分解的因素指标中唯一的数量指标排在第一位，并使相邻两指标两两合并仍然有经济意义。以此为基础，就能方便地确定相对指标、平均指标的因素分析中分解因素指标的正确排序。

练习题

一、思考题

1. 如何正确理解统计指数的概念？它与相对数是什么关系？

2. 什么是加权指数？加权指数的基本形式有几种？试就经济现象举几个例子来说明。

3. 什么是同度量因素？它有什么作用？在综合指数编制中，怎样确定同度量因素及其时期？

4. 何为 GDP 缩减指数？它有什么作用？

5. 在物价上涨的历史时期，分别用拉氏公式与派氏公式计算价格指数，哪个更接近于实际情况？为什么？目前世界上大多数国家都采用哪个公式计算价格指数？为什么？

6. 何为沪深 300 指数？如何运用各种股票指数评判股票市场行情？

7. 什么是可变指数、固定构成指数和结构影响指数？它们的计算公式如何组成？

8. 指数体系和指标体系有什么联系和区别？

二、选择题

1. 统计指数划分为个体指数和总指数的依据是(　　)。

A. 包括的范围是否相同　　B. 同度量因素是否相同

C. 指数化因素是否相同　　D. 计算时是否加权

2. 综合指数包括(　　)。

A. 个体指数和总指数　　B. 质量指标指数和数量指标指数

C. 平均数指数和平均指标指数　　D. 定基指数和环比指数

3. 若物价上涨，销售额持平，则销售量指数将(　　)。

A. 为零　　B. 降低　　C. 增长　　D. 不变

4. 物价上涨后，同样多的人民币少购买商品 8%，物价指数约等于(　　)。

A. 92%　　B. 192.6%　　C. 108%　　D. 108.7%

5. 某工业企业生产甲、乙、丙 3 种产品，2010 年比 2009 年总产值增长 10%，出厂价格不变，则产品产量指数为(　　)。

A. 110%　　B. 100%　　C. 120%　　D. 101%

6. 同度量因素的作用有(　　)。

A. 媒介作用　　B. 权数作用　　C. 比较作用

D. 平衡作用　　E. 稳定作用

7. 在由两个因素构成的加权综合指数体系中，为使总量指数等于各因素指数的乘积，则(　　)。

A. 两个因素指数必须都是数量指数

B. 两个因素指数必须都是质量指数

C. 两个因素指数一个是数量指数，一个是质量指数

D. 两个因素指数中的权数必须是同一时期的

E. 两个因素指数中的权数必须是不同时期的

8. 在一般情况下，商品销售量指数和工资水平指数中的同度量因素分别是(　　)。

A. 商品销售量　　B. 平均工资水平

C. 商品销售单价　　D. 职工人数

E. 商品销售额

9. 甲企业某年有两种不同产品的实际产量为计划产量的 105%，这个指数是(　　)。

A. 个体指数　　B. 总指数

C. 数量指标指数　　D. 质量指标指数

E. 静态指数　　F. 动态指数

10. 指数体系中，指数之间的数量对等关系表现在(　　)。

A. 相对数之间的数量对等关系

B. 绝对数之间的数量对等关系

C. 相对数和绝对数之间都存在数量对等关系

D. 总量指数等于它的因素指数的乘积

E. 总量指数等于它的因素指数的代数和

三、计算题

1. 已知某工业企业 3 种商品的价格和销售量资料如下表所示。

商品	计量单位	价格(元)		销售量	
		基期	报告期	基期	报告期
甲	双	250	280	5000	5500
乙	件	1400	1600	800	1000
丙	双	60	60	1000	600

要求计算：

(1) 各商品物价和销售量个体指数。

(2) 3种商品的销售额指数与增加额。

(3) 3种商品物价综合指数和由于物价变动对销售额绝对值的影响。

(4) 3种商品的销售量综合指数和由于销售量变动对销售额绝对值的影响。

2. 如果3种商品报告期价格分别比基期上涨5%、10%、2%，报告期3种商品销售额分别为100万元、400万元、250万元。试问，3种商品的综合物价指数为多少？

3. 如果报告期价格计划降低5%，而销售额计划增长10%。问销售量应增长多少？

4. 某地区今年和去年相比，同样多的人民币只能购买原来商品的89%。问物价指数是多少？

5. 已知某市基期社会商品零售额为8600万元，报告期增加为12890万元。零售物价上涨11.5%。试推算该市零售总额变动中零售量和零售价格两因素变动的影响程度和影响绝对值。

6. 我国某年社会商品零售总额为5820亿元，比上年增长了17.6%，扣除零售物价上涨因素，实际增长9.6%。

要求计算：

(1) 零售物价上涨了多少？

(2) 由于零售物价上涨消费者多支出的金额是多少？

(3) 由于零售量增长而增加的零售总额是多少？

7. 根据某副食品商场提供的数据，其2010年销售额为2418.06万元，比上年增加784.08万元，价格总指数为126.78%，问增加的784.08万元之中两个因素(销售量与价格)的影响各占多少万元？

8. 某地区3种水果的销售情况如下表所示。

水果品种	本月销售额(万元)	本月比上月价格升降(%)
苹果	68	−10
草莓	12	12
橘子	50	2

试计算该地区3种水果的价格指数及由于价格变动对居民开支的影响。

9. 某公司所属甲、乙两企业生产某产品，其基期和报告期的单位产品成本和产量资料如下表所示。

企业	基期		报告期	
	单位成本(元)	产量(件)	单位成本(元)	产量(件)
甲	50	520	45	600
乙	55	200	52	500

试计算该公司产品的总平均成本指数。并从相对数和绝对数两方面分析甲、乙两企业的单位成本和产量结构的变动对总平均成本的影响，并做出评价。

10. 某企业报告期与基期的工业增加值及职工人数的资料如下表所示。

年份	基期	报告期
工业增加值(万元)	400	600
职工平均人数(人)	600	650
其中：生产工人平均人数(人)	540	600

要求：

(1) 分别从相对数和绝对数两方面分析工人人数及工人劳动率变动对工业增加值的影响。

(2) 分别从相对数和绝对数两方面分析职工人数、生产工人人数占职工人数比重及工人劳动生产率变动对工业增加值的影响。

四、案例分析题

进国家统计局网站，查询城镇单位就业人员平均劳动报酬，用消费者价格指数缩减名义工资收入数列，并据此讨论城镇单位就业人员实质的人均劳动报酬变化趋势。联系经济(用 GDP 表征)增长(用 GDP 缩减指数处理)、收入分配情况，讨论城镇单位就业人员的人均劳动报酬的合理性。

第11章 Excel在统计学中的应用

在计算机时代，烦琐的数据处理工作离不开先进实用的数据处理软件。本章用实例操作的形式介绍 Excel 在统计学中的应用。由于 Excel 2010 比早期的 Excel 2003 与 Excel 2007 具有更强大的功能与更完美的界面，其正在被越来越多的人接受，故本章选用 Excel 2010 作为实例操作软件进行介绍。

11.1 Excel 统计功能介绍

在统计工作中需要对各种数据进行制表、绘图、分组整理、分析和管理等。利用 Excel 进行统计分析主要是利用 Excel 中的统计函数、数据分析工具和图表等的统计功能。

11.1.1 统计函数

在 Excel 中大约有 200 个工作表函数，分为常用函数、财务函数、日期与时间函数、数学和三角函数、统计函数等 11 个模块。其中，统计函数模块中有 76 个统计函数，这些函数覆盖了统计基本理论与分析方法。常用的统计函数参见章末的附表 1。相较于 Excel 2003，Excel 2010 中增加了 AVERAGEIF、AVERAGEIFS、SUMIFS、COUNTIFS 和 IFERROR 等多个函数，它们都可以在一定范围内根据条件自行计算。特别是多重条件函数 AVERAGEIFS、COUNTIFS 和 SUMIFS 给我们的工作带来了极大的方便，如在年级段总成绩表中计算各班各科的平均分、及格率和优秀率时，就不用先按班级排序，分班后再计算平均分和两率了。

实际操作中我们只要在工作表中插入这些函数即可得到相应统计指标或估计量的数值，其操作方法在本章下面各节的相关内容中阐述，并以具体例题的形式给出操作步骤。

11.1.2 数据分析工具

Excel 提供了一组可直接使用的数据分析工具，称为“分析工具库”，为统计分析提供了极大的方便。使用这些工具的方法是，选择 Excel 菜单栏中的“数据”→“数据分析”命令，在弹出的“数据分析”对话框中选择所需的分析工具。在所选工具的对话框中填写必要的数据或参数的信息后单击“确定”按钮，即可得到所需的输出结果——表格或统计图。各种分析工具的使用方法将在后面各节中具体说明。如果 Excel 的“数据”菜单中没有出现“数据分析”命令选项，说明用户安装 Excel 不完整，必须在 Excel 中重新安装“分析工具库”内容。具体安装方法如下。

① 如图 11-1 所示，单击向下按钮，弹出菜单，选择“其他命令”一项。

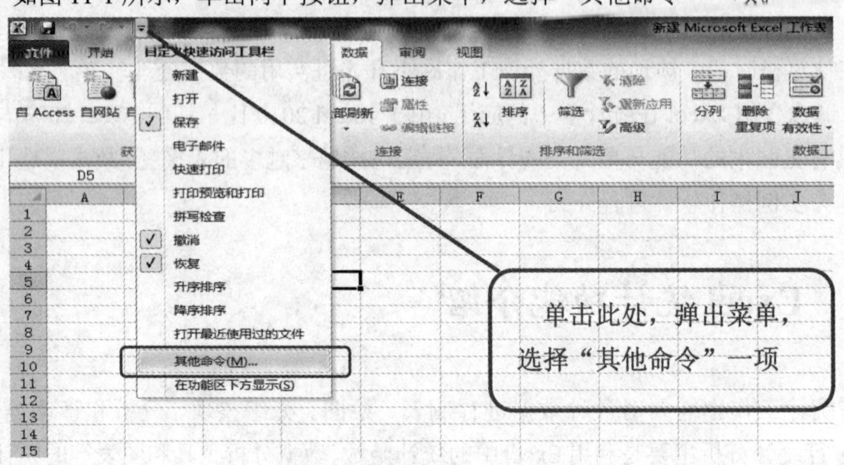

图 11-1 分析工具库弹出菜单

② 在其他命令对话框里选择“加载项”，单击“转到”，如图 11-2 所示。

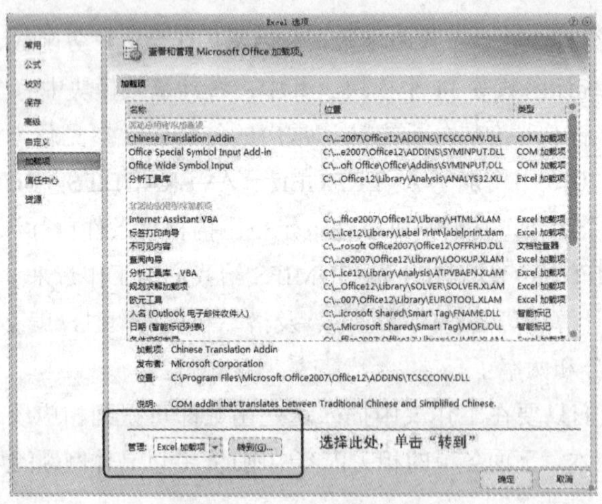

图 11-2 加载项对话框

③ 选择“可用加载宏”中的“分析工具库”，按下“确定”按钮，则工具栏中会出现数据分析选项，如图 11-3 所示。

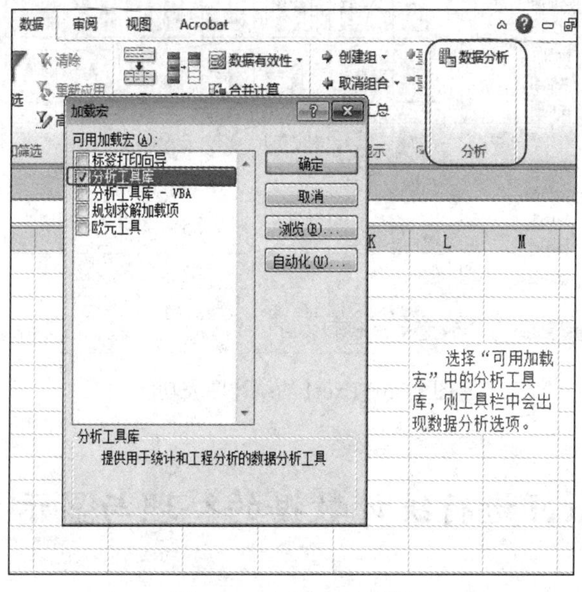

图 11-3　加载宏对话框

11.1.3　统计图表

Excel 具有强大而灵活的图表功能，使枯燥乏味的数据形象化。利用 Excel 的图表工具可以轻松地创建图表，其路径是，菜单栏中的“插入”→ “图表”，如图11-4所示。单击图表右下角的箭头图标，在弹出的“插入图表”对话框中可以找到所需的图表类型，Excel 提供了柱形图、条形图等11种标准类型，同时我们还可以自己定义图表类型，如图11-5所示。

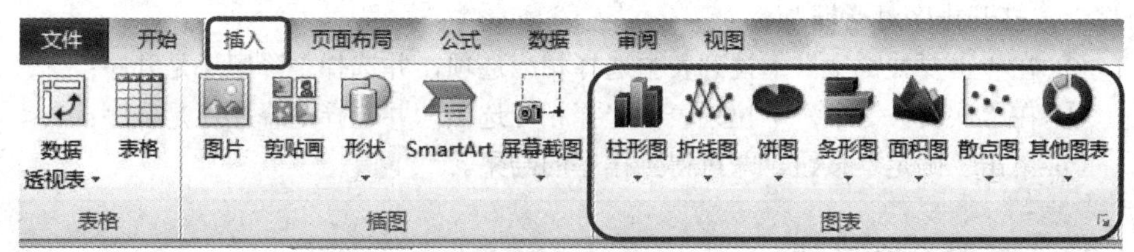

图11-4　插入图表

对自动生成的图表可以进行缩放、移动、复制和删除等操作，也可以单击图表的任一部分(如标题、图例、坐标轴、绘图区等)对其进行修改或美化。具体操作在后续的例题中有所涉及，此处不赘述。

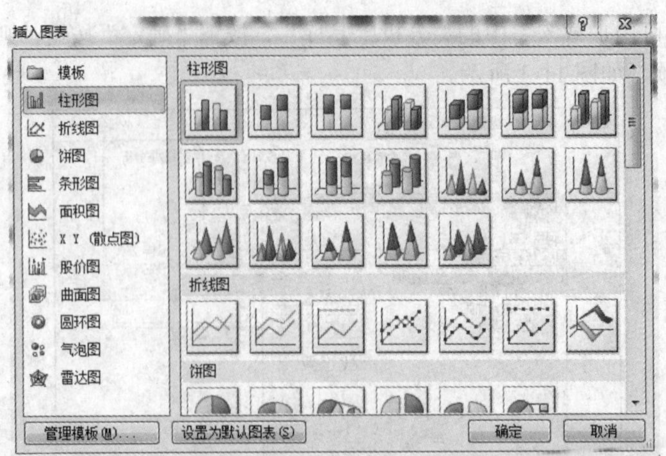

图 11-5　Excel 的统计图表功能

11.2　用 Excel 进行统计数据的整理与显示

Excel 提供了许多数据整理工具，如创建数据整理公式、数据排序、频数分布函数、数据透视表和统计图等。

11.2.1　数据排序

Excel 可以根据用户的要求对数据清单的行或列数据进行排序。排序时，Excel 将根据指定的排序顺序重新排列行、列或各单元格，从而使现象的规则性更加简洁地表现出来。

数据排序的操作步骤：

① 选中需要排序的数据列中任一单元格；

② 单击工具栏“开始”，选择“排序和筛选”下方的倒置小三角，选择“自定义排序”，打开排序对话框；

③ 在“主要关键字”下拉列表中选择相应选项，并选择是降序还是升序；

④ 在“次要关键字”下拉列表中选择相应选项，并选择是降序还是升序；

⑤ 单击“确定”按钮，即可得到排序的结果。

11.2.2　频数分布函数

排序后，经分类汇总可展示每个数值所出现的次数，但仍然不能很好地描述数据分布状态。频数分布函数是 Excel 的一个工作表函数，是编制次数分布的主要工具。它可以对数据进行分组与归类，建立频数分布表，作频数分布图(如直方图)，不仅能较好地描述数据的结构特征，而且能使数据的分布形态直观、清楚、形象地表现出来。

频数分布函数(FREQUENCY)是 Excel 统计函数模块中统计工作表函数中的一个，它可以让一列垂直数组，返回到某个区域中数据的频数分布。

建立频数分布的步骤是，先对数据进行排序，以了解全部数据的变动范围，然后选择全部数据的分组组数，再确定分组的组限，最后对各组数值所出现的频数进行计数。

11.2.3　数据透视表

数据透视表是一种交互式工作表，是用于对已有数据清单、表和数据库中的数据进行汇总和分析的一种工具，可用于单向表、双向表的制作，能够非常容易地展现数据的分布状况。

利用透视表进行数据整理可分为单变量表格与双变量表格，前者称为单向表，后者称为交叉表。交叉表用于表示两个用文字表示的品质变量之间的关系，大多用于市场研究，进行市场机会、市场细分分析等。下面举例说明利用 Excel 的数据透视表进行数据整理。

【例 11.1】某通信科技股份有限公司为制定新一年的产品开发计划，需要向市场了解相关通信产品的需求情况。经过问卷设计，在某地区抽取了 1000 个单位组成样本，然后对该样本进行问卷调查，获得了相关通信产品的一些数据资料，试根据这些数据分析该地区相关通信产品的需求情况。

解：其具体操作步骤如下所示。

① 根据收回的调查问卷，建立“数据整理.xlsx”工作簿(见上机实验数据 11.2)。

② 打开“11.2 数据整理.xlsx”工作簿，选定“相关产品调查”工作表。

③ 选中数据区域中任意单元格，单击“插入”，选择“数据透视表”按钮下方的下拉按钮，在弹出的下拉菜单中选择“数据透视表”选项，如图 11-6 所示。

④ 确定数据区域，本例中数据所覆盖区域为 B2:C14 单元格，如图 11-7 所示。

图 11-6　数据透视表和数据透视图向导

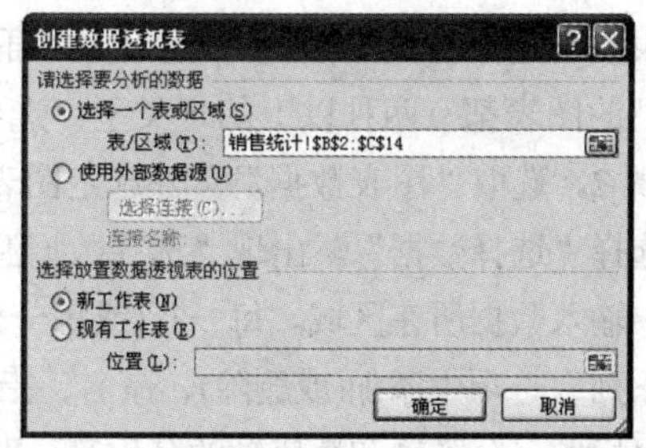

图 11-7　数据透视表和数据透视图向导

⑤ 确定数据透视表的位置。选择现有工作表，并利用鼠标将数据透视表的位置确

定在E1单元格中，如果单击“完成”按钮，可以结束操作。

⑥ 如果单击“版式”，Excel 弹出对话框窗口，选择右边的“产品类型”字段，并将它拖到左边的“行”区，再选择“产品类型”字段，将其拖放在“数据”区域中，显示为“计数项：产品类型”，以便进行数据汇总。

⑦ 双击数据区域中的“计数项：产品类型”字段，打开“数据透视表字段”对话框，在“汇总方式”列表中选择“计数”。

⑧ 如果想选择数据显示方式，可单击图右侧的“选项”按钮，则 Excel 弹出“数据显示方式”。在“数据显示方式”的下拉选项中确定“占同列数据总和的百分比”选项，单击“确定”按钮，则版式调整完毕。再单击“确定”按钮，回到数据透视表步骤 3。

⑨ 单击数据透视表中的“完成”按钮，相关产品调查单向表即完成。单向表描述了相关产品的市场需求情况。其结果如图 11-8 所示。

	C	D	E	F	G
1	数字移动电话类型	性别	计数项:数字移动电话类型		
2	神州行	男	数字移动电话类型	汇总	
3	神州行	男	长白行	21.70%	
4	神州行	男	其它	0.30%	
5	全球通	男	全球通	65.70%	
6	全球通	男	神州行	12.30%	
7	全球通	女	总计	100.00%	
8	长白行	男			
9	神州行	男			

图 11-8　相关产品的市场需求情况

综上所述,单向表描述了各移动电话用户对移动电话类型偏好的分布情况。从图 11-8 中可以看出“全球通”是该地区的主要消费特征，其次是“长白行”，因而该公司应当注重这两种电话类型的开发与服务。

11.2.4　统计图

Excel 可以绘制许多图表，其中大部分是统计图，各种类型的统计图能恰当直观形象地描述各种现象的数量规律性。

Excel 提供图表工具，帮助创建适合于数据分析的各种图表。操作步骤如下。

步骤 1，选择“图表类型”。在菜单栏中的“插入”→“图表”下选择图表类型，单击图表右下角的箭头图标，在弹出的“插入图表”对话框中可以找到更多的图表类型。每种类型的图表都有两种以上的子类型，选中所需要的图形以及它的子图形。

步骤 2，选取“图表数据源”。选定图表类型后，出现图表画布，激活画布后点鼠标右键，选择“选择数据”，出现“选择数据源”对话框，如图 11-9 所示，在“图表数据区域”中输入数据所在区域。每一行(或每一列)数据作为一个系列，如果有多个系列，则可在“系列”选项中添加(或删除)、命名、指定相应数据区域，并指定分类轴。然后根据提示填写标题、分类轴和数值轴的名称等，即生成所需的统计图。

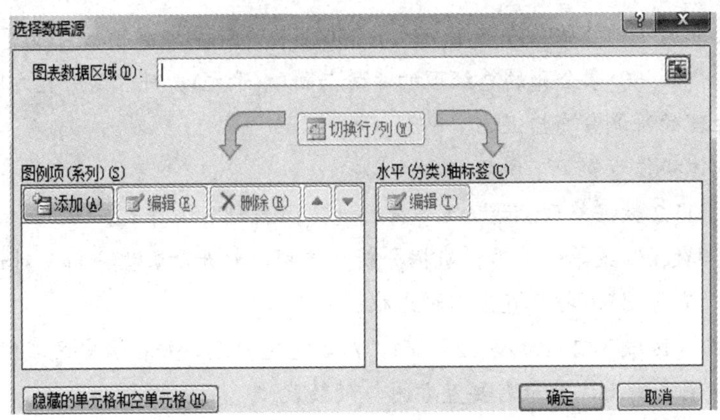

图 11-9 选择数据源

下面举例说明利用 Excel 进行数据显示，作饼形图与直方图。

【例 11.2】2008 年美国金融危机爆发以来，全球经济态势日趋紧张。中国为积极应对金融危机紧锣密鼓地出台了一揽子政策措施……。国人如何看待这场危机？由人民论坛杂志社联合人民网等进行的题为“危机悬疑调查：中国人信心有几何？”的调查显示：在回答“你对中国成功应对此次金融危机是否有信心？”这一问题时，70.34%的受调查者表示有信心，其中表示“有一定信心”的占受调查者的 48.11%，“很有信心”的占受调查者的 22.23%，17.34%的调查者没有表态，12.32%的调查者没有信心。试用饼形图对以上调查结果进行描述，以直观地反映中国人对应对此次金融危机信心的状况。

解：其具体操作步骤如下所示。

① 打开“11.2 数据整理.xlsx”工作簿，选定“金融危机”工作表。

② 打开 Excel“插入”菜单，并单击图表选项中“饼图”→“三维饼图”选项，Excel 会启动图表画布。

③ 选择菜单栏“设计”→“选择数据”，在图表数据区域中输入 A3 : B6 单元格，形成需要的三维饼图。

④ 通过菜单栏“设计”→“图表布局”设计饼图样式、数据标志以及标题位置，单击标题位置编辑标题“中国人看金融危机”。

其结果如图 11-10 所示。

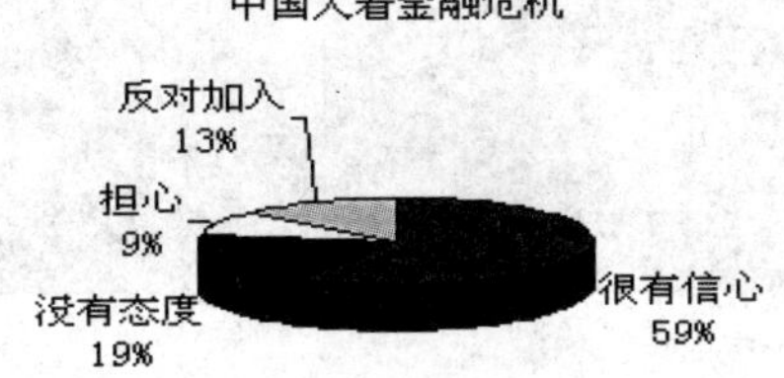

图 11-10 中国人看金融危机饼形图

【例 11.3】 21 世纪我国中小企业得到飞速发展。某杂志 2009 年发表了企业的相关数据。这些企业的年销售收入在 5 百万元~350 百万元之间。按前 5 年的平均投资回报率进行排序，得到 60 家企业的总经理的年龄与薪酬(千元)资料。试用直方图描述这 60 家企业的总经理的薪酬分布情况。

解：其具体操作步骤如下所示。

① 打开“11.2 数据整理.xlsx”工作簿，选定“薪酬”工作表。

② 打开“数据”菜单，选择“数据分析”选项，打开“数据分析”对话框。

③ 选择“直方图”，打开直方图对话框。

④ 在“输入区域”中，输入 C2 : C61，然后选定标志，并在输出区域中输入单元格 D2 : D8，选定图表输出，表示需要直方图与频数表。

⑤ 单击“确定”按钮，直方图分析工具便生成薪酬直方图，如图 11-11 所示。

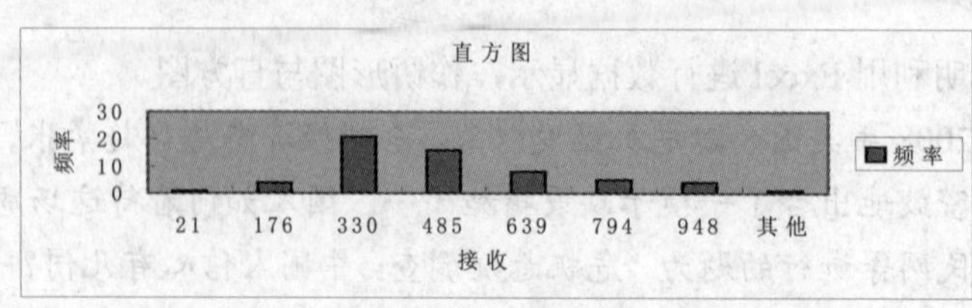

图 11-11　薪酬直方图

为了使图形更清楚美观，使图表更容易理解，需要将各个柱形连接起来。具体操作步骤分别如下。

① 在默认的直方图中，柱形彼此是分开的，现将其连接起来。单击某个柱形，单击鼠标右键，在弹出菜单中，选择“设置数据系列格式”选项，弹出“设置数据系列格式”对话框。

② 在弹出的“数据系列格式”对话框中，打开“系列选项”页面，将分类间距从 150 拖至 0。

③ 单击“关闭”按钮，得出分布形态更加清楚美观的直方图，如图 11-12 所示。

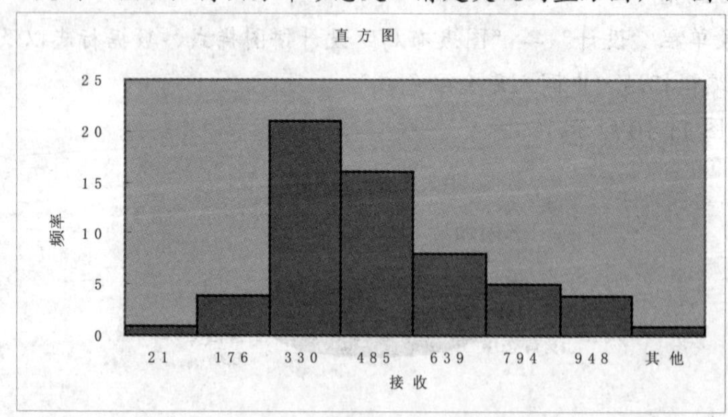

图 11-12　连接各柱行后的直方图

11.3　用 Excel 工作表函数计算描述统计量

在统计分析与决策中，我们需要将数据概括为几个数量特征，即现象的集中趋势、离中趋势和分布形态，以便能够对现象总体的数量规律性给以精确、简洁的描述。可以通过统计图表来粗略地描述这些数量特征，也可以使用均值、标准差、偏度与峰度这些测定指标来对总体的数量特征进行描述与分析。

Excel 描述统计工具提供了计算与数据的集中趋势、离中趋势、偏度等有关的描述性统计指标，并能通过统计图表描述这些数量特征。

单击“数据”，然后选择菜单栏中的“数据分析”，选择“描述性统计”，弹出对话框如图 11-13 所示。

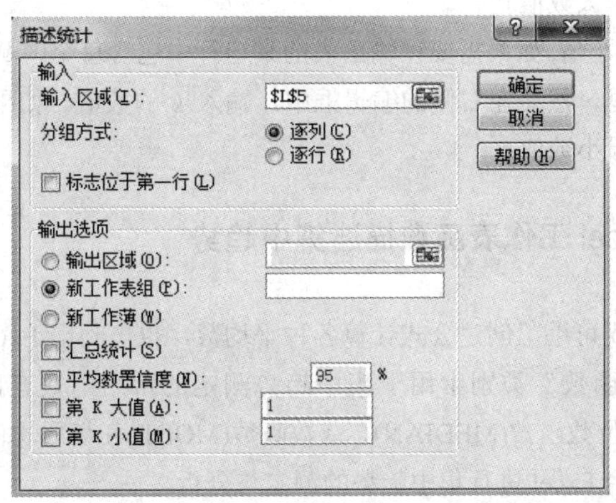

图 11-13　描述统计图

“描述统计”对话框中选项的主要内容包括以下几个方面。

① 输入区域。在此输入待分析数据区域的单元格引用。该引用必须由两个或两个以上按列或行组织的相邻数据区域组成。

② 分组方式。如果需要指出输入区域中的数据是按行还是按列排列，请单击“行”或“列”。

③ 标志位于第一行。如果输入区域的第一行中包含标志项，请选中“标志位于第一行”复选框。如果输入区域没有标志项，则不选择，Excel 将在输出表中自动生成数据标志。

④ 输出区域。在此输入对输出表左上角单元格的引用。此工具将为每个数据集产生两列信息。左边一列包含统计标志项，右边一列包含统计值。根据所选择的“分组方式”选项的不同，Excel 将为输入表中的每一行或每一列生成一个两列的统计表。

⑤ 新工作表组。单击此选项，可在当前工作簿中插入新工作表，并由新工作表的 A1 单元格开始粘贴计算结果。如果需要给新工作表命名，请在右侧编辑框中键入名称。

⑥ 新工作簿。单击此选项，可创建一个新工作簿，并在新工作簿的工作表中粘贴计算结果。

⑦ 汇总统计。如果需要 Excel 在输出表中生成下列统计结果，请选中此项。这些统计结果有：均值、标准差、中位数、众数、标准误差、方差、峰值、偏度、全距、最小值、最大值、总和、总个数、第 k 个最大值、第 k 个最小值和置信度。

⑧ 平均数置信度。如果需要在输出表的某一行中包含均值的置信度，请选中此项，然后在右侧的编辑框中，输入所要使用的置信度。例如，数值 95%可用来计算在显著性水平为 5%时的均值置信度。

⑨ 第 k 个最大值。如果需要在输出表的某一行中包含每个区域的数据的第 k 个最大值，请选中复选框，然后在右侧的编辑框中，输入 k 的数值。如果输入 1，则这一行将包含数据集中的最大数值。

⑩ 第 k 个最小值。如果需要在输出表的某一行中包含每个区域的数据的第 k 个最小值，请选中复选框，然后在右侧的编辑框中，输入 k 的数值。如果输入 1，则这一行将包含数据集中的最小数值。

11.3.1 用 Excel 工作表函数描述集中趋势

在 Excel 中既可手工创建公式计算各种平均数，也可利用 Excel 中的统计函数进行计算。在“统计函数”类别中用于集中趋势测定的常用函数有以下几种：均值函数(AVERAGE)、中位数函数(MEDIAN)、众数函数(MODE)和切尾均值函数(TRIMMEAN)。下面举例说明利用 Excel 进行集中趋势的测定与分析。

【例 11.4】据报道，越来越多的人热心于上开心网，因为它能够打破空间的界限，带给人许多新的知识。现随机抽取一些上网人进行调查，得知其年龄(单位：岁)数据如下：22，58，24，50，29，52，57，31，30，41，44，40，46，29，31，37，32，44，49，29。试根据此样本资料对上开心网者的年龄水平给予描述。

解：其具体操作步骤如下所示。

步骤 1，打开“11.3 描述统计量.xlsx”工作簿(见上机实验数据 11.3)，选定“开心网”工作表。

步骤 2，在数据下面单元格中分别输入“均值”、“中位数”、“众数”和“切尾平均数”。

步骤 3，在单元格均值中输入公式“=AVERAGE(B2:B21)”，计算其均值。

步骤 4，在单元格中位数中输入公式“=MEDIAN(B2:B21)”，计算其中位数。

步骤 5，在单元格众数中输入公式“=MODE(B2:B21)”，计算其众数。

步骤 6，在单元格切尾平均数中输入公式“=TRIMMEAN(B2:B21,0.05)”，便在两端各切掉 5%，得出其平均值为 38.75。

其计算结果如图 11-14 所示。

	A	B	C	D
18		50		
19		52		
20		57		
21		58		
22	均值	38.75	=AVERAGE(B2:B21)	
23	中位数	38.5	=MEDIAN(B2:B21)	
24	众数	29	=MODE(B2:B21)	
25	切尾平均数	38.75	=TRIMMEAN(B2:B21,0.05)	
26				
27				

图 11-14　上开心网者的年龄均值

11.3.2　用 Excel 工作表函数描述离中趋势

用 Excel 函数计算标准差、四分位数与四分位距等描述离中趋势的指标。标准差的测定既可以利用 Excel 来创建公式进行，也可以利用 Excel 中的工作表函数来直接进行计算。在 Excel 中用于计算标准差的函数有总体标准差函数(STDEVP)和样本标准差函数(STDEV)两个。对于四分位数和四分位距等离中趋势指标更可方便计算。下面举例说明利用 Excel 进行离中趋势的测定与分析。

【例 11.5】以例 11.4 上开心网者年龄为例，进行离中趋势的分析，并计算数据的最小值、第一四分位数、第二四分位数、第三四分位数和四分位距。

解：在已建立的“开心网”工作表上进行操作，具体步骤如下所示。

步骤 1，单击工具栏中的“函数” fx 快捷按钮，弹出对话框(如前述所示的“插入函数”的对话框)。在“选择类别”列表中选择“统计”，在“选择函数”列表中选择总体标准差函数 STDEVP。

步骤 2，在数据区域中输入数据所在的列号，则计算结果便显示在对话窗口下面，其值为 11.61543687，单击“确定”按钮结束。样本标准差的计算方法与其相同。

步骤 3，在单元格中分别输入“最小值”、“第一四分位数”、“第二四分位数”、“第三四分位数”、“最大值”和“四分位距”。

步骤 4，在“最小值”单元格中打开“插入函数”选项，在 “选择类别”列表中选择“统计”，在“选择函数”列表中选择四分位数函数 QUARTILE，单击“确定”按钮，进入四分位数对话框窗口。

步骤 5，在四分位数函数 QUARTILE 的对话框中，在“Array”中输入数据区域；在“Quart”中输入 0，表示计算最小值或第 0 四分位数；单击“确定”按钮，其值便显示在单元格中。

步骤 6，在单元格“第一四分位数”中输入“=QUARTILE(B2:B21,1)”，计算第一四分位数，显示 29.75；在单元格“第二四分位数”中输入“–QUARTILE(B2;B21,2)”，计算第二四分位数，显示 38.5；在单元格“第三四分位数”中输入“=QUARTILE(B2:B21,3)”，计算第三四分位数，显示 46.75；在单元格“最大值”中输入“=QUARTILE(B2:B21,4)”，计算最大值，显示 58。

步骤 7，在单元格“四分位距”中输入“=B30-B28”，计算四分位距，显示 17。

四分位距表明整个总体中位于 29.75 ~ 46.75 之间的数值有 50%。换句话说，从 29.75 到 46.75 这 17 岁范围内可包括总体的 50%。

11.3.3 用 Excel 工作表函数描述分布形态

Excel 提供了计算偏度与峰度的工作表函数。

【例 11.6】仍以例 11.4 上开心网者年龄为例，计算其偏态与峰度。

解：其具体操作步骤如下所示。

步骤 1，在已建立的“开心网”工作表上进行操作。在单元格中输入“偏态”，并输入“=SKEW(B2:B21)”，其显示值为 0.27701322。

步骤 2，在单元格中输入“峰度”，并输入“=KURT(B2:B21)”，其显示值为−1.0811953。

从偏度与峰度的计算结果可以看出，偏度 0.27701322，说明其分布形态呈轻微右偏态，基本接近于对称分布。峰度系数为−1.0811953，小于 0，说明其分布形态趋于平坦。这主要是由于观察数据过少，不能表现其应有的峰度。

11.4 抽样推断

Excel 在抽样推断中有着广泛的应用，主要包括抽样与抽样分布、参数估计和假设检验。

11.4.1 抽样与抽样分布

抽样与抽样分布的概念不易理解，使人感到有些朦胧与深奥，借助 Excel 可以具体地描述抽样及抽样过程，从而得到一个形象认识。

【例 11.7】使用 Excel 建立抽样分布。

解：利用 Excel 建立抽样分布，首先要编制频数分布。编制频数分布的具体操作步骤如下。

① 打开“11.4 抽样分布.xlsx”工作簿(见上机实验数据 11.4)，选择“总体”工作表。

② 在单元格 B1:B10，输入 10，20，30，…，100。用鼠标选定 C1:C10 区域作为频数接受区域。

③ 选择插入函数 f_x，打开“插入函数”对话框。

④ 在“函数分类”列表中选择“统计”，在“函数名”列表中选择频数函数 FREQUENCY。单击“确定”按钮，打开频数分布函数对话框。

⑤ 在 Data_array 中输入 A1:A200，在 Bin_array 中输入 B1:B10。

⑥ 由于这是数组操作，所以按 Ctrl + shift 组合键，同时击回车键，则得到总体数据的频数分布。C1:C10 区域中每个单元格都应显示“20”。

⑦ 在单元格 C11 中单击自动求和 Σ 按钮，在编辑栏中确认显示 SUM(C1:C10)后，敲回车键，则自动求和为 200。

然后，建立直方图。具体操作步骤如下。

① 在“插入”菜单中，单击“图表”右下角的箭头图标，打开“图表类型”对话框，如图 11-15 所示。

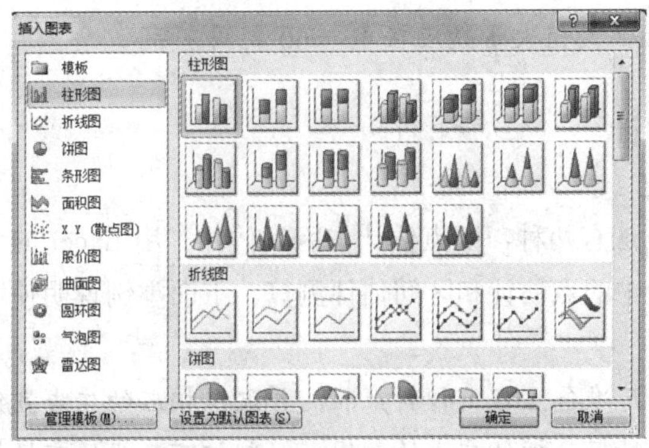

图 11-15 插入图表

② 在“图表类型”列表中选择“柱形图”，单击“确定”按钮。

③ 在图表源数据对话框窗口中，在数据区域页面下输入 B1:C10。

④ 单击“系列”页面，在“系列”选项对话框中删除“系列 1”，保留“系列 2”，则对话框中显示 10 个等高柱，但 X 轴为 1、2、3 等。

⑤ 在“水平轴标签”编辑输入“B1:B10”，这时对话窗口柱形图的 X 轴为 10、20、30 等。单击“确定”按钮，得柱形图。

之后，计算均匀分布总体的均值和标准差。具体的操作步骤如下。

① 在单元格 B13 中输入“均值”，在单元格 C13 中输入公式“=AVERAGE(A1:A200)”，按回车键显示值为 50.25。

② 在单元格 B14 中输入“标准差”，在单元格 C14 中输入公式“=STDEVP(A1:A200)”，按回车键显示数值为 28.86715。

最后，从均匀分布总体中进行抽样。具体的操作步骤如下。

① 打开“ 抽样分布.xlsx”工作簿，选择“样本”工作表。

② 选定 A1:AD1 区域，从“插入”菜单中选择“函数”选项，打开“粘贴函数”对

话框。

③ 在“函数分类”列表中选择“查找与引用”，在“函数名”列表中选择“索引函数 INDEX”，单击“确定”按钮，打开索引函数中“选定参数”对话框。

④ 在“选定参数”对话窗口中选择第一行数组引用(array,row_num, column_num)，单击“确定”按钮，打开索引函数 INDEX 对话框。

⑤ 在“Array”中输入“总体!$A$1:$A$200”。

⑥ 在“Row_num”中输入嵌套公式“CEILING(200*RAND(),1)”，按住 Ctrl+Shift 组合键，单击“确定”按钮。

⑦ 在单元格 AE1 中输入“均值”。

⑧ 选定单元格 AF1，输入公式“=AVERAGE(A1:AD1)”，敲回车键。

⑨ 按 F9 键。AF1 单元格中出现的值应接近 50。重复按这个键，数值虽有所变化，但 AF1 单元格中显示的值大多数应在 40 ~ 60 之间。

11.4.2 参数估计

参数估计的方法有两种，即点估计与区间估计。用 Excel 的“统计函数”工具可以直接进行抽样推断中的点估计和区间估计测算。下面举例说明使用 Excel 进行参数的区间估计。

【例 11.8】某厂准备上市一种新产品，并配以相应的广告宣传，企业想通过调查人们对其品牌的认知情况来评估广告的效用，以制订下一步的市场推广计划。他们在该地区随机抽取 350 个人作为访问对象，进行消费者行为与消费习惯调查，其中有一个问句是“你听说过这个牌子吗？”，在 350 个人中，有 112 个人的回答是“听说过”。根据这个问句，可以分析这一消费群体对该品牌的认知情况。所以，该厂市场部经理要求，根据这些样本，给定 95%的置信度，估计该地区顾客认知该品牌的比例。

解：其具体步骤如下所示。

① 打开“11.4 参数估计.xlsx”工作簿，建立“比例估计”工作表。

② 在单元格 B2 中输入 n 值为 350。

③ 在单元格 B3 中键入公式“=112／350”，用 Excel 来计算抽样比例 Pi 值为 0.32。

④ 在单元格 B4 中键入公式“=SQRT(B3*(1-B3)/B2)”计算比例标准误差。其显示值为 0.024934。

⑤ 在单元格 E2 中键入置信度 0.95。

单元格 E3 中的 *Z* 值是与单元格 E2 中的置信度所对应的标准正态分布的区间点，它是位于中间部分的临界值。正如图 11-16 所示，中间阴影部分相当于置信水平，两边临界值用 *Z* 和–*Z* 来表示。

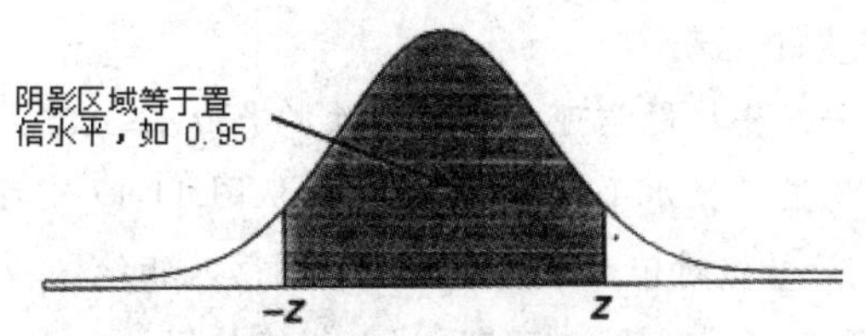

图 11-16　95%置信水平相应的正态分布临界值

使用函数 NORMSINV 可以确定 Z 值。确定与中心区域概率对应的 Z 值时有两种方法：一种是输入 Z 值左侧的“概率”，即 0.025，函数将计算 E2 单元格中左侧部分的 Z 值，即返回的是 $-Z$。这意味着在 E2 单元格中须用绝对值的方法将标准正态分布函数 NORMSINV 返回的 Z 值改为正数。另一种方法是把中间区域的概率与 Z 值左侧的概率相加，即(0.95+0.025)，所计算的是从左侧起一直到 Z 值区域的概率，通过这部分概率的计算，也可确定出 Z 值。

⑥ 选定 E3 单元格，输入公式“=ABS(NORMSINV(0.025))”或“=NORMSINV(E2+(1-E2)/2)”，便可确定 Z 值，单元格 E3 中将显示 1.959961。

⑦ 在 E4 单元格中输入公式“=E3*B4”，计算极限误差，其结果显示为 0.04887。

⑧ 在单元格 E5 中输入“=B3-E4”计算估计下限，在 E6 单元格中输入“=B3+E4”计算估计上限。结果分别显示为 0.27113 和 0.36887。

问题的答案是顾客认知新品牌的比例在 0.27113 ~ 0.36887 之间的置信度是 95%。也就是说，品牌认知度位于 27% ~ 37%之间，这对于食品消费来讲，并不是一个满意的数值，因而企业应当考虑市场推广方面的问题，研究其原因是广告诉求对象不对，还是目标市场有偏差。

11.4.3　假设检验

假设检验是推断统计中的一项重要内容，它与参数估计都是抽样分布的一种应用。本节通过实例说明使用 Excel 进行假设检验。

【例 11.9】某公司市场部非常重视调查顾客对其品牌的满意情况，通过加强质量，提高服务，一直使消费者对其品牌的满意程度保持在 0.65 的水平上。最近，市场部经理接到一些消费者的抱怨，也得到一些消费者的表扬，这使他对目前的顾客满意程度产生了怀疑，为了掌握市场情况，了解本品牌在市场中的位置，他委托一家市场调查公司在该地区随机抽取了 315 个有效样本，其中有 214 人对其品牌表示满意。以 0.05 为显著性水平，能否证明顾客满意度有所变化呢？

解：根据题意，分析如下。

① 提出假设。原假设为 H_0：$\pi=0.65$；备择假设为 H_1：$\pi\neq0.65$。

② 统计量。由于总体比例已知且为大样本，选 Z 为统计量。本题中只关心顾客满

意度是否有变化因而是双侧检验。

③ 确定显著性水平。根据题意可知，显著性水平为 $\alpha = 0.05$。

④ 决策规则。根据显著性水平可得图 11-17。从图 11-17 中可以看出，临界值的绝对值为 1.65，所以，统计量绝对值如果大于 1.65，则落入拒绝区域，拒绝原假设。同样，如果统计量的 P 值小于 0.05，则落入拒绝区域，拒绝原假设。

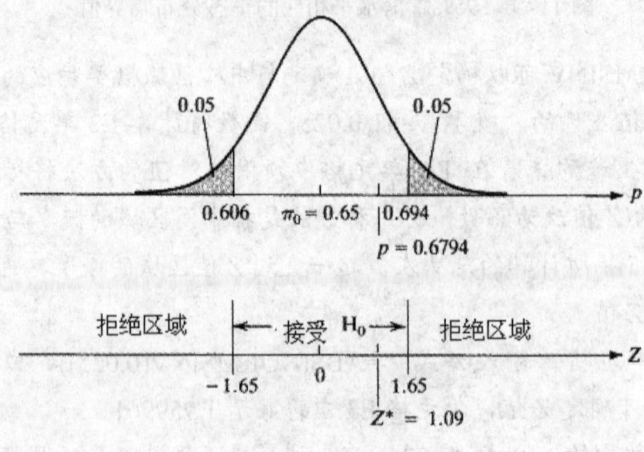

图 11-17 比例检验

具体操作步骤如下所示。

第一步，数据计算。其具体操作如下。

① 打开“11.4 假设检验.xlsx”工作簿，选择“比例检验”工作表，如图 11-18 所示。

	A	B	C	D	E	F	G	H
1	**总体比例双侧检验**							
2								
3	**已知数据**							
4	总体比例	0.65		样本比例	0.6793651	=214/315		
5	标准误差	0.026874	=SQRT((B4*(1-B4))/E5)	样本容量n	315			
6								
7								
8	**决策标准**			**检验统计量**				
9	显著水平	0.05		双侧P值	0.274531	=2*(NORMSDIST(-ABS(E10))		
10	临界双侧Z	1.959961	=ABS(NORMSINV(B9/2))	统计量Z值	1.092687	=ABS((E4-B4)/B5)		
11								
12	**决策判断**							
13	P值法	不能拒绝	=IF(E9<B9,"拒绝","不能拒绝")					
14	Z值法	不能拒绝	=IF(E10>B10,"拒绝","不能拒绝")					

图 11-18 总体比例假设检验

确定样本比例是否与原假设一致，就是确定顾客满意度是否等于 0.65。样本比例 p =214/315=0.6794，与原假设比例不一致。所以需要确认样本比例是否是由于随机原因形成的。与总体均值假设检验一样，需要回答下面的问题：“当原假设为真时，样本比例不等于期望比例的概率有多大？”如果该比例 P 值低于显著性水平，则可认为它不能用随机因素解释，与总体比例具有显著差异，须拒绝原假设；反之，则认为它是随机因素影响的结果，不能拒绝原假设。

② 在单元格 B4 中输入总体比例值 0.65。

③ 在单元格 B9 中输入显著性水平 0.05。

④ 在单元格 E4 中输入样本比例的公式“=214/315”。

⑤ 在单元格 E5 中输入样本容量 n 为 315。

⑥ 在单元格 B5 中输入标准误差公式“=SQRT((B4*(1-B4))/E5)”，B5 中显示 0.026874。

⑦ 在单元格 E10 中输入公式“=ABS((E4-B4)/B5)”，以计算样本比例 Z 值，结果显示为 1.092687。

第二步，确定临界值。其具体操作如下。

确定临界值，需要通过 NORMSINV 函数将显著性水平转换成 Z 值。在单元格 B10 中输入公式“=ABS(NORMSINV(B9/2))”，结果显示值为 1.95995。

第三步，计算样本统计量及相应的 P 值。其具体操作如下。

在单元格 E9 中输入公式“=2*(NORMSDIST(-ABS(E10)))”，得值 0.274531。

第四步，决策规则。其具体操作如下。

① 在单元格 B13 中输入公式“=IF(E9<B9, "拒绝","不能拒绝")”，击回车键，单元格 B13 中显示“不能拒绝”。

② 在单元格 B14 中输入公式“=IF(E10>B10,"拒绝","不能拒绝")”，击回车键，单元格 B14 中显示“不能拒绝”。

由于检验结果为不能拒绝，所以尽管顾客存在不同反馈，但不足以影响该公司品牌的整体顾客满意水平。

11.5 方差分析

方差分析包括单因素方差分析和双因素方差分析。

11.5.1 单因素方差分析

用 Excel 进行单因素方差分析，操作步骤非常简单，下面用一个例子给予说明。

【例 11.10】某公司想对新销售人员进行不同的销售培训，为了比较它们的有效性，随机选择了三组销售人员，每组五人。一组接受 A 课程的销售训练，一组接受 B 课程的销售训练，还有一组没有参与任何训练。当前两组的训练课程结束时，收集训练后两个星期内的各组销售人员的销售记录列于表 11-1，请说明具体的操作步骤。

表 11-1　各组销售人员的销售记录统计表

课程 A	课程 B	无课程
2058	3339	2228
2176	2777	2578
3449	3020	1227
2517	2437	2044
944	3067	1681

解：其操作步骤如下所示。

① 打开“11.5 方差分析.xlsx”工作表，如图 11-19 所示。

	A	B	C	D
1		课程A	课程B	无课程
2		2058.0	3339.0	2228.0
3		2176.0	2777.0	2578.0
4		3449.0	3020.0	1227.0
5		2517.0	2437.0	2044.0
6		944.0	3067.0	1681.0
7	样本均值	2228.8	2928.0	1951.6
8	总体均值			2369.5

图 11-19　方差分析数据

② 打开 Excel“数据”菜单中的“数据分析”选项，弹出“数据分析”对话框，如图 11-20 所示。

③ 在“分析工具”列表中选择“方差分析：单因素方差分析”选项，单击“确定”按钮，打开单因素方差分析对话框，如图 11-21 所示。

图 11-20　“数据分析”对话框

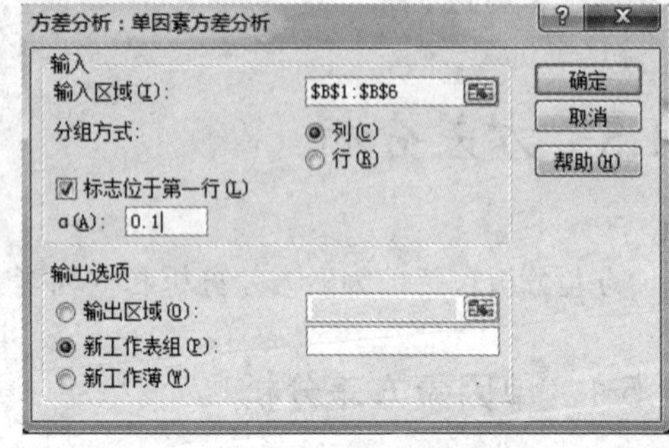

图 11-21　“方差分析：单因素方差分析”对话框

④ “输入区域”选择 B1:D6 单元格。选中“标志位于第一行”复选框。在 α 区域中输入“0.1”，表明显著性水平。

⑤ “输出区域”选单元格 A16，表明以 A16 为起点放置方差分析结果。

⑥ 单击“确定”按钮，输出结果，如图 11-22 所示。

	A	B	C	D	E	F	G
12	方差分析：单因素方差分析						
14							
15							
16	SUMMARY						
17	组	计数	求和	平均	方差		
18	课程A	5	11144	2228.8	813654.7		
19	课程B	5	14640	2928	115147		
20	无课程	5	9758	1951.6	268895.3		
21							
22							
23	方差分析						
24	差异源	SS	df	MS	F	P-value	F crit
25	组间	2531795.7	2	1265897.867	3.17083002	0.078425201	2.806793
26	组内	4790788	12	399232.3333			
27							
28	总计	7322583.7	14				

图 11-22　单因素方差分析输出结果

因为 F=3.17083＞ F crit=2.806793，或 P-value=0.078425＜ α =0.10，拒绝原假设，所以接受培训的销售人员的销售业绩与没有接受培训的销售人员的销售业绩是具有显著差异的。

11.5.2　双因素方差分析

如果两个因素对数据的影响是相互独立的，这样的分析称为无交互作用的双因素方差分析；如果除了两个因素对数据的独立影响外，这两个因素的共同作用还可能对数据产生显著影响，这样的分析称为有交互作用的方差分析。

1. 无交互作用的双因素方差分析

【例 11.11】某企业管理部门想研究生产设备与操作工艺方法的不同对生产量有无显著性影响，随机抽取了 3 台同类机器(A_1，A_2，A_3)，和 4 种操作工艺(B_1，B_2，B_3，B_4)，具体资料见图 11-23。(上机实验 11.5 方差分析.xlsx)

解：其具体操作如下所示。

① 使用“数据/数据分析”菜单打开数据分析对话框，选择“方差分析：无重复双因素方差分析”分析工具，单击“确定”按钮打开“方差分析：无重复双因素方差分析”对话框。

② 输入区域选择 B4 到 E6 单元格；标志复选框不勾选；α 框默认系数为 0.05；输出区域选 A10 单元格。如图 11-24 所示。

③ 单击“确定”按钮，返回结果，如图 11-25 所示。

	A	B	C	D	E
1	表11-3	三台机器设备和四种操作工艺的数据表			
2		B_1	B_2	B_3	B_4
3					
4	A_1	15	17	15	18
5	A_2	19	15	18	15
6	A_3	16	19	18	17

图 11-23　方差分析数据

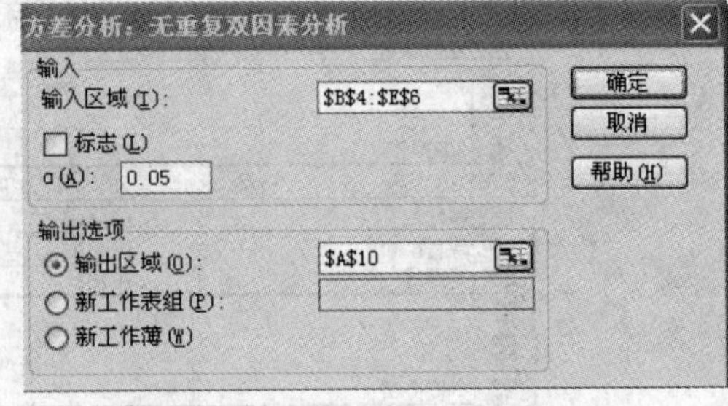

图 11-24　无重复双因素分析对话框

	A	B	C	D	E	F	G
9							
10	方差分析：无重复双因素分析						
11							
12	SUMMARY	观测数	求和	平均	方差		
13	行 1	4	65	16.25	2.25		
14	行 2	4	67	16.75	4.25		
15	行 3	4	70	17.5	1.6667		
16							
17	列 1	3	50	16.6667	4.3333		
18	列 2	3	51	17	4		
19	列 3	3	51	17	3		
20	列 4	3	50	16.6667	2.3333		
21							
22							
23	方差分析						
24	差异源	SS	df	MS	F	P-value	F crit
25	行	3.1667	2	1.5833	0.3931	0.6912	5.1433
26	列	0.3333	3	0.1111	0.0276	0.9932	4.7571
27	误差	24.1667	6	4.0278			
28							
29	总计	27.6667	11				

图 11-25　无重复作用双因素方差分析输出结果

结果显示，行因素 F 值 0.3931<F 临界值=5.1433，行因素 P 值 0.6912>α=0.05，所示不能拒绝原假设，即认为不同机器设备对生产量没有显著影响；列因素 F 值=0.0276<F 临界值=4.7571，列因素 P 值=0.9932>α=0.05，所以也不能拒绝原假设，即认为不同工艺方法对生产量也无显著影响。

2. 有交互作用的双因素方差分析

【例 11.12】以第 7 章例 7.4 的数据为例，某营销公司为了研究不同的广告媒体和广告方案对产品销售量的影响，对 3 种广告方案和两种广告媒体的组合进行了试验，所获得的销售量数据如图 11-26 所示(见上机实验 11.5 方差分析.xlsx)。试分析广告方案、广告媒体或其交互作用对销售量的影响是否显著。(α=0.05)

解：其具体步骤如下。

① 使用“数据/数据分析”菜单打开数据分析对话框，选择“方差分析：可重复双因素方差分析”分析工具，单击“确定”按钮打开“方差分析：可重复双因素方差分析”

对话框。

② 输入区域选择 B3 到 D12 单元格；“每一行的样本数”框输入“3”(每个行因素重复试验次数为 3)；α 框默认系数为 0.05；输出区域选 A15 单元格。如图 11-27 所示。

1	表11-4 不同广告媒体和广告方案的销售量			
2			广告媒体B	
3			电视B_1	报纸B_2
4			12	8
5			9	10
6		A_1	15	9
7	A		24	18
8			29	15
9	广	A_2	25	21
10	告		15	12
11	方		17	18
12	案	A_3	13	15

图 11-26 销售量数据

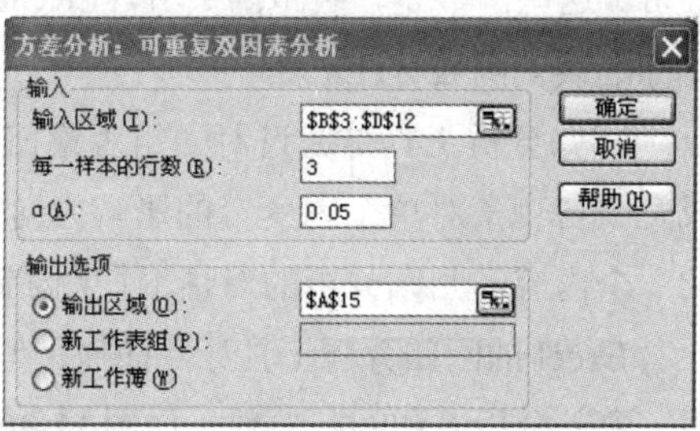

图 11-27 可重复双因素分析对话框

③ 单击“确定”按钮，返回结果，如图 11-28 所示。

其结果显示，F_A=31＞F crit=3.885294，或 P-value=1.82E-05＜α=0.05，拒绝原假设，即不同的广告方案对销售量有显著影响；F_B=9.307692＞F crit=4.747225，或 P-value=0.010069＜α=0.05，拒绝原假设，即不同的广告媒体对销售量有显著影响；$F_{A\times B}$=3.769231＜F crit=3.885294，或 P-value=0.053672＞α=0.05，不拒绝原假设，即没有证据表明广告方案和广告媒体的交互作用对销售量有显著影响。

	A	B	C	D	E	F	G
15	方差分析：可重复双因素分析						
17	SUMMARY	电视B1	报纸B2	总计			
18	A1						
19	观测数	3	3	6			
20	求和	36	27	63			
21	平均	12	9	10.5			
22	方差	9	1	6.7			
24	A2						
25	观测数	3	3	6			
26	求和	78	54	132			
27	平均	26	18	22			
28	方差	7	9	25.6			
30	A3						
31	观测数	3	3	6			
32	求和	45	45	90			
33	平均	15	15	15			
34	方差	4	9	5.2			
36	总计						
37	观测数	9	9				
38	求和	159	126				
39	平均	17.6667	14				
40	方差	45.75	20.5				
43	方差分析						
44	差异源	SS	df	MS	F	P-value	F crit
45	样本	403	2	201.5	31	1.82E-05	3.885294
46	列	60.5	1	60.5	9.307692	0.010069	4.747225
47	交互	49	2	24.5	3.769231	0.053672	3.885294
48	内部	78	12	6.5			
50	总计	590.5	17				

图 11-28 可重复作用双因素方差分析输出结果

11.6 用 Excel 进行相关与回归分析

Excel 为回归分析提供了工作表函数，利用这些函数可以很容易地进行相关与回归分析。这些函数是，截距函数 INTERCEPT、斜率函数 SLOPE、测定系数函数 RSQ 与估计标准误差函数 STEYX。

回归分析工具是通过对一组观察值使用“最小平方法”进行直线拟合，以分析一个或几个自变量对单个因变量的影响方向与影响程度的方法。它是 Excel 中数据分析工具的一个内容。回归分析的对话框如图 11-29 所示。

Excel 的回归分析工具计算简便，但内容丰富，计算结果共分为 3 个模块：回归统计表、方差分析表和回归参数，如图 11-30 所示是“11.6 回归分析. xlsx”工作簿，“住房”工作表的住房面积与房价的回归分析计算结果。

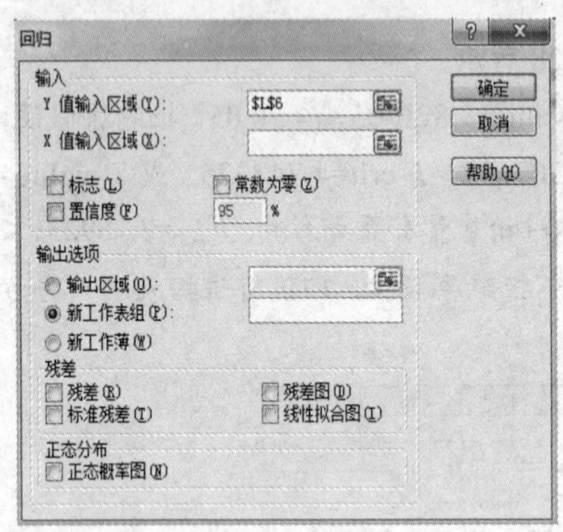

图 11-29 回归分析工具对话框

	D	E	F	G	H	I	J
1	SUMMARY OUTPUT						
2							
3	回归统计						
4	Multiple R	0.848466					
5	R Square	0.719894					
6	Adjusted R	0.698347					
7	标准误差	46.53406					
8	观测值	15					
9							
10	方差分析						
11		df	SS	MS	F	ignificance F	
12	回归分析	1	72348.81	72348.81	33.411	6.38E-05	
13	残差	13	28150.45	2165.419			
14	总计	14	100499.3				
15							
16		Coefficients	标准误差	t Stat	P-value	Lower 95%	Upper 95%
17	Intercept	-140.125	44.15002	-3.17384	0.007327	-235.506	-44.7449
18	面积(平方米	12.78098	2.211156	5.780225	6.38E-05	8.004068	17.55789

图 11-30 回归分析计算结果

(1) 回归统计表包括的内容

① Multiple R(复相关系数 R)指 R^2 的平方根，又称为相关系数，它用来衡量变量 x 和 y 之间相关程度的大小。

② R Square(判定系数 R^2)用来说明用自变量解释因变量变差的程度，以测量同因变量 y 的拟合效果。

③ Adjusted R Square (调整判定系数 R^2)仅用于多元回归才有意义，它用于衡量加入独立变量后模型的拟合程度。当有新的独立变量加入后，即使这一变量同因变量之间不相关，未经修正的 R^2 也要增大，为了避免高估自变量解释因变量变差的程度，许多分析学家提出用自变量的数目去修正 R^2 的值。修正多元判定系数的计算公式如下：

$R_a^{\ 2}=1-(1-R^2)\dfrac{n-1}{n-p-1}$，式中：$n$ 代表观察值数目；p 代表自变量数目。

④ 标准误差，又称为标准回归误差或估计标准误差，它用来衡量拟合程度的大小，也用于计算与回归有关的其他统计量，此值越小，说明拟合程度越好。观测值是指用于

估计回归方程的数据的观测值个数。

在图 11-30 中，“回归统计”给出：相关系数 R 为 0.848466，表示二者之间的关系是高度正相关；判定系数 R^2 为 0.719894，表明用自变量可解释因变量变差的 71.99%；此外还给出了调整后的 R^2 为 0.698347、回归估计标准误差为 46.53406 等。

(2) 方差分析表的主要作用是通过 F 检验来判断回归模型的回归效果

在图 11-30 中，“方差分析”给出：回归平方和 SSR、残差平方和 SSE、总离差平方和 SST 分别为 72348.81、28150.45、100499.3，F 统计量服从第一自由度为 1，第二自由度为 13 的 F 分布，它的值为 33.411，$33.411 > F_{0.05}(1, 13)=4.67$，表明 x 与 y 的线性相关关系是显著，即回归方程是显著的；也可以用 SignificanceF 判断，SignificanceF=6.38E-05，即 P 值为 6.38×10^{-5}，小于显著水平 0.05，表明回归方程是显著的。

(3) 回归参数表是表中最后一个部分

在图 11-30 中，“回归参数”$\hat{\beta}_0=-140.125$，$\hat{\beta}_1=12.78098$，则其回归方程为：$\hat{y}=-140.125+12.78098x$；参数 $\hat{\beta}_0$ 的标准差为 44.15002，其 t 检验的统计量为–3.17384、P 值为 0.007327；参数 $\hat{\beta}_1$ 的标准差为 2.211156，其 t 检验的统计量为 5.780225，$5.780225 > t_{0.025}(13)=2.16$，说明因变量 y 对自变量 x 的一元线性相关关系显著，即表明回归方程是显著的，可以用自变量的变化来解释与说明因变量的变化；也可以用 P 值判断，P-value=6.38E-05 < 0.05，表明回归方程效果显著，可以用自变量的变化来解释与说明因变量的变化；下限 95%和上限 95%给出了参数 $\hat{\beta}_0$、$\hat{\beta}_1$ 置信区间，表明有 95%的把握确信，$\hat{\beta}_0$ 在 −235.506 和−44.7449 之间，$\hat{\beta}_1$ 在 8.004068 和 17.55789 之间。

除表中输出的结果外，我们还可以根据需要给出残差图、线性拟合图等。

11.6.1　用 Excel 进行相关分析

用 Excel 进行相关分析有两种方法，一是利用相关系数函数计算，如“CORREL 函数”和“PERSON 函数”；另一种是利用“数据分析”功能的相关分析宏计算。这里主要介绍后者。

【例 11.13】有 10 个同类企业的生产性固定资产年均价值和工业增加值资料如“11.6.1 回归分析.xlsx”工作簿中“相关分析”工作表所示(见上机实验数据 11.6)。要求根据资料计算相关系数，并说明两个变量的方向和程度。

解：其具体操作步骤如下所示。

① 打开“11.6 回归分析.xlsx”工作簿，选择“相关分析”工作表。

② 选择“数据”下拉菜单，再选择“数据分析”选项。

③ 在“分析工具”列表中选择“相关系数”，单击“确定”按钮。

④ 当出现对话框时，在“输入区域”方框内输入 B2 : C11，在“输出选项”中选择输出区域(在此我们选择“新工作表”)。

⑤ 单击“确定”，得到如图 11-31 所示的相关系数矩阵。

	A	B	C	D
1		列 1	列 2	
2	列 1	1		
3	列 2	0.947757	1	
4				
5				
6				

图 11-31　相关分析计算结果

在图 11-31 中，列出了两个变量之间的相关系数，如“生产性固定资产价值(万元)”与“工业增加值(万元)”的相关系数为 0.947757，属于高度正相关。

11.6.2　用 Excel 进行回归分析

Excel 提供了许多回归分析的方法与工具，他们可用于不同的分析目的，这里主要介绍以下 3 种方法：利用图表进行回归分析；利用 Excel 工作表函数进行回归分析；利用 Excel 分析工具进行回归分析。

1. 利用图表进行回归分析

【例 11.14】近年来教育部决定将各高校的后勤社会化。某从事饮食业的企业家认为这是一个很好的投资机会，他得到 10 组高校人数与周边饭店的季销售额的数据资料，并想根据高校的数据决策其投资规模。请利用图表进行回归分析。

解：具体操作步骤如下所示。

① 打开“11.6 回归分析.xlsx”工作簿，选择“饭店”工作表，如图 11-32 所示。

② 从“插入”菜单中选择“图表”选项，在“图表类型”列表中选择 XY 散点图，如图 11-33 所示。

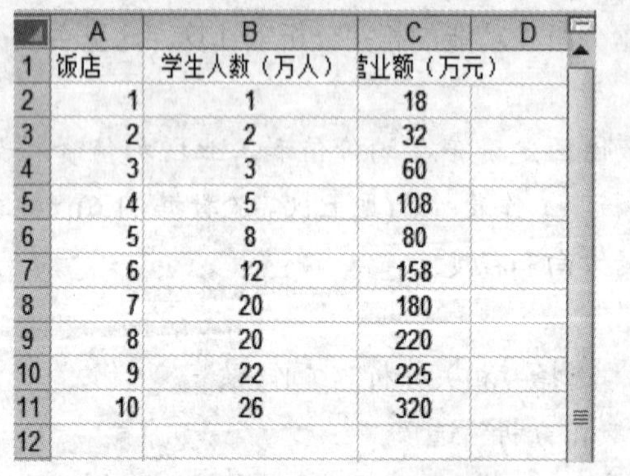

	A	B	C	D
1	饭店	学生人数（万人）	营业额（万元）	
2	1	1	18	
3	2	2	32	
4	3	3	60	
5	4	5	108	
6	5	8	80	
7	6	12	158	
8	7	20	180	
9	8	20	220	
10	9	22	225	
11	10	26	320	
12				

图 11-32　“饭店”数据工作表

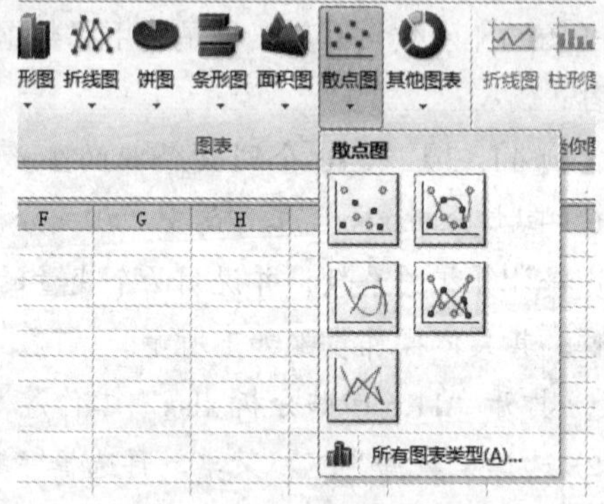

图 11-33　图表类型对话框

③ 单击“选择数据”，在弹出的“选择数据源”对话框中的“图表数据区域”中输入 B2:C11，单击“确定”按钮，便得到 XY 散点图，如图 11-34 所示。

④ 用鼠标激活散点图，把鼠标放在任一数据点上，单击鼠标右键，打开菜单，在菜单栏里选择“添加趋势线”选项，打开趋势线对话框，如图 11-35 所示。

⑤ 打开图 11-36 的“趋势线选项”，选择“线性”选项，Excel 将显示一条拟合数据点的直线。在对话框下部选择“显示公式”和“显示 *R* 平方值”选项，单击“关闭”按钮。

最终得到如图 11-37 所示的结果。

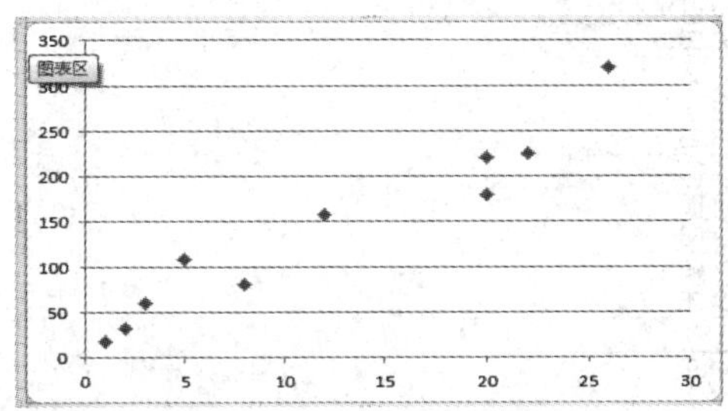

图 11-34 XY 散点图

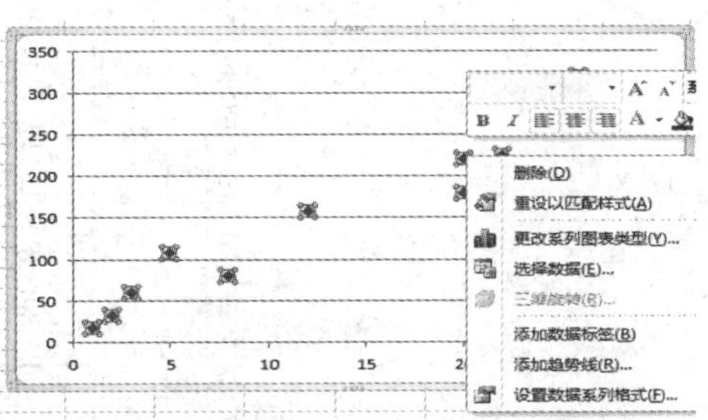

图 11-35 给散点图添加趋势线

图 11-36 设置趋势线格式

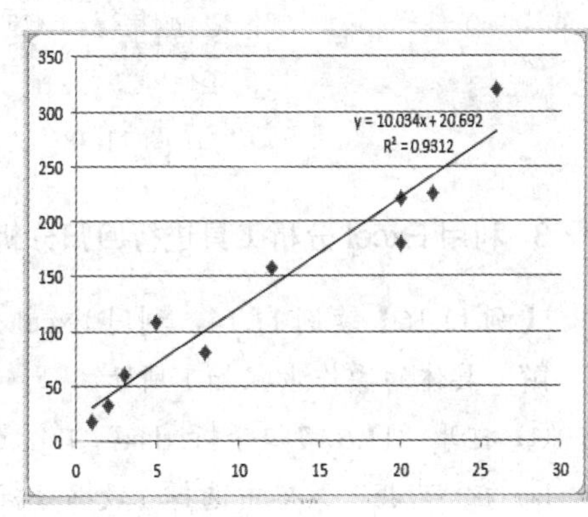

图 11-37 趋势回归直线

2. 利用 Excel 工作表函数进行回归分析

【例 11.15】某企业希望确定其产品制造过程中的每月成本支出与产量之间的关系，以制定生产计划。试根据该企业选择历年的产量(吨)和成本支出(千元)的样本，计算 4 个函数值，利用工作表函数进行回归分析。

解：具体操作步骤如下所示。

① 打开“11.6 回归分析.xlsx”工作簿(见上机实验数据 11.6)，选择“成本产量”工作表。

② 在单元格 A19、A20、A21 和 A22 中分别输入“截距 b0”、“斜率 b1”、“估计标准误差”和“测定系数”。

③ 在单元格 B19 中输入公式：“=INTERCEPT(C2:C15,B2:B15)”，击回车键。

④ 在单元格 B20 中输入公式：“=SLOPE(C2:C15,B2:B15)”，击回车键。

⑤ 在单元格 B21 中输入公式：“=STEYX(C2:C15,B2:B15)”，击回车键。

⑥ 在单元格 B22 中输入公式：“=RSQ(C2:C15,B2:B15)”，击回车键。

最终得到如图 11-38 所示的结果。其表述的回归方程为：$\hat{y}=1.26+2.94x$。

	A	B	C	D	E
1		产量（x）	成本（y）		
2		1.05	1.52		
3		4.21	13.73		
4		5.10	13.07		
5		6.20	22.81		
6		8.75	30.58		
7		2.38	9.32		
8		1.49	5.52		
9		4.71	15.23		
10		7.21	22.33		
11		4.86	18.96		
12		9.98	27.66		
13		9.20	27.06		
14		8.33	24.28		
15		2.86	9.90		
16	合计	76.33	241.97		
17					
18	用函数计算				
19	截距 b0	1.261978	=INTERCEPT(C2:C15,B2:B15)		
20	斜率 b1	2.938587	=SLOPE(C2:C15,B2:B15)		
21	估计标准误	2.368808	=STEYX(C2:C15,B2:B15)		
22	测定系数	0.934449	=RSQ(C2:C15,B2:B15)		
23					

图 11-38 “成本产量”工作表

3. 利用 Excel 分析工具进行回归分析

【例 11.16】续例 11.14，利用 Excel 分析工具进行回归分析。

解：具体的操作步骤如下所示。

① 打开“11.6 回归分析.xlsx”工作簿，选择“饭店”工作表。

② 在“数据”菜单中选择“数据分析”选项，打开“数据分析”对话框，如图 11-39 所示。

③ 在“分析工具”列表中选择“回归”选项，单击“确定”按钮，打开“回归”对话框，如图 11-40 所示。

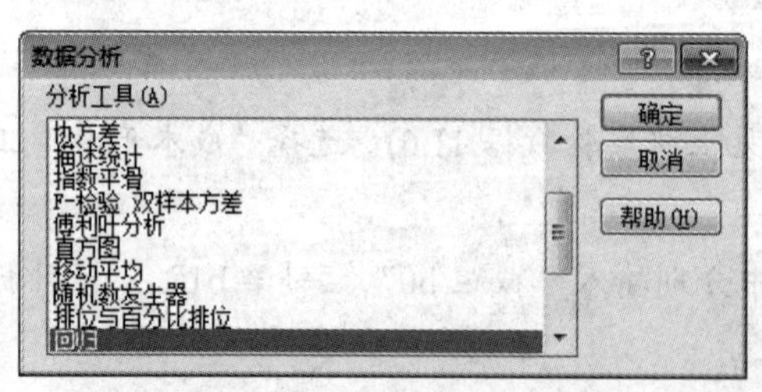

图 11-39 “数据分析”对话框

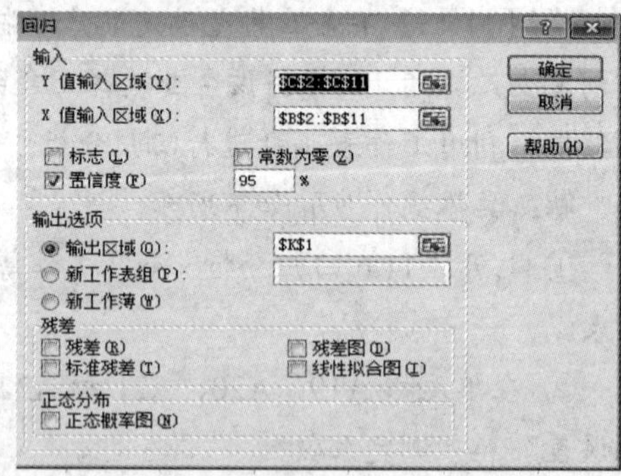

图 11-40 “回归”对话框

④ 在 Y 值输入区域中输入 C2:C11。

⑤ 在 X 值输入区域中输入 B2:B11。

⑥ 选择“置信度”，置信度选择 95%。

⑦ 在“输出选项”中选择“输出区域”，在其右边的位置输入“K1”，单击“确定”按钮。

最后得到如图 11-41 所示的结果。

	K	L	M	N	O	P	Q	R	S
1	SUMMARY OUTPUT								
2									
3	回归统计								
4	Multiple R	0.964962							
5	R Square	0.931152							
6	Adjusted F	0.922546							
7	标准误差	27.12925							
8	观测值	10							
9									
10	方差分析								
11		df	SS	MS	F	ignificance F			
12	回归分析	1	79632.93	79632.93	108.1974	6.32E-06			
13	残差	8	5887.971	735.9964					
14	总计	9	85520.9						
15									
16		Coefficients	标准误差	t Stat	P-value	Lower 95%	Upper 95%	下限 95.0%	上限 95.0%
17	Intercept	20.69225	14.33106	1.443875	0.186769	-12.3552	53.73973	-12.3552	53.73973
18	X Variable	10.03426	0.964666	10.4018	6.32E-06	7.80974	12.25879	7.80974	12.25879

图 11-41 回归分析计算结果

回归分析工具的输出结果见图 11-41 回归分析计算结果。解释：R 为 0.964962，表示二者之间的关系是高度正相关。判定系数 R^2 为 0.922546，表明用自变量可解释因变量变差的 92.25%。*P* 值为 6.32E-05，小于显著水平 0.05，所以说回归方程效果显著，可以用自变量的变化来解释与说明因变量的变化。根据回归参数表，可以写出回归方程：$\hat{y}=20.69+10.03x$。

11.7 时间数列分析

时间数列分解模型一般分为乘法模型和加法模型两类，经常使用的是乘法模型。乘法模型中，长期趋势(T)的测定方法主要介绍移动平均法、指数平滑法和回归法。移动平均法在 Excel 中的实现可以用趋势图直接预测，也可以利用公式预测，还可以利用移动平均分析工具预测。回归分析法与移动平均法相似，可以直接输入回归函数公式进行预测，也可以利用数据分析工具库中的回归分析工具进行分析预测。

Excel 提供的回归分析预测函数主要有：FORECAST 预测函数、TREND 趋势函数、GROWTH 增长函数、LINEST 线性拟合函数和 LOGEST 函数。

指数平滑法在 Excel 中的实现可以用直接输入公式法和利用指数平滑分析工具法。

在用 Excel 进行指数平滑计算时，可以不指定初始预测值，此时计算机将把第一个实际值作为初始预测值进行预测，也可以指定初始预测值，即令它等于前几期(如前 3 期或前 12 期等)实际值的平均数。是否指定初始预测值对用 Excel 进行计算的操作过程没有影响，只对预测结果产生影响。Excel 所提供的指数平滑分析工具，为进行指数平滑分析与预测提供了方便。

11.7.1 用 Excel 作趋势图直接预测

【例 11.17】已知当年第 1 季度到近 4 年第 4 季度的某地区的季度销售额资料，试对来年的销售额进行预测。

解：第一步，产生“年季”变量。具体操作步骤如下。

① 打开“11.7 时间数列分析.xlsx”工作簿(见上机实验数据 11.7)，选择“移动平均”工作表。

② 在 C 列选定任意一个单元格，选择“插入”菜单中的“列”选项，则原来 C 列的内容被移到 D 列。

③ 在 C1 单元格中输入标志“年季”，在 C2 单元格中输入公式“= A2&B2”，再把单元格 C2 中的公式复制到 C3:C21。结果如图 11-42 所示。

第二步，根据图中资料绘制销售额趋势图。具体操作步骤如下。

① 选中数据区域“C1:D21”，带数据打开“插入”菜单中的“图表”选项，选择折线图——带数据标记的折线图。

② 单击“设计”，在其菜单栏下的“图表布局”中，选择你希望的图的布局，将横纵“坐标轴标题”中分别填入“年季”和“销售额(万元)”，得到趋势图，如图 11-43 所示。

	A	B	C	D
1	年份	季度	年季	销售额(万元)
2	近4年(5)	1	近4年(5)1	254.0
3		2	2	292.4
4		3	3	297.8
5		4	4	330.3
6	近3年(4)	1	近3年(4)1	291.1
7		2	2	327.6
8		3	3	321.2
9		4	4	354.3
10	近2年(3)	1	近2年(3)1	304.6
11		2	2	348.4
12		3	3	350.8
13		4	4	374.2
14	近1年(2)	1	近1年(2)1	319.5
15		2	2	361.5
16		3	3	369.4
17		4	4	395.2
18	当年(1)	1	当年(1)1	332.6
19		2	2	383.5
20		3	3	383.8
21		4	4	407.4
22	来年	1		

图 11-42 “移动平均”工作表中产生“年季”变量

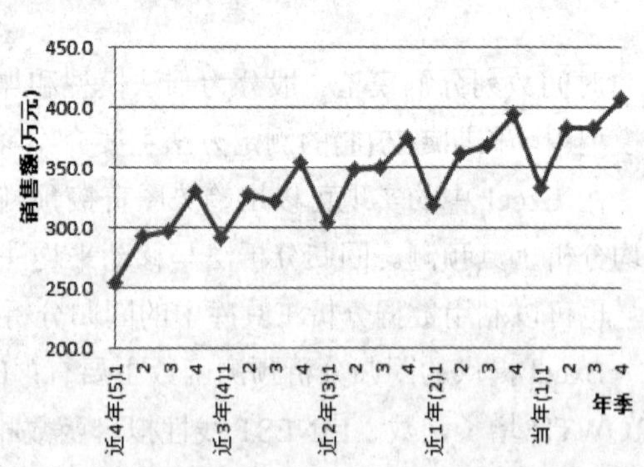

图 11-43 某地区的销售额趋势图

第三步，在图表中插入趋势线进行预测。具体操作步骤如下。

① 单击图表以激活它，选取垂直轴，双击或单击鼠标右键并从快捷菜单中选择“设置坐标轴格式”选项，Excel 弹出如图 11-44 所示对话框。设定坐标轴选项，获得你希望的纵坐标轴格式。

② 选取水平轴，双击或单击鼠标右键并从快捷菜单中选择“坐标轴格式”选项，Excel 弹出对话框如图 11-45 所示。设定坐标轴选项，获得你希望的横坐标轴格式。

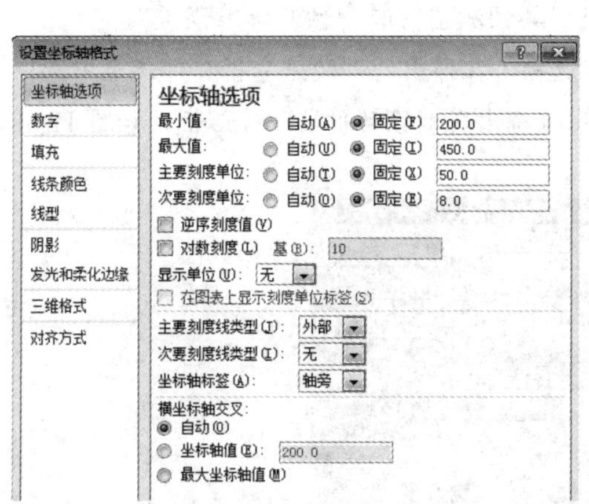

图 11-44　设置坐标轴格式　　图 11-45　“添加趋势线”对话框

③ 选取图中的折线，单击鼠标右键并从快捷菜单中选择“添加趋势线”选项，打开“添加趋势线”对话框图 11-46 所示。选择“趋势线选项”页面，在“趋势预测/回归分析类型”框中选择“移动平均”，设置“周期”为 4。

④ 单击“关闭”按钮。

最后，得到如图 11-47 所示的结果。

图 11-46　“添加趋势线”对话框

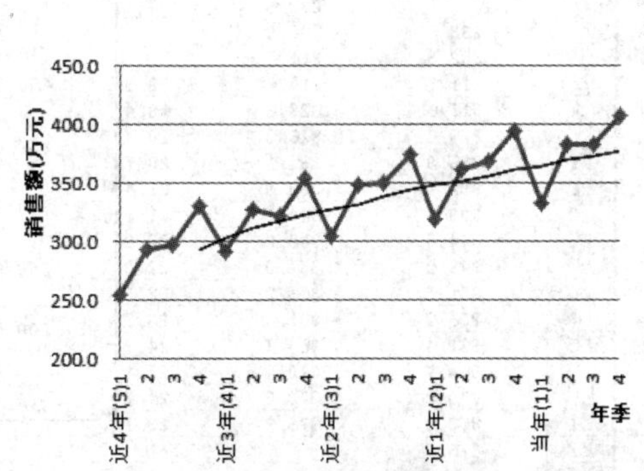

图 11-47　某地区销售额趋势图

11.7.2 利用移动平均分析工具进行预测

【例 11.18】续例 11.17，试对来年的零售额进行预测。

解：其具体操作步骤如下所示。

① 打开“11.7 时间数列分析.xlsx”工作簿(见上机实验数据 11.7)，选择“移动平均”工作表。

② 在单元格 F1、G1 中分别输入“分析工具预测值”和“预测标准误差”。

③ 从“数据”菜单中选择“数据分析”选项，在弹出的“数据分析”对话框中选中“移动平均”选项，并单击“确定”按钮，此时将出现“移动平均”对话框，如图 11-48 所示。

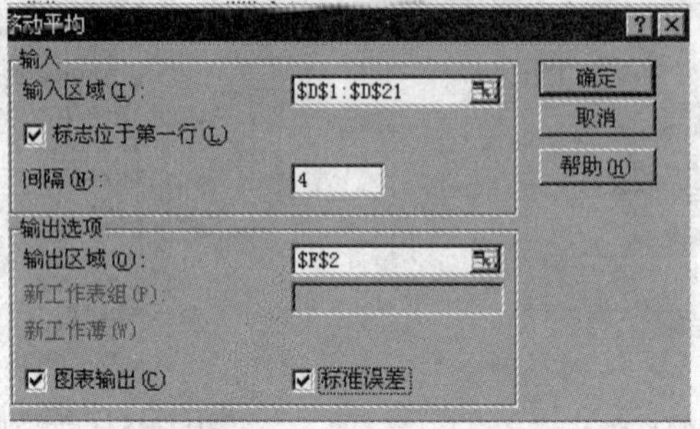

图 11-48 “移动平均”对话框

④ 在输入区域中输入 D1:D21，选定标志位于第一行，间隔设为 4，在输出区域中输入 F2，即输出区域的左上角的绝对引用。选择图表输出和标准误差。单击“确定”按钮。

最后，得到如图 11-49 所示的结果。

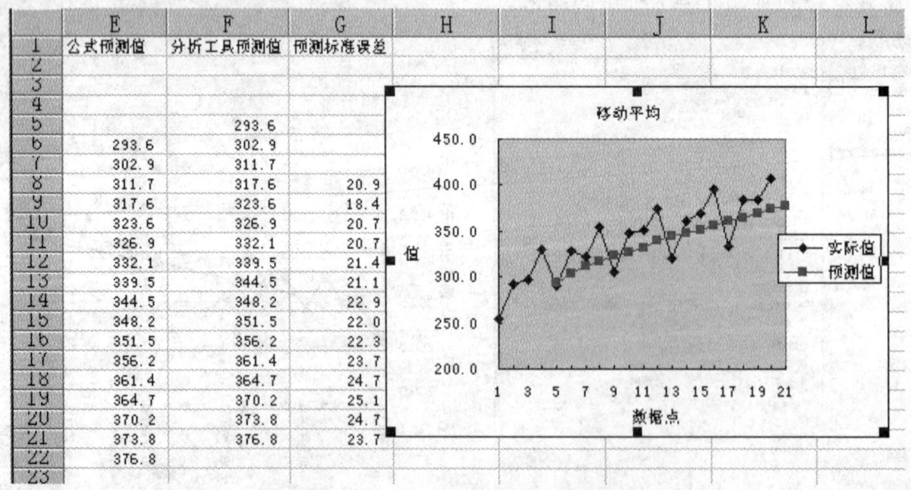

	E	F	G
1	公式预测值	分析工具预测值	预测标准误差
2			
3			
4			
5		293.6	
6	293.6	302.9	
7	302.9	311.7	
8	311.7	317.6	20.9
9	317.6	323.6	18.4
10	323.6	326.9	20.7
11	326.9	332.1	20.7
12	332.1	339.5	21.4
13	339.5	344.5	21.1
14	344.5	348.2	22.9
15	348.2	351.5	22.0
16	351.5	356.2	22.3
17	356.2	361.4	23.7
18	361.4	364.7	24.7
19	364.7	370.2	25.1
20	370.2	373.8	24.7
21	373.8	376.8	23.7
22	376.8		
23			

图 11-49 利用移动平均分析工具进行移动平均分析的结果

使用移动平均分析工具需要注意以下几点。

① 移动平均分析工具自动将公式放在工作表中。

② 上例中单元格 G8 中含有的公式为：SQRT(SUMXMY2(D5:D8, F5:F8)/4)。

③ 请注意上图中用两种方法所得出的输出结果的差异：用移动平均分析工具得到的移动平均值较直接输入公式法输出结果上移了一个单元格。这意味着用数据分析工具所计算的第一个值，即 293.6，是对近 4 年第四季度的预测。

11.7.3 使用直线函数 LINEST 和趋势函数 TREND 进行线性预测

1. 使用 LINEST 函数计算回归统计值

【例 11.19】有某公司当年 1 月至 10 月的销售量资料，试用最小平方方法进行趋势预测，并预测 11 月和 12 月的销售量。

解：具体步骤如下所示。

① 打开“11.7 时间数列分析.xlsx”工作簿(见上机实验数据 11.7)，选择“趋势”工作表。

② 在 E1 中输入“回归统计量”。

③ 选择 E2:F6，单击“插入函数”，Excel 弹出“插入函数”对话框，如图 11-50 所示。

④ 在“选择类别”中选择“统计”，在“选择函数”中选择“LINEST”函数，单击“确定”按钮，则打开 LINEST 函数对话框。

⑤ 在 LINEST 函数对话框的 Known_y's、Known_x's 和 Stats 后分别输入 B2:B11、A2:A11 和 1。按住 Ctrl+Shift 组合键，单击“确定”按钮。

得出如图 11-51 所示的结果。

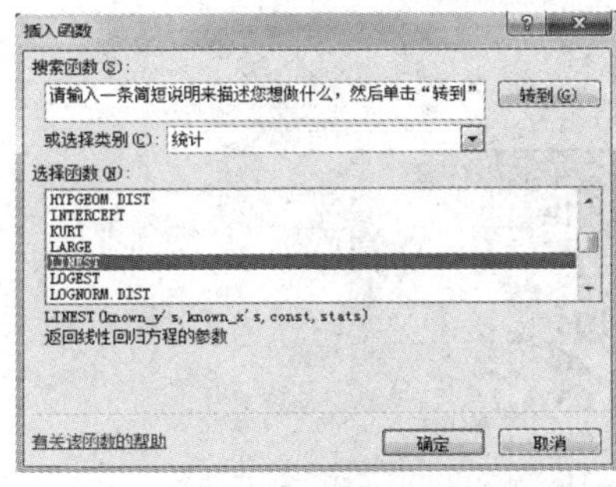

	A	B	C	D	E	F
1	月份	销售量	拟合值		回归统计值	
2	1	9.89	9.69		0.834242	8.858667
3	2	10.71	10.53		0.046854	0.290719
4	3	10.55	11.36		0.975387	0.425569
5	4	12.22	12.20		317.0279	8
6	5	13.76	13.03		57.41673	1.448875
7	6	13.8	13.86			
8	7	14.51	14.70			
9	8	15.2	15.53			
10	9	16.5	16.37			
11	10	17.33	17.20			

图 11-50 “插入函数”对话框　　图 11-51 用 LINEST 函数计算回归统计值的结果图

根据上图中的计算结果可以写出如下估计方程：$\hat{y}=8.86+0.83t$。

据此方程计算预测值：

① 在 D1 单元格中输入“预测值”;

② 在 D2 单元格中输入公式“=$F$2+$E$2*B2”;

③ 将 D2 单元格中的公式复制到 D3:D16 各单元格。

2. 使用趋势函数 TREND 求预测值

【例 11.20】以例 11.19 的数据为基础，试用趋势函数 TREND 求预测值。

解：其具体操作步骤如下。

① 在单元格 C1 中输入“拟合值”。

② 单击“插入函数” fx 选项，将打开“插入函数”对话框。

③ 在“选择类别”中选择“统计”，在“选择函数”中选择 TREND 函数，单击“确定”按钮，将打开 TREND 对话框，如图 11-52 所示。

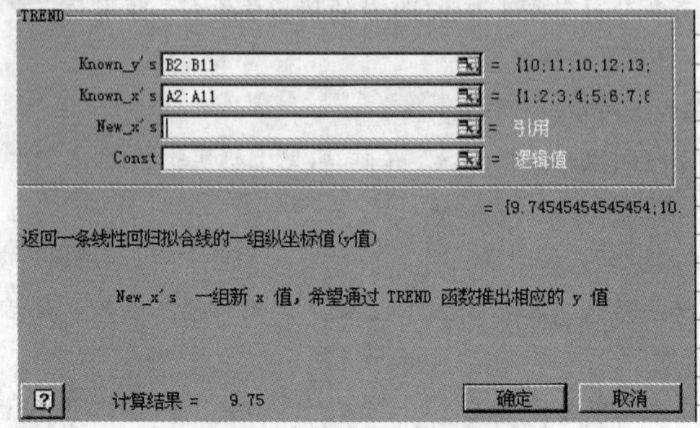

图 11-52 TREND 函数对话框

④ 在 Known_y's 中输入 B2:B11；在 Known_x's 中输入 A2:A11；由于不需预测，故忽略 New_x's；本题意在保留常数项，故忽略 Const。按住 Ctrl+Shift 组合键，单击“确定”。

也可以在选定单元格 C2:C11 的情况下，输入数组公式“=TREND(B2:B11,A2:A11)”，按住 Ctrl+Shift 组合键，按回车键。

其结果如图 11-53 所示。

	A	B	C	D
1	月份	销售量	拟合值	
2	1	9.89	9.69	
3	2	10.71	10.53	
4	3	10.55	11.36	
5	4	12.22	12.20	
6	5	13.76	13.03	
7	6	13.8	13.86	
8	7	14.51	14.70	
9	8	15.2	15.53	
10	9	16.5	16.37	
11	10	17.33	17.20	
12				

图 11-53 趋势拟合值

3. 趋势预测

仍使用图 11-52 中的数据进行趋势预测，其操作步骤如下。

① 在区域 A12 中输入“11”。

② 在单元格 C12 中输入公式：“=TREND(B2:B11,A2:A11,A12)”。(该公式的含义是，找到适合选定数组 B2:B11 所表示的 y 变量和数组 A2:A11 所表示的 x 变量之间的直线关系，并返回指定数组 A12 即 x 值为 11 在直线上对应的 y 值)。

③ 按回车键，在单元格 C12 即得预测结果。

11.7.4　指数平滑法与预测

【例 11.21】冬天即将来临，某从事汽车租赁业务的经理着手调查客户对防雪汽车的需求情况。经过监测后，一场初冬的暴风雪席卷了整个地区，正如所料，每天的需求量都有显著增长。这时，其可能想知道第 10 天应该储备多少辆防雪汽车以备第 11 天使用。

解：第一步，计算预测值。具体操作步骤如下。

① 打开“11.7 时间数列分析.xlsx”工作簿(见上机实验数据 11.7)，选择“指数平滑”工作表。

② 在单元格 C2 中输入公式“=AVERAGE(B2:B6)”。

③ 在单元格 C3 中输入公式“=0.3*B2+0.7*C2”。

④ 将单元格 C3 中的公式复制到区域 C4:C11 中，结果如图 11-54 所示。

	A	B	C	D	E
1	天数	租赁数	拟合值		平滑常数
2	1	10			
3	2	11			平均误差
4	3	10			标准误差
5	4	12			RMSPE
6	5	10		预测误差	
7	6	12			
8	7	11			
9	8	19			
10	9	19			
11	10	20			
12	11				

图 11-54　“指数平滑”工作表

第二步，绘制实际值与拟合值的折线图。具体操作步骤如下。

① 选择“图表类型”下的“折线图”，在“子图表类型”中选择“带数据标记的折线图”。

② 单击“设计”菜单下的“选择数据”，弹出“选择数据源”对话框。

③ 输入图表数据区域：sheet 指数平滑!$A$2:$C$12，在“图表布局”栏下设置标题为“指数平滑”。

得到如图 11-55 所示的折线图。

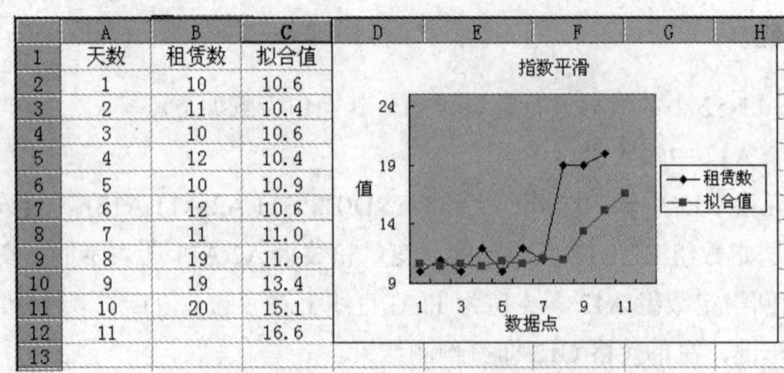

	A	B	C
1	天数	租赁数	拟合值
2	1	10	10.6
3	2	11	10.4
4	3	10	10.6
5	4	12	10.4
6	5	10	10.9
7	6	12	10.6
8	7	11	11.0
9	8	19	11.0
10	9	19	13.4
11	10	20	15.1
12	11		16.6
13			

图 11-55　指数平滑预测值及图表

【例 11.22】以例 11.21 的数据为基础，试用指数平滑分析工具求预测值。

解：具体步骤如下所示。

① 打开“指数平滑”工作表。

② 把区域A2:B11内容下移一行,在空白的单元格B2中输入公式“=AVERAGE (B3:B7)。

③ 打开“数据”菜单中的“数据分析”选项，弹出“数据分析”对话框，在“分析工具”列表中选择“指数平滑”选项，单击“确定”按钮，打开“指数平滑”对话框。

④ 在输入区域输入 B2:B11，阻尼系数设为 0.7，输出区域中输入 C2，选中“图表输出”，单击“确定”按钮。

⑤ 除单元格 C2 中显示的公式为“=B2”外，单元格 C3:C12 中显示的公式法均为平滑公式形式，这些是拟合值，要求预测值，需要把单元格 C12 中的公式复制到 C13 中。

经过以上操作步骤，即可得到指数平滑结果，如图 11-56 所示。“C3:C12”对应的数据即为指数平滑的预测值。

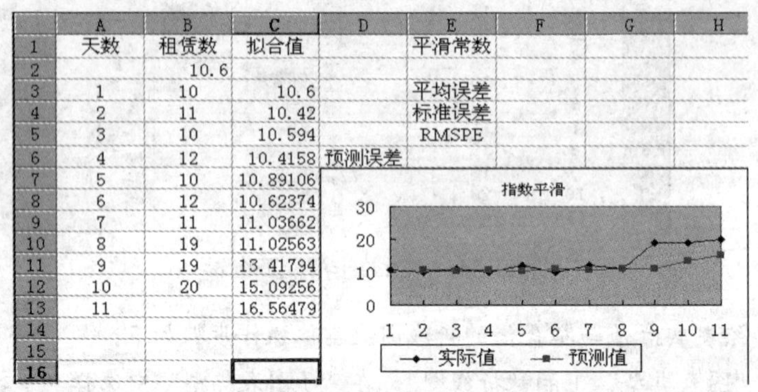

	A	B	C	D	E
1	天数	租赁数	拟合值		平滑常数
2		10.6			
3	1	10	10.6		平均误差
4	2	11	10.42		标准误差
5	3	10	10.594		RMSPE
6	4	12	10.4158	预测误差	
7	5	10	10.89106		
8	6	12	10.62374		
9	7	11	11.03662		
10	8	19	11.02563		
11	9	19	13.41794		
12	10	20	15.09256		
13	11		16.56479		
14					
15					
16					

图 11-56　指数平滑分析工具输出结果

本章小结

本章运用实例介绍了 Excel 2010 在统计中的应用，主要内容包括：

① Excel 的基本统计功能及其运用；

② 用 Excel 进行统计数据的整理及图表的制作；

③ 用 Excel 的统计描述函数计算和反映统计数据分布的特征，以及描述统计工具的使用；

④ 用 Excel 进行随机抽样、样本统计量的计算，以及总体参数的区间估计；

⑤ 用 Excel 进行总体参数的假设检验；

⑥ 用 Excel 进行单因素和双因素的方差分析；

⑦ 用 Excel 进行相关和回归分析；

⑧ 用 Excel 进行时间序列的预测。

练习题

1. 根据抽样调查，某月某市 50 户居民购买消费品支出(单位：元)资料如下图所示。请对其按 800～900、900～1000、1000～1100、1100～1200、1200～1300、1300～1400、1400～1500、1500～1600、1600 以上用频数分布函数进行统计分组。

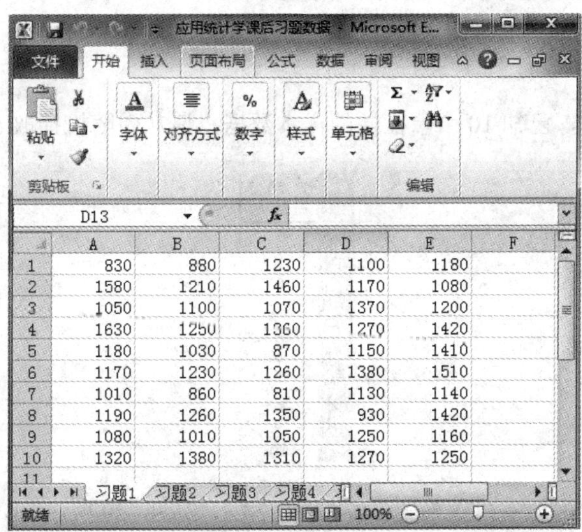

	A	B	C	D	E	F
1	830	880	1230	1100	1180	
2	1580	1210	1460	1170	1080	
3	1050	1100	1070	1370	1200	
4	1630	1250	1360	1270	1420	
5	1180	1030	870	1150	1410	
6	1170	1230	1260	1380	1510	
7	1010	860	810	1130	1140	
8	1190	1260	1350	930	1420	
9	1080	1010	1050	1250	1160	
10	1320	1380	1310	1270	1250	

2. 下图中列出了学生两门功课的评定结果，请利用数据透视表进行数据整理。

	A	B	C	D	E	F
1	学号	语文	数学			
2	1001	优	差			
3	1002	良	中			
4	1003	中	中			
5	1004	差	中			
6	1005	差	差			
7	1006	中	良			
8	1007	中	优			
9	1008	差	良			
10	1009	良	中			

3. 某灯泡厂抽取的 100 只灯泡的寿命如下表所示。

800	914	991	827	909	904	891	996
999	946	950	864	1049	927	949	852
948	867	988	849	958	934	1000	878
978	816	1001	918	1040	854	1098	900
869	949	890	1038	927	878	1050	924
905	954	890	1006	926	900	999	886
907	956	900	963	838	961	948	950
900	937	864	919	863	981	916	878
891	870	986	913	850	911	886	950
926	967	921	978	821	924	951	850

要求：

(1) 用 MIN 和 MAX 函数找出最小值和最大值，以 50 为组距，确定每组范围；

(2) 用“数据分析”中的“直方图”作直方图；

(3) 用“数据分析”中的“描述统计”计算 100 只灯泡的平均数、样本方差、中位数、众数和全距。

4. 如下图所示，已知 10 个象征性的样本数据，请从中随机抽取 5 个数据。

	A
1	No
2	1
3	2
4	3
5	4
6	5
7	6
8	7
9	8
10	9
11	10

5. 已知样本数据如下：28.5，26.4，33.5，34.3，35.9，29.6，31.3，31.1，30.9，32.5，请根据样本推断总体。

6. 请对第 5 题的样本进行假设检验。

7. 利用 Excel 来描述 t 分布与正态分布之间的关系。

8. 如下图所示，一产品制造商雇销售人员向销售商打电话。制造商想比较 4 种不同电话频率计划的效率，他从销售人员中随机选出 32 名，将他们随机分配到 4 种计划中，下表中列出了其在一段时期内的销售情况，试问其中是否有一种计划会带来较高的销售水平。

	A	B	C	D
1	单因素方差分析			
2				
3	计划1	计划2	计划3	计划4
4	36	39	44	31
5	40	45	43	43
6	32	54	38	46
7	44	53	40	43
8	35	46	41	36
9	41	42	35	49
10	44	35	37	46
11	42	39	37	48

9. 下图是某国 2002 年至 2012 年的布匹人均产量和人均纱产量，试用线性回归分析的方法分析两组数据之间的关系。

	A	B	C
1	年份	人均布产量（米）	人均纱产量（公斤）
2	2002	15.96	4.03
3	2003	17.06	4.23
4	2004	16.92	4.26
5	2005	16.63	4.07
6	2006	15.79	4
7	2007	16.37	4.31
8	2008	17.23	4.26
9	2009	17.73	4.11
10	2010	21.59	4.5
11	2011	17.17	4.21
12	2012	20.23	4.55

10. 某市 1985 年至 2012 年的 GDP(亿元)如下表所示。

年份	GDP(亿元)	年份	GDP(亿元)	年份	GDP(亿元)	年份	GDP(亿元)
1985	13.22	1992	37.80	1999	126.86	2006	733.19
1986	15.02	1993	44.91	2000	196.53	2007	828.12
1987	17.97	1994	54.96	2001	296.78	2008	932.08
1988	19.18	1995	69.21	2002	403.59	2009	1060.97
1989	21.37	1996	72.84	2003	510.09	2010	1226.44
1990	24.34	1997	77.90	2004	605.82	2011	1400.00
1991	30.21	1998	92.92	2005	677.19	2012	1600.00

要求：

(1) 做出趋势图(折线图或 XY 散点图)；

(2) 用“添加趋势线”方法，找出一个最好的方程；

(3) 预测 2013 年、2014 年该市的 GDP。

11. 根据我国 1990 年至 2012 年的国内生产总值的数据(单位：亿元)，如下图所示，用移动平均法计算预测我国国内生产总值的长期发展趋势。

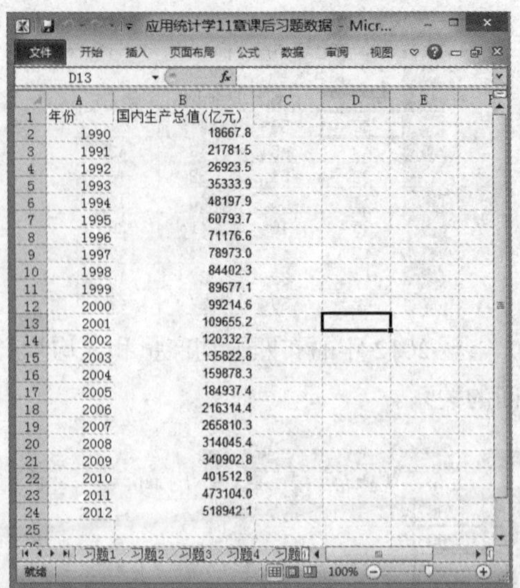

年份	国内生产总值(亿元)
1990	18667.8
1991	21781.5
1992	26923.5
1993	35333.9
1994	48197.9
1995	60793.7
1996	71176.6
1997	78973.0
1998	84402.3
1999	89677.1
2000	99214.6
2001	109655.2
2002	120332.7
2003	135822.8
2004	159878.3
2005	184937.4
2006	216314.4
2007	265810.3
2008	314045.4
2009	340902.8
2010	401512.8
2011	473104.0
2012	518942.1

12. 某啤酒厂近 5 年全年及分月的啤酒销售量数据如下图所示。结合 5 年分月的数据，利用 Excel 按月平均法测定季节变动。

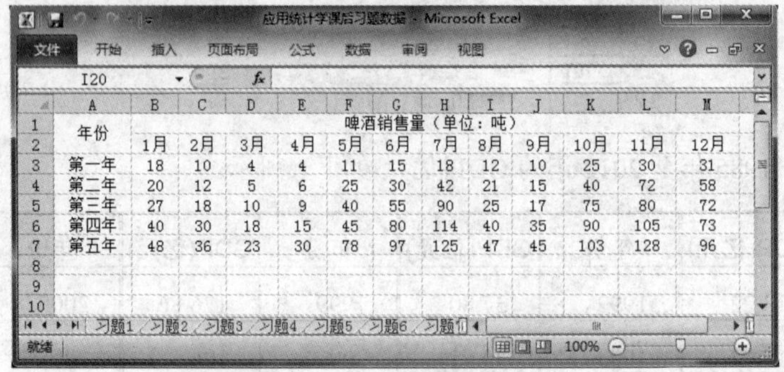

年份	啤酒销售量（单位：吨）											
	1月	2月	3月	4月	5月	6月	7月	8月	9月	10月	11月	12月
第一年	18	10	4	4	11	15	18	12	10	25	30	31
第二年	20	12	5	6	25	30	42	21	15	40	72	58
第三年	27	18	10	9	40	55	90	25	17	75	80	72
第四年	40	30	18	15	45	80	114	40	35	90	105	73
第五年	48	36	23	30	78	97	125	47	45	103	128	96

13. 以第 12 题的资料采用乘法型时间数列变动测定季节变动。

14. 用下表数据作多元回归方程，并进行预测。

年份	粮食产量 y	有机肥 x_1	牲畜头数 x_2
2004	24	46	15
2005	25	44	17
2006	26	46	16
2007	26	46	15
2008	25	44	15
2009	27	46	16
2010	28	45	18
2011	30	48	20
2012	31	50	19

附表

附表 1　常用 Excel 统计函数表

函数名称	函数功能
AVEDEV	返回数据点与它们的平均值的绝对偏差平均值
AVERAGE	返回其参数的平均值
AVERAGEA	返回其参数的平均值，包括数字、文本和逻辑值
AVERAGEIF	返回区域中满足给定条件的所有单元格的平均值(算术平均值)
AVERAGEIFS	返回满足多个条件的所有单元格的平均值(算术平均值)
ADDRESS	以文本形式将引用值返回到工作表的单个单元格
AREAS	返回引用中包含的区域个数。区域表示连续的单元格区域或某个单元格
BETADIST	返回 Beta 累积分布函数
BETAINV	返回指定 Beta 分布的累积分布函数的反函数
BINOMDIST	返回一元二项式分布的概率值
CHIDIST	返回χ^2分布的单尾概率
CHIINV	返回χ^2分布的单尾概率的反函数
CHITEST	返回独立性检验值
CONFIDENCE	返回总体平均值的置信区间
CORREL	返回两个数据集之间的相关系数
COUNT	计算区域中包含数字的单元格个数
COUNTA	计算区域中非空单元格个数
COUNTBLANK	计算区间内的空白单元格个数
COUNTIF	计算满足给定条件的区间内的非空单元格个数
COUNTIFS	计算区域内符合多个条件的单元格的数量
COVAR	返回协方差，成对偏差乘积的平均值
CRITBINOM	返回使累积二项式分布的函数值大于或等于临界值的最小值
DEVSQ	返回各数据点与数据均值点之差(数据偏差)的平方和
EXPONDIST	返回指数分布
FDIST	返回 F 概率分布
FINV	返回 F 概率分布的反函数值
FISHER	返回 Fisher 变换
FISHERINV	返回 Fisher 变换的反函数值

(续表)

函数名称	函数功能
FORECAST	返回沿线性趋势的值
FREQUENCY	以垂直数组的形式返回频率分布
FTEST	返回 F 检验的结果
GAMMADIST	返回伽玛分布
GAMMAINV	返回伽玛累积分布函数的反函数
GAMMALN	返回伽玛函数的自然对数，$\Gamma(x)$
GEOMEAN	返回几何平均值
GROWTH	返回沿指数趋势的值
HARMEAN	返回调和平均值
HYPGEOMDIST	返回超几何分布
INTERCEPT	返回线性回归线的截距
IFERROR	如果公式的计算结果错误，则返回您指定的值；否则返回公式的结果
KURT	返回数据集的峰值
LARGE (array，k)	返回数据集中第 K 个最大值
LINEST	返回线性趋势的参数
LOGEST	返回指数趋势的参数
LOGINV	返回对数分布函数的反函数
LOGNORMDIST	返回对数累积分布函数
MAX	返回参数列表中的最大值
MAXA	返回参数列表中的最大值，包括数字、文本和逻辑值
MEDIAN	返回给定数值集合的中值
MIN	返回参数列表中的最小值
MINA	返回参数列表中的最小值，包括数字、文本和逻辑值
MODE	返回在数据集中出现次数最多的值(众数)
NEGBINOMDIST	返回负二项式分布
NORMDIST	返回正态累积分布
NORMINV	返回正态累积分布的反函数
NORMSDIST	返回标准正态累积分布
NORMSINV	返回标准正态累积分布的反函数
PEARSON	返回 Pearson 乘积矩相关系数
PERCENTILE (array，k)	返回区域中数值的第 K 个百分点的值
PERCENTRANK	返回数据集中的值的百分比排位

(续表)

函数名称	函数功能
PERMUT	返回给定数目对象的排列数量
POISSON	返回泊松分布
PROB	返回区域中的数值落在指定区间内的概率
QUARTILE	返回数据集的四分位数
RANK	返回一列数字的数字排位
RSQ	返回 Pearson 乘积矩相关系数的平方
SKEW	返回分布的不对称度
SLOPE	返回线性回归线的斜率
SMALL(array，k)	返回数据集中第 *K* 个最小值
STANDARDIZE	返回正态化数值
STDEV	估算基于给定样本的标准偏差
STDEVA	估算基于给定样本(包括数字、文本和逻辑值)的标准偏差
STDEVP	计算基于给定的样本总体的标准偏差
STDEVPA	计算基于总体(包括数字、文本和逻辑值)的标准偏差
STEYX	返回通过线性回归法计算每个 *X* 的 *Y* 预测值时所产生的标准误差
TDIST	返回学生的 *T* 分布
TINV	返回学生的 *T* 分布的反函数
TREND	返回沿线性趋势的值
TRIMMEAN	返回数据集的内部平均值
TTEST	返回与学生的 *T* 检验相关的概率
VAR	估算基于样本的方差
VARA	估算基于样本(包括数字、文本和逻辑值)的方差
VARP	计算基于样本总体的方差
VARPA	计算基于样本总体(包括数字、文本和逻辑值)的方差
WEIBULL	返回韦伯分布
ZTEST	返回 Z 检验的单尾概率值

附表 2 常用 Excel 数学函数表

函数名称	函数功能
ABS	返回数字的绝对值
ACOS	返回数字的反余弦值

(续表)

函数名称	函数功能
ACOSH	返回数字的反双曲余弦值
ASIN	返回数字的反正弦值
ASINH	返回数字的反双曲正弦值
ATAN	返回数字的反正切值
ATAN2	返回 X 和 Y 坐标的反正切值
ATANH	返回数字的反双曲正切值
COMBIN	返回给定数目对象的组合数
COS	返回数字的余弦值
COSH	返回数字的双曲余弦值
DEGREES	将弧度转换为角度
EVEN	将正数向上舍入为最接近的偶数，负数向下舍入为最接近的偶数
EXP	返回 e 的给定数字次幂
FACT	返回数字的阶乘
FACTDOUBLE	返回数字的双倍阶乘
FLOOR	向绝对值减小的方向舍入数字
GCD	返回最大公约数
INT	将数字向下舍入到最接近的整数
LCM	返回最小公倍数
LN	返回数字的自然对数
LOG	按所指定的底数，返回数字的对数
LOG10	返回数字的以 10 为底的对数
MDETERM	返回数组的矩阵行列式的值
MINVERSE	返回数组的逆矩阵
MMULT	返回两个数组的矩阵乘积
MOD	返回除法的余数
MROUND	返回舍入到指定倍数的数值
MULTINOMIAL	返回一组数字的多项式
ODD	将正(负)数向上(下)舍入为最接近的奇数
PI	返回圆周率 pi 的值
POWER	返回给定数字次幂的结果
PRODUCT	将其参数相乘
QUOTIENT	返回除法的整数部分

(续表)

函数名称	函数功能
RADIANS	将角度转换为弧度
RAND	返回 0 和 1 之间的平均分布随机数
RANDBETWEEN	返回指定数字间的随机数
ROMAN	将阿拉伯数字转换为文本形式的罗马数字
ROUND	将数字按指定位数进行四舍五入
ROUNDDOWN	向绝对值减小的方向舍入数字
ROUNDUP	向绝对值增大的方向舍入数字
SERIESSUM	返回基于以下公式的幂级数之和
SIGN	返回数字的符号
SIN	返回给定角度的正弦值
SINH	返回数字的双曲正弦值
SQRT	返回正平方根
SQRTPI	返回某数与 pi 的乘积的平方根
SUBTOTAL	返回列表或数据库中的分类汇总
SUM	将其参数相加
SUMIF	按给定条件对若干单元格求和
SUMIFS	可多条件对若干单元格求和
SUMPRODUCT	返回对应的数组元素的乘积和
SUMSQ	返回参数的平方和
SUMX2MY2	返回两个数组中对应值的平方差之和
SUMX2PY2	返回两个数组中对应值的平方和之和
SUMXMY2	返回两数组中对应数值之差的平方和
TAN	返回数字的正切
TANH	返回数字的双曲正切值
TRUNC	将数字截尾取整或保留指定位数小数

附表 3　常用 Excel 数据库工作表函数

函数名称	函数功能
DAVERAGE	返回选择的数据库条目的平均值
DCOUNT	计算数据库中包含数字的单元格个数
DCOUNTA	计算数据库中的非空单元格
DGET	从数据库提取符合指定条件的单个记录

(续表)

函数名称	函数功能
DMAX	返回选择的数据库条目的最大值
DMIN	返回选择的数据库条目的最小值
DPRODUCT	将数据库中符合条件的记录的特定字段中的值相乘
DSTDEV	基于选择的数据库条目的样本估算标准偏差
DSTDEVP	基于选择的数据库条目的总体计算标准偏差
DSUM	将数据库中符合条件的记录的字段列中的数字相加
DVAR	基于选择的数据库条目的样本估算方差
DVARP	基于选择的数据库条目的样本总体计算方差
GETPIVOTDATA	返回存储在数据透视表中的数据

附表 4　常用 Excel 数据分析工具

序号	分析工具名称
1	直方图
2	描述统计
3	随机数发生器
4	*T* 检验：双样本等方差假设
5	*T* 检验：双样本异方差假设
6	*T* 检验：双样本方差
7	*T* 检验：平均值成对二样本分析
8	方差分析：单因素方差分析
9	方差分析：无重复双因素方差分析
10	方差分析：可重复双因素方差分析
11	回归
12	移动平均工具
13	指数平滑
14	*Z* 检验：双样本平均差检验
15	傅里叶分析
16	排位和百分比排位
17	相关系数
18	抽样
19	协方差

附录A

标准正态分布表

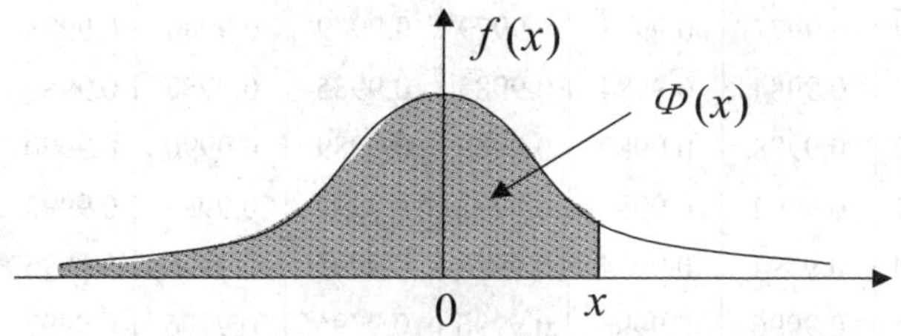

$$\Phi(x)=\frac{1}{\sqrt{2\pi}}\int_{-\infty}^{x}\mathrm{e}^{-\frac{t^2}{2}}\mathrm{d}t$$

x	0.00	0.01	0.02	0.03	0.04	0.05	0.06	0.07	0.08	0.09
0.0	0.5000	0.5040	0.5080	0.5120	0.5160	0.5199	0.5239	0.5279	0.5319	0.5359
0.1	0.5398	0.5438	0.5478	0.5517	0.5557	0.5596	0.5636	0.5675	0.5714	0.5753
0.2	0.5793	0.5832	0.5871	0.5910	0.5948	0.5987	0.6026	0.6064	0.6103	0.6141
0.3	0.6179	0.6217	0.6255	0.6293	0.6331	0.6368	0.6406	0.6443	0.6480	0.6517
0.4	0.6554	0.6591	0.6628	0.6664	0.6700	0.6736	0.6772	0.6808	0.6844	0.6879
0.5	0.6915	0.6950	0.6985	0.7019	0.7054	0.7088	0.7123	0.7157	0.7190	0.7224
0.6	0.7257	0.7291	0.7324	0.7357	0.7389	0.7422	0.7454	0.7486	0.7517	0.7549
0.7	0.7580	0.7611	0.7642	0.7673	0.7704	0.7734	0.7764	0.7794	0.7823	0.7852
0.8	0.7881	0.7910	0.7939	0.7967	0.7995	0.8023	0.8051	0.8078	0.8106	0.8133
0.9	0.8159	0.8186	0.8212	0.8238	0.8264	0.8289	0.8315	0.8340	0.8365	0.8389
1.0	0.8413	0.8438	0.8461	0.8485	0.8508	0.8531	0.8554	0.8577	0.8599	0.8621
1.1	0.8643	0.8665	0.8686	0.8708	0.8729	0.8749	0.8770	0.8790	0.8810	0.8830
1.2	0.8849	0.8869	0.8888	0.8907	0.8925	0.8944	0.8962	0.8980	0.8997	0.9015
1.3	0.9032	0.9049	0.9066	0.9082	0.9099	0.9115	0.9131	0.9147	0.9162	0.9177
1.4	0.9192	0.9207	0.9222	0.9236	0.9251	0.9265	0.9279	0.9292	0.9306	0.9319
1.5	0.9332	0.9345	0.9357	0.9370	0.9382	0.9394	0.9406	0.9418	0.9429	0.9441
1.6	0.9452	0.9463	0.9474	0.9484	0.9495	0.9505	0.9515	0.9525	0.9535	0.9545

(续表)

x	0.00	0.01	0.02	0.03	0.04	0.05	0.06	0.07	0.08	0.09
1.7	0.9554	0.9564	0.9573	0.9582	0.9591	0.9599	0.9608	0.9616	0.9625	0.9633
1.8	0.9641	0.9649	0.9656	0.9664	0.9671	0.9678	0.9686	0.9693	0.9699	0.9706
1.9	0.9713	0.9719	0.9726	0.9732	0.9738	0.9744	0.9750	0.9756	0.9761	0.9767
2.0	0.9772	0.9778	0.9783	0.9788	0.9793	0.9798	0.9803	0.9808	0.9812	0.9817
2.1	0.9821	0.9826	0.9830	0.9834	0.9838	0.9842	0.9846	0.9850	0.9854	0.9857
2.2	0.9861	0.9864	0.9868	0.9871	0.9875	0.9878	0.9881	0.9884	0.9887	0.9890
2.3	0.9893	0.9896	0.9898	0.9901	0.9904	0.9906	0.9909	0.9911	0.9913	0.9916
2.4	0.9918	0.9920	0.9922	0.9925	0.9927	0.9929	0.9931	0.9932	0.9934	0.9936
2.5	0.9938	0.9940	0.9941	0.9943	0.9945	0.9946	0.9948	0.9949	0.9951	0.9952
2.6	0.9953	0.9955	0.9956	0.9957	0.9959	0.9960	0.9961	0.9962	0.9963	0.9964
2.7	0.9965	0.9966	0.9967	0.9968	0.9969	0.9970	0.9971	0.9972	0.9973	0.9974
2.8	0.9974	0.9975	0.9976	0.9977	0.9977	0.9978	0.9979	0.9979	0.9980	0.9981
2.9	0.9981	0.9982	0.9982	0.9983	0.9984	0.9984	0.9985	0.9985	0.9986	0.9986
3.0	0.9987	0.9987	0.9987	0.9988	0.9988	0.9989	0.9989	0.9989	0.9990	0.9990
3.1	0.9990	0.9991	0.9991	0.9991	0.9992	0.9992	0.9992	0.9992	0.9993	0.9993
3.2	0.9993	0.9993	0.9994	0.9994	0.9994	0.9994	0.9994	0.9995	0.9995	0.9995
3.3	0.9995	0.9995	0.9995	0.9996	0.9996	0.9996	0.9996	0.9996	0.9996	0.9997
3.4	0.9997	0.9997	0.9997	0.9997	0.9997	0.9997	0.9997	0.9997	0.9997	0.9998
3.5	0.9998	0.9998	0.9998	0.9998	0.9998	0.9998	0.9998	0.9998	0.9998	0.9998
3.6	0.9998	0.9998	0.9999	0.9999	0.9999	0.9999	0.9999	0.9999	0.9999	0.9999
3.7	0.9999	0.9999	0.9999	0.9999	0.9999	0.9999	0.9999	0.9999	0.9999	0.9999
3.8	0.9999	0.9999	0.9999	0.9999	0.9999	0.9999	0.9999	0.9999	0.9999	0.9999
3.9	1.0000	1.0000	1.0000	1.0000	1.0000	1.0000	1.0000	1.0000	1.0000	1.0000

附录B

χ^2分布表

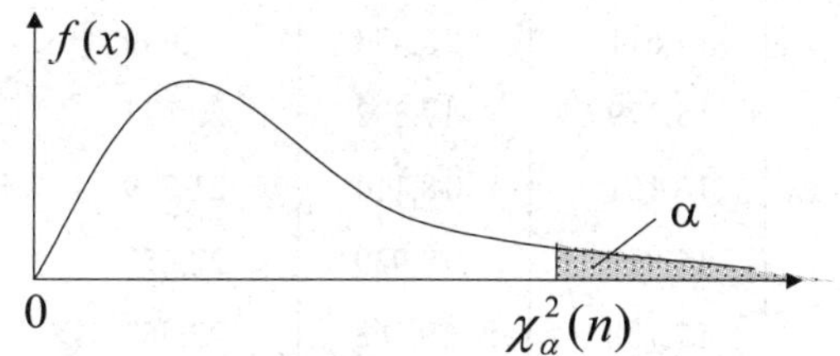

$$P\{\chi^2 > \chi_\alpha^2(n)\} = \alpha$$

当α取值 0.995、0.99、0.975、0.95、0.90 和 0.75 时，n 取值 1～45 的 χ^2 分布表如下。

n \ α	0.995	0.99	0.975	0.95	0.90	0.75
1	0.0000	0.0002	0.001	0.004	0.016	0.102
2	0.010	0.020	0.051	0.103	0.211	0.575
3	0.072	0.115	0.216	0.352	0.584	1.213
4	0.207	0.297	0.484	0.711	1.064	1.923
5	0.412	0.554	0.831	1.145	1.610	2.675
6	0.676	0.872	1.237	1.635	2.204	3.455
7	0.989	1.239	1.690	2.167	2.833	4.255
8	1.344	1.647	2.180	2.733	3.490	5.071
9	1.735	2.088	2.700	3.325	4.168	5.899
10	2.156	2.558	3.247	3.940	4.865	6.737
11	2.603	3.053	3.816	4.575	5.578	7.584
12	3.074	3.571	4.404	5.226	6.304	8.438
13	3.565	4.107	5.009	5.892	7.041	9.299
14	4.075	4.660	5.629	6.571	7.790	10.165
15	4.601	5.229	6.262	7.261	8.547	11.037
16	5.142	5.812	6.908	7.962	9.312	11.912

(续表)

n \ α	0.995	0.99	0.975	0.95	0.90	0.75
17	5.697	6.408	7.564	8.672	10.085	12.792
18	6.265	7.015	8.231	9.390	10.865	13.675
19	6.844	7.633	8.907	10.117	11.651	14.562
20	7.434	8.260	9.591	10.851	12.443	15.452
21	8.034	8.897	10.283	11.591	13.240	16.344
22	8.643	9.542	10.982	12.338	14.041	17.240
23	9.260	10.196	11.689	13.091	14.848	18.137
24	9.886	10.856	12.401	13.848	15.659	19.037
25	10.520	11.524	13.120	14.611	16.473	19.939
26	11.160	12.198	13.844	15.379	17.292	20.843
27	11.808	12.878	14.573	16.151	18.114	21.749
28	12.461	13.565	15.308	16.928	18.939	22.657
29	13.121	14.256	16.047	17.708	19.768	23.567
30	13.787	14.953	16.791	18.493	20.599	24.478
31	14.458	15.655	17.539	19.281	21.434	25.390
32	15.134	16.362	18.291	20.072	22.271	26.304
33	15.815	17.073	19.047	20.867	23.110	27.219
34	16.501	17.789	19.806	21.664	23.952	28.136
35	17.192	18.509	20.569	22.465	24.797	29.054
36	17.887	19.233	21.336	23.269	25.643	29.973
37	18.586	19.960	22.106	24.075	26.492	30.893
38	19.289	20.691	22.878	24.884	27.343	31.815
39	19.996	21.426	23.654	25.695	28.196	32.737
40	20.707	22.164	24.433	26.509	29.051	33.660
41	21.421	22.906	25.215	27.326	29.907	34.585
42	22.138	23.650	25.999	28.144	30.765	35.510
43	22.860	24.398	26.785	28.965	31.625	36.436
44	23.584	25.148	27.575	29.787	32.487	37.363
45	24.311	25.901	28.366	30.612	33.350	38.291

当α取值 0.25、0.10、0.05、0.025、0.01 和 0.005 时，n 取值 1～45 的χ^2分布表如下。

n \ α	0.25	0.10	0.05	0.025	0.01	0.005
1	1.323	2.706	3.841	5.024	6.635	7.879
2	2.773	4.605	5.991	7.378	9.210	10.597
3	4.108	6.251	7.815	9.348	11.345	12.838
4	5.385	7.779	9.488	11.143	13.277	14.860
5	6.626	9.236	11.070	12.832	15.086	16.750
6	7.841	10.645	12.592	14.449	16.812	18.548
7	9.037	12.017	14.067	16.013	18.475	20.278
8	10.219	13.362	15.507	17.535	20.090	21.955
9	11.389	14.684	16.919	19.023	21.666	23.589
10	12.549	15.987	18.307	20.483	23.209	25.188
11	13.701	17.275	19.675	21.920	24.725	26.757
12	14.845	18.549	21.026	23.337	26.217	28.300
13	15.984	19.812	22.362	24.736	27.688	29.819
14	17.117	21.064	23.685	26.119	29.141	31.319
15	18.245	22.307	24.996	27.488	30.578	32.801
16	19.369	23.542	26.296	28.845	32.000	34.267
17	20.489	24.769	27.587	30.191	33.409	35.718
18	21.605	25.989	28.869	31.526	34.805	37.156
19	22.718	27.204	30.144	32.852	36.191	38.582
20	23.828	28.412	31.410	34.170	37.566	39.997
21	24.935	29.615	32.671	35.479	38.932	41.401
22	26.039	30.813	33.924	36.781	40.289	42.796
23	27.141	32.007	35.172	38.076	41.638	44.181
24	28.241	33.196	36.415	39.364	42.980	45.558
25	29.339	34.382	37.652	40.646	44.314	46.928
26	30.435	35.563	38.885	41.923	45.642	48.290
27	31.528	36.741	40.113	43.195	46.963	49.645
28	32.620	37.916	41.337	44.461	48.278	50.994
29	33.711	39.087	42.557	45.722	49.588	52.335
30	34.800	40.256	43.773	46.979	50.892	53.672

(续表)

n \ α	0.25	0.10	0.05	0.025	0.01	0.005
31	35.887	41.422	44.985	48.232	52.191	55.002
32	36.973	42.585	46.194	49.480	53.486	56.328
33	38.058	43.745	47.400	50.725	54.775	57.648
34	39.141	44.903	48.602	51.966	56.061	58.964
35	40.223	46.059	49.802	53.203	57.342	60.275
36	41.304	47.212	50.998	54.437	58.619	61.581
37	42.383	48.363	52.192	55.668	59.893	62.883
38	43.462	49.513	53.384	56.895	61.162	64.181
39	44.539	50.660	54.572	58.120	62.428	65.475
40	45.616	51.805	55.758	59.342	63.691	66.766
41	46.692	52.949	56.942	60.561	64.950	68.053
42	47.766	54.090	58.124	61.777	66.206	69.336
43	48.840	55.230	59.304	62.990	67.459	70.616
44	49.913	56.369	60.481	64.201	68.710	71.892
45	50.985	57.505	61.656	65.410	69.957	73.166

附录C

t 分布表

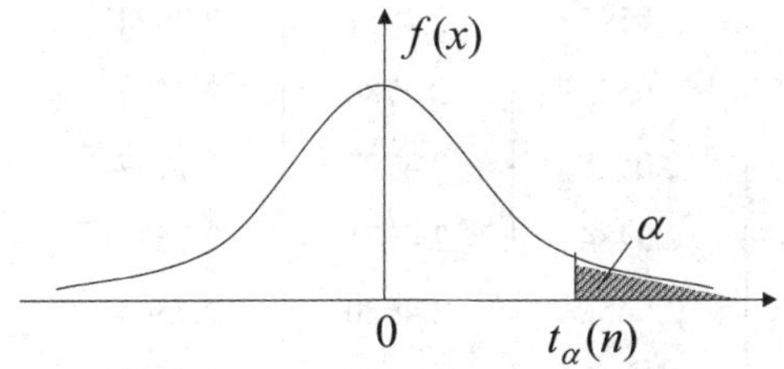

$$P\{t(n) > t_\alpha(n)\} = \alpha$$

n \ α	0.25	0.10	0.05	0.025	0.01	0.005
1	1.0000	3.0777	6.3137	12.7062	31.8210	63.6559
2	0.8165	1.8856	2.9200	4.3027	6.9645	9.9250
3	0.7649	1.6377	2.3534	3.1824	4.5407	5.8408
4	0.7407	1.5332	2.1318	2.7765	3.7469	4.6041
5	0.7267	1.4759	2.0150	2.5706	3.3649	4.0321
6	0.7176	1.4398	1.9432	2.4469	3.1427	3.7074
7	0.7111	1.4149	1.8946	2.3646	2.9979	3.4995
8	0.7064	1.3968	1.8595	2.3060	2.8965	3.3554
9	0.7027	1.3830	1.8331	2.2622	2.8214	3.2498
10	0.6998	1.3722	1.8125	2.2281	2.7638	3.1693
11	0.6974	1.3634	1.7959	2.2010	2.7181	3.1058
12	0.6955	1.3562	1.7823	2.1788	2.6810	3.0545
13	0.6938	1.3502	1.7709	2.1604	2.6503	3.0123
14	0.6924	1.3450	1.7613	2.1448	2.6245	2.9768
15	0.6912	1.3406	1.7531	2.1315	2.6025	2.9467
16	0.6901	1.3368	1.7459	2.1199	2.5835	2.9208

(续表)

n \ α	0.25	0.10	0.05	0.025	0.01	0.005
17	0.6892	1.3334	1.7396	2.1098	2.5669	2.8982
18	0.6884	1.3304	1.7341	2.1009	2.5524	2.8784
19	0.6876	1.3277	1.7291	2.0930	2.5395	2.8609
20	0.6870	1.3253	1.7247	2.0860	2.5280	2.8453
21	0.6864	1.3232	1.7207	2.0796	2.5176	2.8314
22	0.6858	1.3212	1.7171	2.0739	2.5083	2.8188
23	0.6853	1.3195	1.7139	2.0687	2.4999	2.8073
24	0.6848	1.3178	1.7109	2.0639	2.4922	2.7970
25	0.6844	1.3163	1.7081	2.0595	2.4851	2.7874
26	0.6840	1.3150	1.7056	2.0555	2.4786	2.7787
27	0.6837	1.3137	1.7033	2.0518	2.4727	2.7707
28	0.6834	1.3125	1.7011	2.0484	2.4671	2.7633
29	0.6830	1.3114	1.6991	2.0452	2.4620	2.7564
30	0.6828	1.3104	1.6973	2.0423	2.4573	2.7500
31	0.6825	1.3095	1.6955	2.0395	2.4528	2.7440
32	0.6822	1.3086	1.6939	2.0369	2.4487	2.7385
33	0.6820	1.3077	1.6924	2.0345	2.4448	2.7333
34	0.6818	1.3070	1.6909	2.0322	2.4411	2.7284
35	0.6816	1.3062	1.6896	2.0301	2.4377	2.7238
36	0.6814	1.3055	1.6883	2.0281	2.4345	2.7195
37	0.6812	1.3049	1.6871	2.0262	2.4314	2.7154
38	0.6810	1.3042	1.6860	2.0244	2.4286	2.7116
39	0.6808	1.3036	1.6849	2.0227	2.4258	2.7079
40	0.6807	1.3031	1.6839	2.0211	2.4233	2.7045
41	0.6805	1.3025	1.6829	2.0195	2.4208	2.7012
42	0.6804	1.3020	1.6820	2.0181	2.4185	2.6981
43	0.6802	1.3016	1.6811	2.0167	2.4163	2.6951
44	0.6801	1.3011	1.6802	2.0154	2.4141	2.6923
45	0.6800	1.3007	1.6794	2.0141	2.4121	2.6896

附录D

F 分布表

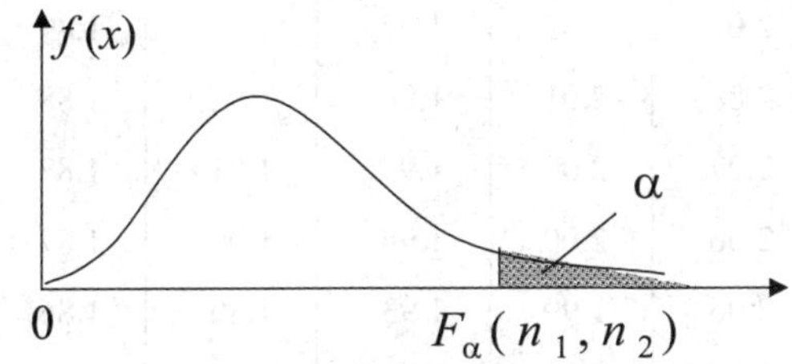

$$P\{F(n_1, n_2) > F_\alpha(n_1, n_2)\} = \alpha$$

当$\alpha = 0.10$时，n_1取值 1～9，n_2取值 1～∞的 F 分布表如下。

n_2 \ n_1	1	2	3	4	5	6	7	8	9
1	39.86	49.50	53.59	55.83	57.24	58.20	58.91	59.44	59.86
2	8.53	9.00	9.16	9.24	9.29	9.33	9.35	9.37	9.38
3	5.54	5.46	5.39	5.34	5.31	5.28	5.27	5.25	5.24
4	4.54	4.32	4.19	4.11	4.05	4.01	3.98	3.95	3.94
5	4.06	3.78	3.62	3.52	3.45	3.40	3.37	3.34	3.32
6	3.78	3.46	3.29	3.18	3.11	3.05	3.01	2.98	2.96
7	3.59	3.26	3.07	2.96	2.88	2.83	2.78	2.75	2.72
8	3.46	3.11	2.92	2.81	2.73	2.67	2.62	2.59	2.56
9	3.36	3.01	2.81	2.69	2.61	2.55	2.51	2.47	2.44
10	3.29	2.92	2.73	2.61	2.52	2.46	2.41	2.38	2.35
11	3.23	2.86	2.66	2.54	2.45	2.39	2.34	2.30	2.27
12	3.18	2.81	2.61	2.48	2.39	2.33	2.28	2.24	2.21
13	3.14	2.76	2.56	2.43	2.35	2.28	2.23	2.20	2.16
14	3.10	2.73	2.52	2.39	2.31	2.24	2.19	2.15	2.12
15	3.07	2.70	2.49	2.36	2.27	2.21	2.16	2.12	2.09
16	3.05	2.67	2.46	2.33	2.24	2.18	2.13	2.09	2.06

(续表)

n_1 \ n_2	1	2	3	4	5	6	7	8	9
17	3.03	2.64	2.44	2.31	2.22	2.15	2.10	2.06	2.03
18	3.01	2.62	2.42	2.29	2.20	2.13	2.08	2.04	2.00
19	2.99	2.61	2.40	2.27	2.18	2.11	2.06	2.02	1.98
20	2.97	2.59	2.38	2.25	2.16	2.09	2.04	2.00	1.96
21	2.96	2.57	2.36	2.23	2.14	2.08	2.02	1.98	1.95
22	2.95	2.56	2.35	2.22	2.13	2.06	2.01	1.97	1.93
23	2.94	2.55	2.34	2.21	2.11	2.05	1.99	1.95	1.92
24	2.93	2.54	2.33	2.19	2.10	2.04	1.98	1.94	1.91
25	2.92	2.53	2.32	2.18	2.09	2.02	1.97	1.93	1.89
26	2.91	2.52	2.31	2.17	2.08	2.01	1.96	1.92	1.88
27	2.90	2.51	2.30	2.17	2.07	2.00	1.95	1.91	1.87
28	2.89	2.50	2.29	2.16	2.06	2.00	1.94	1.90	1.87
29	2.89	2.50	2.28	2.15	2.06	1.99	1.93	1.89	1.86
30	2.88	2.49	2.28	2.14	2.05	1.98	1.93	1.88	1.85
40	2.84	2.44	2.23	2.09	2.00	1.93	1.87	1.83	1.79
60	2.79	2.39	2.18	2.04	1.95	1.87	1.82	1.77	1.74
120	2.75	2.35	2.13	1.99	1.90	1.82	1.77	1.72	1.68
∞	2.71	2.30	2.08	1.94	1.85	1.77	1.72	1.67	1.63

当$\alpha = 0.10$时，n_1取值10～∞，n_2取值1～∞的F分布表如下。

n_1 \ n_2	10	12	15	20	24	30	40	60	120	∞
1	60.19	60.71	61.22	61.74	62.00	62.26	62.53	62.79	63.06	63.33
2	9.39	9.41	9.42	9.44	9.45	9.46	9.47	9.47	9.48	9.49
3	5.23	5.22	5.20	5.18	5.18	5.17	5.16	5.15	5.14	5.13
4	3.92	3.90	3.87	3.84	3.83	3.82	3.80	3.79	3.78	3.76
5	3.30	3.27	3.24	3.21	3.19	3.17	3.16	3.14	3.12	3.10
6	2.94	2.90	2.87	2.84	2.82	2.80	2.78	2.76	2.74	2.72
7	2.70	2.67	2.63	2.59	2.58	2.56	2.54	2.51	2.49	2.47
8	2.54	2.50	2.46	2.42	2.40	2.38	2.36	2.34	2.32	2.29
9	2.42	2.38	2.34	2.30	2.28	2.25	2.23	2.21	2.18	2.16

(续表)

n_2 \ n_1	10	12	15	20	24	30	40	60	120	∞
10	2.32	2.28	2.24	2.20	2.18	2.16	2.13	2.11	2.08	2.06
11	2.25	2.21	2.17	2.12	2.10	2.08	2.05	2.03	2.00	1.97
12	2.19	2.15	2.10	2.06	2.04	2.01	1.99	1.96	1.93	1.90
13	2.14	2.10	2.05	2.01	1.98	1.96	1.93	1.90	1.88	1.85
14	2.10	2.05	2.01	1.96	1.94	1.91	1.89	1.86	1.83	1.80
15	2.06	2.02	1.97	1.92	1.90	1.87	1.85	1.82	1.79	1.76
16	2.03	1.99	1.94	1.89	1.87	1.84	1.81	1.78	1.75	1.72
17	2.00	1.96	1.91	1.86	1.84	1.81	1.78	1.75	1.72	1.69
18	1.98	1.93	1.89	1.84	1.81	1.78	1.75	1.72	1.69	1.66
19	1.96	1.91	1.86	1.81	1.79	1.76	1.73	1.70	1.67	1.63
20	1.94	1.89	1.84	1.79	1.77	1.74	1.71	1.68	1.64	1.61
21	1.92	1.87	1.83	1.78	1.75	1.72	1.69	1.66	1.62	1.59
22	1.90	1.86	1.81	1.76	1.73	1.70	1.67	1.64	1.60	1.57
23	1.89	1.84	1.80	1.74	1.72	1.69	1.66	1.62	1.59	1.55
24	1.88	1.83	1.78	1.73	1.70	1.67	1.64	1.61	1.57	1.53
25	1.87	1.82	1.77	1.72	1.69	1.66	1.63	1.59	1.56	1.52
26	1.86	1.81	1.76	1.71	1.68	1.65	1.61	1.58	1.54	1.50
27	1.85	1.80	1.75	1.70	1.67	1.64	1.60	1.57	1.53	1.49
28	1.84	1.79	1.74	1.69	1.66	1.63	1.59	1.56	1.52	1.48
29	1.83	1.78	1.73	1.68	1.65	1.62	1.58	1.55	1.51	1.47
30	1.82	1.77	1.72	1.67	1.64	1.61	1.57	1.54	1.50	1.46
40	1.76	1.71	1.66	1.61	1.57	1.54	1.51	1.47	1.42	1.38
60	1.71	1.66	1.60	1.54	1.51	1.48	1.44	1.40	1.35	1.29
120	1.65	1.60	1.55	1.48	1.45	1.41	1.37	1.32	1.26	1.19
∞	1.60	1.55	1.49	1.42	1.38	1.34	1.30	1.24	1.17	1.00

当$\alpha = 0.05$时，n_1取值1～9，n_2取值1～∞的F分布表如下。

n_2 \ n_1	1	2	3	4	5	6	7	8	9
1	161.4	199.5	215.7	224.6	230.2	234.0	236.8	238.9	240.5
2	18.51	19.00	19.16	19.25	19.30	19.33	19.35	19.37	19.38

(续表)

n_2 \ n_1	1	2	3	4	5	6	7	8	9
3	10.13	9.55	9.28	9.12	9.01	8.94	8.89	8.85	8.81
4	7.71	6.94	6.59	6.39	6.26	6.16	6.09	6.04	6.00
5	6.61	5.79	5.41	5.19	5.05	4.95	4.88	4.82	4.77
6	5.99	5.14	4.76	4.53	4.39	4.28	4.21	4.15	4.10
7	5.59	4.74	4.35	4.12	3.97	3.87	3.79	3.73	3.68
8	5.32	4.46	4.07	3.84	3.69	3.58	3.50	3.44	3.39
9	5.12	4.26	3.86	3.63	3.48	3.37	3.29	3.23	3.18
10	4.96	4.10	3.71	3.48	3.33	3.22	3.14	3.07	3.02
11	4.84	3.98	3.59	3.36	3.20	3.09	3.01	2.95	2.90
12	4.75	3.89	3.49	3.26	3.11	3.00	2.91	2.85	2.80
13	4.67	3.81	3.41	3.18	3.03	2.92	2.83	2.77	2.71
14	4.60	3.74	3.34	3.11	2.96	2.85	2.76	2.70	2.65
15	4.54	3.68	3.29	3.06	2.90	2.79	2.71	2.64	2.59
16	4.49	3.63	3.24	3.01	2.85	2.74	2.66	2.59	2.54
17	4.45	3.59	3.20	2.96	2.81	2.70	2.61	2.55	2.49
18	4.41	3.55	3.16	2.93	2.77	2.66	2.58	2.51	2.46
19	4.38	3.52	3.13	2.90	2.74	2.63	2.54	2.48	2.42
20	4.35	3.49	3.10	2.87	2.71	2.60	2.51	2.45	2.39
21	4.32	3.47	3.07	2.84	2.68	2.57	2.49	2.42	2.37
22	4.30	3.44	3.05	2.82	2.66	2.55	2.46	2.40	2.34
23	4.28	3.42	3.03	2.80	2.64	2.53	2.44	2.37	2.32
24	4.26	3.40	3.01	2.78	2.62	2.51	2.42	2.36	2.30
25	4.24	3.39	2.99	2.76	2.60	2.49	2.40	2.34	2.28
26	4.23	3.37	2.98	2.74	2.59	2.47	2.39	2.32	2.27
27	4.21	3.35	2.96	2.73	2.57	2.46	2.37	2.31	2.25
28	4.20	3.34	2.95	2.71	2.56	2.45	2.36	2.29	2.24
29	4.18	3.33	2.93	2.70	2.55	2.43	2.35	2.28	2.22
30	4.17	3.32	2.92	2.69	2.53	2.42	2.33	2.27	2.21
40	4.08	3.23	2.84	2.61	2.45	2.34	2.25	2.18	2.12
60	4.00	3.15	2.76	2.53	2.37	2.25	2.17	2.10	2.04
120	3.92	3.07	2.68	2.45	2.29	2.18	2.09	2.02	1.96
∞	3.84	3.00	2.61	2.37	2.21	2.10	2.01	1.94	1.88

当$\alpha=0.05$时，n_1取值 10～∞，n_2取值 1～∞的 F 分布表如下。

n_2 \ n_1	10	12	15	20	24	30	40	60	120	∞
1	241.9	243.9	245.9	248.0	249.1	250.1	251.1	252.2	253.3	254.3
2	19.40	19.41	19.43	19.45	19.45	19.46	19.47	19.48	19.49	19.50
3	8.79	8.74	8.70	8.66	8.64	8.62	8.59	8.57	8.55	8.53
4	5.96	5.91	5.86	5.80	5.77	5.75	5.72	5.69	5.66	5.63
5	4.74	4.68	4.62	4.56	4.53	4.50	4.46	4.43	4.40	4.37
6	4.06	4.00	3.94	3.87	3.84	3.81	3.77	3.74	3.70	3.67
7	3.64	3.57	3.51	3.44	3.41	3.38	3.34	3.30	3.27	3.23
8	3.35	3.28	3.22	3.15	3.12	3.08	3.04	3.01	2.97	2.93
9	3.14	3.07	3.01	2.94	2.90	2.86	2.83	2.79	2.75	2.71
10	2.98	2.91	2.85	2.77	2.74	2.70	2.66	2.62	2.58	2.54
11	2.85	2.79	2.72	2.65	2.61	2.57	2.53	2.49	2.45	2.41
12	2.75	2.69	2.62	2.54	2.51	2.47	2.43	2.38	2.34	2.30
13	2.67	2.60	2.53	2.46	2.42	2.38	2.34	2.30	2.25	2.21
14	2.60	2.53	2.46	2.39	2.35	2.31	2.27	2.22	2.18	2.13
15	2.54	2.48	2.40	2.33	2.29	2.25	2.20	2.16	2.11	2.07
16	2.49	2.42	2.35	2.28	2.24	2.19	2.15	2.11	2.06	2.01
17	2.45	2.38	2.31	2.23	2.19	2.15	2.10	2.06	2.01	1.96
18	2.41	2.34	2.27	2.19	2.15	2.11	2.06	2.02	1.97	1.92
19	2.38	2.31	2.23	2.16	2.11	2.07	2.03	1.98	1.93	1.88
20	2.35	2.28	2.20	2.12	2.08	2.04	1.99	1.95	1.90	1.84
21	2.32	2.25	2.18	2.10	2.05	2.01	1.96	1.92	1.87	1.81
22	2.30	2.23	2.15	2.07	2.03	1.98	1.94	1.89	1.84	1.78
23	2.27	2.20	2.13	2.05	2.01	1.96	1.91	1.86	1.81	1.76
24	2.25	2.18	2.11	2.03	1.98	1.94	1.89	1.84	1.79	1.73
25	2.24	2.16	2.09	2.01	1.96	1.92	1.87	1.82	1.77	1.71
26	2.22	2.15	2.07	1.99	1.95	1.90	1.85	1.80	1.75	1.69
27	2.20	2.13	2.06	1.97	1.93	1.88	1.84	1.79	1.73	1.67
28	2.19	2.12	2.04	1.96	1.91	1.87	1.82	1.77	1.71	1.65
29	2.18	2.10	2.03	1.94	1.90	1.85	1.81	1.75	1.70	1.64
30	2.16	2.09	2.01	1.93	1.89	1.84	1.79	1.74	1.68	1.62
40	2.08	2.00	1.92	1.84	1.79	1.74	1.69	1.64	1.58	1.51
60	1.99	1.92	1.84	1.75	1.70	1.65	1.59	1.53	1.47	1.39
120	1.91	1.83	1.75	1.66	1.61	1.55	1.50	1.43	1.35	1.26
∞	1.83	1.75	1.67	1.57	1.52	1.46	1.40	1.32	1.22	1.00

当$\alpha=0.025$时，n_1取值1～9，n_2取值1～∞的F分布表如下。

n_2 \ n_1	1	2	3	4	5	6	7	8	9
1	647.8	799.5	864.2	899.6	921.8	937.1	948.2	956.6	963.3
2	38.51	39.00	39.17	39.25	39.30	39.33	39.36	39.37	39.39
3	17.44	16.04	15.44	15.10	14.88	14.73	14.62	14.54	14.47
4	12.22	10.65	9.98	9.60	9.36	9.20	9.07	8.98	8.90
5	10.01	8.43	7.76	7.39	7.15	6.98	6.85	6.76	6.68
6	8.81	7.26	6.60	6.23	5.99	5.82	5.70	5.60	5.52
7	8.07	6.54	5.89	5.52	5.29	5.12	4.99	4.90	4.82
8	7.57	6.06	5.42	5.05	4.82	4.65	4.53	4.43	4.36
9	7.21	5.71	5.08	4.72	4.48	4.32	4.20	4.10	4.03
10	6.94	5.46	4.83	4.47	4.24	4.07	3.95	3.85	3.78
11	6.72	5.26	4.63	4.28	4.04	3.88	3.76	3.66	3.59
12	6.55	5.10	4.47	4.12	3.89	3.73	3.61	3.51	3.44
13	6.41	4.97	4.35	4.00	3.77	3.60	3.48	3.39	3.31
14	6.30	4.86	4.24	3.89	3.66	3.50	3.38	3.29	3.21
15	6.20	4.77	4.15	3.80	3.58	3.41	3.29	3.20	3.12
16	6.12	4.69	4.08	3.73	3.50	3.34	3.22	3.12	3.05
17	6.04	4.62	4.01	3.66	3.44	3.28	3.16	3.06	2.98
18	5.98	4.56	3.95	3.61	3.38	3.22	3.10	3.01	2.93
19	5.92	4.51	3.90	3.56	3.33	3.17	3.05	2.96	2.88
20	5.87	4.46	3.86	3.51	3.29	3.13	3.01	2.91	2.84
21	5.83	4.42	3.82	3.48	3.25	3.09	2.97	2.87	2.80
22	5.79	4.38	3.78	3.44	3.22	3.05	2.93	2.84	2.76
23	5.75	4.35	3.75	3.41	3.18	3.02	2.90	2.81	2.73
24	5.72	4.32	3.72	3.38	3.15	2.99	2.87	2.78	2.70
25	5.69	4.29	3.69	3.35	3.13	2.97	2.85	2.75	2.68
26	5.66	4.27	3.67	3.33	3.10	2.94	2.82	2.73	2.65
27	5.63	4.24	3.65	3.31	3.08	2.92	2.80	2.71	2.63
28	5.61	4.22	3.63	3.29	3.06	2.90	2.78	2.69	2.61
29	5.59	4.20	3.61	3.27	3.04	2.88	2.76	2.67	2.59
30	5.57	4.18	3.59	3.25	3.03	2.87	2.75	2.65	2.57
40	5.42	4.05	3.46	3.13	2.90	2.74	2.62	2.53	2.45
60	5.29	3.93	3.34	3.01	2.79	2.63	2.51	2.41	2.33
120	5.15	3.80	3.23	2.89	2.67	2.52	2.39	2.30	2.22
∞	5.02	3.69	3.12	2.79	2.57	2.41	2.29	2.19	2.11

当$\alpha=0.025$时，n_1取值10～∞，n_2取值1～∞的F分布表如下。

n_2 \ n_1	10	12	15	20	24	30	40	60	120	∞
1	968.6	976.7	984.9	993.1	997.3	1001	1006	1010	1014	1018
2	39.40	39.41	39.43	39.45	39.46	39.46	39.47	39.48	39.49	39.50
3	14.42	14.34	14.25	14.17	14.12	14.08	14.04	13.99	13.95	13.90
4	8.84	8.75	8.66	8.56	8.51	8.46	8.41	8.36	8.31	8.26
5	6.62	6.52	6.43	6.33	6.28	6.23	6.18	6.12	6.07	6.02
6	5.46	5.37	5.27	5.17	5.12	5.07	5.01	4.96	4.90	4.85
7	4.76	4.67	4.57	4.47	4.41	4.36	4.31	4.25	4.20	4.14
8	4.30	4.20	4.10	4.00	3.95	3.89	3.84	3.78	3.73	3.67
9	3.96	3.87	3.77	3.67	3.61	3.56	3.51	3.45	3.39	3.33
10	3.72	3.62	3.52	3.42	3.37	3.31	3.26	3.20	3.14	3.08
11	3.53	3.43	3.33	3.23	3.17	3.12	3.06	3.00	2.94	2.88
12	3.37	3.28	3.18	3.07	3.02	2.96	2.91	2.85	2.79	2.73
13	3.25	3.15	3.05	2.95	2.89	2.84	2.78	2.72	2.66	2.60
14	3.15	3.05	2.95	2.84	2.79	2.73	2.67	2.61	2.55	2.49
15	3.06	2.96	2.86	2.76	2.70	2.64	2.59	2.52	2.46	2.40
16	2.99	2.89	2.79	2.68	2.63	2.57	2.51	2.45	2.38	2.32
17	2.92	2.82	2.72	2.62	2.56	2.50	2.44	2.38	2.32	2.25
18	2.87	2.77	2.67	2.56	2.50	2.44	2.38	2.32	2.26	2.19
19	2.82	2.72	2.62	2.51	2.45	2.39	2.33	2.27	2.20	2.13
20	2.77	2.68	2.57	2.46	2.41	2.35	2.29	2.22	2.16	2.09
21	2.73	2.64	2.53	2.42	2.37	2.31	2.25	2.18	2.11	2.04
22	2.70	2.60	2.50	2.39	2.33	2.27	2.21	2.14	2.08	2.00
23	2.67	2.57	2.47	2.36	2.30	2.24	2.18	2.11	2.04	1.97
24	2.64	2.54	2.44	2.33	2.27	2.21	2.15	2.08	2.01	1.94
25	2.61	2.51	2.41	2.30	2.24	2.18	2.12	2.05	1.98	1.91
26	2.59	2.49	2.39	2.28	2.22	2.16	2.09	2.03	1.95	1.88
27	2.57	2.47	2.36	2.25	2.19	2.13	2.07	2.00	1.93	1.85
28	2.55	2.45	2.34	2.23	2.17	2.11	2.05	1.98	1.91	1.83
29	2.53	2.43	2.32	2.21	2.15	2.09	2.03	1.96	1.89	1.81
30	2.51	2.41	2.31	2.20	2.14	2.07	2.01	1.94	1.87	1.79
40	2.39	2.29	2.18	2.07	2.01	1.94	1.88	1.80	1.72	1.64
60	2.27	2.17	2.06	1.94	1.88	1.82	1.74	1.67	1.58	1.48
120	2.16	2.05	1.94	1.82	1.76	1.69	1.61	1.53	1.43	1.31
∞	2.05	1.94	1.83	1.71	1.64	1.57	1.48	1.39	1.27	1.00

当$\alpha=0.01$时，n_1取值1～9，n_2取值1～∞的F分布表如下。

n_2 \ n_1	1	2	3	4	5	6	7	8	9
1	4052	4999	5404	5624	5764	5859	5928	5981	6022
2	98.50	99.00	99.16	99.25	99.30	99.33	99.36	99.38	99.39
3	34.12	30.82	29.46	28.71	28.24	27.91	27.67	27.49	27.34
4	21.20	18.00	16.69	15.98	15.52	15.21	14.98	14.80	14.66
5	16.26	13.27	12.06	11.39	10.97	10.67	10.46	10.29	10.16
6	13.75	10.92	9.78	9.15	8.75	8.47	8.26	8.10	7.98
7	12.25	9.55	8.45	7.85	7.46	7.19	6.99	6.84	6.72
8	11.26	8.65	7.59	7.01	6.63	6.37	6.18	6.03	5.91
9	10.56	8.02	6.99	6.42	6.06	5.80	5.61	5.47	5.35
10	10.04	7.56	6.55	5.99	5.64	5.39	5.20	5.06	4.94
11	9.65	7.21	6.22	5.67	5.32	5.07	4.89	4.74	4.63
12	9.33	6.93	5.95	5.41	5.06	4.82	4.64	4.50	4.39
13	9.07	6.70	5.74	5.21	4.86	4.62	4.44	4.30	4.19
14	8.86	6.51	5.56	5.04	4.69	4.46	4.28	4.14	4.03
15	8.68	6.36	5.42	4.89	4.56	4.32	4.14	4.00	3.89
16	8.53	6.23	5.29	4.77	4.44	4.20	4.03	3.89	3.78
17	8.40	6.11	5.19	4.67	4.34	4.10	3.93	3.79	3.68
18	8.29	6.01	5.09	4.58	4.25	4.01	3.84	3.71	3.60
19	8.18	5.93	5.01	4.50	4.17	3.94	3.77	3.63	3.52
20	8.10	5.85	4.94	4.43	4.10	3.87	3.70	3.56	3.46
21	8.02	5.78	4.87	4.37	4.04	3.81	3.64	3.51	3.40
22	7.95	5.72	4.82	4.31	3.99	3.76	3.59	3.45	3.35
23	7.88	5.66	4.76	4.26	3.94	3.71	3.54	3.41	3.30
24	7.82	5.61	4.72	4.22	3.90	3.67	3.50	3.36	3.26
25	7.77	5.57	4.68	4.18	3.85	3.63	3.46	3.32	3.22
26	7.72	5.53	4.64	4.14	3.82	3.59	3.42	3.29	3.18
27	7.68	5.49	4.60	4.11	3.78	3.56	3.39	3.26	3.15
28	7.64	5.45	4.57	4.07	3.75	3.53	3.36	3.23	3.12
29	7.60	5.42	4.54	4.04	3.73	3.50	3.33	3.20	3.09
30	7.56	5.39	4.51	4.02	3.70	3.47	3.30	3.17	3.07
40	7.31	5.18	4.31	3.83	3.51	3.29	3.12	2.99	2.89
60	7.08	4.98	4.13	3.65	3.34	3.12	2.95	2.82	2.72
120	6.85	4.79	3.95	3.48	3.17	2.96	2.79	2.66	2.56
∞	6.63	4.61	3.78	3.32	3.02	2.80	2.64	2.51	2.41

当$\alpha=0.01$时，n_1取值10～∞，n_2取值1～∞的F分布表如下。

n_2 \ n_1	10	12	15	20	24	30	40	60	120	∞
1	6056	6107	6157	6209	6234	6260	6286	6313	6340	6366
2	99.40	99.42	99.43	99.45	99.46	99.47	99.48	99.48	99.49	99.50
3	27.23	27.05	26.87	26.69	26.60	26.50	26.41	26.32	26.22	26.13
4	14.55	14.37	14.20	14.02	13.93	13.84	13.75	13.65	13.56	13.46
5	10.05	9.89	9.72	9.55	9.47	9.38	9.29	9.20	9.11	9.02
6	7.87	7.72	7.56	7.40	7.31	7.23	7.14	7.06	6.97	6.88
7	6.62	6.47	6.31	6.16	6.07	5.99	5.91	5.82	5.74	5.65
8	5.81	5.67	5.52	5.36	5.28	5.20	5.12	5.03	4.95	4.86
9	5.26	5.11	4.96	4.81	4.73	4.65	4.57	4.48	4.40	4.31
10	4.85	4.71	4.56	4.41	4.33	4.25	4.17	4.08	4.00	3.91
11	4.54	4.40	4.25	4.10	4.02	3.94	3.86	3.78	3.69	3.60
12	4.30	4.16	4.01	3.86	3.78	3.70	3.62	3.54	3.45	3.36
13	4.10	3.96	3.82	3.66	3.59	3.51	3.43	3.34	3.25	3.17
14	3.94	3.80	3.66	3.51	3.43	3.35	3.27	3.18	3.09	3.00
15	3.80	3.67	3.52	3.37	3.29	3.21	3.13	3.05	2.96	2.87
16	3.69	3.55	3.41	3.26	3.18	3.10	3.02	2.93	2.84	2.75
17	3.59	3.46	3.31	3.16	3.08	3.00	2.92	2.83	2.75	2.65
18	3.51	3.37	3.23	3.08	3.00	2.92	2.84	2.75	2.66	2.57
19	3.43	3.30	3.15	3.00	2.92	2.84	2.76	2.67	2.58	2.49
20	3.37	3.23	3.09	2.94	2.86	2.78	2.69	2.61	2.52	2.42
21	3.31	3.17	3.03	2.88	2.80	2.72	2.64	2.55	2.46	2.36
22	3.26	3.12	2.98	2.83	2.75	2.67	2.58	2.50	2.40	2.31
23	3.21	3.07	2.93	2.78	2.70	2.62	2.54	2.45	2.35	2.26
24	3.17	3.03	2.89	2.74	2.66	2.58	2.49	2.40	2.31	2.21
25	3.13	2.99	2.85	2.70	2.62	2.54	2.45	2.36	2.27	2.17
26	3.09	2.96	2.81	2.66	2.58	2.50	2.42	2.33	2.23	2.13
27	3.06	2.93	2.78	2.63	2.55	2.47	2.38	2.29	2.20	2.10
28	3.03	2.90	2.75	2.60	2.52	2.44	2.35	2.26	2.17	2.06
29	3.00	2.87	2.73	2.57	2.49	2.41	2.33	2.23	2.14	2.03
30	2.98	2.84	2.70	2.55	2.47	2.39	2.30	2.21	2.11	2.01
40	2.80	2.66	2.52	2.37	2.29	2.20	2.11	2.02	1.92	1.80
60	2.63	2.50	2.35	2.20	2.12	2.03	1.94	1.84	1.73	1.60
120	2.47	2.34	2.19	2.03	1.95	1.86	1.76	1.66	1.53	1.38
∞	2.32	2.18	2.04	1.88	1.79	1.70	1.59	1.47	1.32	1.00

当$\alpha=0.005$时，n_1取值1～9，n_2取值1～∞的F分布表如下。

n_2 \ n_1	1	2	3	4	5	6	7	8	9
1	16212	19997	21614	22501	23056	23440	23715	23924	24091
2	198.50	199.01	199.16	199.24	199.30	199.33	199.36	199.38	199.39
3	55.55	49.80	47.47	46.20	45.39	44.84	44.43	44.13	43.88
4	31.33	26.28	24.26	23.15	22.46	21.98	21.62	21.35	21.14
5	22.78	18.31	16.53	15.56	14.94	14.51	14.20	13.96	13.77
6	18.63	14.54	12.92	12.03	11.46	11.07	10.79	10.57	10.39
7	16.24	12.40	10.88	10.05	9.52	9.16	8.89	8.68	8.51
8	14.69	11.04	9.60	8.81	8.30	7.95	7.69	7.50	7.34
9	13.61	10.11	8.72	7.96	7.47	7.13	6.88	6.69	6.54
10	12.83	9.43	8.08	7.34	6.87	6.54	6.30	6.12	5.97
11	12.23	8.91	7.60	6.88	6.42	6.10	5.86	5.68	5.54
12	11.75	8.51	7.23	6.52	6.07	5.76	5.52	5.35	5.20
13	11.37	8.19	6.93	6.23	5.79	5.48	5.25	5.08	4.94
14	11.06	7.92	6.68	6.00	5.56	5.26	5.03	4.86	4.72
15	10.80	7.70	6.48	5.80	5.37	5.07	4.85	4.67	4.54
16	10.58	7.51	6.30	5.64	5.21	4.91	4.69	4.52	4.38
17	10.38	7.35	6.16	5.50	5.07	4.78	4.56	4.39	4.25
18	10.22	7.21	6.03	5.37	4.96	4.66	4.44	4.28	4.14
19	10.07	7.09	5.92	5.27	4.85	4.56	4.34	4.18	4.04
20	9.94	6.99	5.82	5.17	4.76	4.47	4.26	4.09	3.96
21	9.83	6.89	5.73	5.09	4.68	4.39	4.18	4.01	3.88
22	9.73	6.81	5.65	5.02	4.61	4.32	4.11	3.94	3.81
23	9.63	6.73	5.58	4.95	4.54	4.26	4.05	3.88	3.75
24	9.55	6.66	5.52	4.89	4.49	4.20	3.99	3.83	3.69
25	9.48	6.60	5.46	4.84	4.43	4.15	3.94	3.78	3.64
26	9.41	6.54	5.41	4.79	4.38	4.10	3.89	3.73	3.60
27	9.34	6.49	5.36	4.74	4.34	4.06	3.85	3.69	3.56
28	9.28	6.44	5.32	4.70	4.30	4.02	3.81	3.65	3.52
29	9.23	6.40	5.28	4.66	4.26	3.98	3.77	3.61	3.48
30	9.18	6.35	5.24	4.62	4.23	3.95	3.74	3.58	3.45
40	8.83	6.07	4.98	4.37	3.99	3.71	3.51	3.35	3.22
60	8.49	5.79	4.73	4.14	3.76	3.49	3.29	3.13	3.01
120	8.18	5.54	4.50	3.92	3.55	3.28	3.09	2.93	2.81
∞	7.88	5.30	4.28	3.72	3.35	3.09	2.90	2.74	2.62

当$\alpha=0.005$时，n_1取值10～∞，n_2取值1～∞的F分布表如下。

n_2 \ n_1	10	12	15	20	24	30	40	60	120	∞
1	24222	24427	24632	24837	24937	25041	25146	25254	25358	25466
2	199.39	199.42	199.43	199.45	199.45	199.48	199.48	199.48	199.49	199.51
3	43.68	43.39	43.08	42.78	42.62	42.47	42.31	42.15	41.99	41.83
4	20.97	20.70	20.44	20.17	20.03	19.89	19.75	19.61	19.47	19.32
5	13.62	13.38	13.15	12.90	12.78	12.66	12.53	12.40	12.27	12.14
6	10.25	10.03	9.81	9.59	9.47	9.36	9.24	9.12	9.00	8.88
7	8.38	8.18	7.97	7.75	7.64	7.53	7.42	7.31	7.19	7.08
8	7.21	7.01	6.81	6.61	6.50	6.40	6.29	6.18	6.06	5.95
9	6.42	6.23	6.03	5.83	5.73	5.62	5.52	5.41	5.30	5.19
10	5.85	5.66	5.47	5.27	5.17	5.07	4.97	4.86	4.75	4.64
11	5.42	5.24	5.05	4.86	4.76	4.65	4.55	4.45	4.34	4.23
12	5.09	4.91	4.72	4.53	4.43	4.33	4.23	4.12	4.01	3.90
13	4.82	4.64	4.46	4.27	4.17	4.07	3.97	3.87	3.76	3.65
14	4.60	4.43	4.25	4.06	3.96	3.86	3.76	3.66	3.55	3.44
15	4.42	4.25	4.07	3.88	3.79	3.69	3.59	3.48	3.37	3.26
16	4.27	4.10	3.92	3.73	3.64	3.54	3.44	3.33	3.22	3.11
17	4.14	3.97	3.79	3.61	3.51	3.41	3.31	3.21	3.10	2.98
18	4.03	3.86	3.68	3.50	3.40	3.30	3.20	3.10	2.99	2.87
19	3.93	3.76	3.59	3.40	3.31	3.21	3.11	3.00	2.89	2.78
20	3.85	3.68	3.50	3.32	3.22	3.12	3.02	2.92	2.81	2.69
21	3.77	3.60	3.43	3.24	3.15	3.05	2.95	2.84	2.73	2.61
22	3.70	3.54	3.36	3.18	3.08	2.98	2.88	2.77	2.66	2.55
23	3.64	3.47	3.30	3.12	3.02	2.92	2.82	2.71	2.60	2.48
24	3.59	3.42	3.25	3.06	2.97	2.87	2.77	2.66	2.55	2.43
25	3.54	3.37	3.20	3.01	2.92	2.82	2.72	2.61	2.50	2.38
26	3.49	3.33	3.15	2.97	2.87	2.77	2.67	2.56	2.45	2.33
27	3.45	3.28	3.11	2.93	2.83	2.73	2.63	2.52	2.41	2.29
28	3.41	3.25	3.07	2.89	2.79	2.69	2.59	2.48	2.37	2.25
29	3.38	3.21	3.04	2.86	2.76	2.66	2.56	2.45	2.33	2.21
30	3.34	3.18	3.01	2.82	2.73	2.63	2.52	2.42	2.30	2.18
40	3.12	2.95	2.78	2.60	2.50	2.40	2.30	2.18	2.06	1.93
60	2.90	2.74	2.57	2.39	2.29	2.19	2.08	1.96	1.83	1.69
120	2.71	2.54	2.37	2.19	2.09	1.98	1.87	1.75	1.61	1.43
∞	2.52	2.36	2.19	2.00	1.90	1.79	1.67	1.53	1.36	1.00

参考文献

[1] 贾俊平. 统计学[M]. 第 2 版. 北京：清华大学出版社，2006.

[2] 李金昌，苏为华. 统计学[M]. 北京：机械工业出版社，2007.

[3] David R.Anderson, Dennis J.Sweeney, Thomas A.Williams. Statistics for Business and Economics(9th Edition)[M]. 张建华，王健，冯燕奇，译. 商务与经济统计[M]. 北京：机械工业出版社，2006.

[4] 贾俊平，郝静，等. 统计学案例分析[M]. 北京：中国人民大学出版社，2010.

[5] 李心愉. 应用经济统计学[M]. 北京：北京大学出版社，1999.

[6] 马庆国. 管理统计——数据获取、统计原理、SPSS 工具与应用研究[M]. 北京：科学出版社，2002.

[7] 徐国祥. 统计指数理论及应用[M]. 北京：中国统计出版社，2004.

[8] 李洁明. 统计学精品课程[M]. 上海：复旦大学，2005.

[9] 孙炎，陈平，孙长国. 应用统计学[M]. 北京：机械工业出版社，2007.

[10] 卢冶飞. 统计学[M]. 杭州：杭州大学出版社，1997.

[11] 孙宪华. 次级统计数据的应用[M]. 天津：天津大学出版社，2007.

[12] 浙江统计信息网 www.zj.stat.gov.cn.

[13] 中华人民共和国统计局 www.stats.gov.cn.

[14] 《中国统计年鉴 2013》.

[15] 《浙江统计年鉴 2013》.